Jan Schwochow | Thomas Ramge

WIRTSCHAFT VERSTEHEN MIT INFOGRAFIKEN

Jan Schwochow | Thomas Ramge

WIRTSCHAFT VERSTEHEN MIT INFOGRAFIKEN

Süddeutsche Zeitung Edition

Sonderausgabe für die Süddeutsche Zeitung Edition 2018
in der Süddeutsche Zeitung GmbH, München

MIX
Papier aus verantwortungsvollen Quellen
FSC® C011124

ISBN: 978-3-86497-465-6

Umschlaggestaltung: Philipp von Keisenberg, München
unter Verwendung einer Vorlage von Jan Schwochow

Gesetzt aus der Brandon Grotesque, Capsa und Carrosserie
Satz und Layout: Golden Section Graphics GmbH

Druck und Bindearbeiten: Mohn Media Mohndruck GmbH, Gütersloh
Printed in Germany

VORWORT

Dieses Buch möchte Lust machen, sich in die komplizierte Welt der Ökonomie hineinzudenken. Wir wollen mit dem Medium der Infografik einen verständlichen und unterhaltsamen Zugang schaffen. „Wirtschaft verstehen mit Infografiken" ist ein Buch für alle, denen es nicht gelingt, jeden Morgen den Wirtschaftsteil der F.A.Z. durchzuarbeiten, und die die Ringvorlesung „Einführung in die Betriebswirtschaftslehre" leider verpasst haben – oder verschlafen.

Unsere Expedition durch die Welt der Wirtschaft beginnt bei der kleinsten ökonomischen Einheit, dem Menschen. Der Blick weitet sich dann von Kapitel zu Kapitel auf. Wir schauen auf Unternehmen, die Volkswirtschaft und die Weltwirtschaft. Wir schlauen uns mit den großen Köpfen der Wirtschaftstheorie auf, denken im Anschluss darüber nach, wie Profit und Planet ins Gleichgewicht kommen können und Gier nicht die Umwelt zerstören muss. Am Ende schauen wir in die Zukunft und spekulieren, wie neues Denken und neue Technologie eine neue Wirtschaft ermöglichen könnten, in der der Mensch im Mittelpunkt steht.

Das ist kein leichtes Unterfangen. Die Welt der Wirtschaft ist nicht nur komplex, sie ist auch sehr groß. Bei jeder Station haben wir versucht, ein breites Spektrum uns wesentlich erscheinender Begriffe und Zusammenhänge, Konzepte und Fakten in Grafiken zu übersetzen. An vielen Stellen mussten wir Abwägungsentscheidungen treffen. „Wirtschaft verstehen mit Infografiken" kann daher keinen Anspruch auf Vollständigkeit erheben, wie ein Atlas, der die Erde vollständig kartographiert. Unser Buch will neugierig auf ein Terrain machen, das sich zu erkunden lohnt. Nicht nur, weil auf diesem Terrain so viele spannende Geschichten zu finden sind, die uns als Infografiker und Journalist selbst seit rund zwei Jahrzehnten begeistern. Sondern vor allem, weil Wirtschaft so wichtig ist. Und es genau deshalb so wichtig ist, Wirtschaft zu verstehen.

Berlin, im Juli 2016

Jan Schwochow und Thomas Ramge

COVER

Seite • Thema

KAPITEL

Sie befinden sich hier!

INHALT

APPENDIX

DER SELBSTÄNDIGE

ARBEIT, GELD UND GLÜCK

DAS TEAM

DIE FINANZEN

DIE KUNDEN

DAS WACHSTUM

DER ARBEITSMARKT

DER WOHLSTAND

IV DIE WELT-WIRTSCHAFT

DIE GLOBALE PRODUKTION

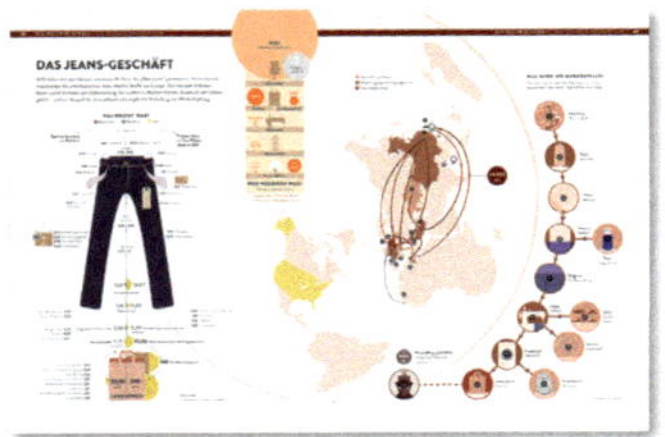
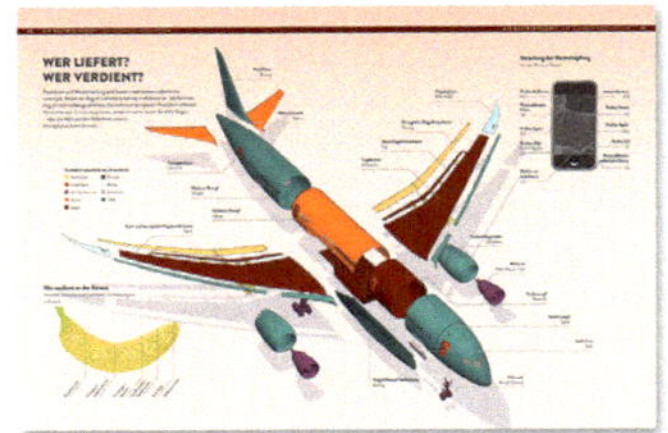
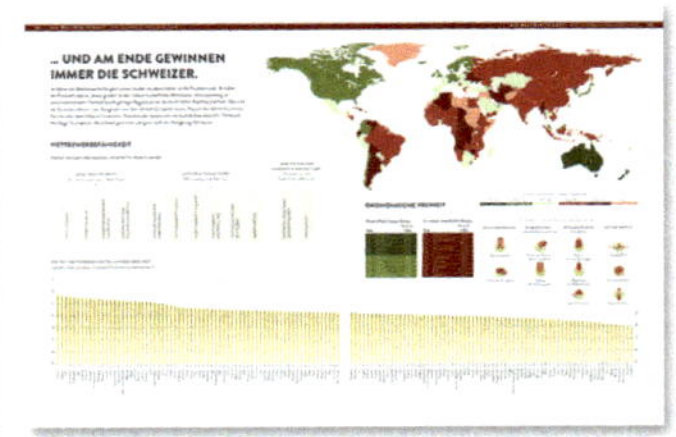
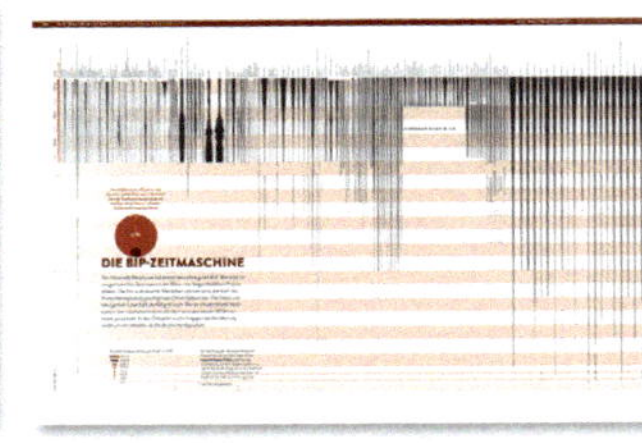

DIE INSTITUTIONEN

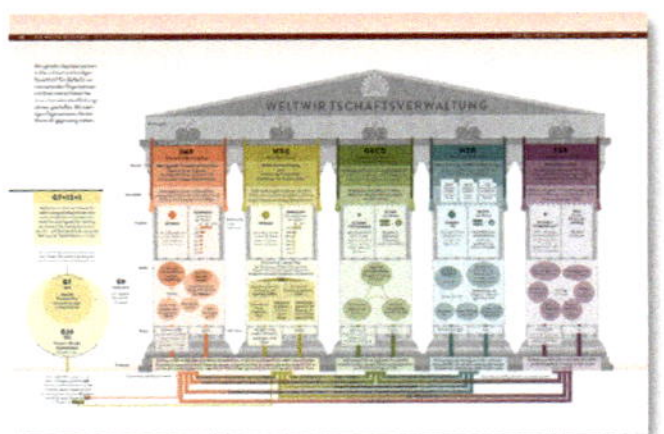

DER GLOBALE FINANZMARKT

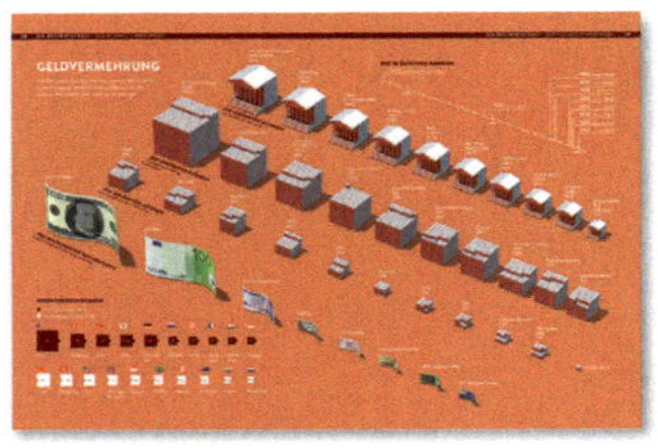
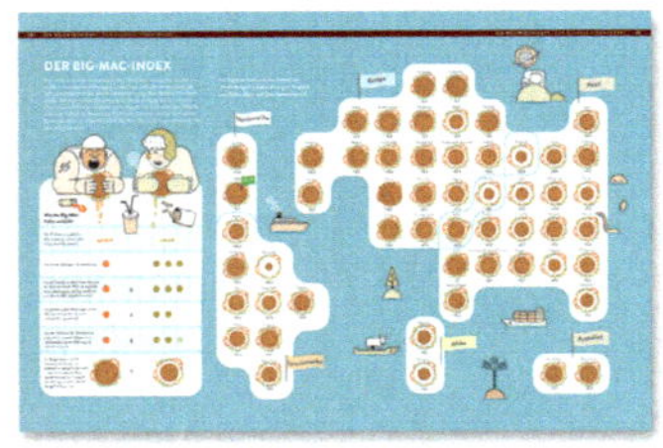

MULTIS UND MARKEN

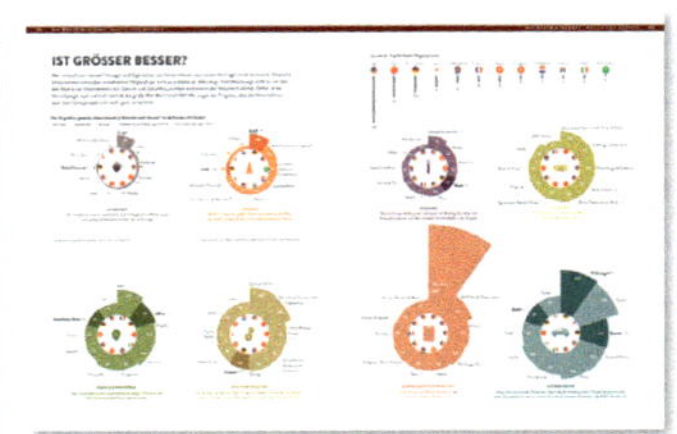

V DIE THEORIE

ARISTOTELES

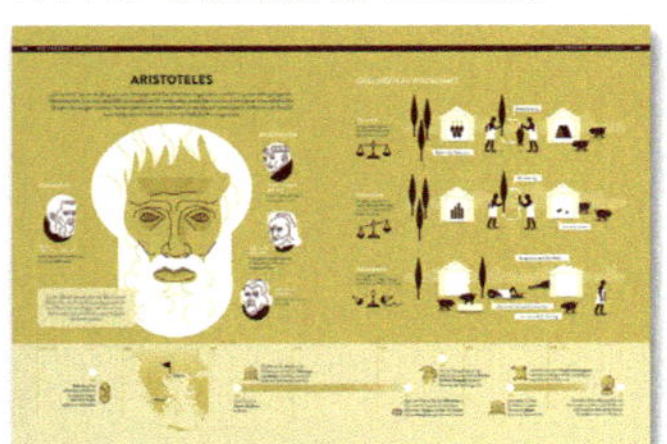

ADAM SMITH

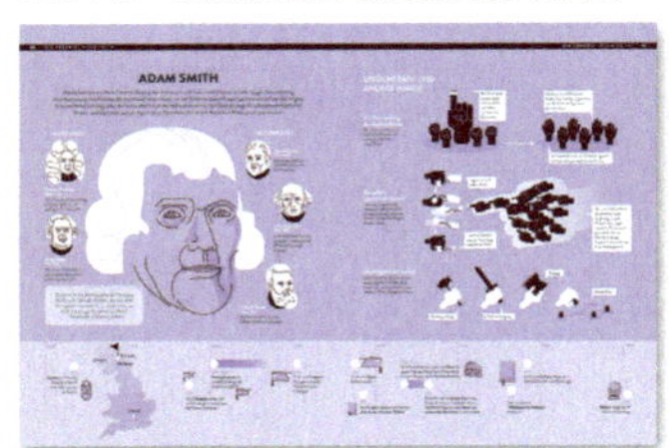

KARL MARX

F. W. TAYLOR

VI UMWELT & RESSOURCEN

NACHHALTIGKEIT

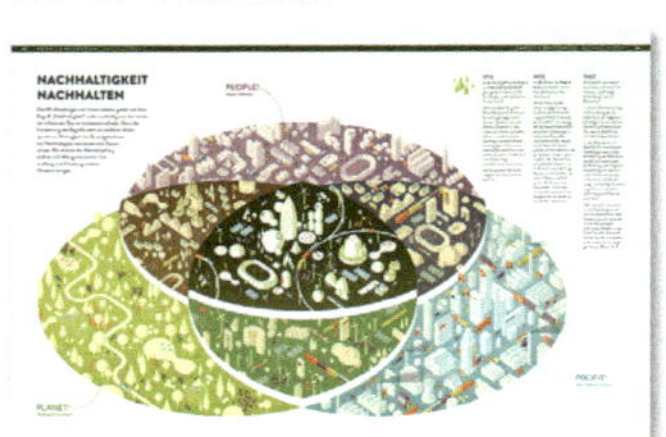

RESSOURCEN

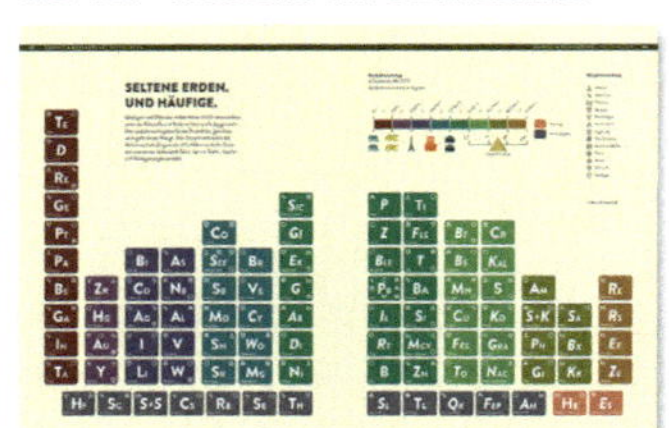
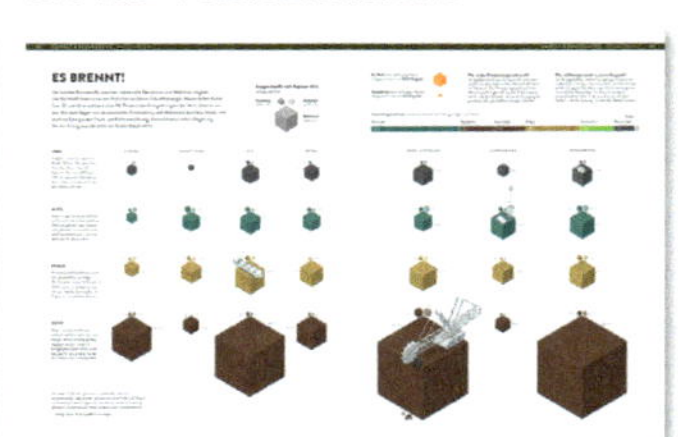
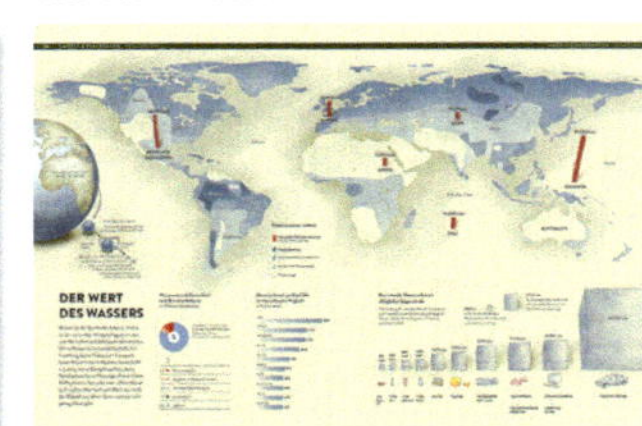

ABFALL UND RECYCLING

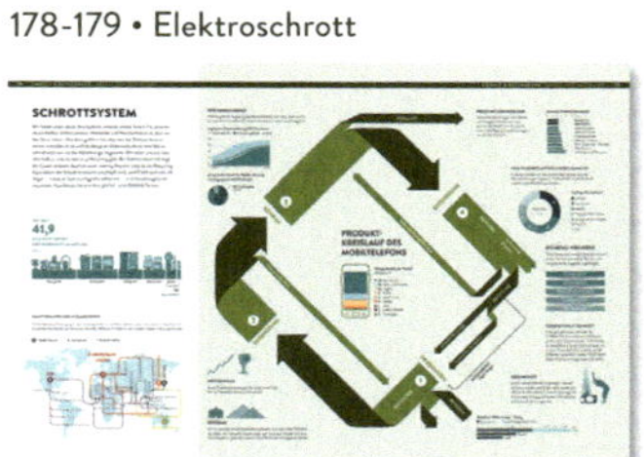
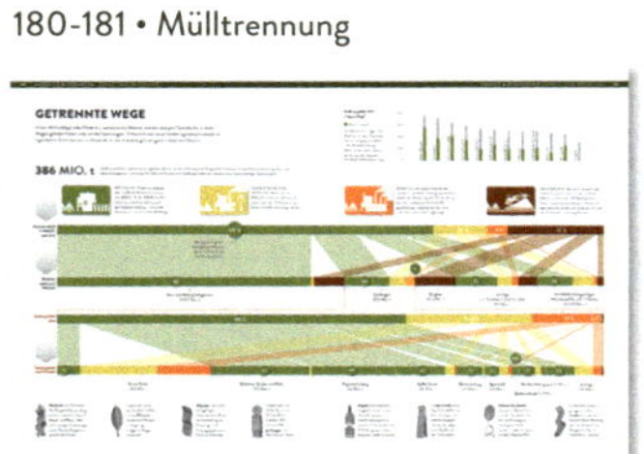

UMWELTWIRTSCHAFTSPOLITIK

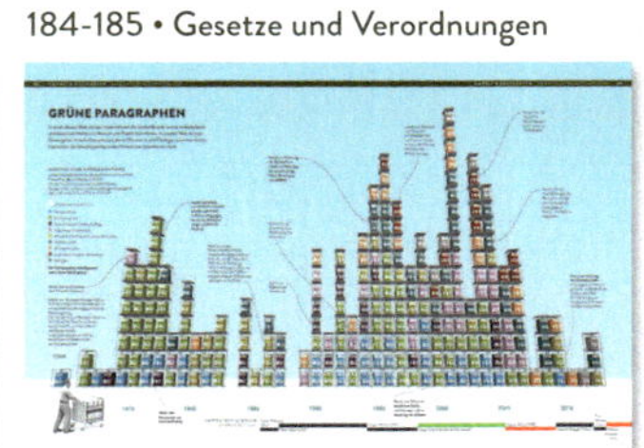
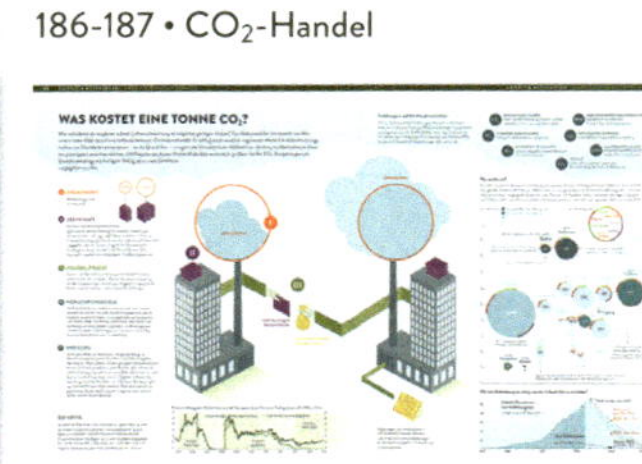

VII DIE ZUKUNFT

DIE MEGATRENDS

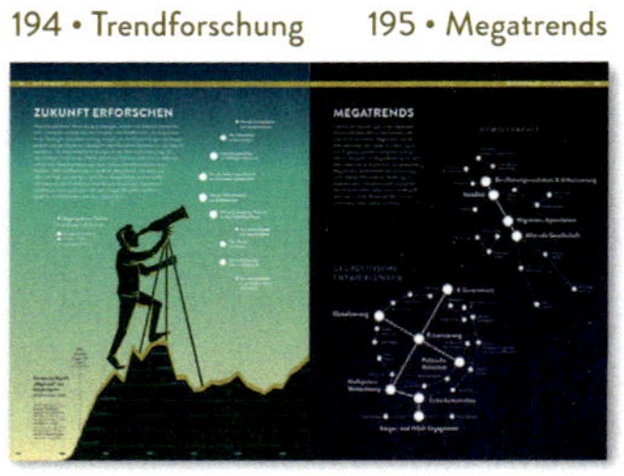
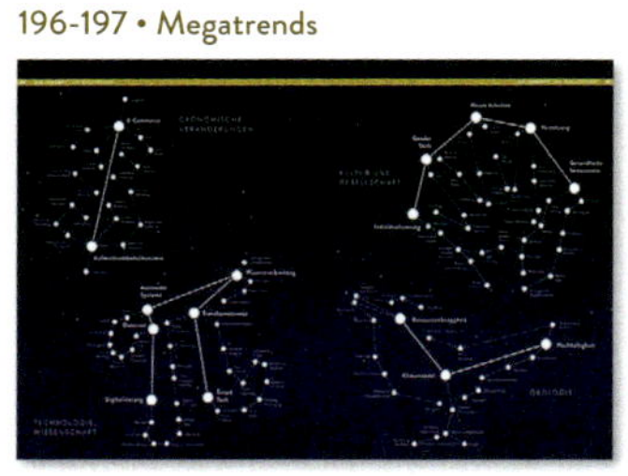

DIE INNOVATION

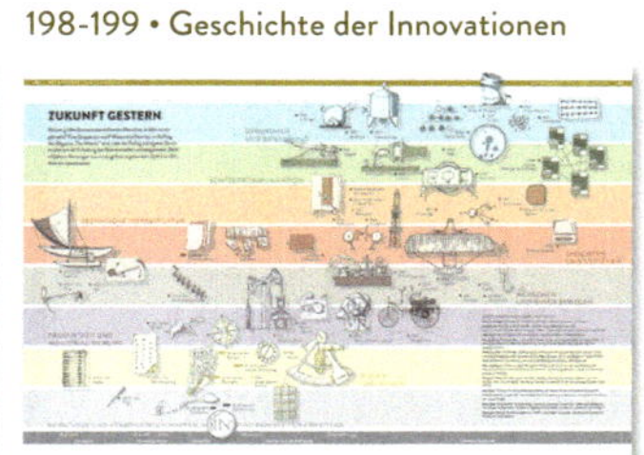
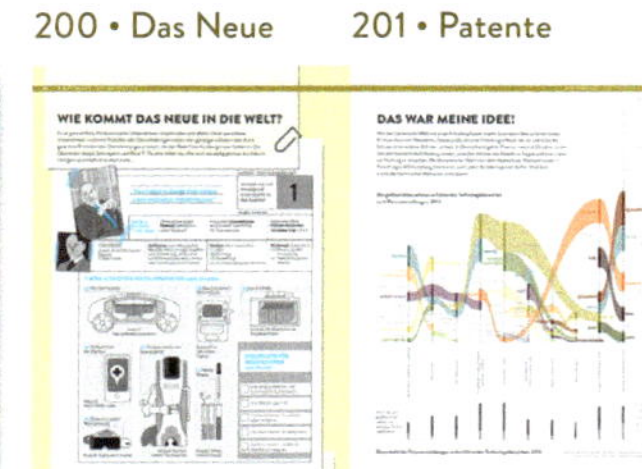

DIE AUTOMATISIERUNG

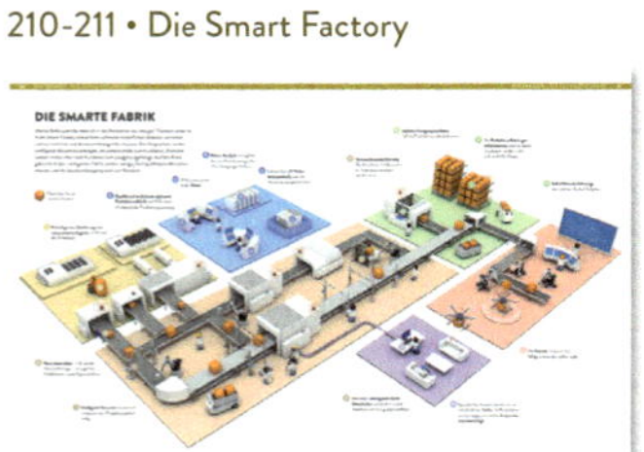

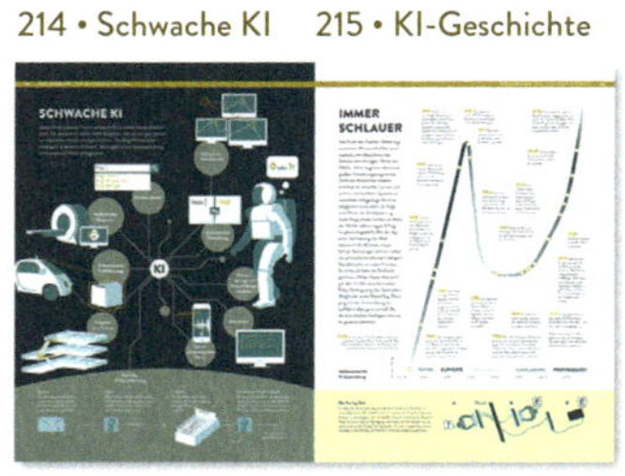

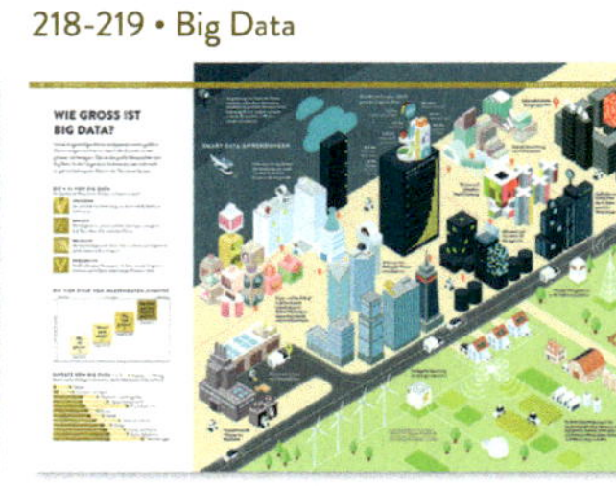

I

DER MENSCH

DER MITARBEITER
·
DER CHEF
·
DER SELBSTÄNDIGE
·
DER VERBRAUCHER
·
DER ARME MENSCH
·
DER REICHE MENSCH
·
ARBEIT, GELD UND GLÜCK

WIE WIR ARBEITEN

Arbeit bestimmt unser Leben. Der rechtliche Status bestimmt, wie wir arbeiten. Sechs Mitarbeiter-Typen mit unterschiedlichem rechtlichen Status bilden das Gros der Beschäftigten in Deutschland.

AUSZUBILDENDE

LERNT 2 BIS 3,5 JAHRE BIS ZUR PRÜFUNG ZUM GESELLEN (HANDWERK) ODER FACHARBEITER (INDUSTRIE)

DUALE AUSBILDUNG: PRAXIS IM BETRIEB, THEORIE IN DER BERUFSSCHULE

VERGÜTUNG VARIIERT: BINNENSCHIFFER IN NRW IM 1. LEHRJAHR 863 EURO, TISCHLER IN SACHSEN 494 EURO

ANGESTELLTE

WEISUNGSGEBUNDENER ARBEITNEHMER

ERHÄLT MONATLICHES GEHALT NACH TARIFVERTRAG ODER INDIVIDUELL VERHANDELT (AUSSERTARIFLICH)

UNTER BESTIMMTEN BEDINGUNGEN KÜNDBAR

LEITENDEN ANGESTELLTEN WERDEN ARBEITGEBERBEFUGNISSE ÜBERTRAGEN

ARBEITER

VORWIEGEND PHYSISCHE ARBEIT

MAN UNTERSCHEIDET FACHARBEITER, ANGELERNTE UND UNGELERNTE ARBEITER

BEKOMMT LOHN, DER ALS STUNDEN-, STÜCK- ODER AKKORDLOHN BERECHNET WIRD

RECHTLICHE UNTERSCHIEDE ZWISCHEN ARBEITERN UND ANGESTELLTEN WEICHEN AUF

MINDESTLOHN

Seit dem 1. Januar 2015 gilt flächendeckend der Mindestlohn von zunächst 8,50 Euro brutto je Stunde. Das entspricht 51 Prozent des mittleren Stundenlohns von Vollzeitbeschäftigten. Noch geltende Ausnahmen in einigen Branchen werden zum 1. Januar 2017 bundesweit aufgehoben. Deutschland ist das 22. Land der EU, das einen Mindestlohn eingeführt hat.

MINI-/MIDIJOBBER

sind geringfügig beschäftigt und verdienen bis zu 450 Euro bzw. ab 450,01–850 Euro pro Monat. Minijobs sind abgabenfrei, Midijobber zahlen in die Sozialversicherung ein, der Arbeitgeberanteil beträgt pauschal 19,325 Prozent.

PRAKTIKANTEN

sammeln Erfahrungen zur beruflichen Orientierung oder Ausbildung. Praktikanten haben grundsätzlich Anspruch auf Mindestlohn. Ausgenommen davon sind Pflichtpraktika für Ausbildungen oder Studiengänge.

WERKSTUDENTEN

arbeiten neben dem Studium maximal 20 Stunden pro Woche. Die Tätigkeit muss fachliche Nähe zum Studium haben und Praxiskenntnisse fördern (kein normaler „Studentenjob“). Werkstudenten unterliegen der Rentenversicherungspflicht.

ATYPISCHE BESCHÄFTIGUNG

ist ein politischer Sammelbegriff für Teilzeit-/Minijobs, Leiharbeit und befristete Beschäftigungsverhältnisse. Einige Arbeitnehmergruppen finden durch sie leichter Zugang zum Arbeitsmarkt. Die Kehrseite: Atypisch Beschäftigte haben eine geringe soziale Absicherung. Die langfristigen Folgen für die Sozialversicherungssysteme sind schwer abschätzbar.

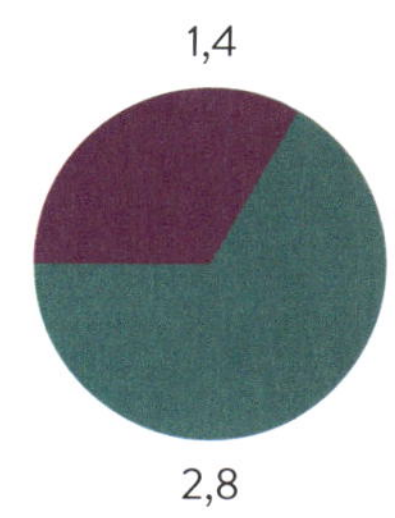

Zur Anzahl von freien Mitarbeitern und (Klein-)Unternehmern, die nicht den freien Berufen angehören, gibt es nur grobe Schätzungen.

BEAMTE

STEHT GEGENÜBER SEINEM DIENSTHERRN IN EINEM BESONDEREN DIENST- UND TREUEVERHÄLTNIS

BEAMTENVERHÄLTNIS WIRD DURCH EINE ERNENNUNG BEGRÜNDET, NICHT DURCH EINEN ARBEITSVERTRAG

IST UNKÜNDBAR. GEGEN SEINEN WILLEN KANN ER NUR NACH EINEM DISZIPLINARVERFAHREN ENTLASSEN WERDEN

DIVERSE PRIVILEGIEN BEI KRANKENVERSICHERUNG UND ALTERSVERSORGUNG

FREIBERUFLER

ANGEHÖRIGER BESTIMMTER BERUFE: Z.B. ÄRZTE, JURISTEN, STEUERBERATER, JOURNALISTEN, WISSENSCHAFTLER, HEBAMMEN, ALTENPFLEGER

VERFÜGT ÜBER BESONDERE FACHKENNTNISSE

UNTERLIEGT NICHT DER GEWERBEORDNUNG

KANN SOWOHL WEISUNGSGEBUNDEN BESCHÄFTIGT (Z.B. ANGESTELLTER ANWALT) ALS AUCH UNTERNEHMER (Z.B. ARZT MIT MITARBEITERN) SEIN

FREIE MITARBEITER

UNTERNEHMER ODER SELBSTÄNDIGER

FÜHRT AUFGRUND EINES DIENST- ODER WERKVERTRAGS FÜR EIN UNTERNEHMEN PERSÖNLICH AUFTRÄGE AUS

UNABHÄNGIG, IN DER GESTALTUNG DER ARBEITSBEDINGUNGEN FREI UND WEDER ZEITLICH, ÖRTLICH NOCH FACHLICH WEISUNGEN DES AUFTRAGGEBERS DIREKT UNTERWORFEN

BEKOMMT EIN HONORAR

In Deutschland leben 81,1 Mio. Menschen.

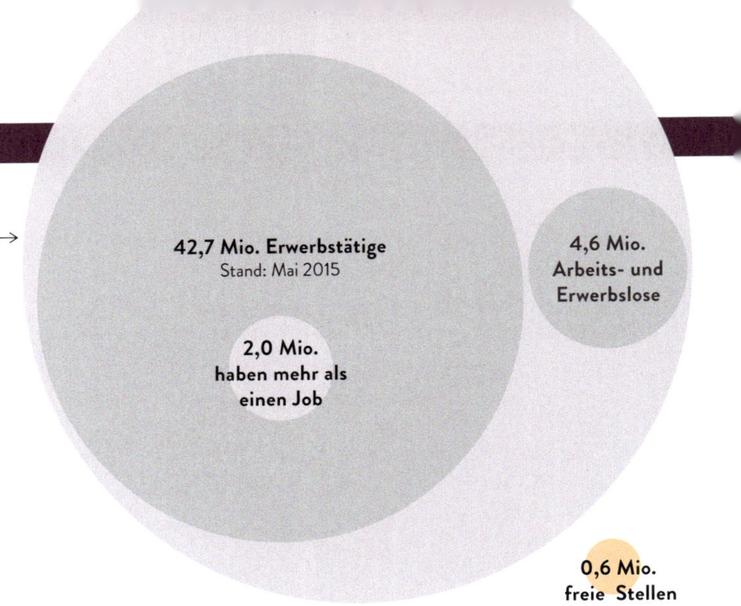

DER LOHN DES LEBENS

Wer kommt wie auf welche Position und bekommt was dafür, bis er wann in Rente geht? Wie viele arbeiten in welchem Beschäftigungsverhältnis oder gar nicht? Und was kosten Kinder, und wie viel übernimmt davon der Staat? In Deutschland sieht die Antwort so aus:

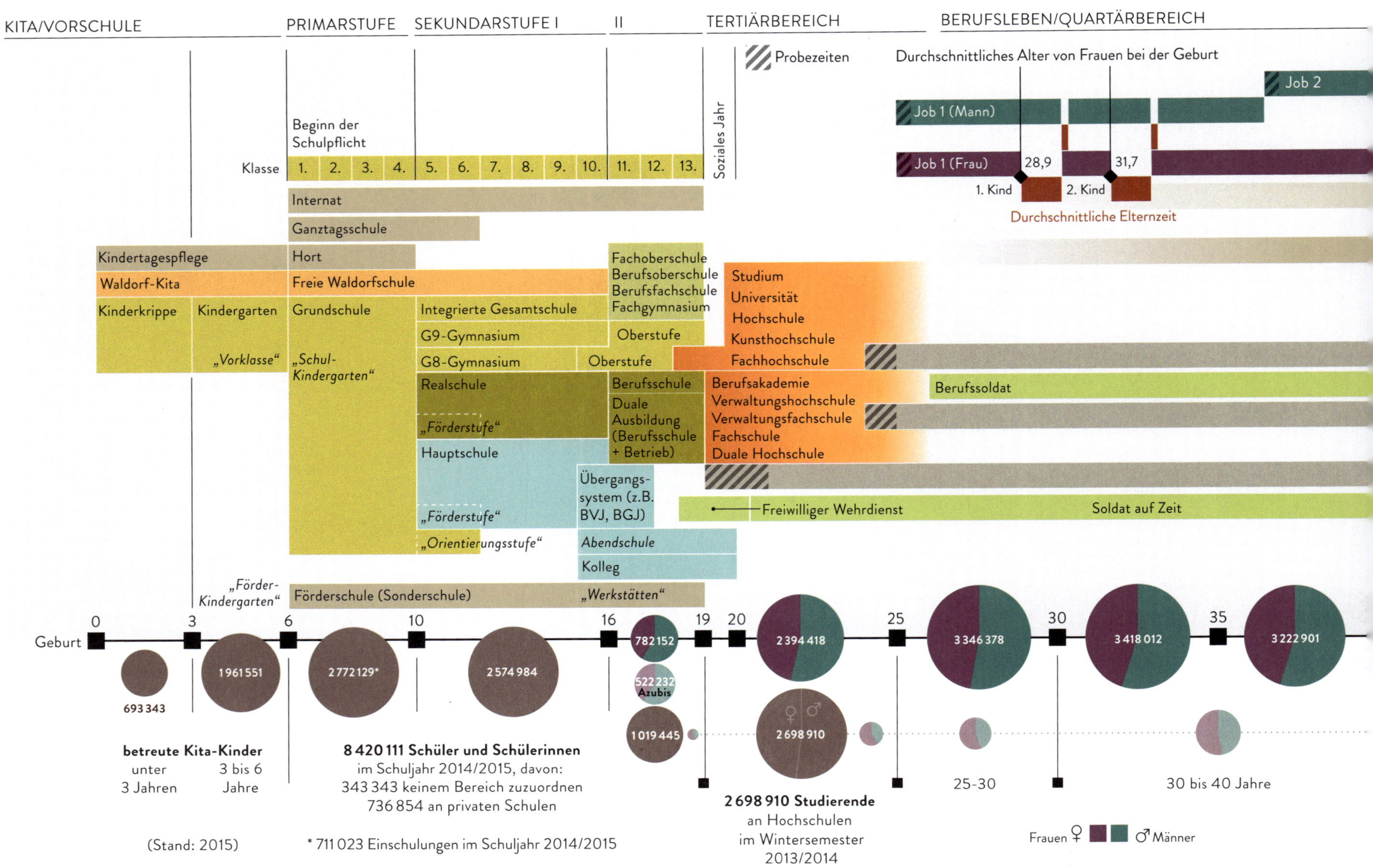

KIND & KOSTEN

Eltern werden finanziell mit **Kindergeld** unterstützt:

Kind 1:	Kind 2:	Kind 3:	ab dem 4. Kind:
190 €	**190 €**	**196 €**	**221 €**

(Einkommensunabhängig **bis zum 18. Lebensjahr des Kindes**)

Eltern werden finanziell mit **Elterngeld** (monatlich) unterstützt:

300 bis 1800 €

Die Höhe orientiert sich am laufenden durchschnittlich monatlich verfügbaren Erwerbseinkommen, das der betreuende Elternteil im Jahr vor der Geburt hatte. Dauer der Unterstützung: 14 Monate (in Sonderfällen bis zu 22 Monate). Paare können die Monate untereinander aufteilen.

RECHENBEISPIEL (Stand Juni 2015):

Einkommen vor Geburt	monatliches Elterngeld	
1400 Euro (netto)	65 % davon:	910 Euro

Für Nettoeinkommen ab 1200 Euro und mehr vor der Geburt des Kindes sinkt die Rate des Elterngeldes von 67 auf 65 Prozent (bei Voreinkommen von 1240 Euro und mehr auf 65 Prozent, bei Voreinkommen von 1220 Euro auf 66 Prozent).

Monatskosten für ein Kind:

550 €

Hochgerechnet bis zum 18. Lebensjahr:

120 000 €

Der **Kinderfreibetrag** beträgt

7152 €

Der Kinderfreibetrag wird im Gegensatz zum Kindergeld nicht ausgezahlt, sondern ist ein Betrag, der vom zu versteuernden Einkommen abgezogen wird und sich steuermindernd auswirkt. Im Geburtsjahr wird der Freibetrag anteilig gewährt. Getrennte Elternteile erhalten grundsätzlich den halben Freibetrag.

VERDIENSTBEISPIELE (Bruttogehälter ohne Kindergeld oder sonstige Zuschläge

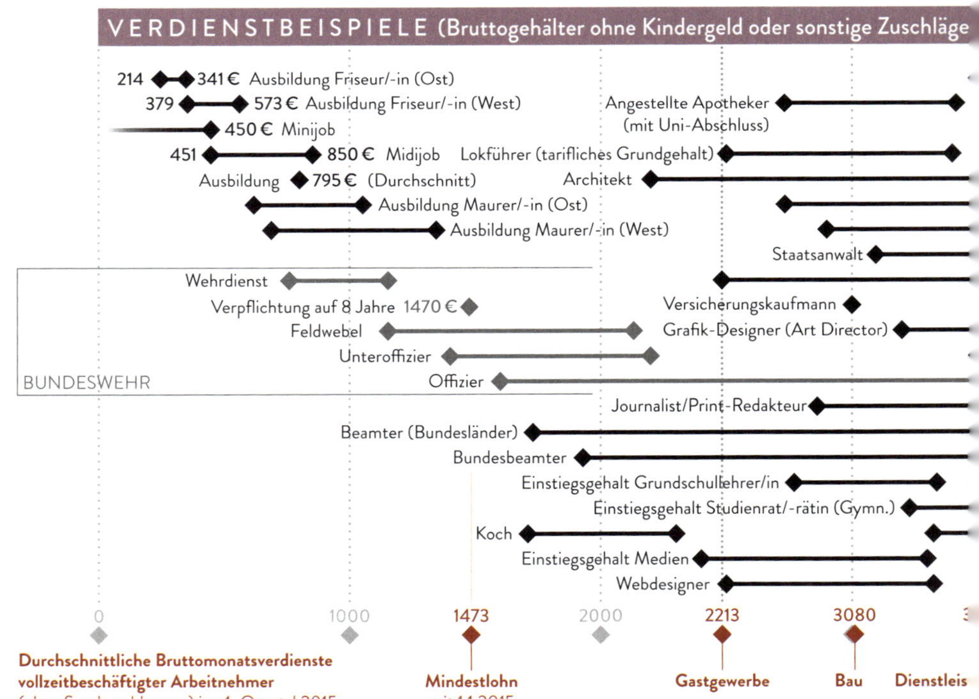

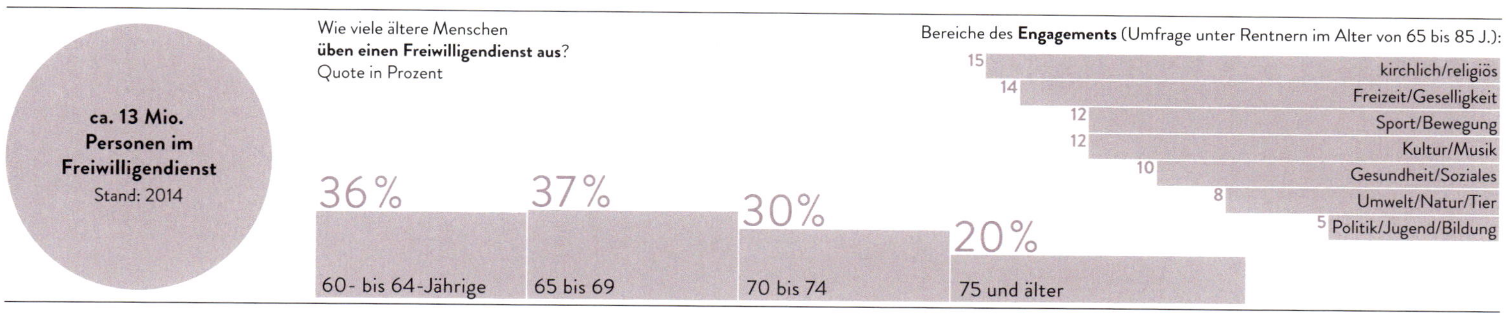

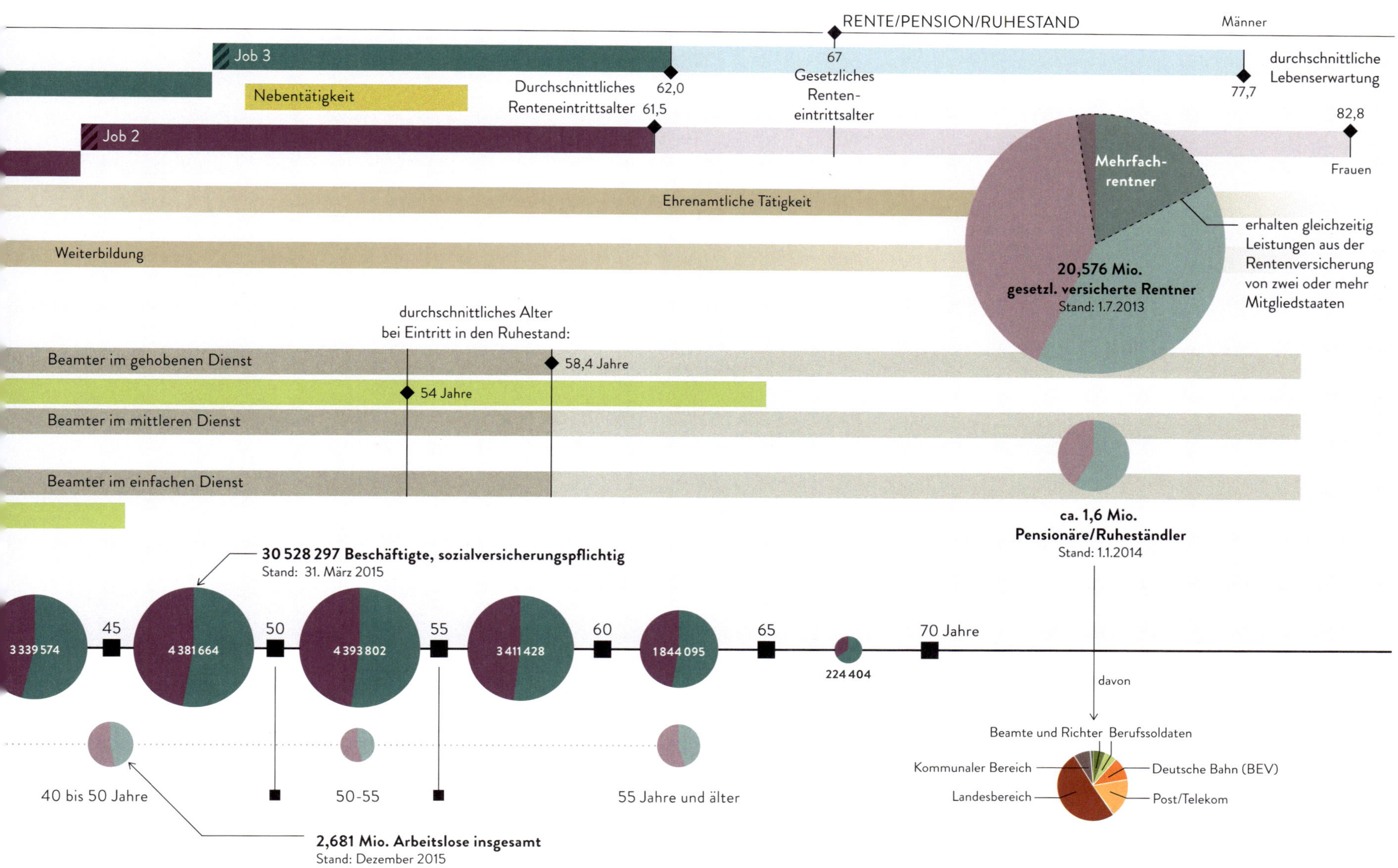

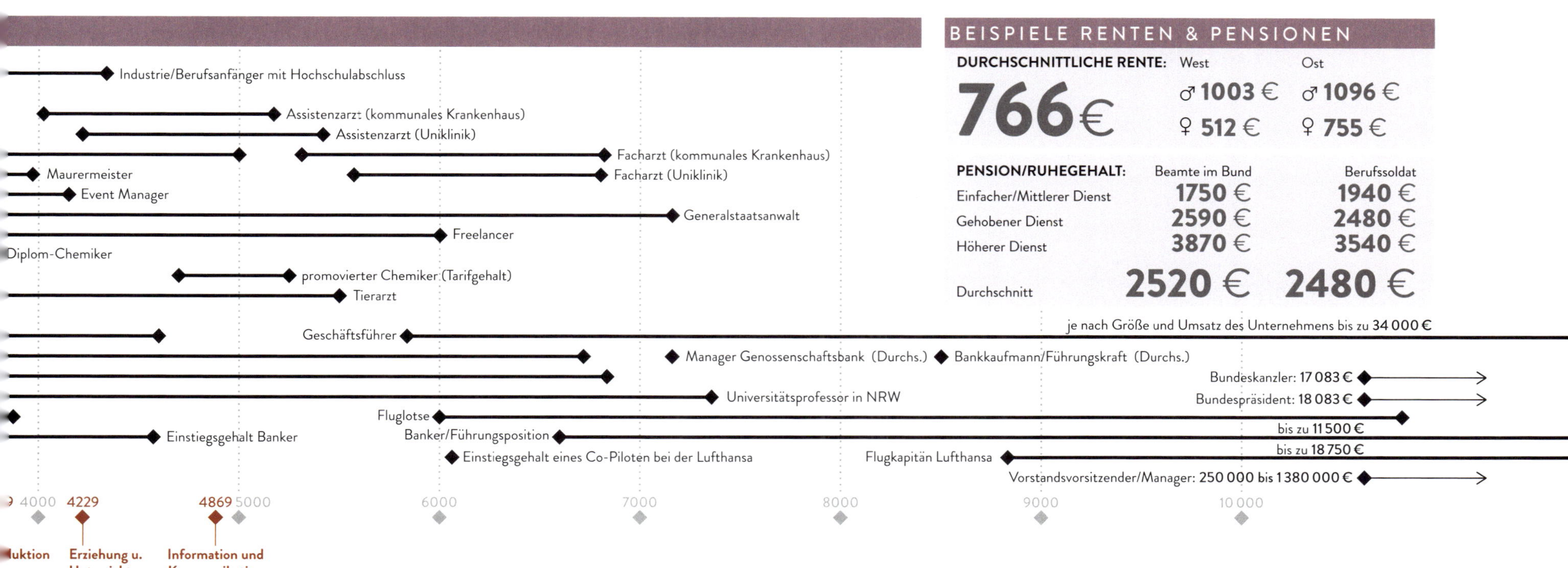

BEISPIELE RENTEN & PENSIONEN

DURCHSCHNITTLICHE RENTE:

	West	Ost
766 €	♂ 1003 €	♂ 1096 €
	♀ 512 €	♀ 755 €

PENSION/RUHEGEHALT:	Beamte im Bund	Berufssoldat
Einfacher/Mittlerer Dienst	1750 €	1940 €
Gehobener Dienst	2590 €	2480 €
Höherer Dienst	3870 €	3540 €
Durchschnitt	2520 €	2480 €

UNS GEHT'S GUT!

Wie viel verdienen Sie? Die Frage ist nicht so trivial, wie sie scheint. Die Volkswirtschaftslehre unterscheidet zwischen Arbeitseinkommen (Löhne und Gehälter), Kapitaleinkommen (Zinsen, Dividenden, Mieteinnahmen) und Transfereinkommen (Arbeitslosengeld und Sozialhilfe). Zusammengefasst werden sie zum sogenannten Reinvermögenszugang einer natürlichen Person oder eines Haushalts. Die Grafik zeigt die Entwicklung der durchschnittlichen Löhne und Gehälter in Deutschland seit 1949.

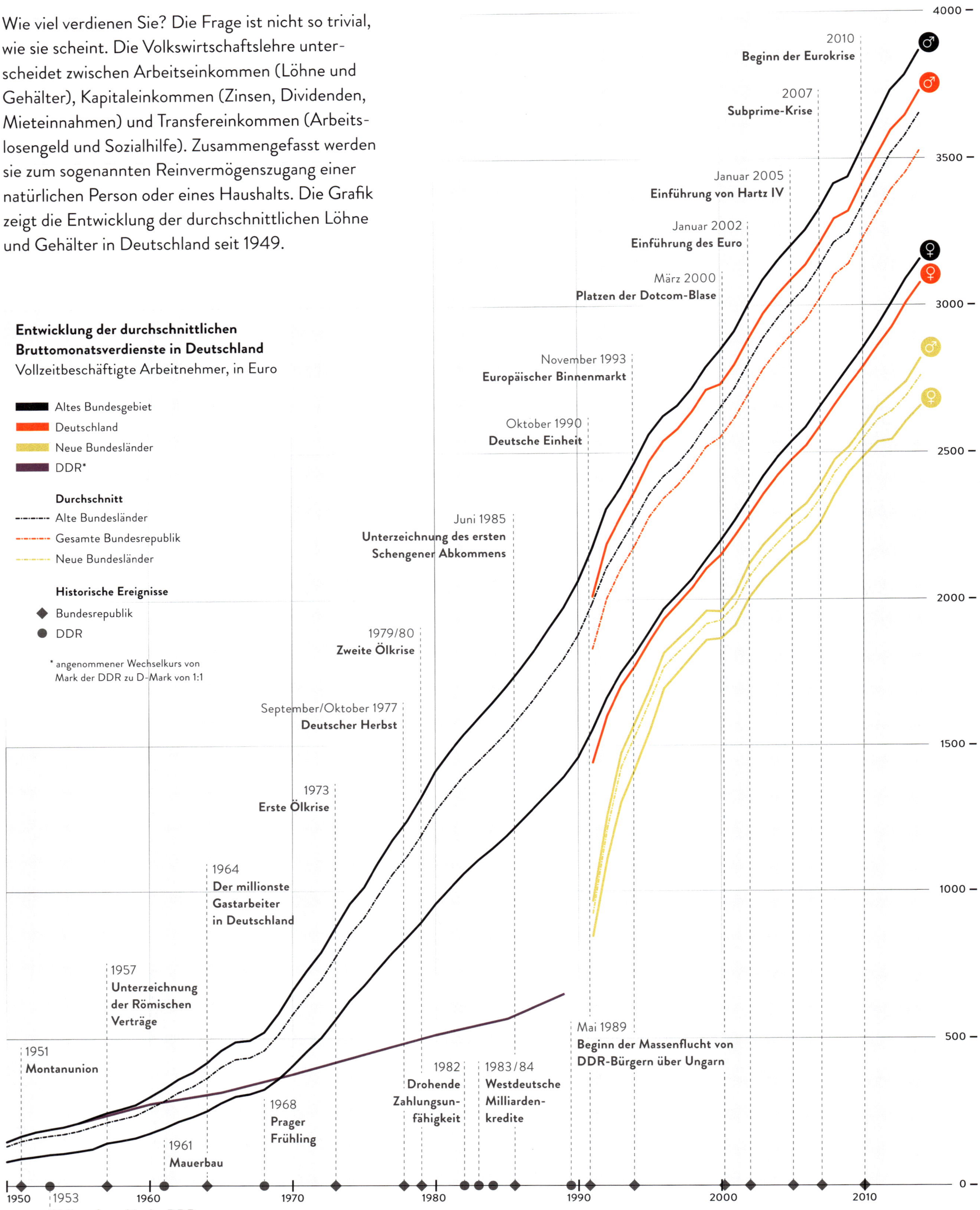

MYTHOS MOTIVATION

Gute Führung bindet Mitarbeiter an Unternehmen. Emotional engagierte Mitarbeiter schaffen mehr Kundenzufriedenheit. So weit die Theorie. Der Engagement-Index der Unternehmensberatung Gallup kommt Jahr für Jahr zu dem gleichen Ergebnis. Der weit überwiegende Anteil der Mitarbeiter macht Dienst nach Vorschrift, weil er sich kaum mit seinem Unternehmen identifiziert. 15 Prozent haben innerlich gekündigt.

Emotionale Bindung in Bezug auf den Arbeitgeber in Deutschland
100 Beschäftigte eines durchschnittlichen Unternehmens

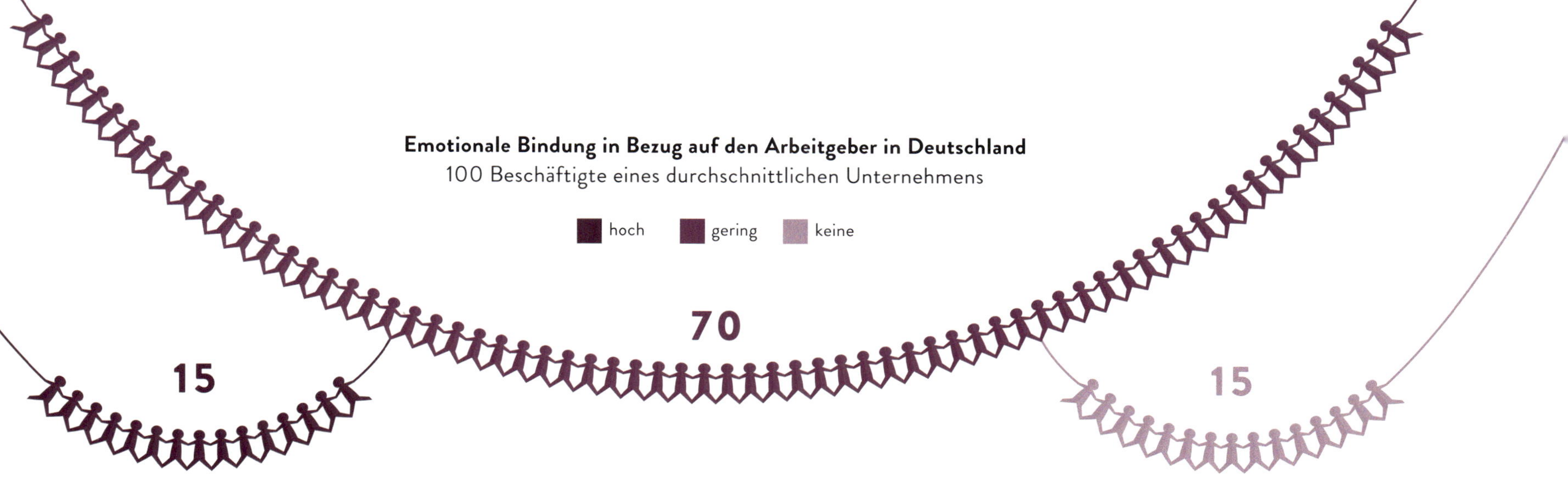

Deutsche Arbeitnehmer
in Millionen

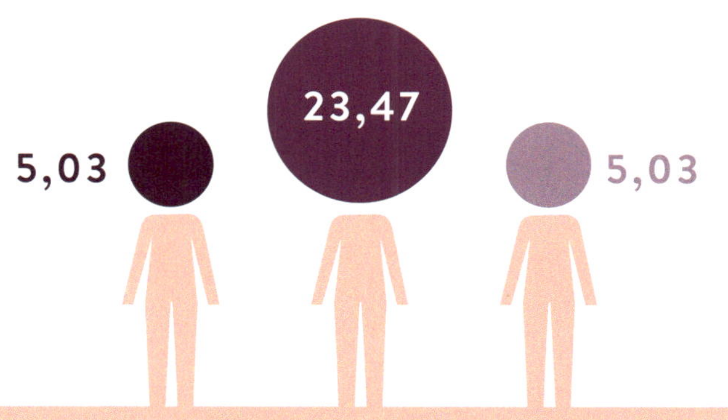

Umfrage zu den Top-Faktoren für eine positive Arbeitsmotivation in Prozent*

Emotionale Bindung zum Arbeitgeber im internationalen Vergleich

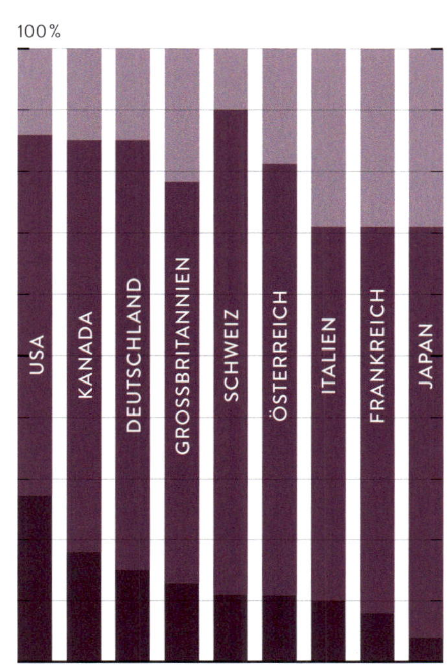

Umfrage zum Antrieb in Bezug auf Arbeit in Prozent (ausschlaggebendster Grund)*

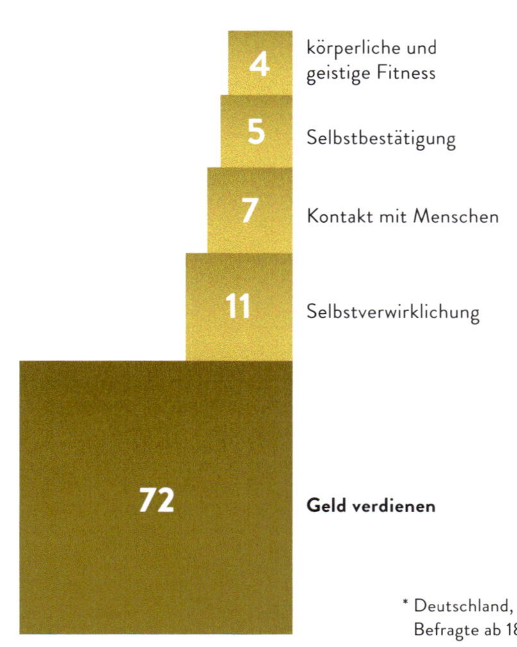

* Deutschland, 1000 Befragte ab 18 Jahre

MENSCH BOSS

Was muss ein guter Chef können? Abstrakt gesprochen: Er muss andere Menschen in einem Wertschöpfungsprozess dabei anleiten, wirtschaftlichen Mehrwert zu produzieren. Dazu muss er Sachkompetenz und Führungskompetenz in einer Person verbinden. Er muss weitsichtige Entscheidungen treffen, Ziele setzen, den richtigen Ton finden und jede Menge Konflikte aushalten. Das alles in einer Person zu verbinden ist schwer. Vermutlich gibt es deshalb so viele unbeliebte Chefs.
Umgekehrt gilt: Die Erwartungen an Führung werden oft in unerreichbare Höhen geschraubt. In Schweden fällt es vielen Unternehmen schwer, Leute für Führungspositionen zu finden.

GUTE FÜHRUNG GEHT SO

Tanzfläche und Balkon
Chefs müssen zeitgleich tanzen und sich und ihr Team vom Balkon aus beim Tanzen beobachten. So sieht es Ronald Heifetz, Professor für Leadership in Harvard.

Mythos Motivation
Ein Chef kann Mitarbeiter nicht motivieren und schon gar nicht mit Bonuszahlungen. Er kann nur einen Rahmen schaffen, in dem Mitarbeiter sich persönlich weiterentwickeln und deshalb selbstmotiviert hohe Leistung erbringen. Das sagt der Management-Berater Reinhard K. Sprenger.

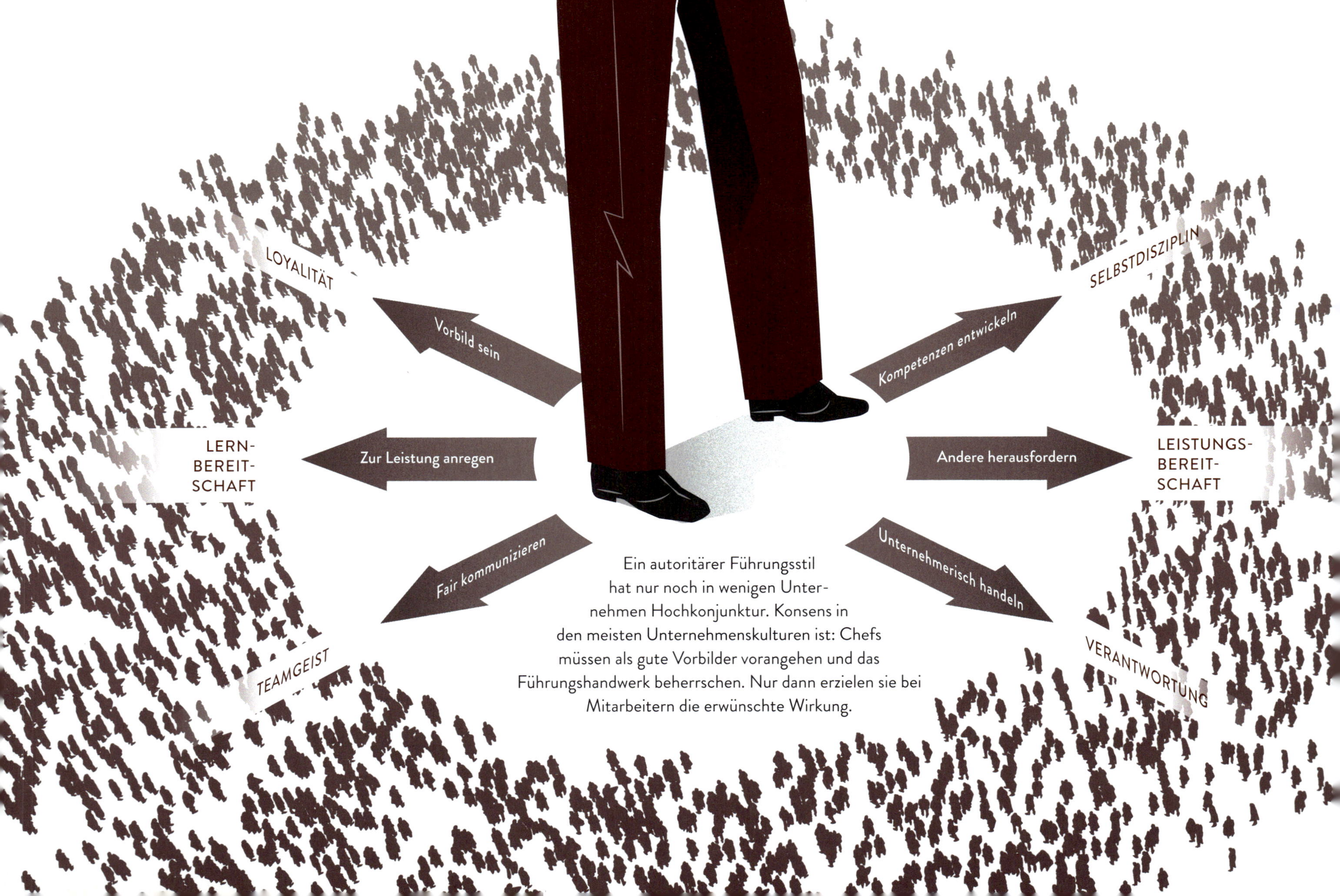

Ein autoritärer Führungsstil hat nur noch in wenigen Unternehmen Hochkonjunktur. Konsens in den meisten Unternehmenskulturen ist: Chefs müssen als gute Vorbilder vorangehen und das Führungshandwerk beherrschen. Nur dann erzielen sie bei Mitarbeitern die erwünschte Wirkung.

FÜHRUNGSSTILE

Management hat sich im 20. Jahrhundert stark verändert. Der Soziologe Max Weber erkannte Anfang des 20. Jahrhunderts vier Typen autoritärer Führungsstile. In den USA führten Chefs ab den 1950er Jahren immer öfter über Zielvereinbarungen. Die Managementtheoretiker nannten das „transaktional". Moderne Team-Führung heute gründet in der Regel auf dem Konzept der transformationalen Führung, einem Modell von James MacGregor Burns aus den späten 1970er Jahren.

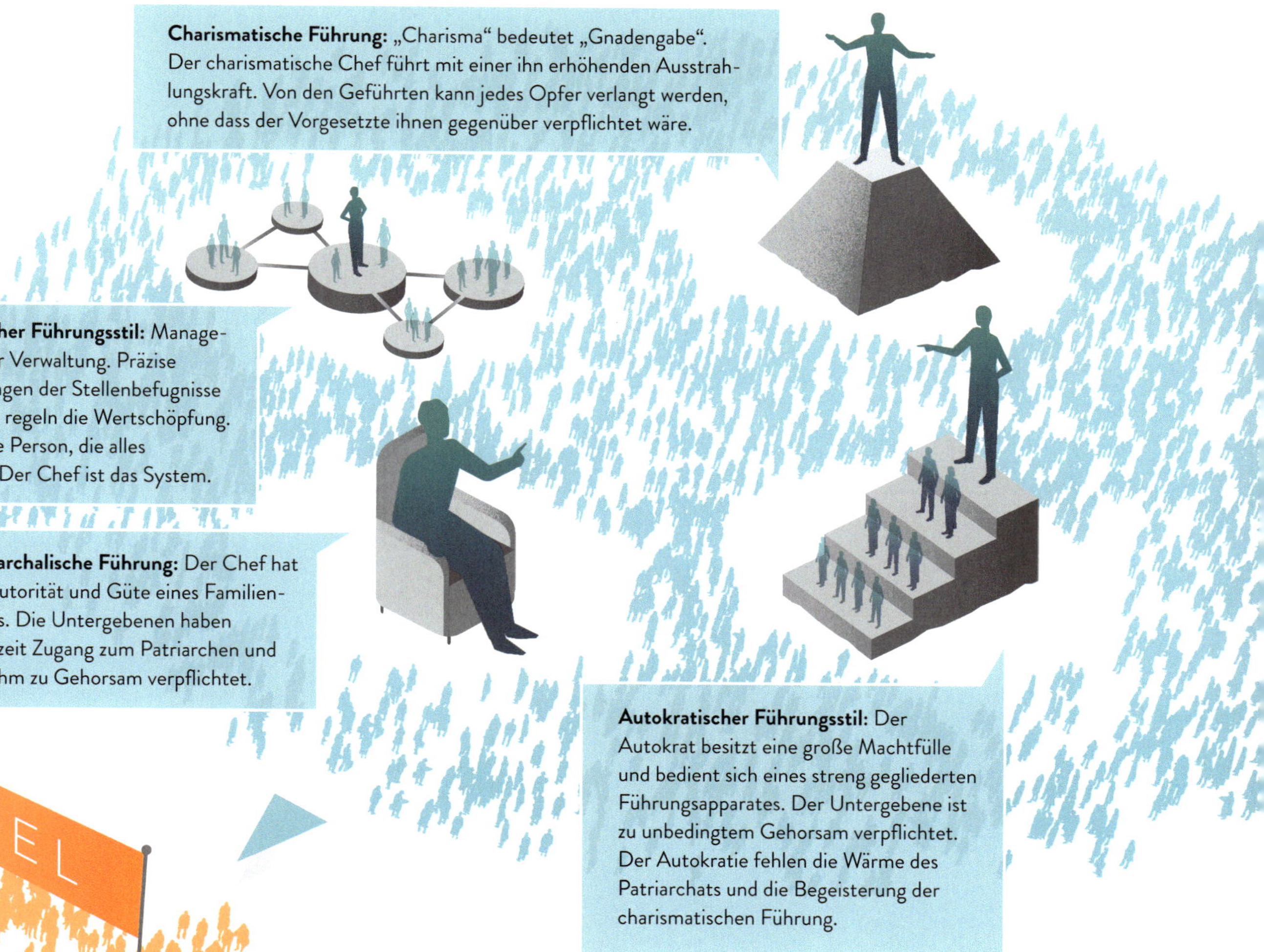

Charismatische Führung: „Charisma" bedeutet „Gnadengabe". Der charismatische Chef führt mit einer ihn erhöhenden Ausstrahlungskraft. Von den Geführten kann jedes Opfer verlangt werden, ohne dass der Vorgesetzte ihnen gegenüber verpflichtet wäre.

Bürokratischer Führungsstil: Management ist hier Verwaltung. Präzise Beschreibungen der Stellenbefugnisse und Abläufe regeln die Wertschöpfung. Es gibt keine Person, die alles beherrscht. Der Chef ist das System.

Patriarchalische Führung: Der Chef hat die Autorität und Güte eines Familienvaters. Die Untergebenen haben jederzeit Zugang zum Patriarchen und sind ihm zu Gehorsam verpflichtet.

Autokratischer Führungsstil: Der Autokrat besitzt eine große Machtfülle und bedient sich eines streng gegliederten Führungsapparates. Der Untergebene ist zu unbedingtem Gehorsam verpflichtet. Der Autokratie fehlen die Wärme des Patriarchats und die Begeisterung der charismatischen Führung.

Transaktionale Führung beruht auf dem Prinzip des Tauschs. Führungskraft und Mitarbeiter setzen ein Ziel fest. Erreicht der Mitarbeiter dieses, wird er finanziell oder immateriell dafür belohnt. Die Grundidee stammt vom Ökonomen Peter F. Drucker in seinem Konzept „Management by Objectives" aus dem Jahr 1954.

Transformationale Führung setzt auf die Werte Vertrauen, Respekt, Loyalität und Bewunderung. Wenn es Führungskräften gelingt, diese zur Grundlage der Beziehungen zu ihren Mitarbeitern zu machen, erzielen Individuen und Teams überdurchschnittliche Leistungen. Oft steht bei diesem Führungsstil eine gemeinsame Mission im Mittelpunkt. Diese soll Verhalten und Bewusstsein der Mitarbeiter auf ein höheres Niveau heben – also „transformieren".

STUDIENFACH CHEF

Was muss ich studieren, um in einem Konzern ganz nach oben zu kommen? Betriebswirtschaft in Harvard zu studieren erhöht die statistische Wahrscheinlichkeit. Doch akademische Nebengleise führen auch oft zum Ziel.

Studienabschlüsse der 30 DAX-Vorstandsvorsitzenden

* Elektro, Verfahren, Luft- und Raumfahrt

Große Köpfe, kleine Hochschulen

GER

Herbert Hainer (*1954)
Vorstandsvorsitzender der adidas AG (2001–2016)

Betriebswirtschaft
Hochschule für angewandte Wissenschaften Landshut

USA

Randall L. Stephenson (*1960)
Chairman und CEO von AT&T (seit 2007)

Wirtschaftswissenschaften
Universitäten von Central Oklahoma und Oklahoma

GER

Joe Kaeser (*1957)
Vorstandsvorsitzender der Siemens AG (seit 2013)

Betriebswirtschaft
Fachhochschule Regensburg

NED

Paul Polman (*1956)
CEO des Verbrauchsgüterkonzerns Unilever (seit 2009)

Wirtschaftswissenschaften
Universität Groningen und University of Cincinnati

Internationale Elite-Universitäten
Alma-Mater-Index der Fortune-500-Unternehmen (Top-20), Anzahl der graduierten CEOs, 2013

USA	Harvard University	25
JPN	University of Tokyo	13
FRA	École Polytechnique	12
USA	Stanford University	11
FRA	HEC Paris	9
FRA	ENA, École Nationale d'Administration	9
USA	University of Pennsylvania	8
JPN	Keio University	8
KOR	Seoul National University	8
USA	Massachusetts Institute of Technology	7
FRA	INSEAD	7
CHN	Tsinghua University	7
USA	Cornell University	6
USA	University of Chicago	6
USA	Northwestern University	6
USA	Columbia University	6
FRA	Mines Paris Tech	6
JPN	Kyoto University	6
USA	Yale University	6
JPN	Waseda University	6

Große Hochschulen, aber kein Abschluss

USA

Mark Zuckerberg (*1984)
Vorstandsvorsitzender von Facebook Inc. (seit 2004)

Psychologie, Computerwissenschaften
Harvard University

IND

Azim Premji (*1945)
Vorstand des Softwaregiganten Wipro Limited (seit 1966)

Ingenieurwesen
Stanford University

CHEFIGES GEHALT

31,3 Millionen Euro hat Sergio Marchionne 2014 verdient. Damit war der Fiat-Chef in dem Jahr wohl der am besten bezahlte Manager der Welt. Doch wie viel verdient Ihr Chef? Oder falls Sie selbst Chef sind: Verdienen Sie mehr als der Durchschnittschef Ihrer Branche?

Gehaltsunterschiede auf der Chefetage
Bruttojahresverdienste in Euro

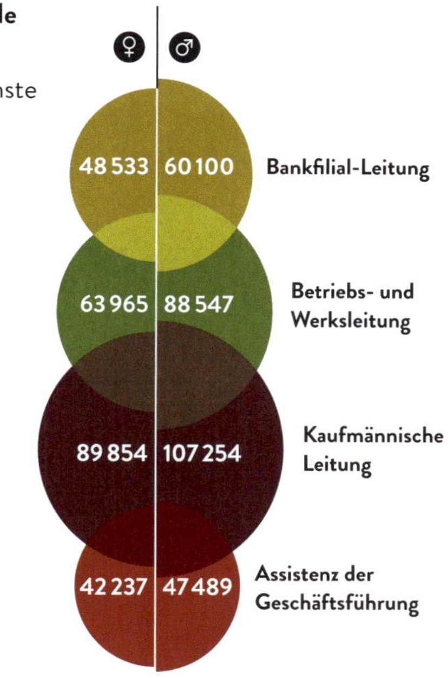

Durchschnittliche Bruttojahresverdienste
in Deutschland, in Euro

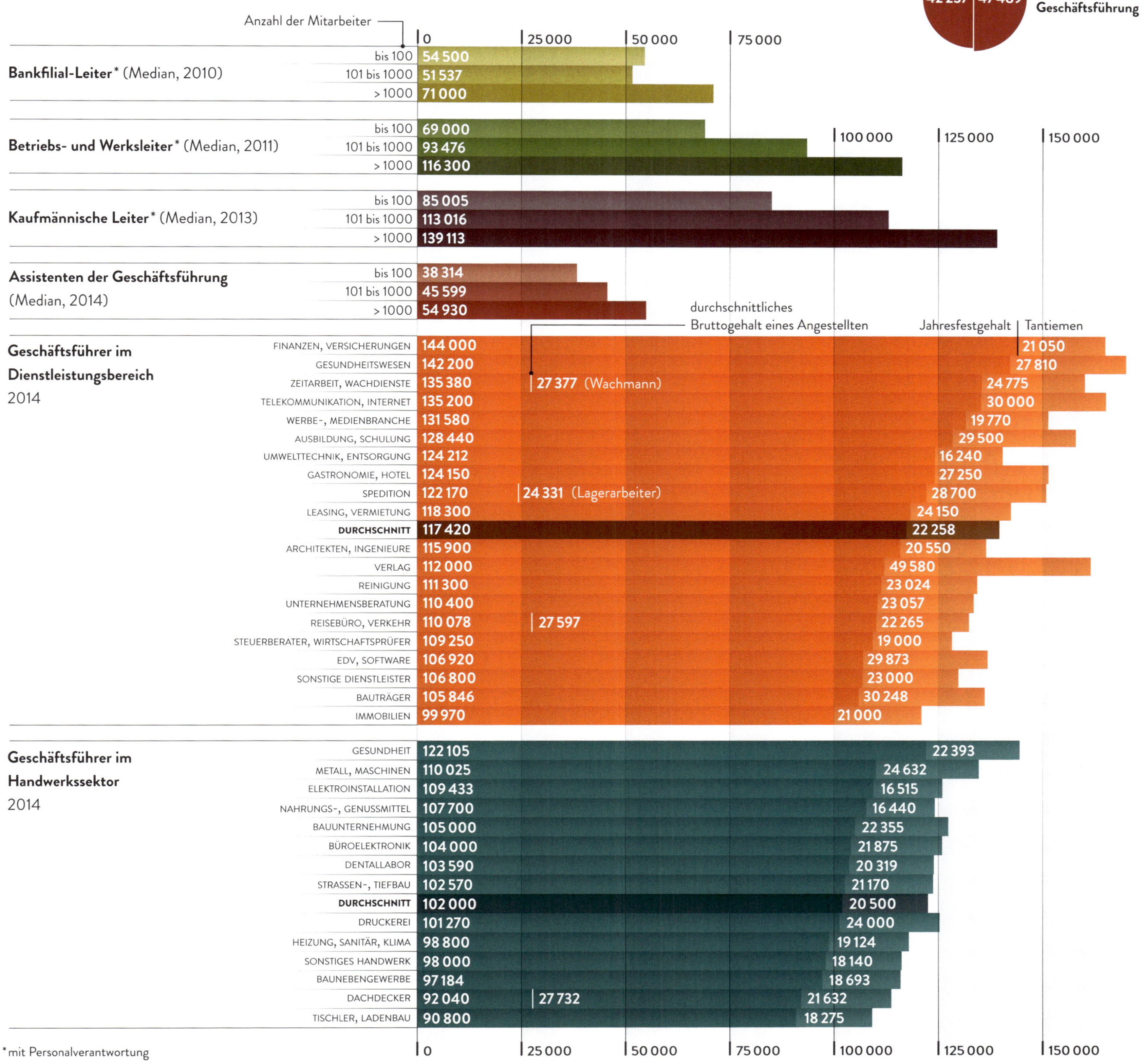

*mit Personalverantwortung

BULLSHITSTORM!

In Büros wird viel geredet. Das Gesagte und das Gemeinte haben oft wenig miteinander zu tun. Das gilt für Chefs und Mitarbeiter. Die Büro-Sprache des doppelten Bodens hat einen Namen: Bullshit. Die meisten Chefs und Mitarbeiter sprechen sie fließend.

Was genau soll ich machen?
Läuft!
Bei dem nützt rumschleimen immer.
Da bin ich ganz bei Ihnen.
Sie fallen in die Kategorie ewiges Talent. Aus Ihnen wird nie was.
Wenn ich mir Ihr MBTI-Profil anschaue, sehe ich in Ihnen nach wie vor hohes Potential ...
Keine Ahnung, wer das wann macht.
Das wird zeitnah erledigt.
Das kommende Jahr wird sportlich für uns alle.
Auf Leute wie Sie kommt verdammt viel Arbeit zu.
Verstanden?!
Einverstanden?

SELBST UND STÄNDIG

Keinen Chef haben und kein Chef sein. Die Arbeit zeitlich selbst einteilen. Ortsunabhängig arbeiten. Und dazu noch mit Kreativität und unternehmerischem Denken gutes Geld verdienen. Das sind die Ziele vieler freiberuflich Tätiger. Ein Blick in die Statistik zeigt: Es gibt sie, die reichen, unabhängigen Freischaffenden. Umfragen belegen auch: Selbständige sind im Schnitt glücklicher als Angestellte. Die Kehrseite ist in den Daten ebenfalls nicht zu übersehen: Viele Selbständige sind es nicht freiwillig, haben große Lücken bei der sozialen Absicherung und arbeiten vor allem selbst und ständig.

In Deutschland arbeiten rund 4,77 Mio. Erwerbstätige in freien Berufen (1.1.2015). 1,31 Mio. davon sind selbständig tätig und verteilen sich auf folgende Tätigkeitsfelder:

Diese **„Katalogberufe“** sind die klassischen freien Berufe, die als erste im Einkommensteuergesetz aufgelistet sind.

Vier selbständige Berufe im Vergleich

DEFINITION:
Die freien Berufe haben im Allgemeinen auf der Grundlage besonderer beruflicher Qualifikation oder schöpferischer Begabung die persönliche, eigenverantwortliche und fachlich unabhängige Erbringung von Dienstleistungen höherer Art im Interesse der Auftraggeber und der Allgemeinheit zum Inhalt.
(Partnerschaftsgesellschaftsgesetz § 1 Abs. 2)

	Journalist	Hebamme	Seelotse	Rechtsanwalt
AUSBILDUNG Nicht jeder darf jeden freien Beruf einfach ausüben. Eine ganze Reihe von freiberuflichen Tätigkeiten erfordert eine hohe fachliche Kompetenz und eine entsprechende Ausbildung.	Eine Ausbildung ist nicht zwingend notwendig. Eine gute Basis bieten ein ein- oder zweijähriges Volontariat in einer Redaktion oder Nachrichtenagentur, eine Journalistenschule oder ein journalistisches Studium. Besonders gefragt sind jedoch Fachleute, die zusätzlich über fachliche Fähigkeiten verfügen.	In 58 Schulen, angeschlossen an eine Klinik, dauert die Ausbildung drei Jahre. Einzige Voraussetzung: Schulabschluss. Hebammen, die selbständig arbeiten wollen, wird im Anschluss an die Ausbildung ein Praktikum bei einer bereits selbständigen Kollegin dringend empfohlen. Klassische Geburtshilfe leisten nur noch 2400 freiberufliche Hebammen.	Voraussetzung sind ein abgeschlossenes Studium der Nautik, eine mehrjährige Fahrtzeit mit dem höchsten nautischen Patent als Kapitän eines Seeschiffes sowie körperliche Tauglichkeit. Nach zwei Jahren Netto-Fahrtzeit und Zulassung durch die zuständige Aufsichtsbehörde dauert die Ausbildung als Anwärter acht Monate. Nach bestandener Prüfung folgen die „Bestallung" und eine weitere vierjährige Ausbildung an unterschiedlichen Schiffsgrößen. Ein Lotse ist per Gesetz verpflichtet, sich laufend fortzubilden.	Ausbildung: ein mit der Ersten juristischen Staatsprüfung abgeschlossenes Jurastudium, die Zweite juristische Staatsprüfung und Zulassung bei der Rechtsanwaltskammer des zuständigen Bezirks durch einen Diensteid. Nach drei Jahren Tätigkeit auf bestimmten Rechtsgebieten Möglichkeit der Fachanwaltschaft.
ANZAHL IN DEUTSCHLAND	**43 271 Versicherte** (Künstlersozialkasse 1.1.2015) **74 000 Freie Journalisten** (Bundesagentur für Arbeit 2011)	**21 000 Hebammen gesamt** (Stat. Bundesamt 2011) davon: **ca. 13 500–15 000 freiberuflich** (Institut für Gesundheits- und Sozialforschung 2011)	In neun Lotsenbrüderschaften haben sich rund **800 freiberufliche Lotsen** organisiert (Stand 2014).	**164 539 zugelassene Rechtsanwälte** (Bundesrechtsanwaltskammer 1.1.2015)
BRUTTOVERDIENST (im Durchschnitt)	**1895 bis 2440 €/Monat** **22 740 bis 29 280 €/Jahr**	**1292 bis 2000 €/Monat** **15 500 bis 24 000 €/Jahr** bei unregelmäßigen Arbeitszeiten	**14 000 €/Monat** (60 Std./Woche) **168 000 €/Jahr** Der Seelotse erhält für seine selbständige Berufstätigkeit ein persönliches Lotsgeld, das ihm von seiner Brüderschaft ausgezahlt wird.	**3148 bis 4267 €/Monat** **37 770 bis 51 200 €/Jahr** als niedergelassener Anwalt: zwischen **71 000 (Einzelkanzlei)** und **109 000 (in Sozietät) €/Jahr**

ABSICHERUNG Pflicht freiwillig	Journalist	Hebamme	Seelotse	Rechtsanwalt
	Künstlersozialkasse „Wort" nur bei hauptberuflicher Tätigkeit, gesetzl. Rentenversicherung und Krankenversicherung (gesetzl. oder privat)	**Krankenversicherung** (gesetzlich oder privat)		
		gesetzliche Rentenversicherung	über die Brüderschaften **rentenpflichtversichert**	Rechtsanwalts-**versorgungswerk**
	Ein bestehender **Presseversorgungsvertrag** sollte weitergeführt werden.	**Berufshaftpflichtversicherung**	**Lotsenhaftpflicht** und **Umwelthaftpflicht** über die Brüderschaften	**Berufshaftpflicht** gegen Vermögensschäden
	Berufsunfähigkeits- und Arbeitslosenversicherung			

SEIN UND SCHEIN	Journalist	Hebamme	Seelotse	Rechtsanwalt
	Scheinselbständigkeit Liegt vor, wenn eine erwerbstätige Person als selbständiger Unternehmer auftritt, obwohl sie von ihrer Tätigkeit her Arbeitnehmer ist. Damit werden Abgaben, Restriktionen und Formalien vermieden, die Arbeitsrecht, das Sozialversicherungsrecht und das Steuerrecht wie Urlaubsanspruch oder Lohnfortzahlung im Krankheitsfall mit sich bringen. Relevant ist diese insbesondere bei freien Mitarbeitern und Subunternehmern. Die Redaktionen sind voll von Scheinselbständigen.	**Zukunftsunsicherheit** Kinder kommen nicht zu gesetzlich vorgeschriebenen Arbeitszeiten zur Welt. Der Beruf der Hebamme ist extrem verantwortungsvoll, erfordert höchste Flexibilität, die Bezahlung ist extrem niedrig. Erschwerend kommt hinzu: Hebammen müssen teure Haftpflichtversicherungen abschließen.	**Nachwuchssorgen** Der Bundesverband der See- und Hafenlotsen klagt über großen Nachwuchsmangel. Berufseinsteiger fangen zunächst auf kleinen Schiffen an. Erst nach fünf Jahren Berufserfahrung sind die großen Pötte mit bis zu 370 Metern Länge dran. Dafür braucht es viel Ruhe, Konzentration und eine hohe Stressresistenz. Weil die Arbeit und die Einsätze schlecht planbar sind, sollte man flexibel sein. Richtig familienfreundlich sind die Arbeitszeiten nicht – etwa 80 Prozent der Einsätze finden nachts statt.	**Übersättigung** Unabhängige Anwälte und kleine Kanzleien tun sich wirtschaftlich oft schwer. Es gibt zu viele mittelmäßige Juristen. Der Trend unter Absolventen mit guten Examina geht zum Angestelltenverhältnis in großen Kanzleien mit starren Hierarchien, hohem Einstiegsgehalt und extrem viel Arbeit. Nach sieben bis zehn Jahren mit 70- bis 90-Stunden-Wochen haben sie die Chance, Partner zu werden. Dann arbeiten sie auch nicht zwingend weniger.

HABEN WOLLEN

Konsum bedeutet: Kauf von Gütern des privaten Ge- oder Verbrauchs durch private Personen. So sehen es zumindest die Volkswirte. Die Konsumstimmung ist für sie eine wichtige Größe, um wirtschaftliche Entwicklung vorherzusagen.
Für Verbraucher bedeutet Konsum Glück, Frustration, Status, Kompensation, Einschränkung auf das Wesentliche, Zeitvertreib, gemeinschaftliches Erlebnis oder viele Stunden alleine auf der Couch im Online-Shop. Hierfür geben wir unser Geld aus:

Private monatliche Konsumausgaben pro Haushalt
Durchschnitt, in Euro

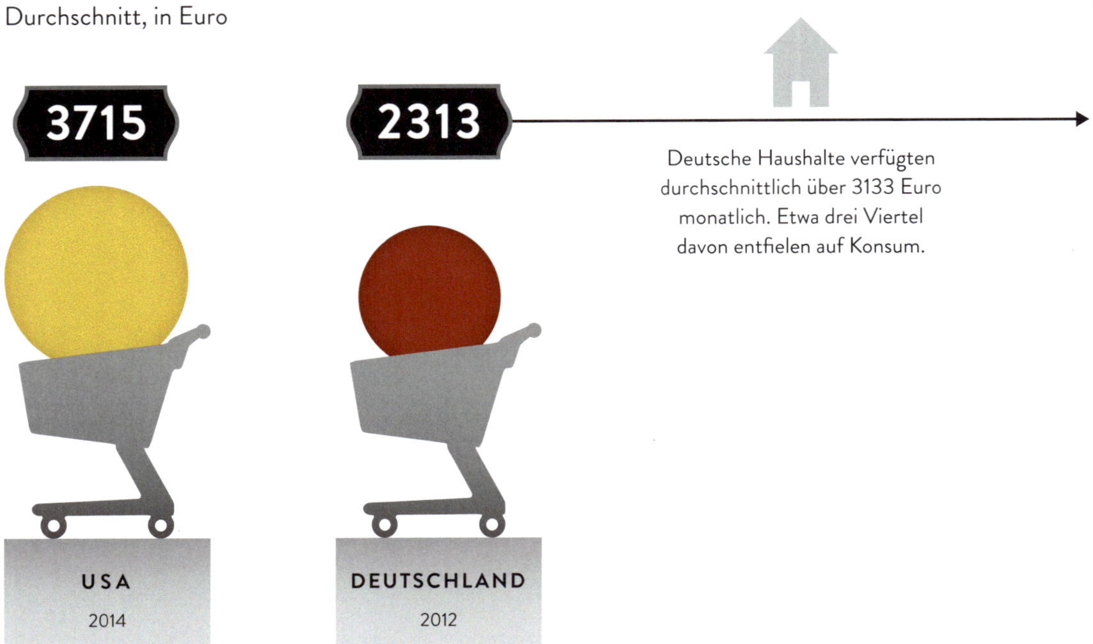

Entwicklung der jährlichen Konsumausgaben pro Kopf
1970–2012, in US-Dollar

— China — Deutschland — Großbritannien — Japan — USA

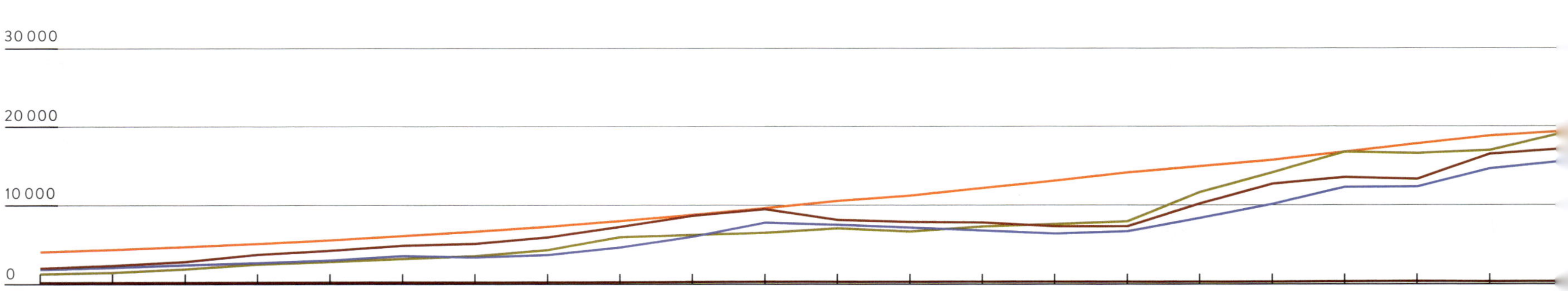

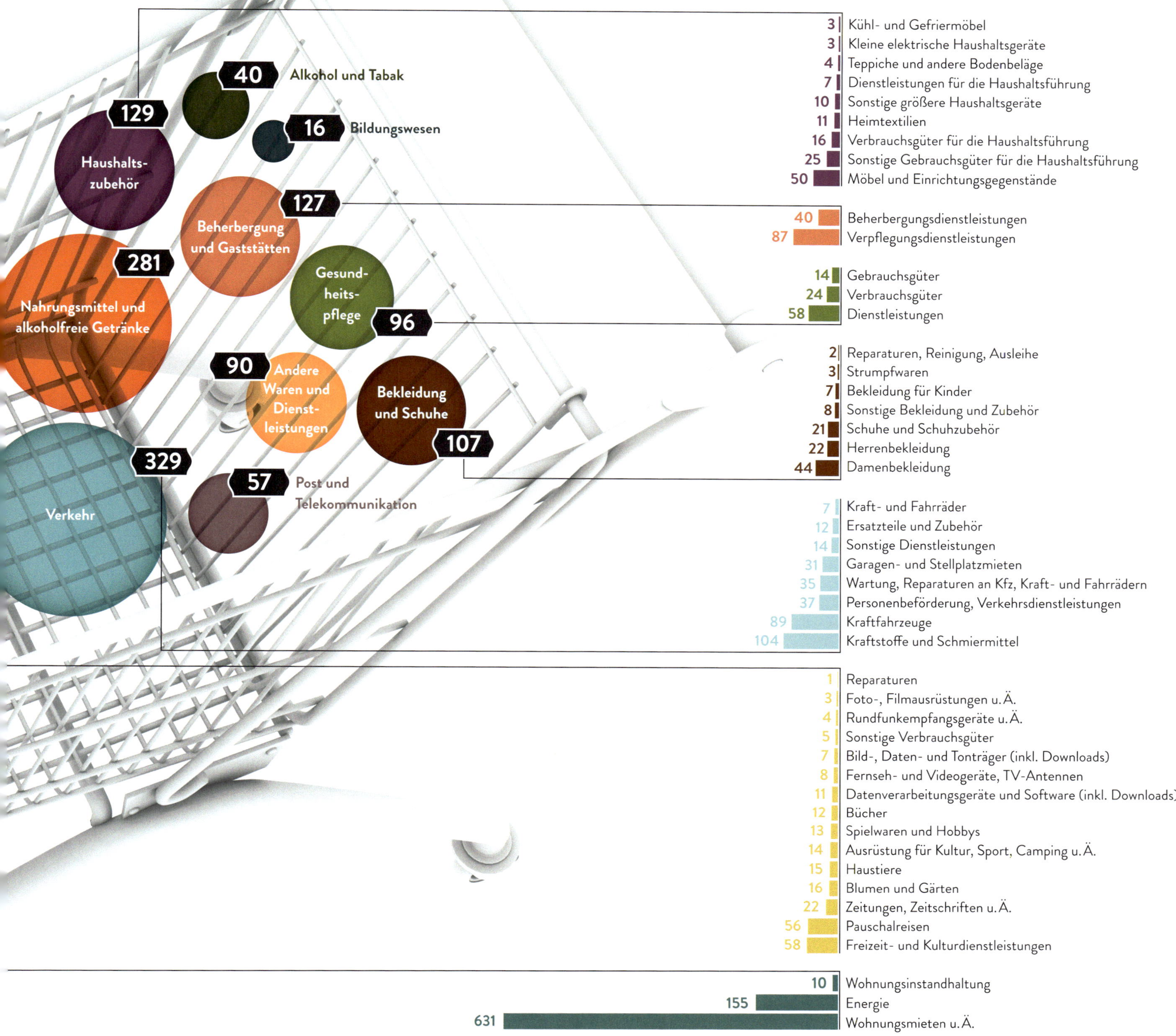

129
Haushalts-zubehör
40
Alkohol und Tabak
16
Bildungswesen
127
Beherbergung und Gaststätten
281
Nahrungsmittel und alkoholfreie Getränke
Gesund-heits-pflege
96
90
Andere Waren und Dienst-leistungen
Bekleidung und Schuhe
107
329
Verkehr
57
Post und Telekommunikation
3 Kühl- und Gefriermöbel
3 Kleine elektrische Haushaltsgeräte
4 Teppiche und andere Bodenbeläge
7 Dienstleistungen für die Haushaltsführung
10 Sonstige größere Haushaltsgeräte
11 Heimtextilien
16 Verbrauchsgüter für die Haushaltsführung
25 Sonstige Gebrauchsgüter für die Haushaltsführung
50 Möbel und Einrichtungsgegenstände
40 Beherbergungsdienstleistungen
87 Verpflegungsdienstleistungen
14 Gebrauchsgüter
24 Verbrauchsgüter
58 Dienstleistungen
2 Reparaturen, Reinigung, Ausleihe
3 Strumpfwaren
7 Bekleidung für Kinder
8 Sonstige Bekleidung und Zubehör
21 Schuhe und Schuhzubehör
22 Herrenbekleidung
44 Damenbekleidung
7 Kraft- und Fahrräder
12 Ersatzteile und Zubehör
14 Sonstige Dienstleistungen
31 Garagen- und Stellplatzmieten
35 Wartung, Reparaturen an Kfz, Kraft- und Fahrrädern
37 Personenbeförderung, Verkehrsdienstleistungen
89 Kraftfahrzeuge
104 Kraftstoffe und Schmiermittel
1 Reparaturen
3 Foto-, Filmausrüstungen u.Ä.
4 Rundfunkempfangsgeräte u.Ä.
5 Sonstige Verbrauchsgüter
7 Bild-, Daten- und Tonträger (inkl. Downloads)
8 Fernseh- und Videogeräte, TV-Antennen
11 Datenverarbeitungsgeräte und Software (inkl. Downloads)
12 Bücher
13 Spielwaren und Hobbys
14 Ausrüstung für Kultur, Sport, Camping u.Ä.
15 Haustiere
16 Blumen und Gärten
22 Zeitungen, Zeitschriften u.Ä.
56 Pauschalreisen
58 Freizeit- und Kulturdienstleistungen
10 Wohnungsinstandhaltung
155 Energie
631 Wohnungsmieten u.Ä.

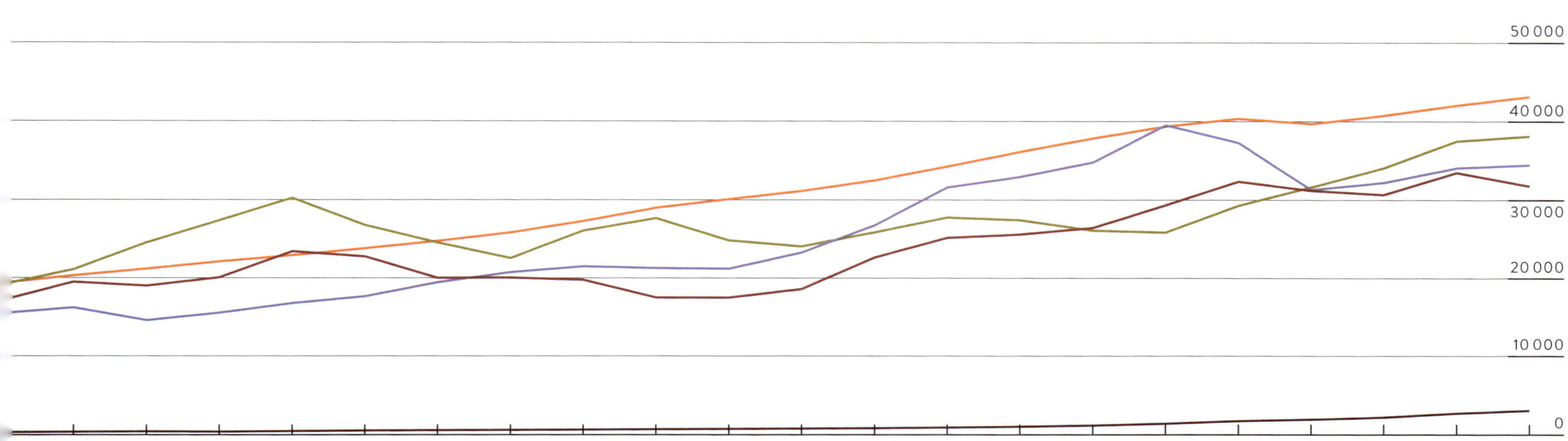

50 000
40 000
30 000
20 000
10 000
0
1992 1993 1994 1995 1996 1997 1998 1999 2000 2001 2002 2003 2004 2005 2006 2007 2008 2009 2010 2011 2012

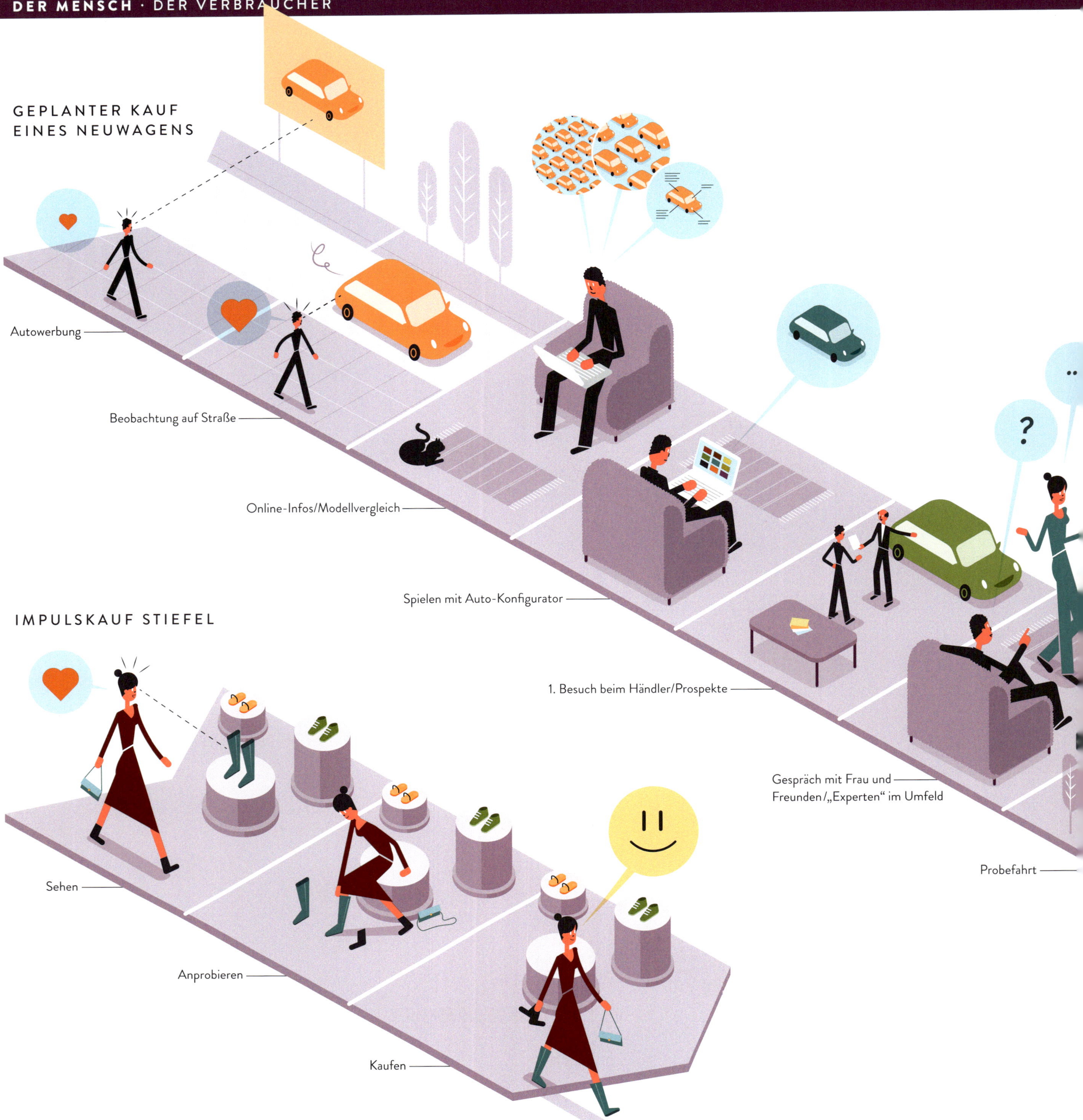

DER WEG ZUM KAUF

Als Kunden durchlaufen wir vor Kaufentscheidungen verschiedene Phasen. Marketing-Experten sprechen von der Customer Journey. Die Reisen der Kunden vom ersten Berührungspunkt (Touchpoint) mit einem Produkt, einer Marke oder einer Dienstleistung zum Kauf variieren. Es gilt die Faustregel: Je teurer und komplexer das Produkt, desto mehr Stationen hat die Reise. Marketers versuchen an jedem Kontaktpunkt, den Übergang zur nächsten Entscheidungsphase zu erleichtern.

KOPF- ODER BAUCHENTSCHEIDUNG?

Der Point of Sale ist das Gehirn des Kunden. An der Kaufentscheidung sind diverse Instanzen des limbischen Systems beteiligt. Rationale, emotionale und körperliche Reaktionen auf Kaufanreize bereiten die Entscheidung vor. Die aktuelle Konsumforschung legt den Schluss nahe: Die besten Kaufentscheidungen treffen wir, wenn wir viele rationale Faktoren bedenken, ein paar Nächte darüber schlafen und dann intuitiv entscheiden.

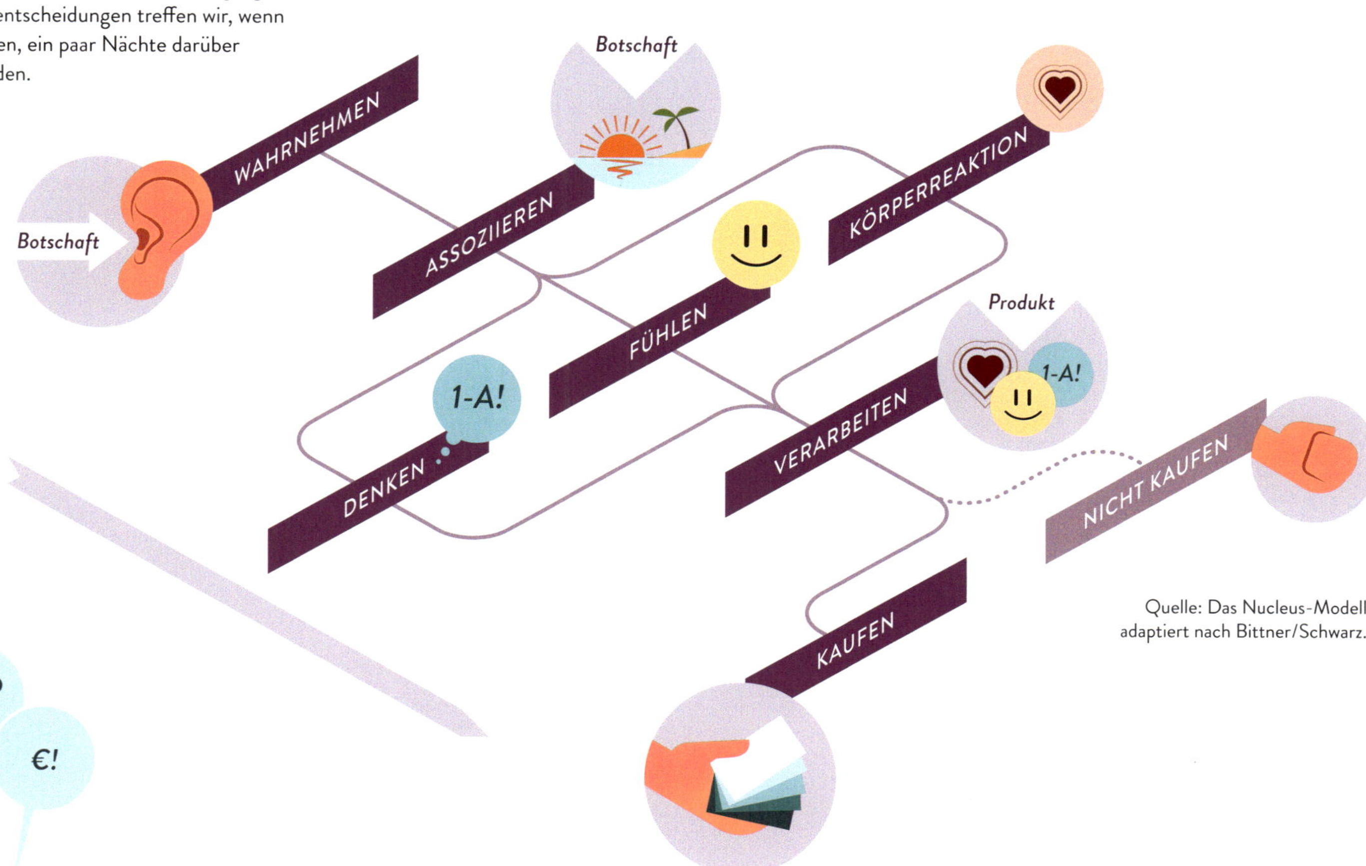

Quelle: Das Nucleus-Modell adaptiert nach Bittner/Schwarz.

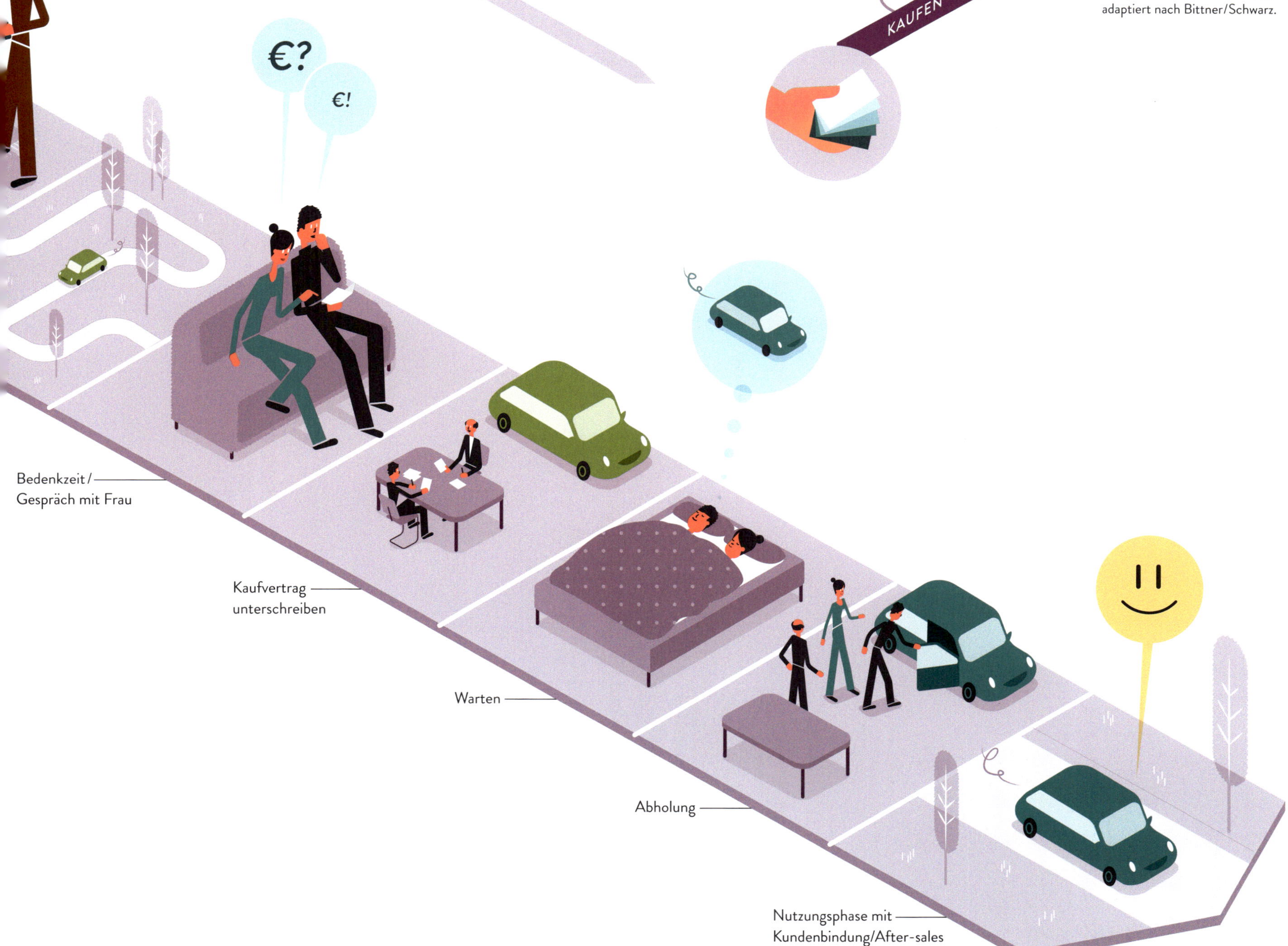

ALLES SUPER IM MARKT?

Warum liegt der Eingang von Lebensmittelmärkten immer rechts? Weil die Konsumforschung herausgefunden hat: Die meisten Kunden fühlen sich wohler, wenn sie ihre Einkaufsrunde gegen den Uhrzeigersinn drehen. Wohler fühlen heißt mehr kaufen. Und mehr verkaufen ist das Ziel jedes Supermarkt-Designs.

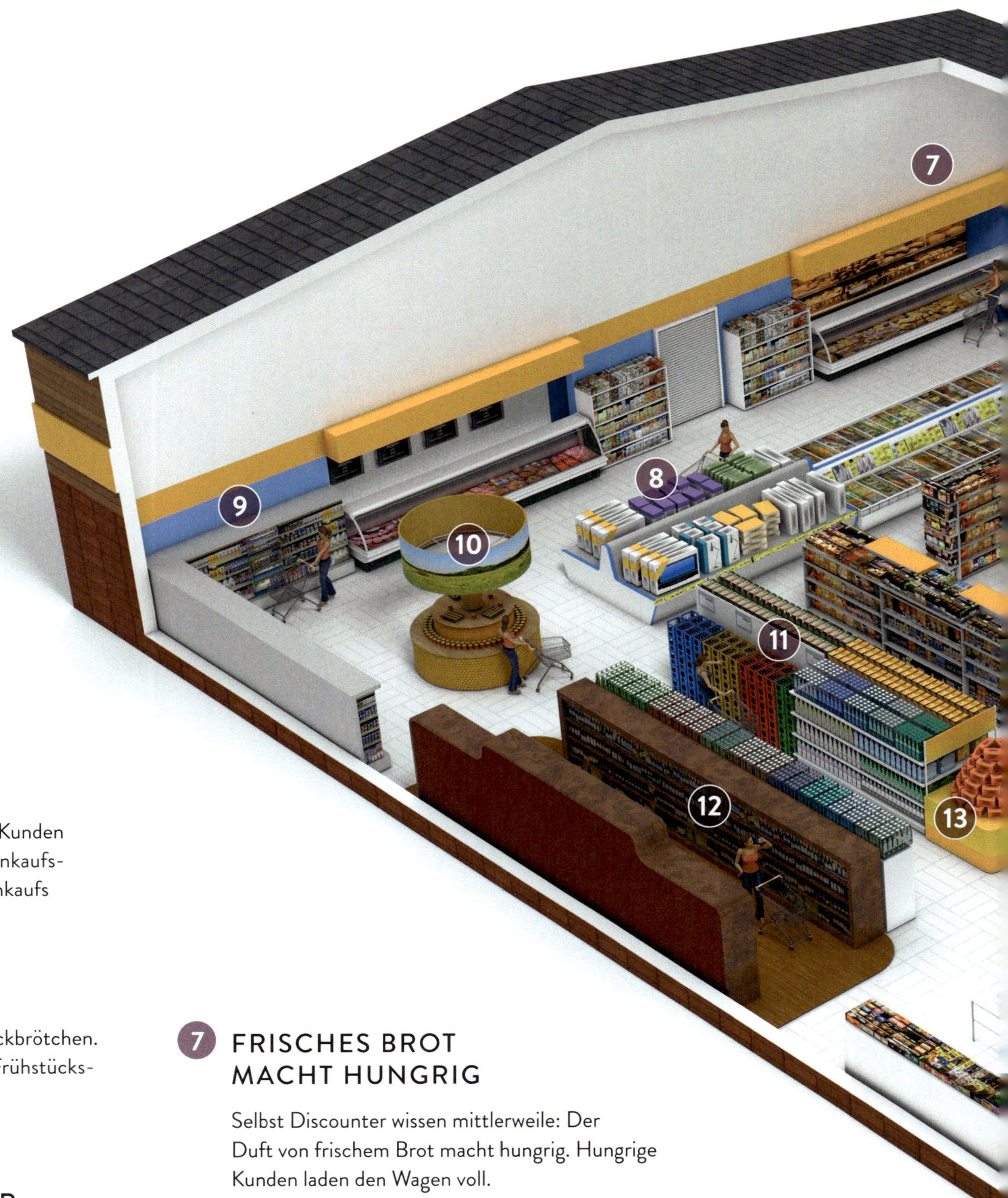

1 SIZE DOES MATTER

Nein, Sie sind nicht geschrumpft. Die Einkaufswagen werden immer größer. Denn bei doppelter Wagengröße kaufen Kunden im Schnitt 40 Prozent mehr.

2 KEIN ZURÜCK

Die Automatik-Barriere am Eingang soll nicht die Flucht von Ladendieben verhindern. Sie zwingt ehrliche Kunden, sich auf jeden Fall bis zur Quengelzone vorzuarbeiten.

3 SINNLICHER START

Obst und Gemüse im Eingangsbereich locken mehr Kunden in den Laden. Sie regen die Sinne an. Das hebt die Einkaufsstimmung, und wir neigen während des gesamten Einkaufs stärker zu unvernünftigen Kaufentscheidungen.

4 FRÜHSTÜCKS-ALLIANZ

Kaffee steht in der Nähe von Marmelade und Aufbackbrötchen. Denn zusammen verkaufen sie sich besser als jedes Frühstücksprodukt für sich.

5 REGALE ALS VERKAUFSTRICHTER

Auf den Regalen am Ende von Gängen (sogenannte „Endcaps") lagern Artikel mit hoher Marge. Denn hier fällt der Blick der Kunden besonders häufig hin.

6 AUF AUGENHÖHE

Die Regalmeter auf Augenhöhe sind teuer. Nicht nur für die Kunden, sondern auch für die Marken-Hersteller. Sie müssen oft hohe „placement fees" an die Märkte zahlen, wenn ihre Produkte dort stehen sollen.

7 FRISCHES BROT MACHT HUNGRIG

Selbst Discounter wissen mittlerweile: Der Duft von frischem Brot macht hungrig. Hungrige Kunden laden den Wagen voll.

8 DIE ACTION ALLEY

Kurzzeitangebote in einem zentralen Gang suggerieren immer: Hier finden Sie einen guten Deal. Manchmal ist das auch so.

9 DER WEITE WEG ZUR MILCH

Brot und Butter finden Sie meist im hinteren Teil des Marktes. Auf dem weiten Weg dorthin haben Sie viele Gelegenheiten zu Impulskäufen.

⑩ KÄSEWÜRFEL KOSTENLOS

Die Gratis-Probe kommt uns oft sehr teuer. Denn unabhängig davon, ob der Käsehappen schmeckt: Er macht uns ein schlechtes Gewissen. Das bekämpfen wir mit Kauf.

⑪ SIGNALMARKEN

Coca-Cola, Heinz Ketchup und Golden Toast finden wir in der Mitte von Gängen. An ihnen orientieren wir uns räumlich und preislich.

⑫ SHOP IN SHOP

Kosmetik- oder Wein-Regale wirken oft wie eine eigene Welt. Denn in einer anderen Welt akzeptieren wir andere Preise.

⑬ SONDERANGEBOTE

Kampfpreise locken sparsame Kunden in den Laden. Für die meisten Kunden haben sie allerdings nur eine Signalwirkung: Dies ist ein günstiger Laden. Sie brauchen nicht mehr auf den Preis zu achten!

⑭ QUENGELZONE

Vor der Kasse stellen wir nicht nur Kinder mit Überraschungseiern ruhig. Wir belohnen uns auch gerne selbst für die große Leistung, den Einkauf hinter uns gebracht zu haben.

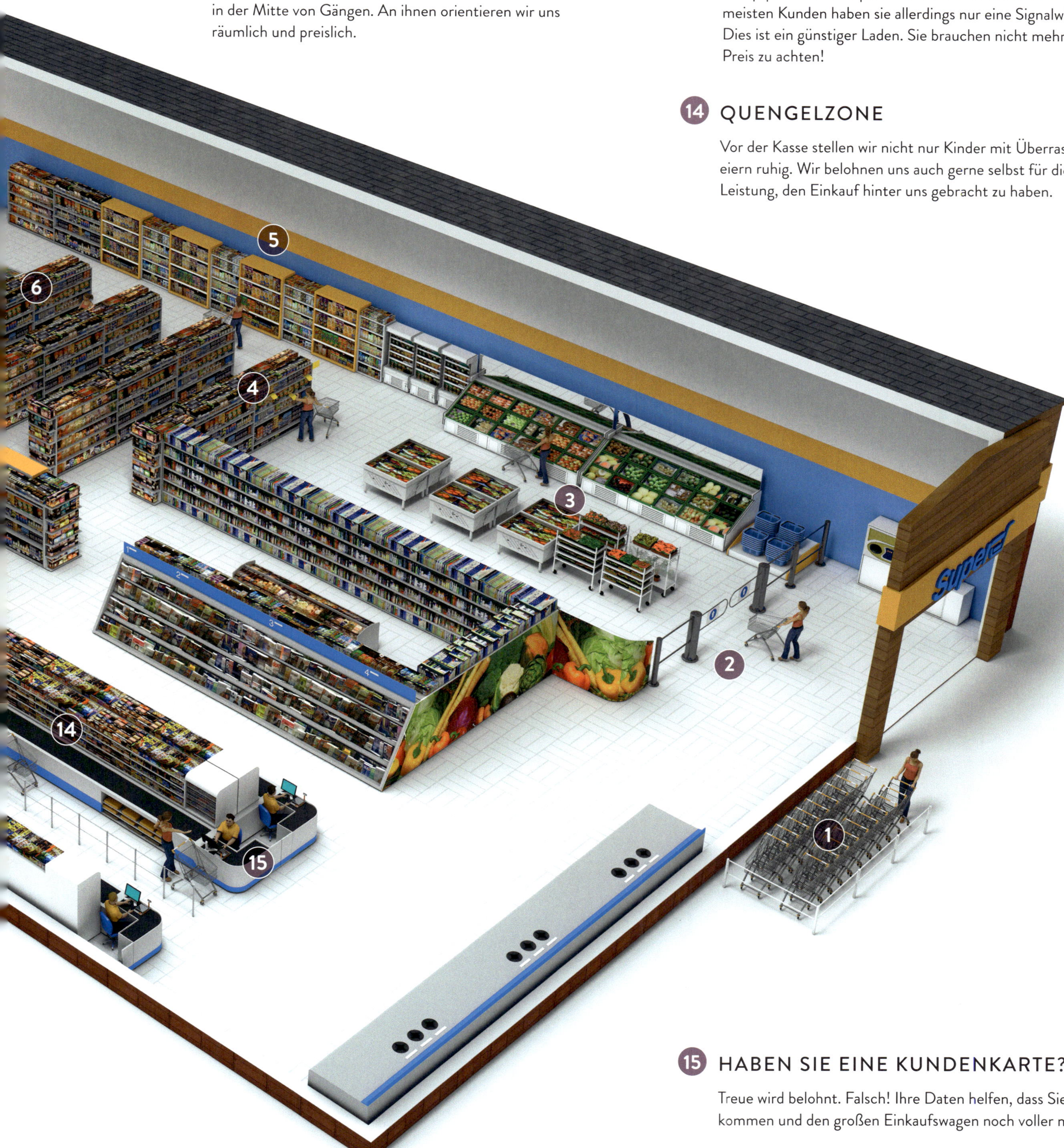

⑮ HABEN SIE EINE KUNDENKARTE?

Treue wird belohnt. Falsch! Ihre Daten helfen, dass Sie wiederkommen und den großen Einkaufswagen noch voller machen.

DER ARME MENSCH

Wer ist arm? Zu Armut gibt es schlüssigere Definitionen als zu individuellem Reichtum. Grundsätzlich unterscheiden Ökonomen zwischen absoluter und relativer Armut. In reichen Ländern fallen darunter vor allem Obdachlose und Menschen, die durch die sozialen Sicherungsnetze rutschen. Relative Armut orientiert sich am Durchschnittseinkommen. Die gute Nachricht lautet: Absolute Armut sinkt seit Jahren nach Zahlen der Vereinten Nationen kontinuierlich.

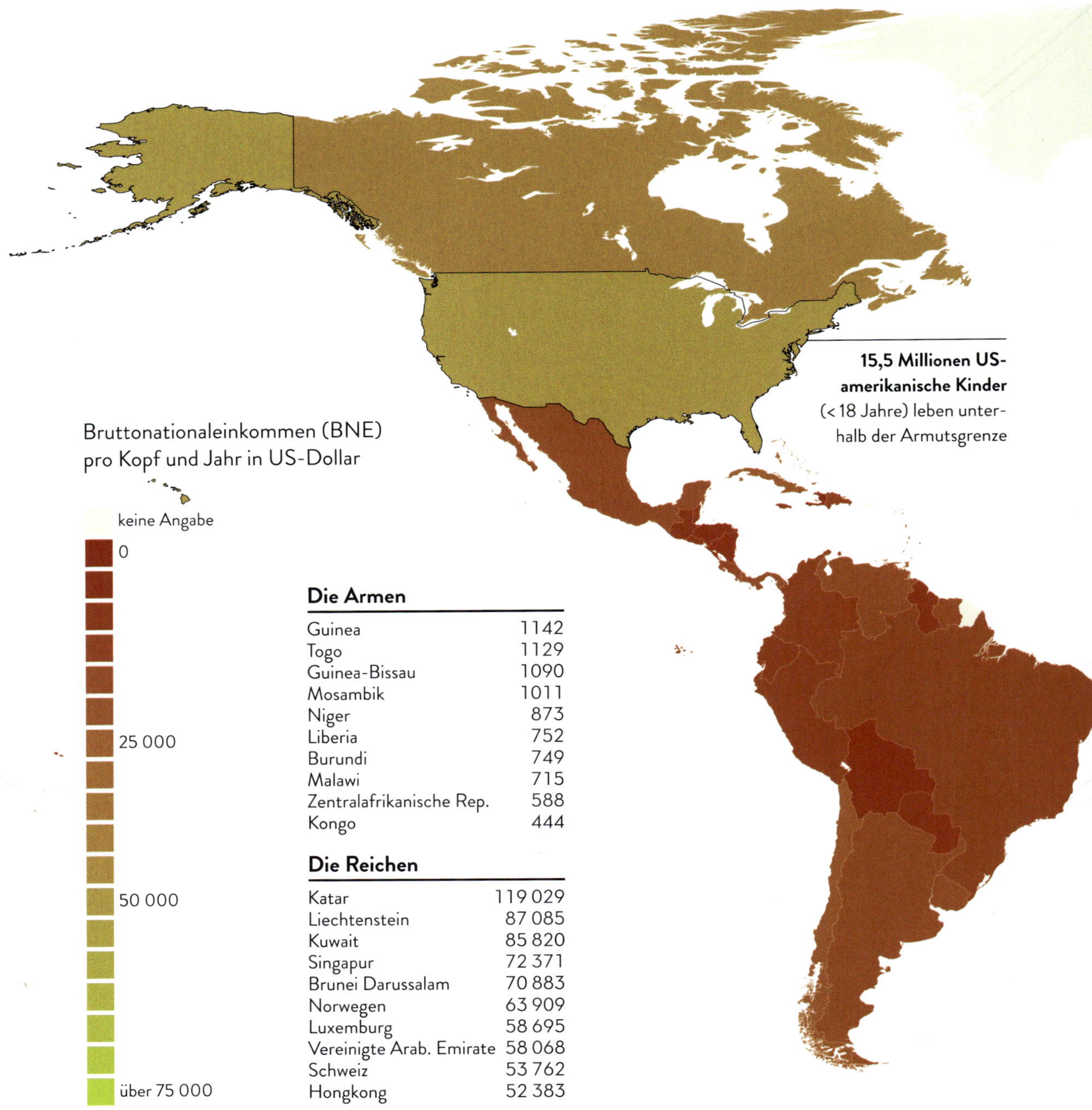

Die Armen

Guinea	1142
Togo	1129
Guinea-Bissau	1090
Mosambik	1011
Niger	873
Liberia	752
Burundi	749
Malawi	715
Zentralafrikanische Rep.	588
Kongo	444

Die Reichen

Katar	119 029
Liechtenstein	87 085
Kuwait	85 820
Singapur	72 371
Brunei Darussalam	70 883
Norwegen	63 909
Luxemburg	58 695
Vereinigte Arab. Emirate	58 068
Schweiz	53 762
Hongkong	52 383

Wie definiert man absolute und relative Armut?

Absolute Armut
INDIKATOREN

Pro-Kopf-Einkommen (PKE)
weniger als 150 US-Dollar/Jahr

Kalorienaufnahme
täglich weniger als 2160 bis 2670 kcal pro Kopf

Durchschnittliche Lebenserwartung
geringer als 55 Jahre

Kindersterblichkeit
über 33 pro 1000 Geburten

Geburtenrate
über 25 je 1000 Einwohner

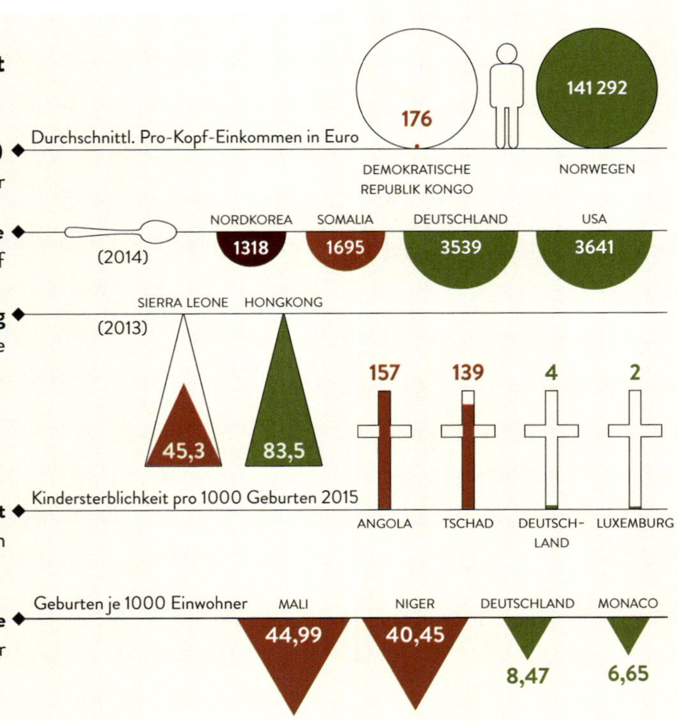

Relative Armut
DEFINITION

Armut im quantitativen Vergleich zum sozialen Umfeld (Wohlstand und Lebensstandard) eines Menschen

Eine alleinstehende Person lebt in relativer Armut, wenn ihr weniger als 60 Prozent des Medians des gewichteten Nettoäquivalenzeinkommens zum Leben zur Verfügung steht.

	USA	Deutschland
Schwellenwert	10 263 €	11 580 €
Betroffene Bevölkerung	14,8 %	16,7 %

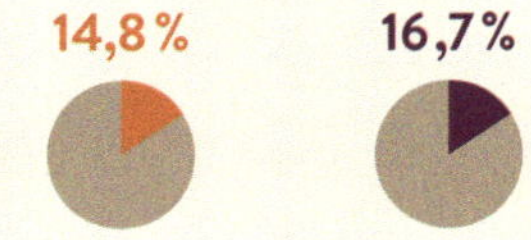

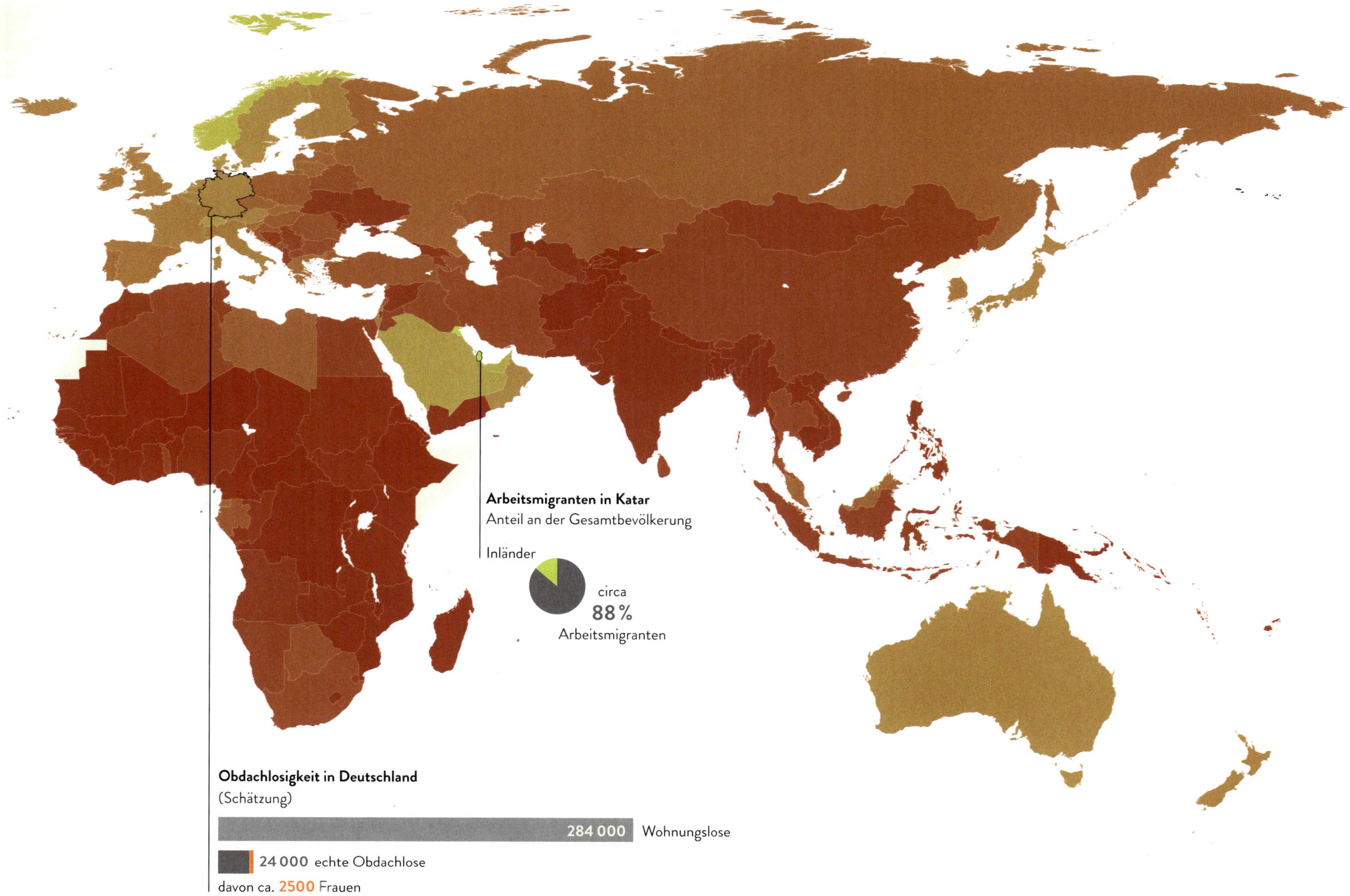

Schwellenwert für Armutsgefährdung für Alleinlebende in Europa (2014)

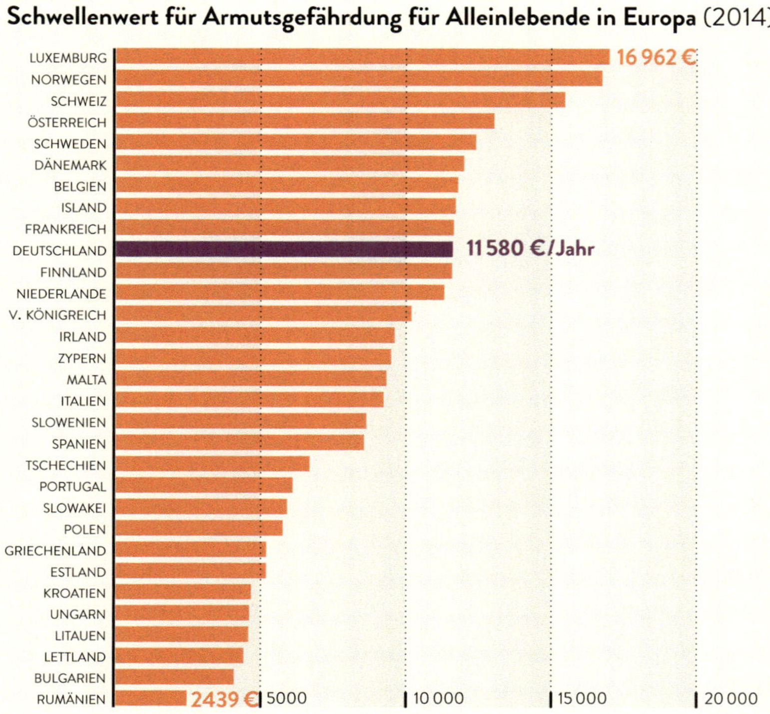

Weg aus der Armut?

Wie funktioniert eine Privatinsolvenz?

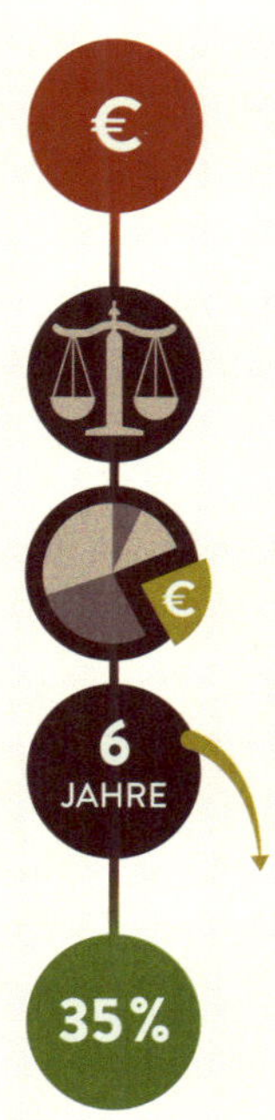

Überschuldung
Monatseinkommen nicht ausreichend, um Lebenshaltungskosten zu decken + Reduzierung des Lebensstandards nicht hilfreich

Antrag bei Gericht
Privatinsolvenz + Erteilung der Restschuldbefreiung

Pfändung
eventuell verpfändbare Werte an Gläubiger verteilt

Wohlverhaltensphase
Teil eines eventuellen Einkommens wird durch Insolvenzverwalter für Verfahrenskosten und Gläubiger abgezweigt

Schuldenfreiheit
Sind 35 Prozent der Schulden sowie die Verfahrenskosten innerhalb von drei Jahren zurückgezahlt, gilt der Schuldner als schuldenfrei

DER REICHE MENSCH

Wer ist reich? Auf diese Frage gibt es keine allgemeingültige Antwort. Die gewerkschaftsnahe Hans-Böckler-Stiftung hält Menschen für reich, die mehr als 35 616 Euro netto im Jahr verdienen. Für viele US-amerikanische Privat-Banker beginnt Reichtum mit einem investierbaren Vermögen von einer Million Dollar, denn dann werden Personen in der Kundendatenbank als High Net Worth Individuals (HNWI) geführt. Very High Net Worth Individuals verfügen über fünf Millionen Dollar investierbares Kapital, Ultra High Net Worth Individuals über 30 Millionen Dollar. Vielleicht kam der griechische Reeder und Milliardär Aristoteles Onassis mit seiner Definition der Sache am nächsten: „Ein reicher Mann ist oft nur ein armer Mann mit sehr viel Geld."

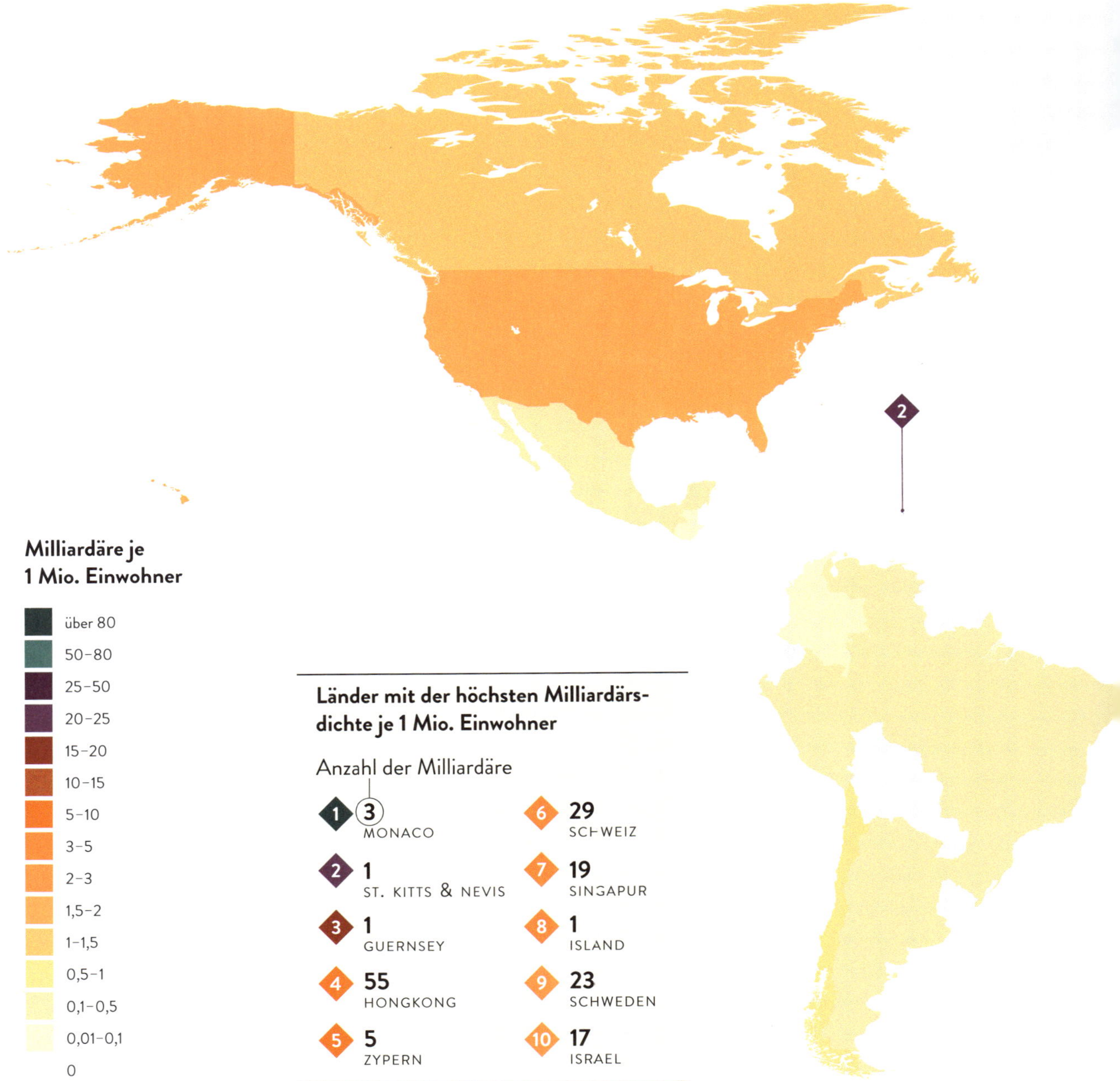

Die Superreichen

Vermögen in Mrd. US-Dollar, 2015

Art des Vermögens: geerbt · geerbt & vermehrt · selbst erarbeitet

Die reichsten Menschen der Welt

Bill Gates USA	79,2	Microsoft
Carlos Slim Helú MEX	77,1	Telecom
Warren Buffett USA	72,7	Berkshire Hathaway
Amancio Ortega ESP	64,5	Inditex
Larry Ellison USA	54,3	Oracle
Charles Koch USA	42,9	div.
David Koch USA	42,9	div.
Christy Walton USA	41,7	Walmart
Jim Walton USA	40,6	Walmart
Liliane Bettencourt FRA	40,1	L'Oréal

Die reichsten Frauen weltweit

Christy Walton USA	41,7	Walmart
Liliane Bettencourt FRA	40,1	L'Oréal
Alice Walton USA	38,7	Walmart
Jacqueline Mars USA	26,6	Mars Inc.
Maria Franca Fissolo ITA	23,4	Ferrero
Laurene Powell Jobs USA	19,5	Apple, Disney
Anne Cox Chambers USA	17,0	Medien
Susanne Klatten DEU	16,8	BMW, Pharma
Johanna Quandt DEU	13,9	BMW
Iris Fontbona CHI	13,5	Bergbau

Die Reichsten in Deutschland

Georg Schaeffler	26,9	Schaeffler, Conti
Beate Heister & Karl Albrecht jr.	21,3	Aldi Süd
Dieter Schwarz	19,4	Einzelhandel
Theo Albrecht jr.	19,0	Aldi Nord
Michael Otto	18,1	Einzelhandel, Immobilien
Susanne Klatten	16,8	BMW, Pharma
Stefan Quandt	15,6	BMW
Johanna Quandt	13,9	BMW
Klaus-Michael Kühne	11,9	Reederei
Hasso Plattner	9,1	Software

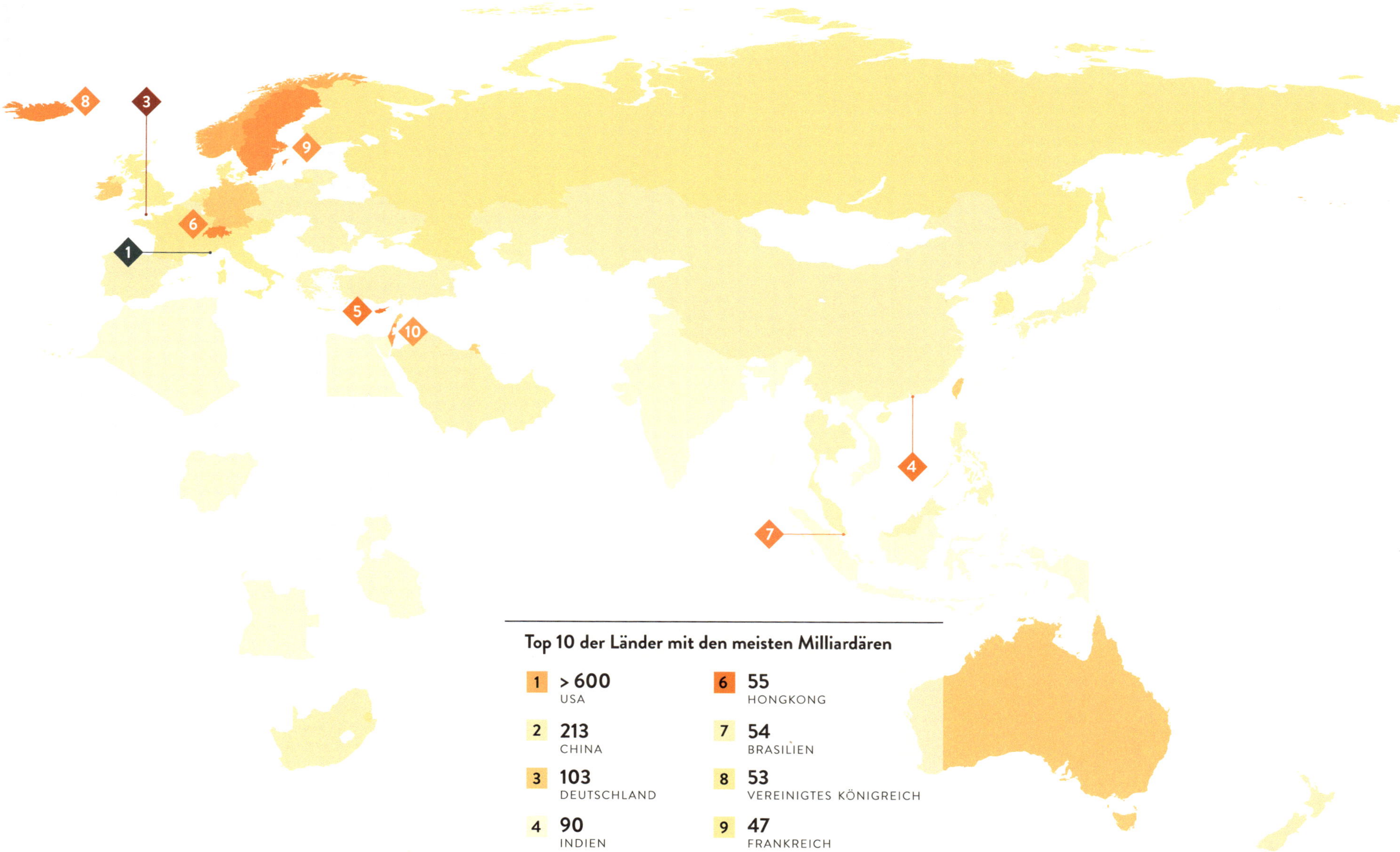

Top 10 der Länder mit den meisten Milliardären

1	> 600 USA	6	55 HONGKONG
2	213 CHINA	7	54 BRASILIEN
3	103 DEUTSCHLAND	8	53 VEREINIGTES KÖNIGREICH
4	90 INDIEN	9	47 FRANKREICH
5	88 RUSSLAND	10	39 KANADA
		10	39 ITALIEN

Wie wird man reich?

ERBEN

Friedrich Karl Flick *(1927–2006)*

Sohn des Unternehmers Friedrich Flick

ERBEN & VERMEHREN

Susanne Klatten *(*1962)*

Tochter des Unternehmers Herbert Quandt

SELBST ERARBEITEN

Ralph Dommermuth *(*1963)*

Gründer der United Internet AG

Multimillionäre* weltweit
Anteile in Prozent
* Vermögen ab 30 Mio. Euro

	Erben	Erben & Vermehren	Selbst erarbeiten
27465 Frauen	48	18	34
183810 Männer	13	19	68

FLOWWWWWWWW!

Wann arbeiten wir im Flow? Wenn wir weder die Angst der Überforderung spüren noch die Langeweile der Unterforderung. Wenn wir die Zeit vergessen, weil wir in unserer Aufgabe aufgehen. Wenn unser limbisches System, das die Emotionen steuert, im Einklang schwingt mit dem Neokortex, der den Verstand im Griff hat. Wenn das alles der Fall ist, dann macht Arbeit Spaß und das Ergebnis wird gut!

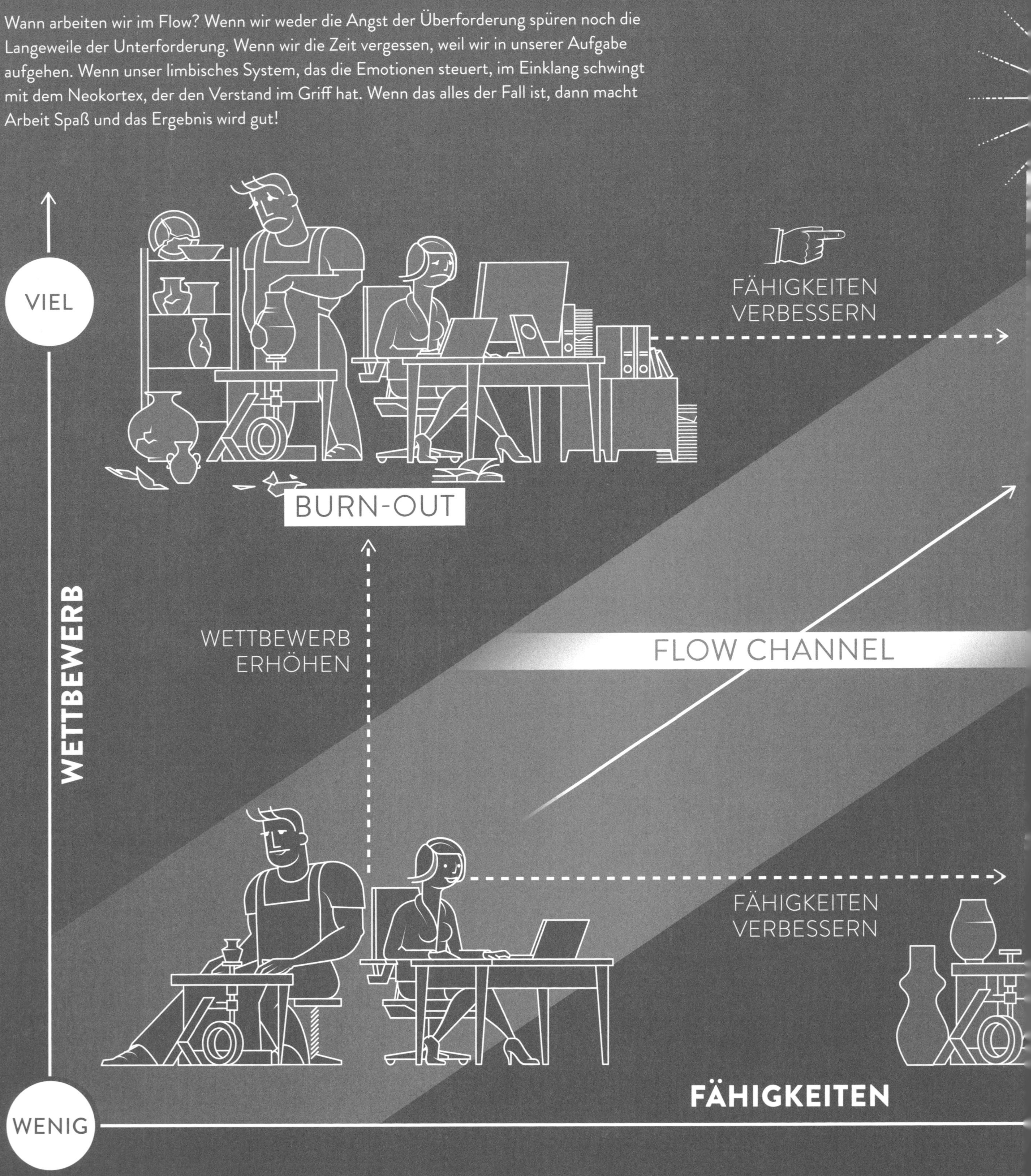

Quelle: Das Flowkonzept nach Mihály Csíkszentmihályi

Psychische Erkrankungen nehmen stark zu

Entwicklung der Fehlzeiten bei Berufstätigen. Fehltage im Jahr 2000 = 100 %

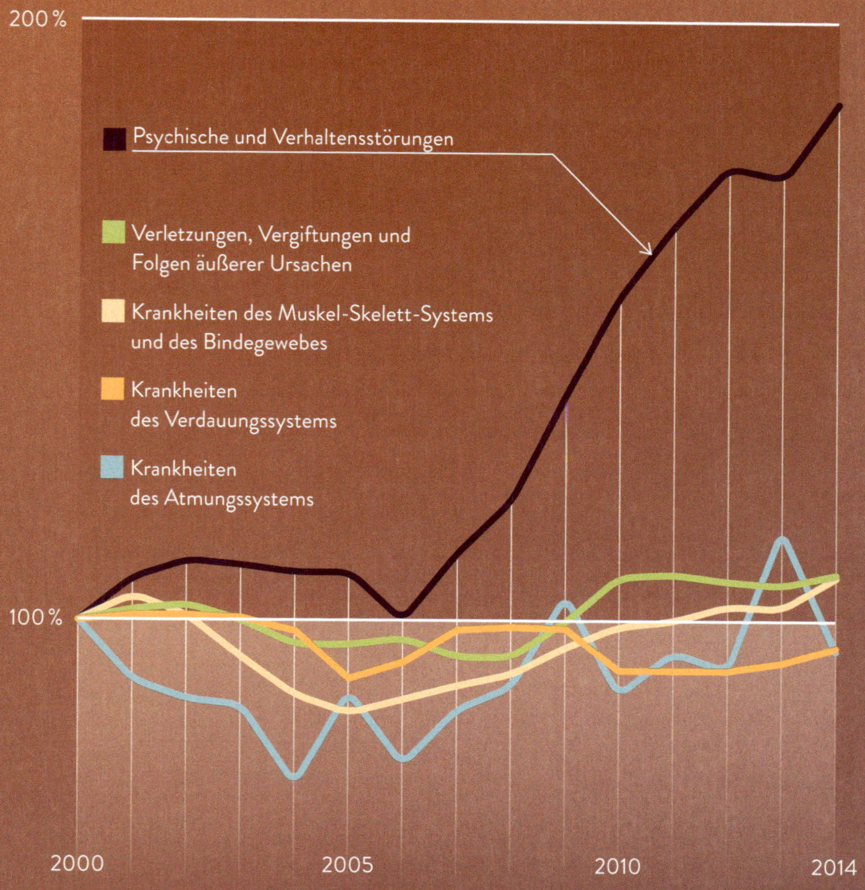

Wie Beschäftigte die Arbeitsbedingungen beurteilen

Ausgewählte Umfrage-Ergebnisse unter Arbeitnehmern in Deutschland

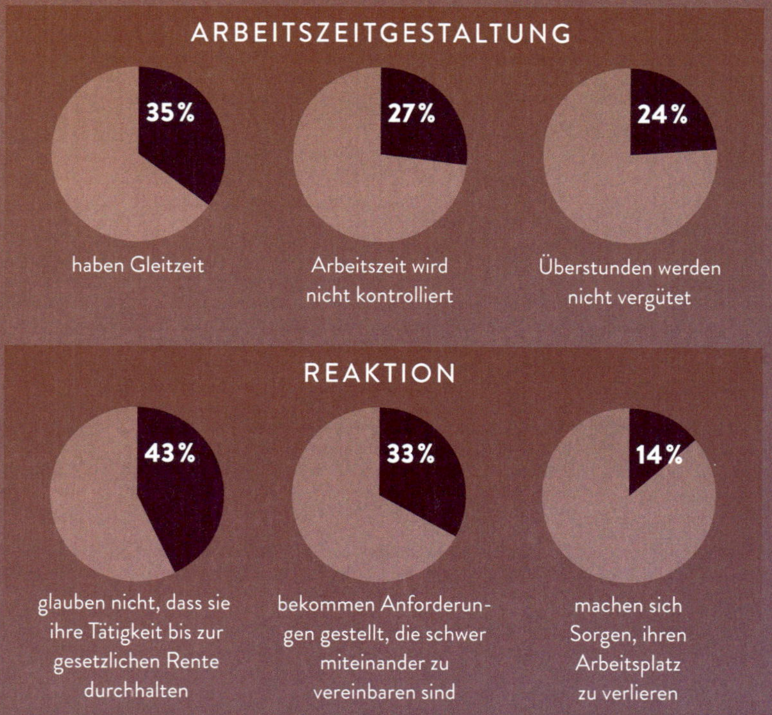

GANZ OBEN DANN YOGA

Welche Bedürfnisse haben wir Menschen? Der amerikanische Psychologe Abraham Maslow hat sie 1943 als hierarchische Pyramide geordnet. Die Kernidee: Bedürfnisse spornen uns zu wirtschaftlichem Erfolg an. Wenn Individuen und Gesellschaften eine Stufe erklommen haben, schielen sie umgehend auf die nächsthöhere.

SELBSTVERWIRKLICHUNG

INDIVIDUALBEDÜRFNISSE

SOZIALE BEDÜRFNISSE

SICHERHEITSBEDÜRFNISSE

GRUNDBEDÜRFNISSE

II

DAS UNTERNEHMEN

UNTERNEHMEN
·
DIE GESCHÄFTSMODELLE
·
DAS PRODUKT
·
DIE ORGANISATION

DAS UNTERNEHMEN.

Die Geschichte der Volkswagen AG ist eine Parallelgeschichte der Bundesrepublik Deutschland. Gegründet, weil Hitler einen günstigen Wagen für das Volk haben wollte, stand das Unternehmen nach dem Zweiten Weltkrieg unter britischer Militärverwaltung. Der VW-Käfer wurde zu Motor und Sinnbild für das deutsche Wirtschaftswunder der 1950er Jahre. Volkswagen war Vorreiter beim deutschen Erfolgsmodell guter Sozialpartnerschaft. Die Chancen der Globalisierung nutzte die AG früh und stieg zum größten Automobilhersteller auf. Dabei gerieten offenkundig ein paar Tugenden – ingenieurstechnische wie moralische – in Vergessenheit. Der Abgasskandal vom Herbst 2015 wird das Unternehmen teuer zu stehen kommen.

Die Werke.

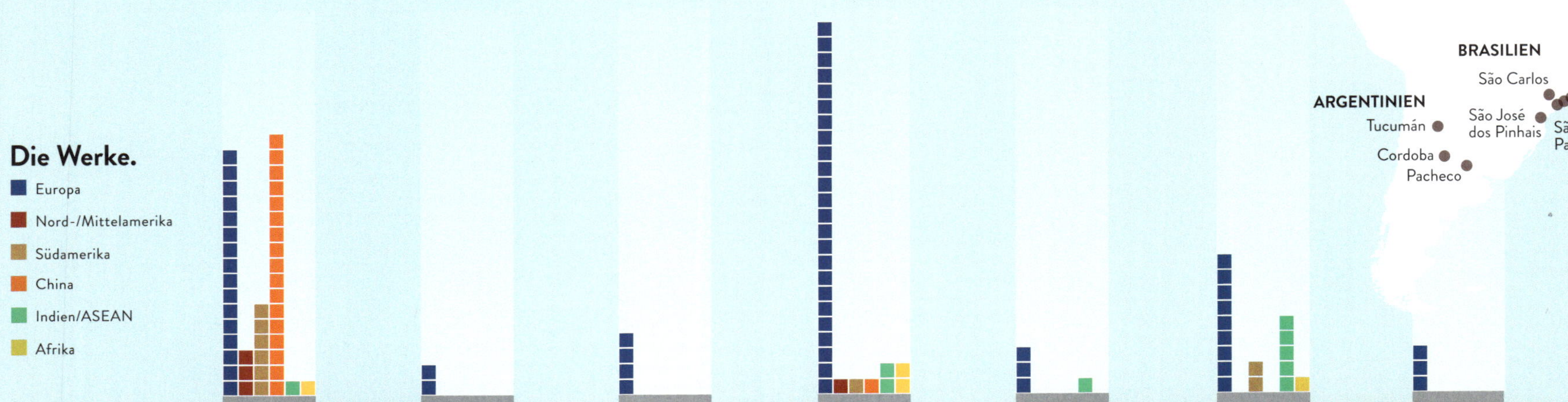

Die Marken.

Marke	Auslieferungen 2014	Umsatz 2014 in Mrd. €	Hauptsitz
Volkswagen Pkw	6 118 617	99,76	Wolfsburg
VW Nutzfahrzeuge	446 596	9,58	Hannover
Audi	1 741 129	53,79	Ingolstadt
MAN SE	120 088	14,29	München
Škoda	1 037 226	11,76	Mladá Boleslav (CZ)
Scania	79 782	10,38	Södertälje (SE)
SEAT	390 505	7,69	Martorell (ES)

Pkw

Nutzfahrzeuge und Power engineering

Der Skandal.

20 mal HÖHERE STICKOXIDE – als erlaubte Grenzwerte (VW Passat in Tests unter Realbedingungen)

11 Mio. DIESEL-FAHRZEUGE – weltweit betroffen (in Deutschland: rund 2,4 Mio.)

10 € JE FAHRZEUG – für den Austausch des betroffenen Bauteils (Strömungstransformator)

11 Mrd. € BÖRSEN-VERLUST – zwischen dem 18. und 21. September 2015 (Aktienverlust: über 22 %)

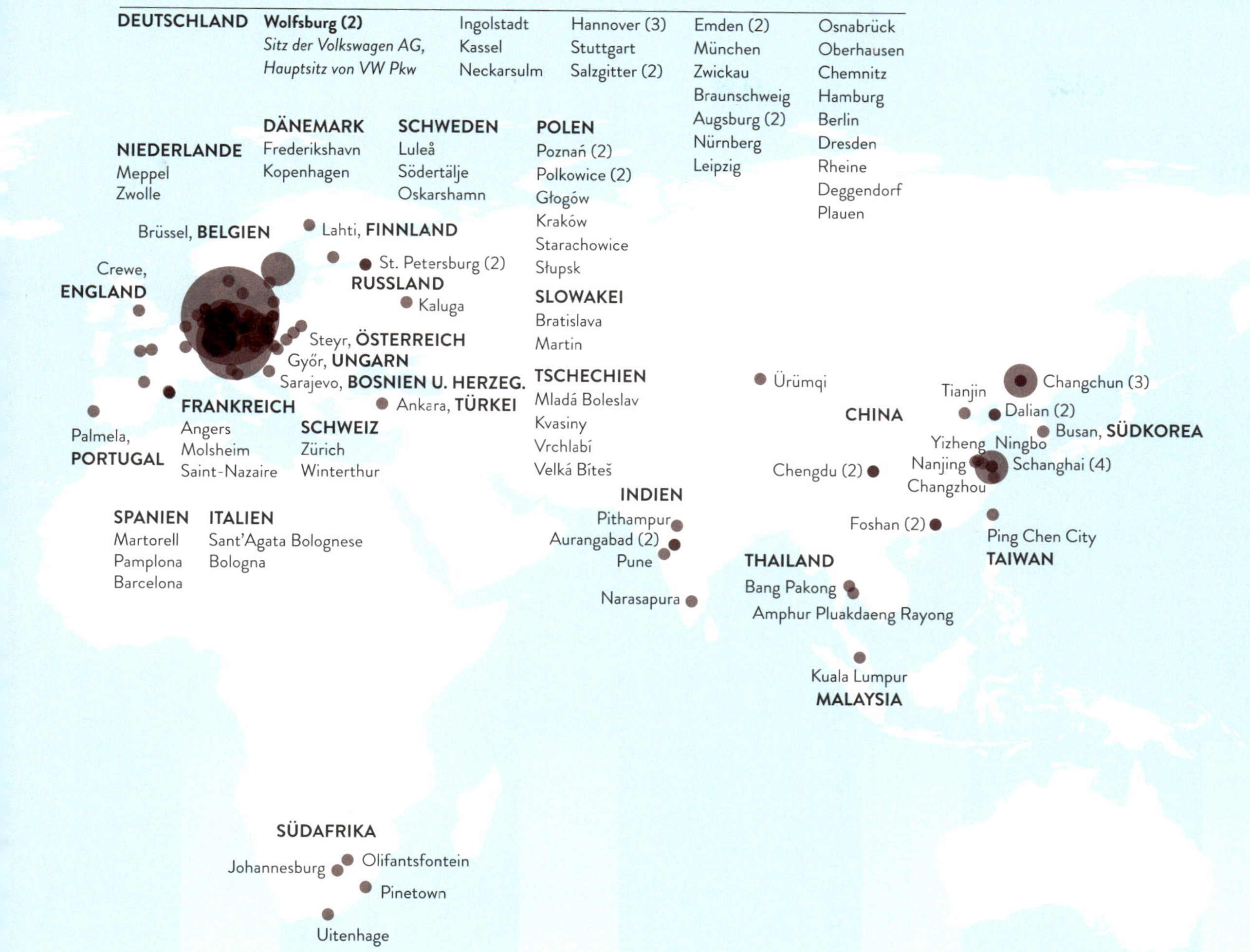

Der Produktionsverbund.

Weltweite Fertigungsstätten inkl. Komponentenfertigung nach Anzahl der Mitarbeiter

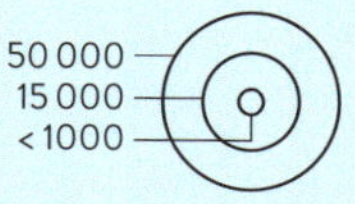

Anzahl der Werke nach Kontinenten

72	29	9	4	4
Europa	Asien	Südamerika	Nordamerika	Afrika

Porsche	Ducati	Bentley	Lamborghini	Bugatti
189 849	45 117	11 020	2 530	45

17,21	0,46	1,75	0,59	k. A.
Stuttgart	Bologna (I)	Crewe (GB)	Sant'Agata Bolognese (I)	Molsheim (F)

VOLKSWAGEN FINANCIAL SERVICES

Finanzdienstleistungen

12,4 Mio. € Vertragsbestand 2014

1,7 Mrd. € operatives Ergebnis 2014

Braunschweig

Die Mitarbeiter.

466 439

111 214

14 933

= 15 000 Mitarbeiter (Stand: Dezember 2014)

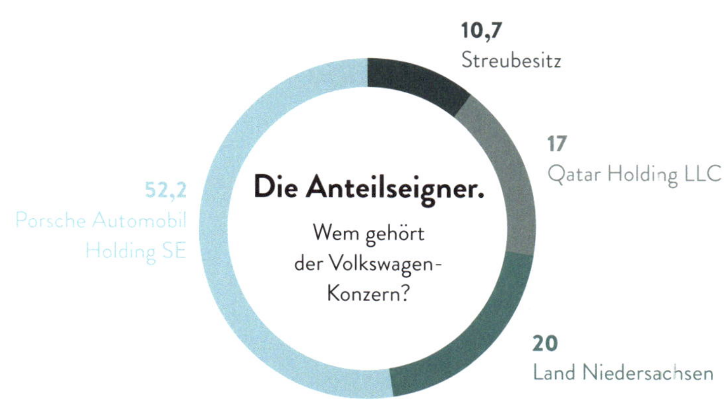

Stimmrechtsverteilung in %
(Stand: September 2015)

3,5 Mrd. € KONZERN-VERLUST – im 3. Quartal 2015 (erstes Minus seit 15 Jahren)

20 Mrd. € SONDER-KREDITE – bei 13 Banken aufgenommen, um Folgekosten abzufedern

6 Modelle MIT VERKAUFS-STOPPS – in den USA (November 2015)

15 Mrd. US-$ FÜR EINEN VERGLEICH IN DEN USA – nach Einigung mit US-Behörden und Klägern

DER STANDORT.

Das VW-Werk in Wolfsburg ist einer der größten Automobilstandorte der Welt. Über 70 000 Menschen arbeiten hier. Das sind mehr als doppelt so viele, wie in das Fußballstadion am Rande des Geländes passen. Und viele, viele mehr, als zu den Heimspielen des VfL Wolfsburg kommen.

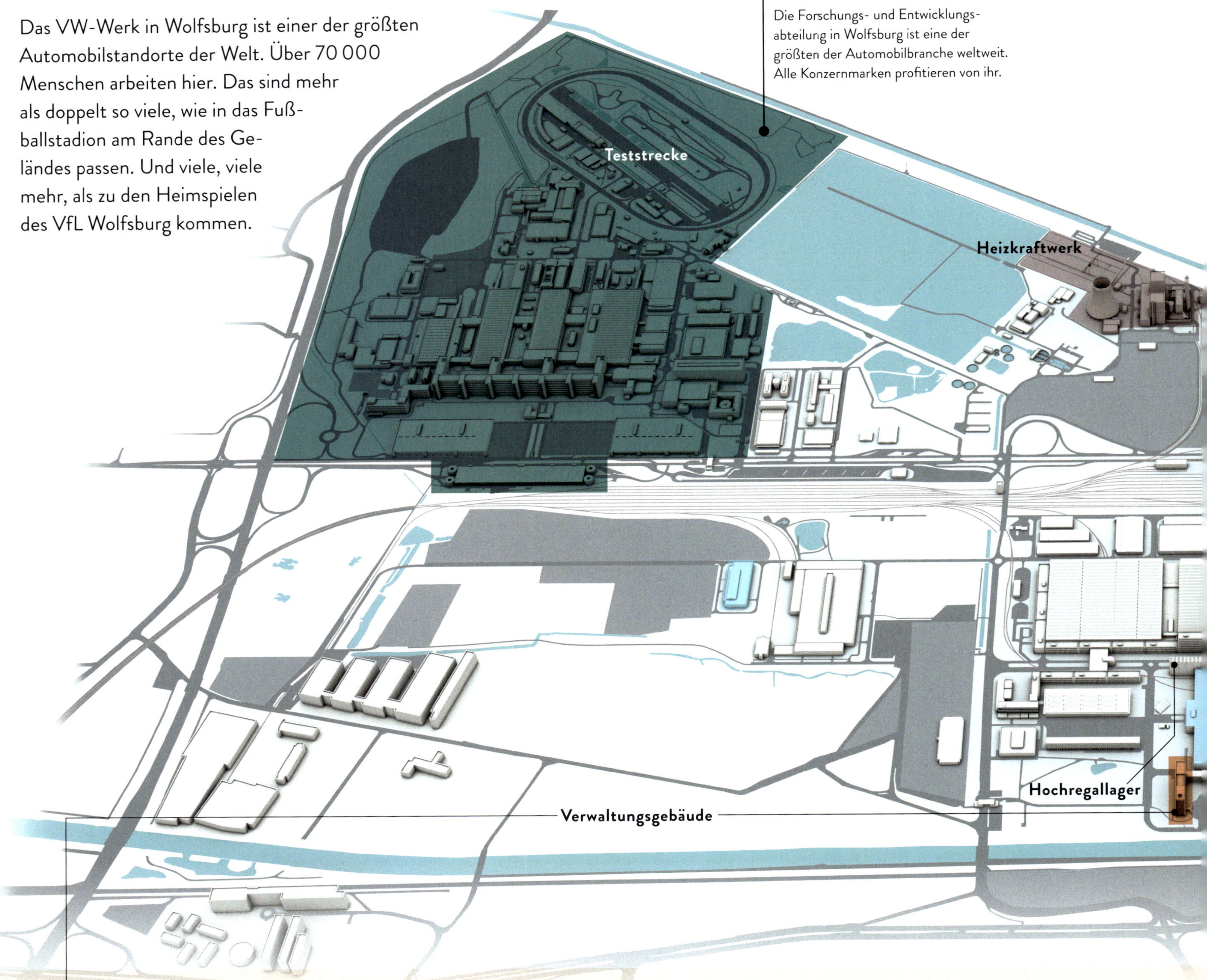

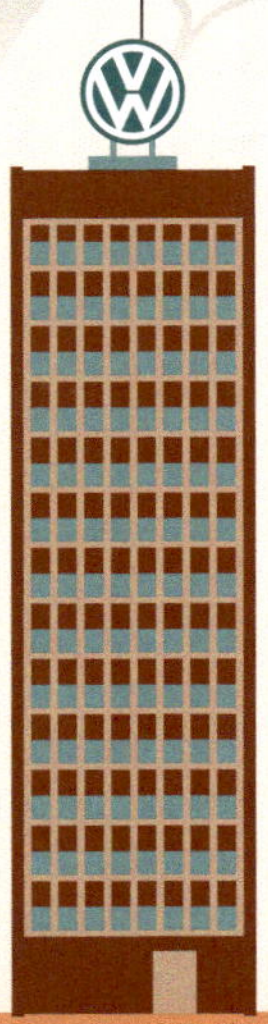

Die Chefetage.

Wolfsburg ist sowohl der Hauptsitz der Marke Volkswagen PKW als auch des Volkswagen-Dachkonzerns mit seinen 12 Fahrzeugmarken.

Aufsichtsrat

Kontrollinstanz

20 Mitglieder

Vorstand

Konzernleitung

9 Mitglieder

Markenvorstände

verantworten den eigenständigen Geschäftsbetrieb der Marken.

Konzernvorstände

verantworten Geschäftsbereiche mit markenübergreifenden Aktivitäten.

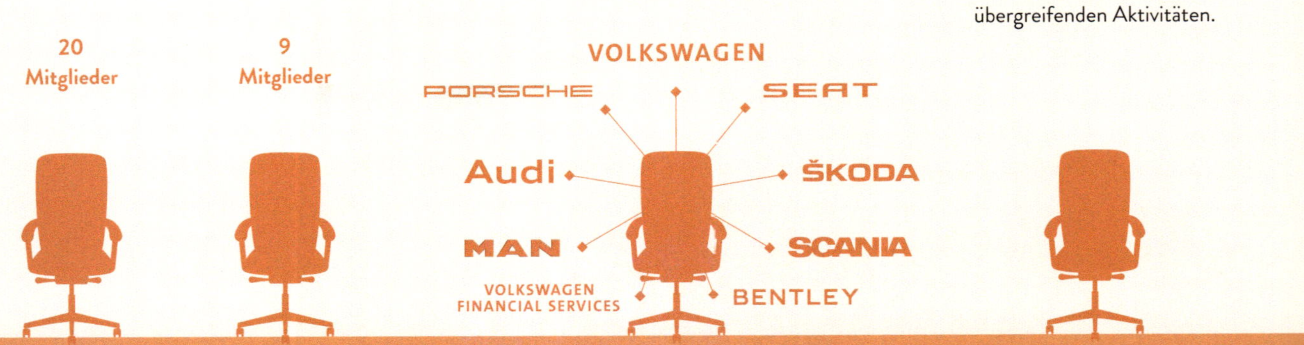

Das Werksgelände.

6,5 km²
Gesamtfläche

davon

1,2 km²
Gelände der Forschung und Entwicklung

76
Mitarbeiter im Werksbrandschutz sorgen für die Sicherheit auf dem Gelände.

1,6 km²
bebaute Hallenfläche

davon in m²

78 000	Presswerk
238 400	Karosseriebau
54 540	Lackiererei
202 200	Montage
56 000	Prüfstände
205 000	Komponentenfertigung

Innerhalb der Hallen sind die rund **6000 Fahrräder** ein beliebtes Fortbewegungsmittel.

70 km
Schienennetz

7
Lokomotiven

2
Rangierroboter

1
Schiebebühne

Die Werkeisenbahn beschäftigt
88
Mitarbeiter.

75 km
Straßennetz

Drei Buslinien shutteln die Mitarbeiter auf dem Gelände von Gebäude zu Gebäude.

Die Belegschaft.

72 500
Mitarbeiter

Die Produktion.

Modelle
Golf, Golf Sportsvan, E-Golf, Tiguan & Touran

Anzahl aller gefertigten Fahrzeuge

3200 pro Werktag

836 000 im Jahr 2014

8 Mio.
Curry-Bockwürste

Das meistproduzierte Produkt 2014 war kein Auto, sondern wurde in der hauseigenen Wurstfabrik hergestellt.

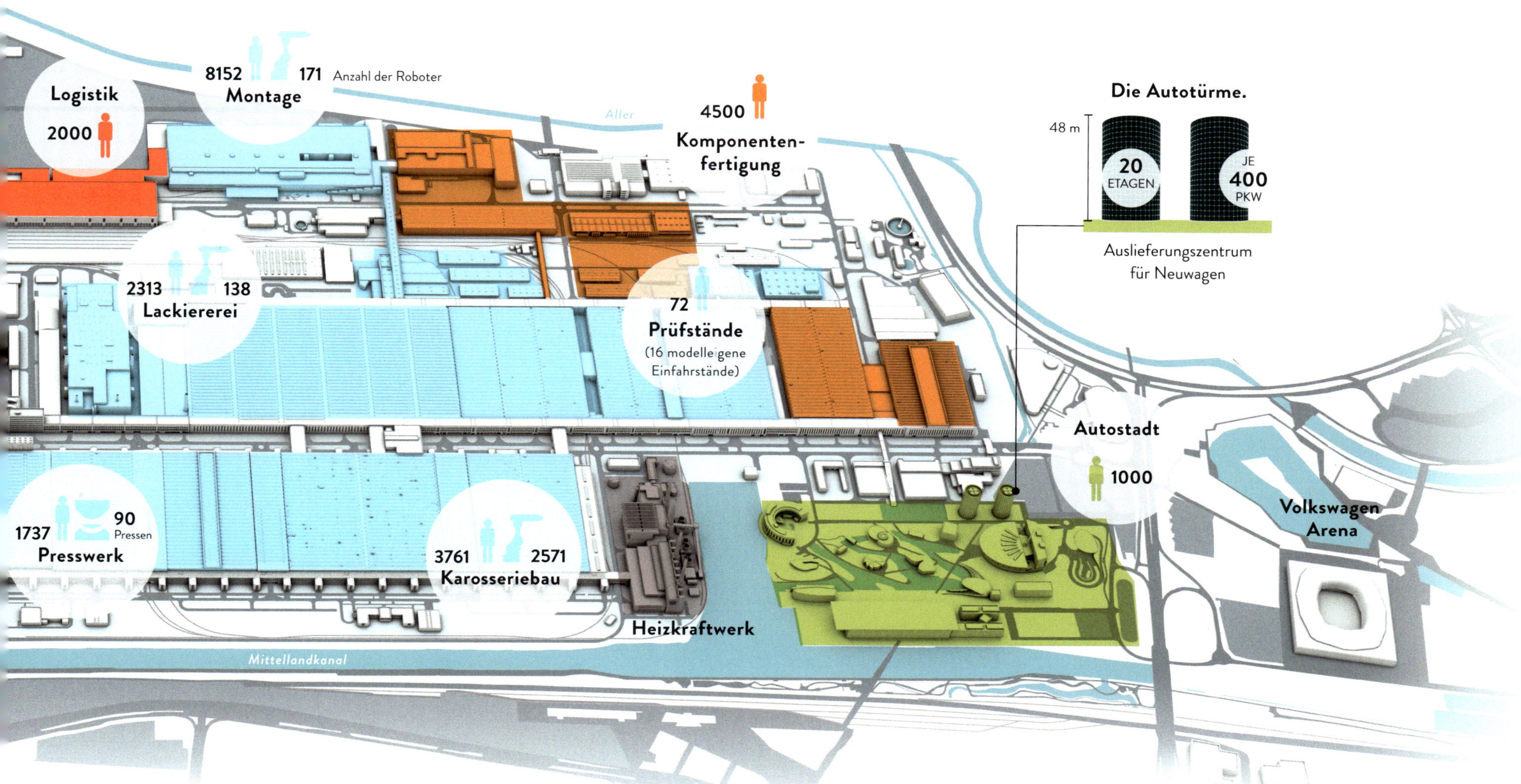

Die Stadt.

Ohne Volkswagen gäbe es Wolfsburg nicht. Stadt und Werk wurden ab 1938 von Nazis aus dem Boden gestampft. Bis Mai 1945 trugen die Werkssiedlungen offiziell den Namen „Stadt des KdF-Wagens bei Fallersleben". Im Zweiten Weltkrieg wurde zunächst Kriegsgerät produziert – auch von vielen Zwangsarbeitern. Die Serienproduktion des Käfers begann dann nach dem Krieg unter britischer Führung.

Einwohnerentwicklung der Stadt Wolfsburg
(1939-2014)

Die Partnerschaft.

Wolfsburg AG

Seit 1999 gibt es eine öffentlich-private Partnerschaft zwischen Volkswagen und der Stadt Wolfsburg. Sie hat das Ziel, die Attraktivität des Standorts zu steigern, und ist vor allem in den Bereichen Beschäftigungs- und Strukturförderung aktiv.

Die Energie.

VW Kraftwerk GmbH

Zwei Heizkraftwerke versorgen das Werk mit Energie und generieren Strom und Fernwärme für die Stadt Wolfsburg.

Der Fußball.

Die Kapitalgesellschaft des VfL Wolfsburg ist eine 100-prozentige VW-Tochter. Volkswagen ist Hauptsponsor der Mannschaft und ihrer Arena.

WIE ENTSTEHT EIN AUTO?

Drei bis sieben Jahre dauert es von den strategischen Vorüberlegungen bis zur Auslieferung eines neues Fahrzeugmodells. Der genaue Ablauf dieses komplexen Prozesses ist bei jedem Hersteller ein wenig anders. Prototypisch sieht er so aus:

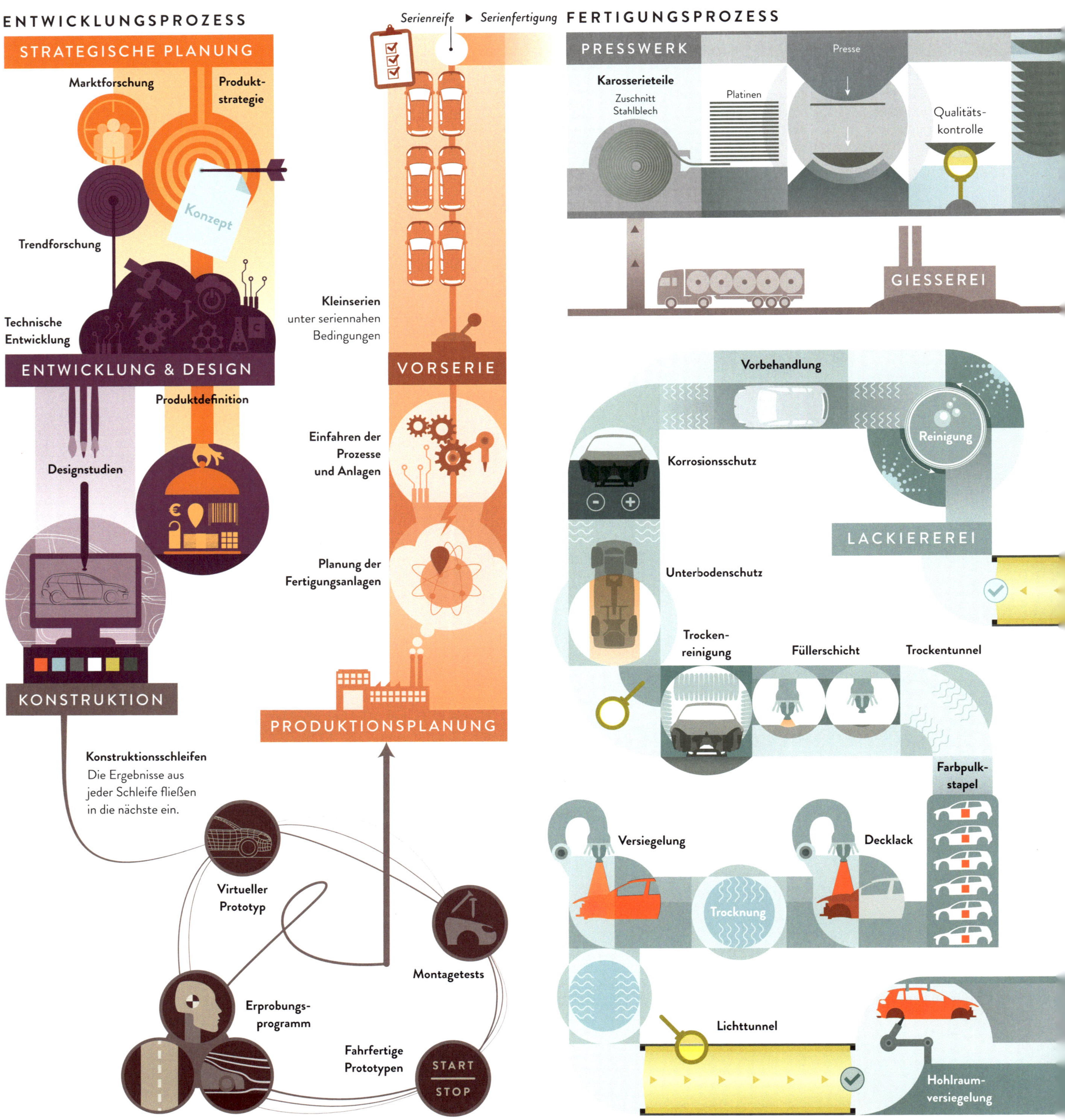

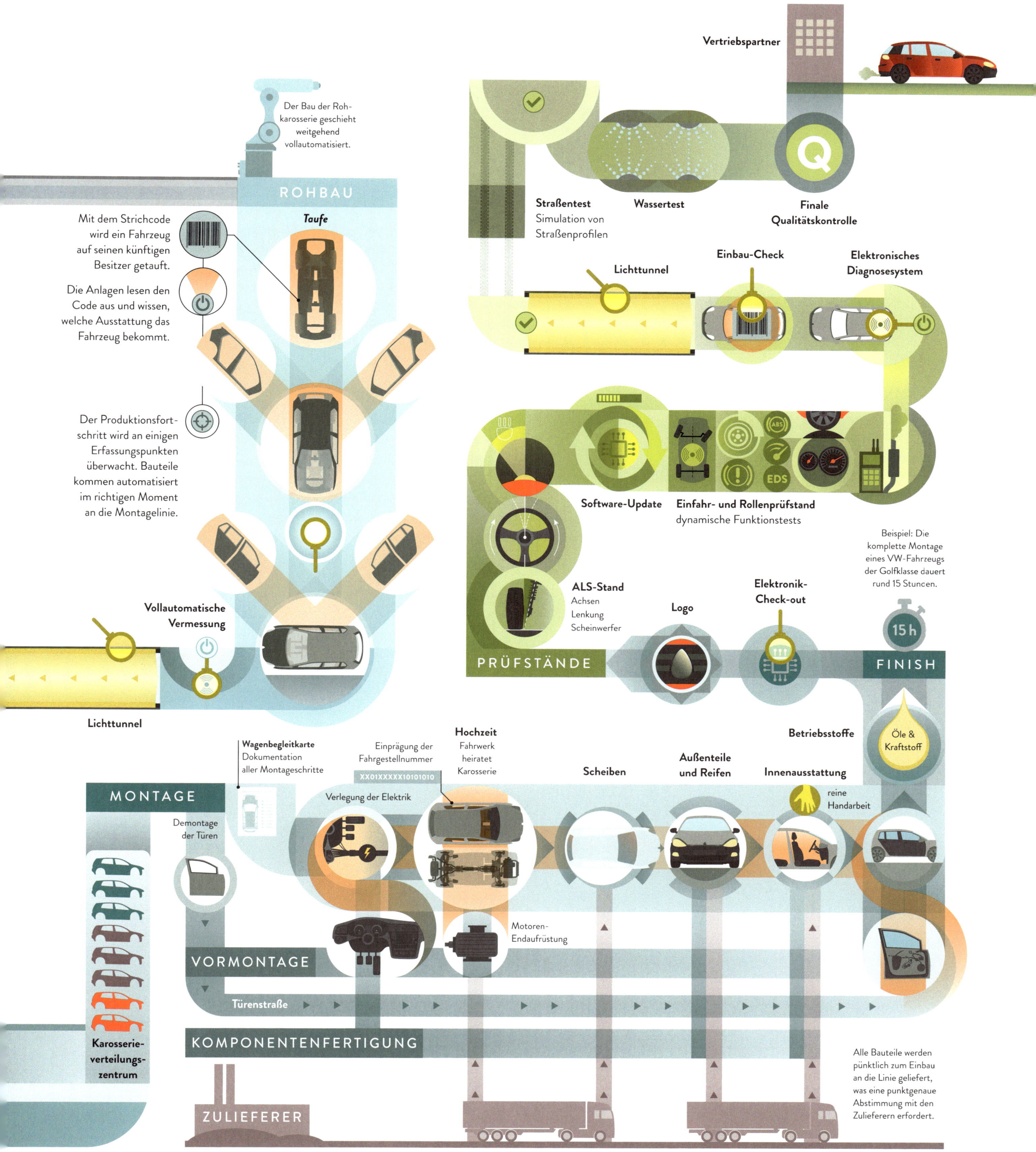

Der Bau der Rohkarosserie geschieht weitgehend vollautomatisiert.
ROHBAU
Taufe
Mit dem Strichcode wird ein Fahrzeug auf seinen künftigen Besitzer getauft.
Die Anlagen lesen den Code aus und wissen, welche Ausstattung das Fahrzeug bekommt.
Der Produktionsfortschritt wird an einigen Erfassungspunkten überwacht. Bauteile kommen automatisiert im richtigen Moment an die Montagelinie.
Vollautomatische Vermessung
Lichttunnel
Vertriebspartner
Straßentest
Simulation von Straßenprofilen
Wassertest
Finale Qualitätskontrolle
Lichttunnel
Einbau-Check
Elektronisches Diagnosesystem
Software-Update
Einfahr- und Rollenprüfstand
dynamische Funktionstests
ABS
EDS
ALS-Stand
Achsen
Lenkung
Scheinwerfer
PRÜFSTÄNDE
Logo
Elektronik-Check-out
Beispiel: Die komplette Montage eines VW-Fahrzeugs der Golfklasse dauert rund 15 Stunden.
15 h
FINISH
Betriebsstoffe
Öle & Kraftstoff
Wagenbegleitkarte
Dokumentation aller Montageschritte
Einprägung der Fahrgestellnummer
XX01XXXXX10101010
Hochzeit
Fahrwerk heiratet Karosserie
Scheiben
Außenteile und Reifen
Innenausstattung
reine Handarbeit
MONTAGE
Demontage der Türen
Verlegung der Elektrik
Motoren-Endaufrüstung
VORMONTAGE
Türenstraße
KOMPONENTENFERTIGUNG
Karosserie-verteilungs-zentrum
ZULIEFERER
Alle Bauteile werden pünktlich zum Einbau an die Linie geliefert, was eine punktgenaue Abstimmung mit den Zulieferern erfordert.

IN GUTER GESELLSCHAFT?

Eine gute Geschäftsidee reicht nicht. Wer ein Unternehmen gründen will, braucht viel juristischen Sachverstand. Oder kluge Pfadfinder, die ihm den Weg durch den Irrgarten des Gesellschaftsrechts weisen.

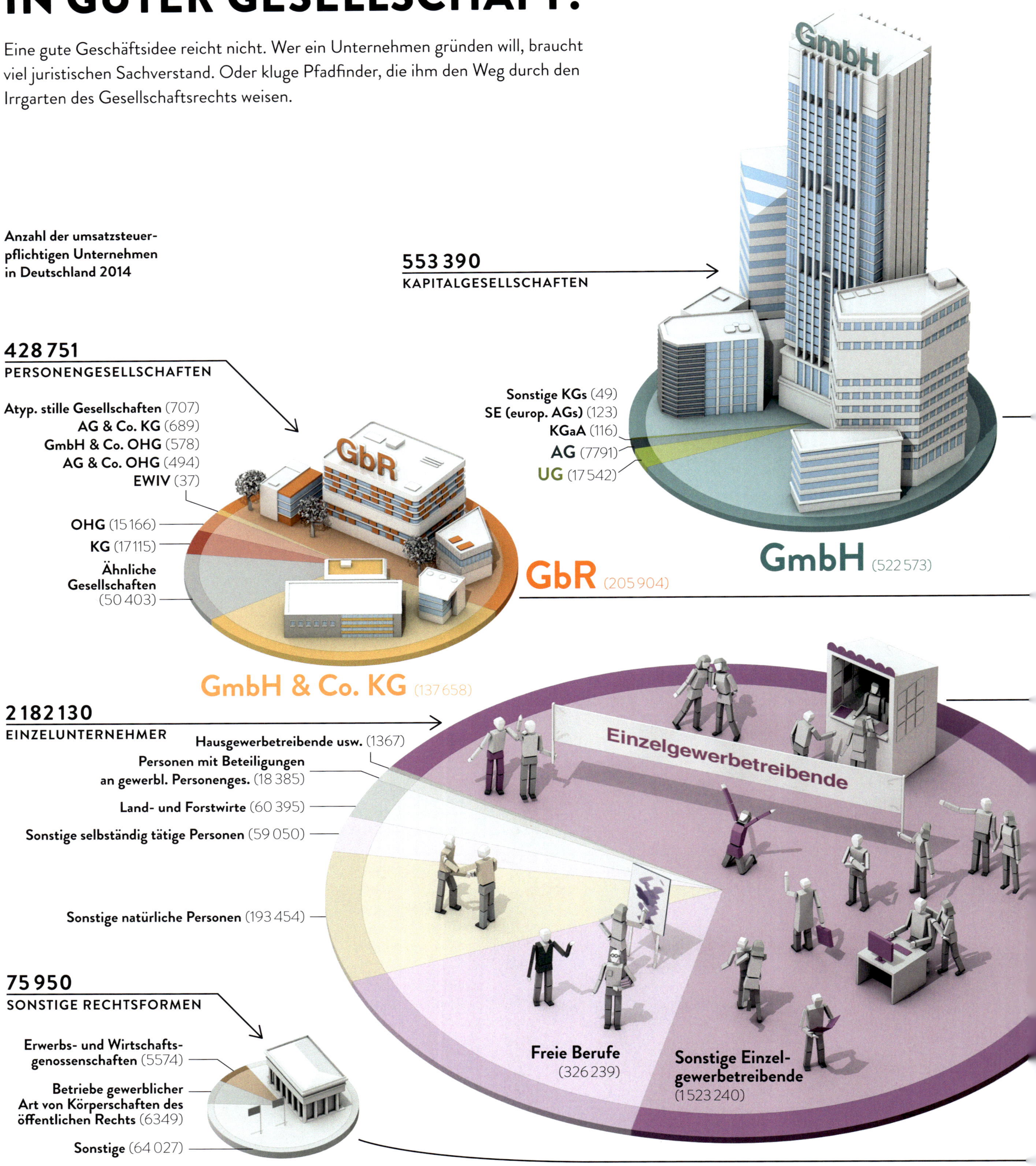

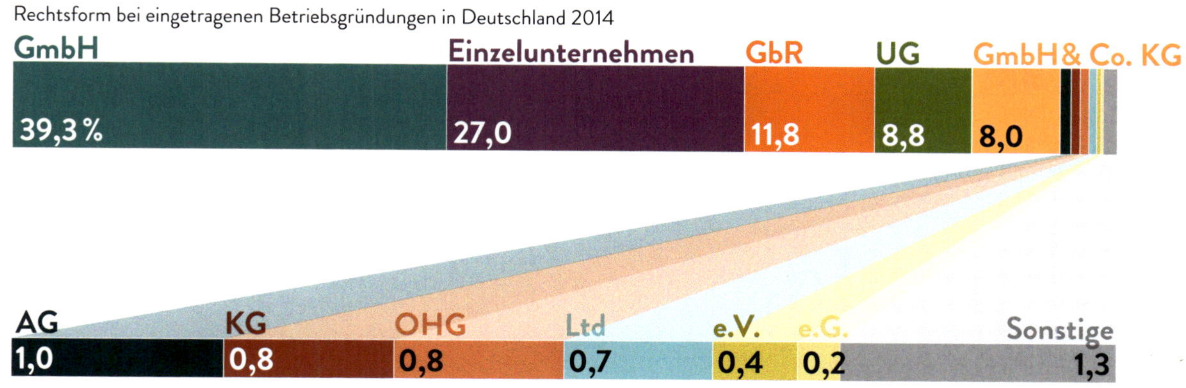

KAUFMANN VS. NICHTKAUFMANN

Der Begriff Kaufmann ist vieldeutig. Meist beschreibt er einen Beruf, wie zum Beispiel Einzelhandels- oder Bankkaufmann, oder ein akademisches Diplom nach Abschluss eines Studiums der Betriebswirtschaft. Bei Gründung eines Einzelunternehmens stellt sich aber eine andere Frage. Diese lautet: Betreibt der Gründer ein Handelsgewerbe nach Handelsgesetzbuch? Dann ist er Kaufmann im Sinne des HGB. Oder gilt er als Handwerker, Land- und Forstwirt, Freiberufler oder Kleingewerbetreibender juristisch als Nichtkaufmann?

Mindestkapital zur Gründung

e.K. eingetragener Kaufmann/Kauffrau — **MK: 0 €**

- Eintragung im Handelsregister
- HGB in vollem Umfang maßgebend
- Bürgerliches Gesetzbuch gilt nur untergeordnet
- div. Berichtspflichten (z. B. Bilanzen, Inventuren etc.)
- Kaufmanneigenschaft erlischt mit Aufgabe des Gewerbebetriebs
- haftet persönlich & unbeschränkt mit Geschäfts- und Privatvermögen

Nichtkaufmann — **MK: 0 €**

- keine Eintragung ins Handelsregister
- unterliegen Bürgerlichem Gesetzbuch (nicht HGB)
- weniger Berichtspflichten
- keine oder nur wenige Beschäftigte
- unbeschränkte Haftung mit Betriebs- und Privatvermögen
- Gewerbebetrieb
- mehrere Nichtkaufleute können sich zu einer GbR zusammenschließen zur gemeinsamen Geschäftsausübung

EINZELUNTERNEHMEN

UNTERNEHMENSFORMEN DES PRIVATEN RECHTS

GESELLSCHAFTEN IM WEITEREN SINNE
(siehe nächste Seite)

UNTERNEHMENSFORMEN DES ÖFFENTLICHEN RECHTS

BEISPIELE

KdöR Körperschaft des öffentlichen Rechts — **MK: 0 €**

Beispiele: Universitäten, Berufsgenossenschaften, religiöse Gemeinschaften

- juristische Person des öffentlichen Rechts, die mit **öffentlichen Aufgaben** betraut ist
- **hoheitliche Aufgaben** werden in Satzung festgelegt
- können **Steuern und Beiträge von Mitgliedern** erheben

AdöR Anstalt des öffentlichen Rechts — **MK: 0 €**

Beispiele: Deutscher Wetterdienst, KFW

- juristische Person des öffentlichen Rechts, die mit **öffentlichen Aufgaben** betraut ist
- haben **keine Mitglieder**, sondern „Benutzer"
- Verhältnis zwischen Anstalt und ihren Benutzern wird durch eine **Anstaltsordnung** bestimmt

Regiebetrieb — **MK: 0 €**

Beispiel: Deutsches Theater Berlin

- öffentliche Betriebe von **Gebietskörperschaften** (Bund, Länder, Gemeinden)
- gedacht für kleinere Betriebseinheiten
- Spektrum umfasst neben Theatern und Opern u.a. Krankenhäuser, Büchereien, Schwimmbäder, städtische Fuhrparks und kommunale Photovoltaikanlagen
- kann **nicht insolvent** gehen

Eigenbetrieb — **MK: 0 €**

Beispiel: Kindergärten

- meist **kommunale Unternehmen**, die als Sondervermögen aus kommunalem Haushalt ausgegliedert sind
- rechtliche Grundlage sind die **Gemeindeverordnungen**
- besitzen organisatorische, aber **keine rechtliche Selbständigkeit**

DACHGESELLSCHAFTEN

sind Beteiligungsgesellschaften in Form von Muttergesellschaft und Tochterunternehmen.

BEISPIELE

Metro Group

HOLDING

- ausschließlicher Betriebszweck, sich **an anderen Unternehmen zu beteiligen**
- bündelt oft **verschiedene Unternehmen zu einem Konzern**
- verschafft oft **Steuervorteile**

ORGANSCHAFT

- fasst rechtlich selbständige Unternehmen **zu einer Besteuerungseinheit** zusammen
- Gesamtsteuerlast wird oft durch **Verluste von Tochterfirmen** im Ausland gesenkt
- bei Körperschaft-, Gewerbe- und Umsatzsteuer zulässig

KAPITALGESELLSCHAFTEN

sind Handelsgesellschaften, deren Gesellschafter das Kapital geben, aber an der Leitung des Unternehmens kaum beteiligt sind.

Deutsche Bahn AG
HSV Fußball AG
REWE-Zentral-AG
Citigroup Global Markets Deutschland AG

AG Aktiengesellschaft — MK: 50 000 €

- typische Unternehmensform **bei hohem Kapitalbedarf**
- Grundkapital ist in Aktien zerlegt, die übertragbar sind (fungibel)
- **nicht zwingend an Börsen** notiert

Sonderformen:
- **gAG**: gemeinnützige Aktiengesellschaft
- **REIT** (AG): Real-Estate-Investment-Trust AG, ausschließliche Tätigkeit im Immobiliensektor
- **InvAG**: Investmentaktiengesellschaft

REWE Deutscher Supermarkt AG & Co. KGaA
Henkel AG & Co. KGaA
Targobank AG & Co. KGaA

KGaA Kommanditgesellschaft auf Aktien — MK: 50 000 €

- vereint Elemente von **Aktiengesellschaft und Kommanditgesellschaft**
- verfügt über **keinen Vorstand**, sondern über **persönlich haftende Gesellschafter (Komplementäre)**
- Komplementäre unterliegen im Wesentlichen dem **Personengesellschaftsrecht**

Sonderformen:
- **Stiftung & Co. KGaA**
- **GmbH & Co. KGaA**
- **AG & Co. KGaA**

artflash Editionen UG
chariteam UG
Bistro Unter den Linden Ltd.

UG Unternehmergesellschaft (haftungsbeschränkt) — MK: 1 €

- kleine Schwester der GmbH (auch **Mini-GmbH** oder **Ein-Euro-GmbH** genannt)
- Haftung ist auf das Vermögen der Gesellschaft beschränkt
- attraktiv für **Start-up-Unternehmen**, da günstig und schnell zu gründen

Ltd. Limited Company (Kapitalgesellschaft in UK) — MK: 1 £

- britisches Pendant zu GmbH
- **weder Gesellschafter noch Geschäftsführer („Directors") haften mit Privatvermögen**
- Gründung mit registrierter Adresse in UK **binnen 24 Stunden** möglich (**zusätzliche Buchführung** nach britischem Recht verpflichtend)

Ullstein Buchverlage GmbH
Golden Section Graphics GmbH
stern.de GmbH
stilwerk GmbH

GmbH Gesellschaft mit beschränkter Haftung — MK: 25 000 €

- juristische Person des Privatrechts und Handelsgesellschaft nach HGB. D.h. Gesellschaft tritt als Kaufmann im Geschäftsverkehr auf
- **älteste Form der Kapitalgesellschaft** mit beschränkter Haftung der Welt (seit 1892)
- Gesellschaftervertrag muss **notariell beurkundet** werden
- Haftung nur mit dem Gesellschaftsvermögen

Sonderform:
- **gGmbH**
  Die **gemeinnützige GmbH** untersteht nicht der staatlichen Stiftungsaufsicht

Die folgenden Rechtsformen sind in jedem Fall immer Kaufleute: OHG, KG, GmbH & Co. KG., GmbH, AG

GESELLSCHAFTEN IM ENGEREN SINNE

PERSONENGESELLSCHAFTEN

Eine Personengesellschaft entsteht, wenn sich mindestens zwei natürliche und/oder juristische Personen für einen gemeinsamen wirtschaftlichen Zweck zusammenschließen. Eine Personengesellschaft ist keine juristische Person, kann aber trotzdem Träger von Rechten und Pflichten sein.

BEISPIELE

do you read me?! GbR
Louca & Oberholz GbR

BGB Gesellschaft / GbR Gesellschaft bürgerlichen Rechts — MK: 0 €

- Zusammenschluss von mindestens **zwei Gesellschaftern** (natürlichen oder juristischen Personen)
- **keine Eintragung ins Handelsregister**, kann **nicht als Kaufmann** auftreten
- **gemeinsame Geschäftsführung** durch alle Gesellschafter
- alle Gesellschafter **haften gesamtschuldnerisch**, auch mit Privatvermögen

Robben & Wientjes OHG
brand eins Verlag GmbH & Co. oHG

OHG offene Handelsgesellschaft — MK: 0 €

- **Personenhandelsgesellschaft**, in der sich **zwei oder mehr** natürliche und/oder juristische Personen zusammenschließen
- alle Gesellschafter treten offen nach außen in Erscheinung und **haften voll**
- die klassische Form für den **Zusammenschluss von Kaufleuten**
- Einzelvertretungsmacht jedes Gesellschafters (Einzelgeschäftsführung)

Sonderformen:
- **GmbH & Co. OHG**
- **AG & Co. OHG**

Henschel KG
Gruner + Jahr GmbH & Co. KG

KG Kommanditgesellschaft — MK: 0 €

- Umwandlungsform der OHG, die **durch Aufnahme eines Kommanditisten** entsteht (oft zur Erhöhung der Kapitaldecke)
- **Gesellschafter haften voll**, Kommanditisten nur mit ihrem Einlagekapital
- **viele Familiengesellschaften** nutzen diese Rechtsform, da **hohe Entscheidungsgewalt** bei Komplementären (Vollhafter)

Sonderformen:
- **AG & Co. KG**
- **Ltd. & Co. KG**
- **Stiftung & Co. KG**
- **Stiftung GmbH & Co. KG**
- **GmbH & Co. KG**
- **UG & Co. KG**

Stille Gesellschaft — MK: 0 €

- Personengesellschaft, bei der sich **Investoren mit vermögender Einlage** beteiligen (grundsätzlich bei allen Gesellschaften möglich)
- reine **Innengesellschaft**, nach außen tritt nur Geschäftsinhaber auf, **keine Eintragung im Handelsregister**
- **stille Gesellschafter sind an Gewinn und Verlust** beteiligt

Typische stille Gesellschaft — MK: 0 €

- stille Gesellschafter **nicht an stillen Reserven beteiligt**
- steuerl. **keine Mitunternehmerschaft**, Einkünfte aus Kapitalverm.

Atypische stille Gesellschaft — MK: 0 €

- stille Gesellschafter **steuerlich Mitunternehmer** und **an stillen Reserven beteiligt**

STIFTUNGEN

können sowohl privatrechtlich als auch öffentlich rechtlich gegründet werden. In der Regel dienen sie gemeinnützigen Zwecken.

BEISPIELE

Bertelsmann Stiftung
Stiftung Buchkunst
Stiftung Warentest

STIFTUNG — **MK: Stiftungsvermögen**

- Institution, die **mit Hilfe des Vermögens der Stifter** festgelegten Zweck verfolgt
- in der Regel darf das **Stiftungsvermögen nicht angetastet** werden
- die Stiftungsarbeit **wird aus Erträgen finanziert**
- die meisten Stiftungen sind **auf „ewig" angelegt**

Sonderformen:
- **Stiftungs-GmbH**
- **Stiftungs-AG**
- **Stiftungs-Verein**

SUPRANATIONALE RECHTSFORMEN

sind Gesellschaften, die ihre Rechtsgrundlage nicht mehr im nationalen Recht haben, sondern in überstaatlichen (z. B. im europäischen Recht).

Axel Springer SE
Allianz SE
SAP SE

SE Europäische Aktiengesellschaft — **MK: 120 000 €**

- **seit 2004 Rechtsform** für Aktiengesellschaften in der **Europäischen Union** und im Europäischen Wirtschaftsraum
- ermöglicht **europaweit tätigen Gesellschaften**, nach weitgehend **einheitlichen Rechtsprinzipien** zu agieren
- **vereinfacht grenzüberschreitende M&A-Transaktionen** erheblich
- Sitz muss in EU/EWR liegen, kann aber jederzeit **in anderen Mitgliedsstaat verlegt** werden

EuroLawyers EWIV

EWIV Europäische wirtschaftliche Interessenvereinigung — **MK: 0 €**

- erste auf europäischem Recht basierende Gesellschaftsform (seit 1985, damals noch nach EWG-Recht)
- Zweck ist es, die grenzüberschreitende Zusammenarbeit zu fördern
- gilt in Deutschland als Handelsgesellschaft nach HGB

SUP Societas Unius Personae / Europäische Ein-Personengesellschaft — **MK: 1 €**

- **in Planung befindliche Rechtsform** für Gesellschaften **mit nur einem Gesellschafter**
- soll Gründung von **kleinen, europaweit tätigen Unternehmen** erleichtern
- soll online und mit einem Standardformular **formlos gegründet werden** können
- Haftung ist aufs **Gesellschaftsvermögen** beschränkt

WESTFLEISCH SCE
ALTINA Global Network SCE
verico SCE

SCE Europäische Genossenschaft — **MK: 30 000 €**

- **europäisches Pendant zu Genossenschaften** nach nationalem Recht
- besitzt **Rechtspersönlichkeit,** und das **Grundkapital ist in Geschäftsanteile zerlegt**
- wichtiges Ziel ist es, die komplizierten **Mitbestimmungsrechte bei Genossenschaften zu vereinheitlichen**

EINGETRAGENE GENOSSENSCHAFTEN e.G.

sind ein Zusammenschluss von natürlichen oder juristischen Personen, die sich in der Regel bei wirtschaftlicher Aktivität in besonders intensiver Form gemeinschaftlicher unterstützen wollen.

REWE-Zentralfinanz eG
Sparda-Bank Berlin eG
Volksbank eG Braunschweig Wolfsburg

eG eingetragene Genossenschaft — **MK: 0 €**

- Grundlage Genossenschaftsrecht von 1889
- Zweck ist es, die unternehmerische Tätigkeit ihrer Mitglieder oder deren **soziale oder kulturelle Belange** durch den gemeinsamen Geschäftsbetrieb zu fördern
- **Genossen haften nur mit gezeichnetem Anteil**

SONDERFORMEN

Hans-Dieter Logemann Partenreederei

Partenreederei — **MK: 1 €**

- Gesellschaft besteht in dem gemeinschaftlichen Besitz eines Schiffes. Weder ist eine Partenreederei denkbar, die gar kein Schiff besitzt, noch kann die Gesellschaft ein weiteres Schiff hinzuerwerben
- es gelten die (vorteilhaften) Bestimmungen des HGB
- seit 2013 können keine Partenreedereien mehr gegründet werden. Heute werden neue Reedereien in der Regel als AG oder GmbH & Co KG gegründet

Rübben & Partner PartGmbB Rechtsanwälte
Semmler & Hirsch PartG mbB Steuerberatungsgesellschaft
Treukonzept Wirtschaftstreuhand Steuerberatungsgesellschaft PartG

PartG Partnerschaftsgesellschaft — **MK: 0 €**

- eine Personengesellschaft, in der sich **Angehörige freier Berufe** zur Ausübung ihrer Berufe zusammenschließen (z. B. Ärzte, Anwälte oder Unternehmensberater)
- für **Fehler in der Berufsausübung** haftet jeweils nur der handelnde Partner; Gesellschafter haften ggf. mit ihrem **gesamten Privatvermögen**
- **bloße Kapitalbeteiligung ist nicht zulässig**

PartG mbB — **MK: 0 €**

- unterscheidet sich von der PartG durch ihre Haftungsregelungen: Partnerschaftsgesellschaft **mit beschränkter Haftung**
- Nachweis einer **Berufshaftpflichtversicherung** erforderlich

Vereinigte Hagelversicherung VVaG
Landeskrankenhilfe VVaG
Sterbekasse Evangelischer Freikirchen VVaG

VVaG Versicherungsverein auf Gegenseitigkeit — **MK: 1 €**

- Urform des Versicherungswesens, basiert auf **Genossenschaftsgedanken**
- Versicherungsnehmer sind **Mitglieder und Träger des Vereins**
- Nichtmitglieder können nur in Ausnahmefällen Verträge abschließen

VEREINE

wollen vereinen.

Deutsche Kinderhilfe e.V.
Berliner Krebsgesellschaft e.V.
Fußball-Club St. Pauli v. 1910 e.V.
FC Gelsenkirchen-Schalke 04 e.V.
GEMA
Verwertungsgesellschaft WORT

e.V. eingetragener Verein / nicht wirtschaftlich — **MK: 0 €**

- **Körperschaft des Privatrechts,** eingetragen im **Vereinsregister des zuständigen Amtsgerichts**
- darf **grundsätzlich keine wirtschaftlichen Zwecke** verfolgen
- zur Gründung braucht es **mindestens sieben Mitglieder**. Sinkt die Mitgliederzahl auf unter drei, wird der Verein von Amts wegen aufgelöst

e.V. eingetragener Verein / wirtschaftlich — **MK: 0 €**

- Ausnahmeform gemäß § 22 BGB
- nicht im Vereinsregister eingetragen, sondern **im Handelsregister**
- Bsp: Erzeugergemeinschaften und Verwertungsgesellschaften

DER BÖRSENGANG

Wer Aktien kauft, erwirbt Anteile an einem Unternehmen. Der Unternehmer verkauft Anteile, um an Kapital zu kommen. Mit dem frischen Geld will er in der Regel die Firma weiterentwickeln. Manchmal will er auch eine Südseeinsel kaufen. Bevor der Unternehmer das kann und neue Aktionäre Gewinne (oder Verluste) machen, muss er viele Entscheidungen treffen …

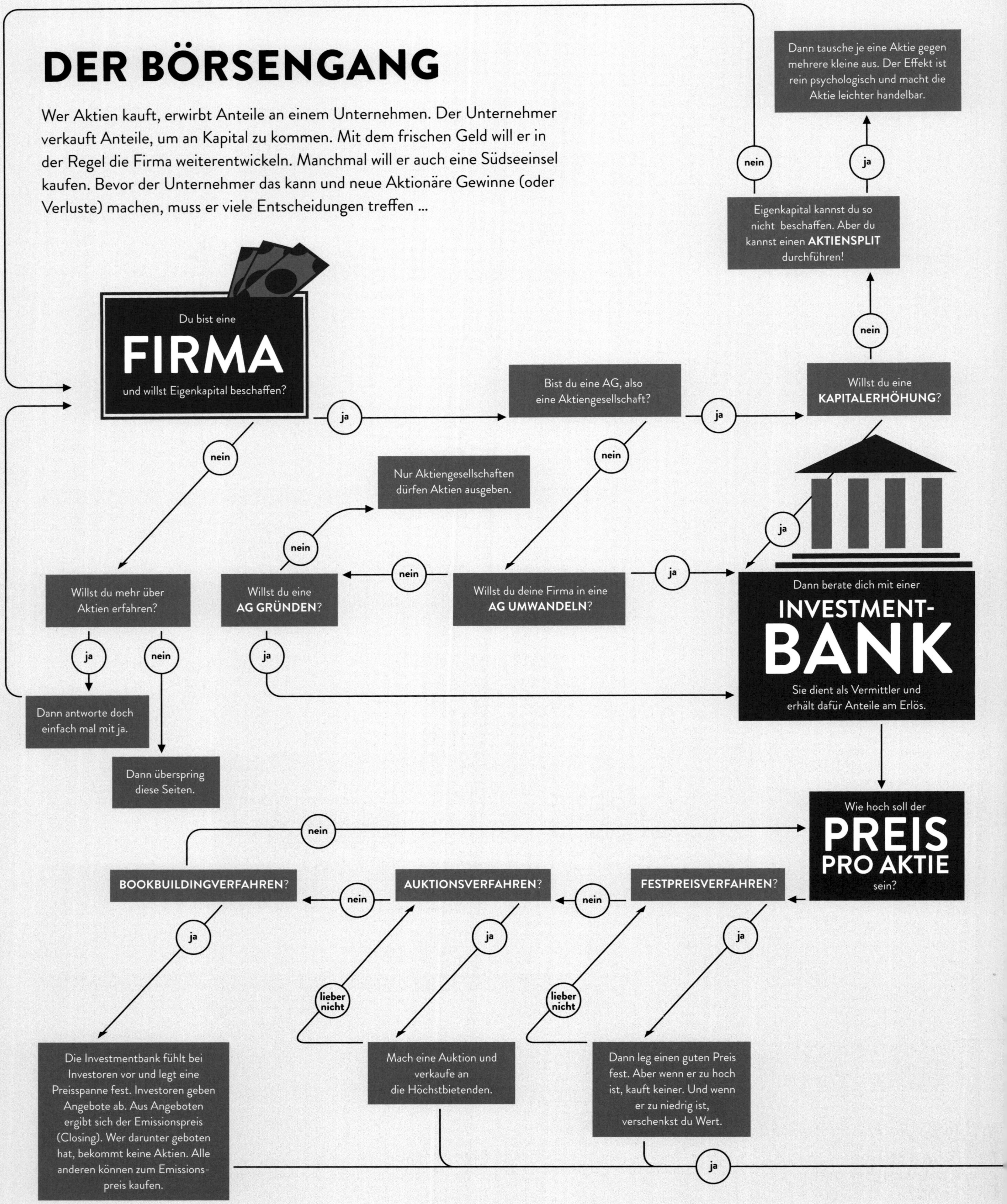

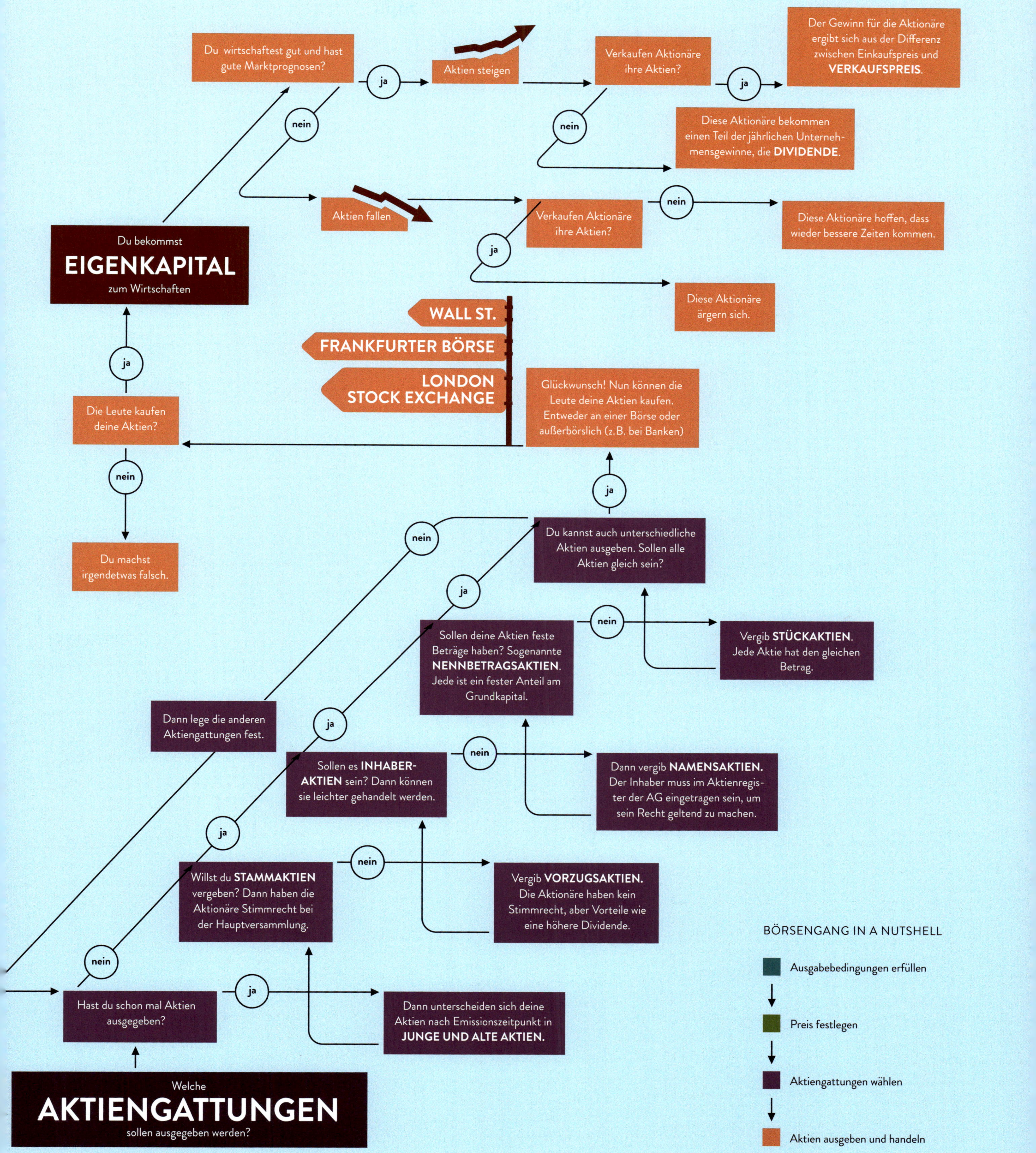
Welche
AKTIENGATTUNGEN
sollen ausgegeben werden?
Hast du schon mal Aktien ausgegeben?
ja
Dann unterscheiden sich deine Aktien nach Emissionszeitpunkt in JUNGE UND ALTE AKTIEN.
nein
Willst du STAMMAKTIEN vergeben? Dann haben die Aktionäre Stimmrecht bei der Hauptversammlung.
nein
Vergib VORZUGSAKTIEN. Die Aktionäre haben kein Stimmrecht, aber Vorteile wie eine höhere Dividende.
ja
Sollen es INHABER-AKTIEN sein? Dann können sie leichter gehandelt werden.
nein
Dann vergib NAMENSAKTIEN. Der Inhaber muss im Aktienregister der AG eingetragen sein, um sein Recht geltend zu machen.
ja
Sollen deine Aktien feste Beträge haben? Sogenannte NENNBETRAGSAKTIEN. Jede ist ein fester Anteil am Grundkapital.
nein
Vergib STÜCKAKTIEN. Jede Aktie hat den gleichen Betrag.
ja
Du kannst auch unterschiedliche Aktien ausgeben. Sollen alle Aktien gleich sein?
nein
Dann lege die anderen Aktiengattungen fest.
ja
Glückwunsch! Nun können die Leute deine Aktien kaufen. Entweder an einer Börse oder außerbörslich (z.B. bei Banken)
WALL ST.
FRANKFURTER BÖRSE
LONDON STOCK EXCHANGE
Die Leute kaufen deine Aktien?
nein
Du machst irgendetwas falsch.
ja
Du bekommst
EIGENKAPITAL
zum Wirtschaften
Du wirtschaftest gut und hast gute Marktprognosen?
ja
Aktien steigen
Verkaufen Aktionäre ihre Aktien?
ja
Der Gewinn für die Aktionäre ergibt sich aus der Differenz zwischen Einkaufspreis und VERKAUFSPREIS.
nein
Diese Aktionäre bekommen einen Teil der jährlichen Unternehmensgewinne, die DIVIDENDE.
nein
Aktien fallen
Verkaufen Aktionäre ihre Aktien?
nein
Diese Aktionäre hoffen, dass wieder bessere Zeiten kommen.
ja
Diese Aktionäre ärgern sich.
BÖRSENGANG IN A NUTSHELL
Ausgabebedingungen erfüllen
Preis festlegen
Aktiengattungen wählen
Aktien ausgeben und handeln

KAMPF DER KENNZIFFERN

„Ein Ding ins Universum zu stellen“, das war Steve Jobs’ Ziel mit Apple.
Schwer zu sagen, wie es von einer anderen Galaxie aussieht.
Auf der Erde zählen Zahlen.

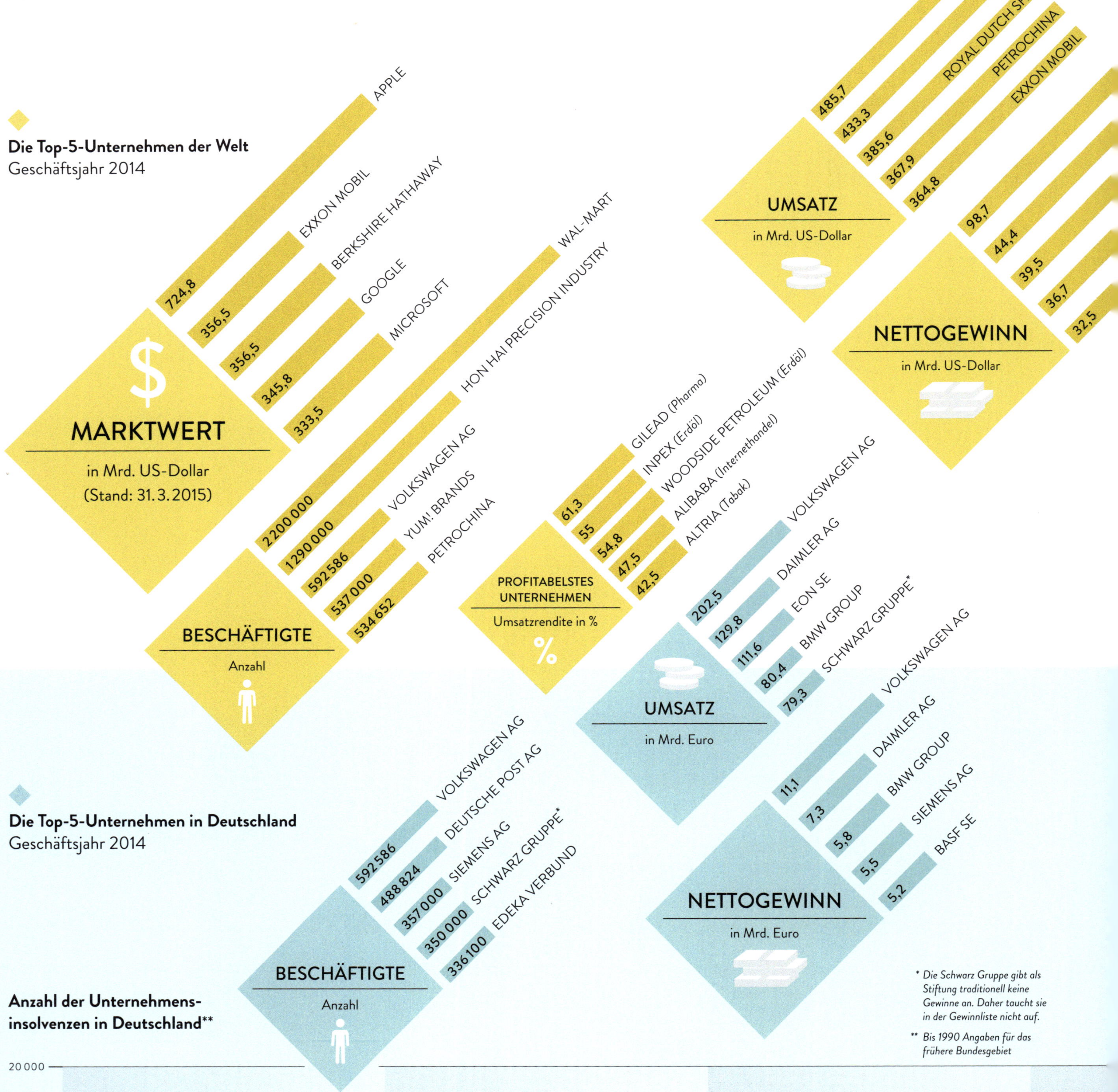

* Die Schwarz Gruppe gibt als Stiftung traditionell keine Gewinne an. Daher taucht sie in der Gewinnliste nicht auf.

** Bis 1990 Angaben für das frühere Bundesgebiet

Anzahl der Unternehmens-insolvenzen in Deutschland**

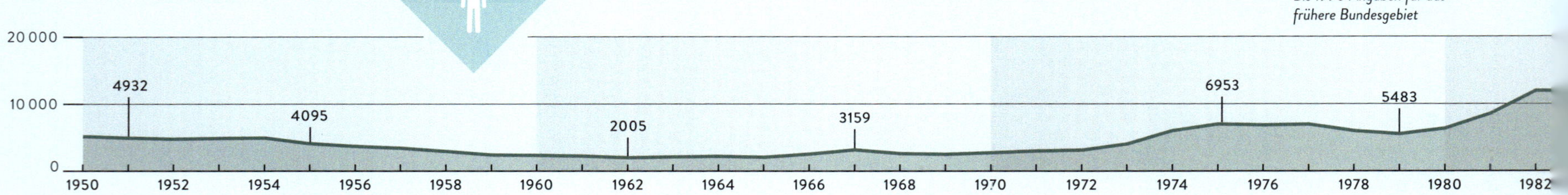

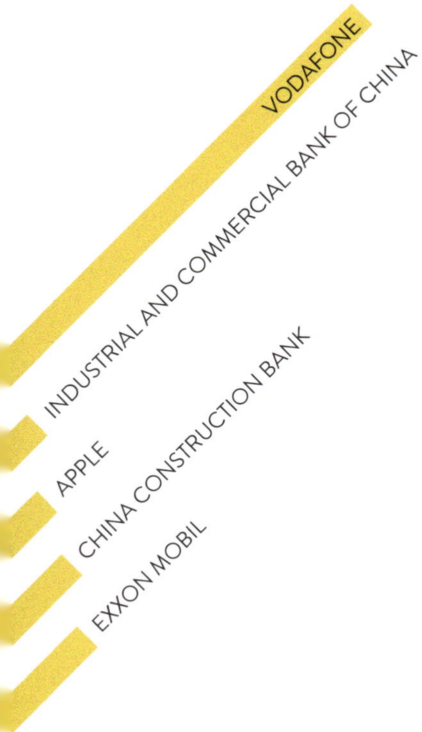

HÖCHSTER GEWINN
ALLER ZEITEN PRO QUARTAL

Apple

18 Mrd. US-Dollar
(1. Quartal 2015)

WELTWEIT GRÖSSTER
MOBILFUNKANBIETER

China Mobile

mehr als 825 Mio. Kunden
(Stand: 30. 11. 2015)

DIE TEUERSTE
EINZELAKTIE

Berkshire Hathaway

176 250 €
(Stand: 19. 1. 2016)

ÄLTESTES UNTERNEHMEN
ALLER ZEITEN

Nishiyama Onsen Keiunkan

*im Jahr **705** gegründet*

Branche: Hotel
seit 52 Generationen
in Familienbesitz

Die Top-5-Firmenübernahmen der Welt
in Mrd. US-Dollar

Vodafone kauft **Mannesmann**	1999	172
Verizon kauft **Verizon Wireless**	2013	130,1
AOL kauft **Time Warner**	2000	112,1
Pfizer kauft **Warner-Lambert**	1999	111,8
Aktionäre kaufen **Philip Morris**	2008	111,3

Die Top-5-Insolvenzen der Welt nach Bilanzaktiva
in Mrd. US-Dollar

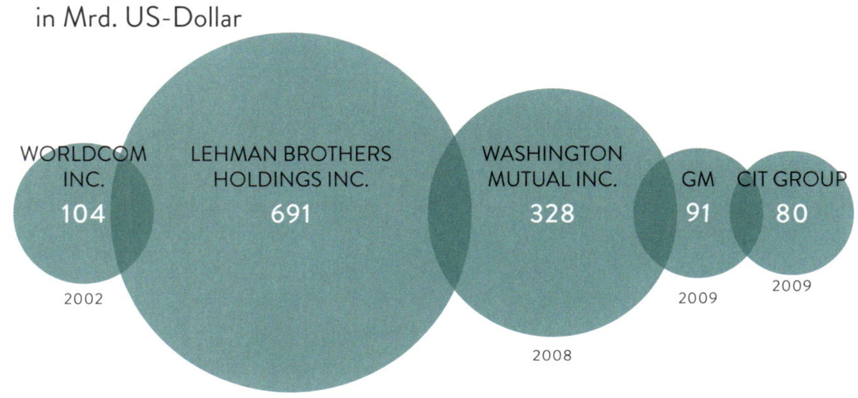

Die Top-3-Branchen in Deutschland nach Gehalt
durchschnittliches Bruttogehalt 2014 für Fach- und Führungskräfte (inklusive variabler Anteile)

62 451 €
Banken

59 991 €
Pharma-industrie

59 727 €
Automobil

Die Top-5-Insolvenzen in Deutschland nach Mitarbeitern ab 2000

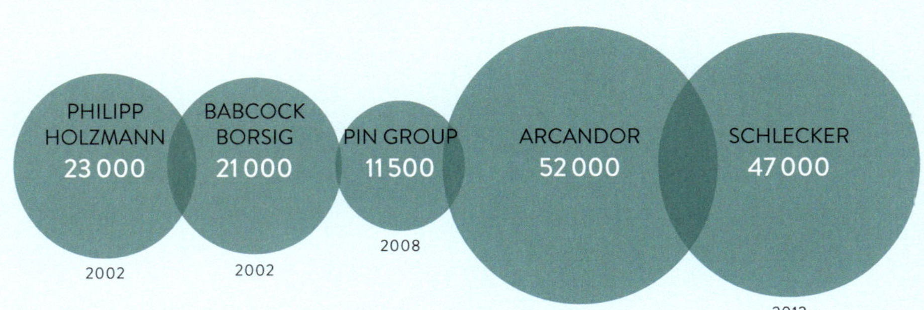

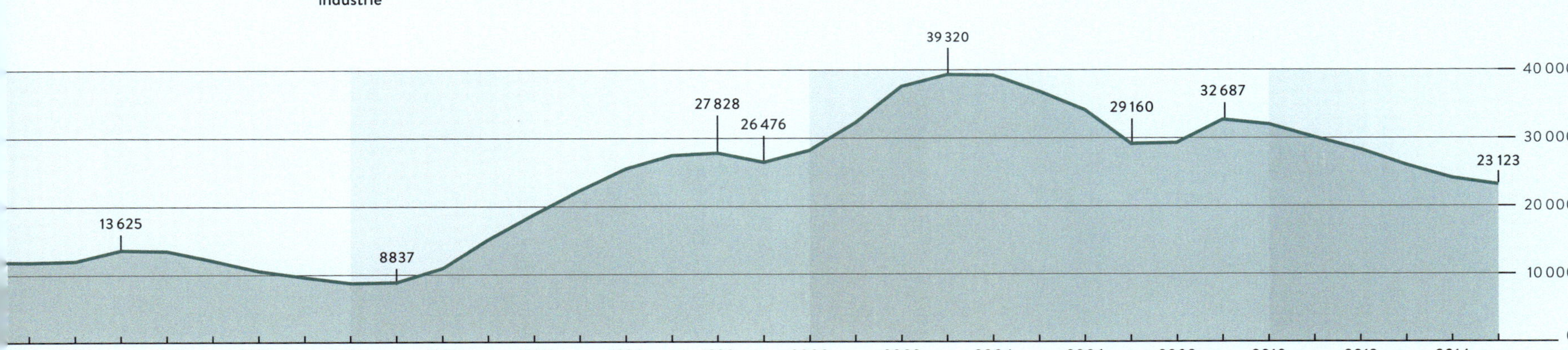

HÄTTE, HÄTTE, WERT-SCHÖPFUNGSKETTE

Unternehmen schaffen Werte. Dabei verbrauchen sie Ressourcen. Im Erfolgsfall kommt am Ende ein Gewinn heraus. Um die Ansammlung von Tätigkeiten in einem Unternehmen systematisch erfassen zu können, nutzen Betriebswirte das Modell der Wertkette (auch Wertschöpfungskette genannt). Der Harvard-Professor Michael E. Porter hat es 1985 eingeführt. Wertkettenanalysen helfen dabei, Prozesse zu optimieren und Wettbewerbsvorteile zu schärfen.

Modell einer Wertschöpfungskette nach Michael E. Porter

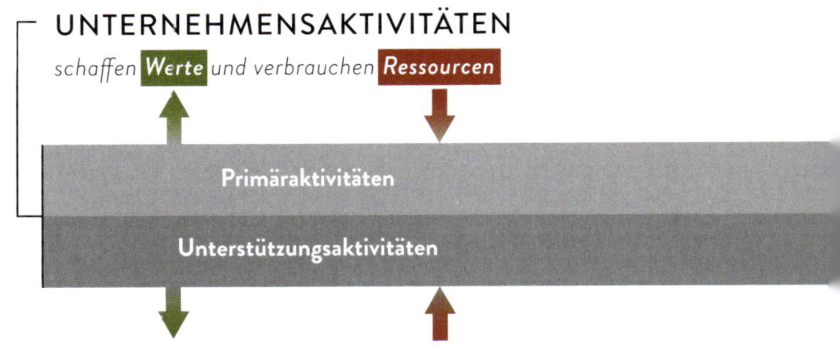

Beispiele von Wertschöpfungsketten

BANK

WASCHMITTELHERSTELLER

WERBEAGENTUR

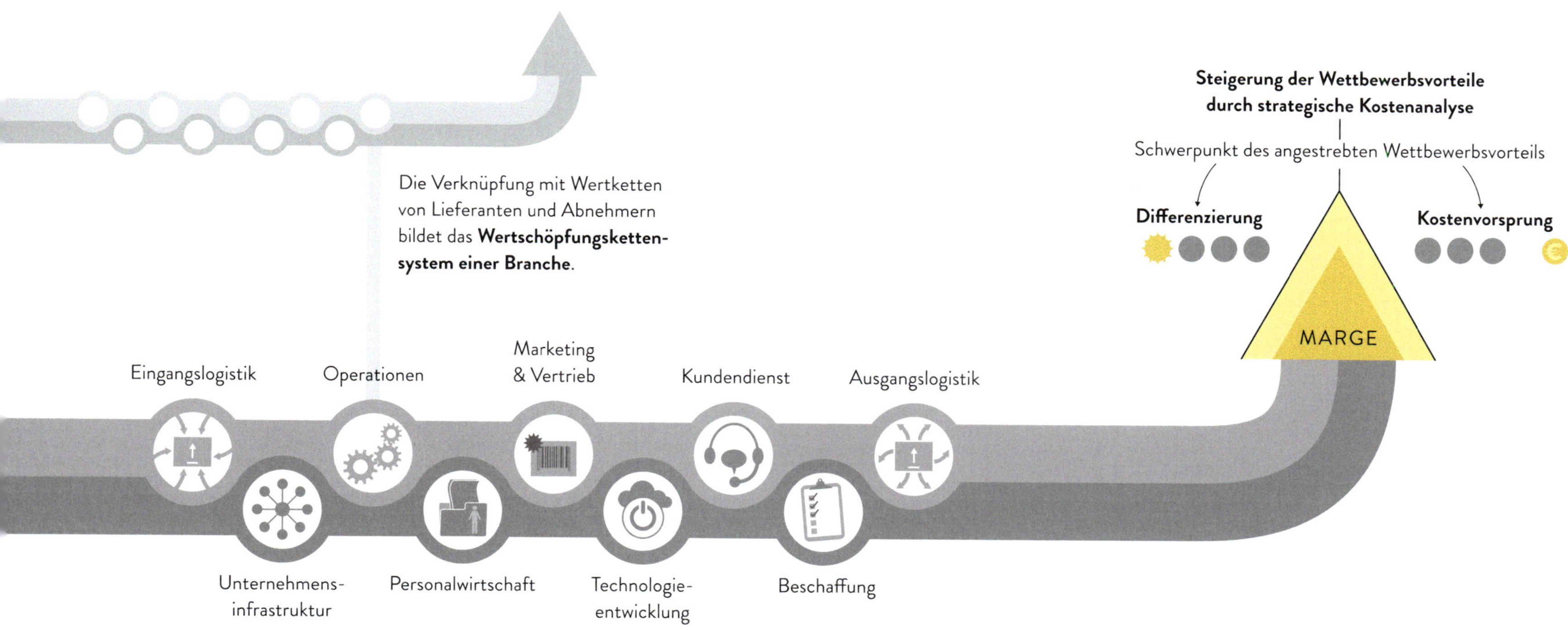
Steigerung der Wettbewerbsvorteile
durch strategische Kostenanalyse
Schwerpunkt des angestrebten Wettbewerbsvorteils
Differenzierung
Kostenvorsprung
MARGE
Die Verknüpfung mit Wertketten von Lieferanten und Abnehmern bildet das **Wertschöpfungsketten-system einer Branche.**
Eingangslogistik
Operationen
Marketing & Vertrieb
Kundendienst
Ausgangslogistik
Unternehmens-infrastruktur
Personalwirtschaft
Technologie-entwicklung
Beschaffung

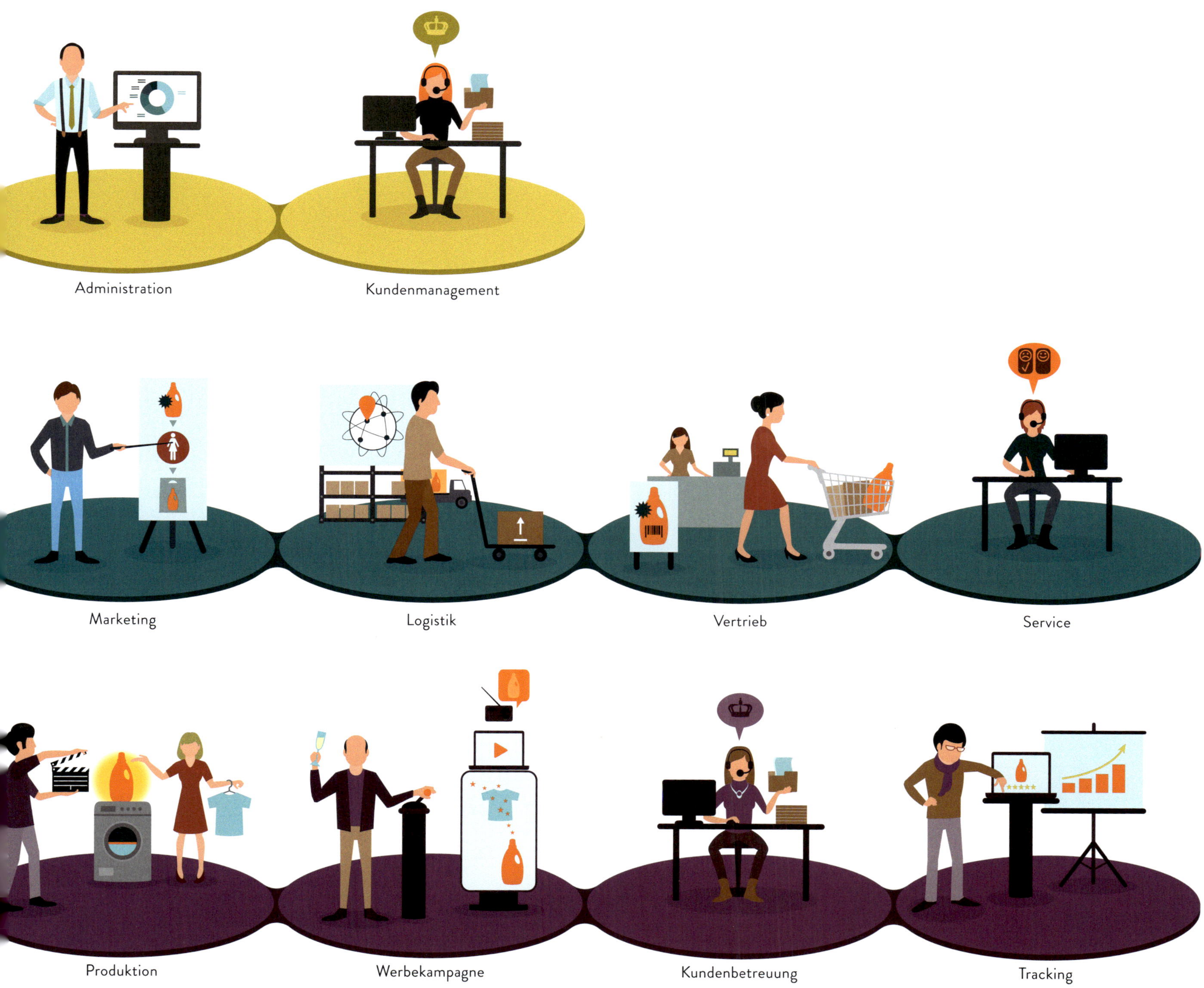
Administration
Kundenmanagement
Marketing
Logistik
Vertrieb
Service
Produktion
Werbekampagne
Kundenbetreuung
Tracking

GESCHÄFTSMODELL-GEMÄLDE

Wie werden wir Geld verdienen? Diese Frage treibt Start-up-Gründer um. Auf der Suche nach dem passenden Geschäftsmodell hilft der sogenannte „Business Model Canvas". Das Werkzeug wurde von Alexander Osterwalder 2004 im Zuge einer Doktorarbeit in der Schweiz entwickelt. Heute nutzen es weltweit Gründer und gestandene Manager, um eine gemeinsame Sprache zur Visualisierung, Bewertung und Veränderung von Geschäftsmodellen zu finden.

252 x 12
252 x 12
504
756
30996
benefit
KUNDENBEZIEHUNGEN
Wie soll das Unternehmen mit dem Kunden interagieren? In einer Community? Persönliche Betreuung? Oder digital automatisiert?
KUNDENSEGMENTE
Alle Personen oder Organisationen, die das Unternehmen mit seinen Produkten oder Dienstleistungen erreichen möchte
KANÄLE
Wie kommuniziert ein Unternehmen mit seinen Kunden? Wie sehen die Kontaktpunkte aus? Wie liefert es das Werteversprechen zum Kunden?
EINNAHMEQUELLEN
Welche Kundengruppen sind bereit, für welche Produkte/Leistung wie viel zu bezahlen? Hier stehen auch die unterschiedlichen Bezahlmodelle wie Kaufen vs. Leasen, Flatrates vs. Einzelabrechnung etc.
BUY
23,99 €
PayPal
10
EURO

TOP VS. FLOP

Der Golf. Die Pampers. Der Big Mac. Bestseller dominieren unser Bild von der Warenwelt. Logisch. Sie verkaufen sich ja auch so gut. Rund zwei Drittel aller Markteinführungen scheitern binnen eines Jahres. Wirtschaftlich können auch scheinbare Top-Produkte echte Flops sein.

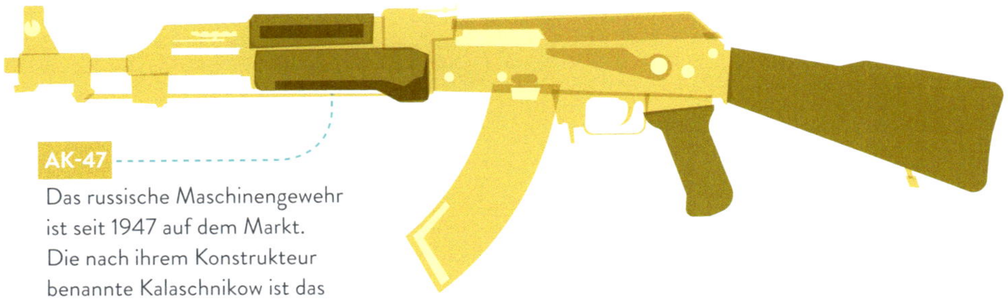

AK-47

Das russische Maschinengewehr ist seit 1947 auf dem Markt. Die nach ihrem Konstrukteur benannte Kalaschnikow ist das meistverkaufte Gewehr weltweit. Es existieren unzählige Nachbauten. Geschätzt **100 Millionen** Gewehre sind weltweit im Umlauf.

iPHONE

Das iPhone setzte 2007 mit dem Touchscreen Maßstäbe für alle kommenden Smartphones. Bis Ende 2015 wurden weltweit mehr als **800 Millionen** Geräte verkauft.

STAR WARS

Die Star-Wars-Filmreihe gibt es seit 1977. Seitdem spielten die Filme insgesamt **5,8 Milliarden** Dollar ein. Mit dem Merchandising verdiente das Unternehmen mehr als **27 Milliarden** Dollar. Die Produktionskosten lagen insgesamt bei 604,5 Millionen Dollar.

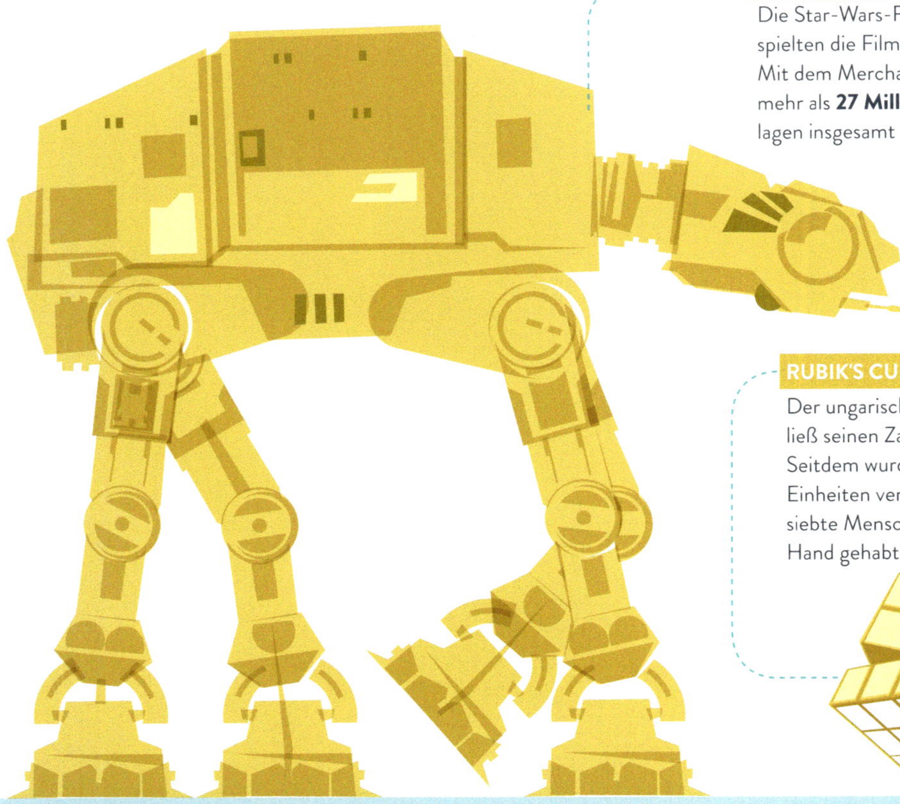

RUBIK'S CUBE

Der ungarische Bauingenieur Erno Rubik ließ seinen Zauberwürfel 1976 patentieren. Seitdem wurden mehr als **350 Millionen** Einheiten verkauft – angeblich soll jeder siebte Mensch schon einmal einen in der Hand gehabt haben.

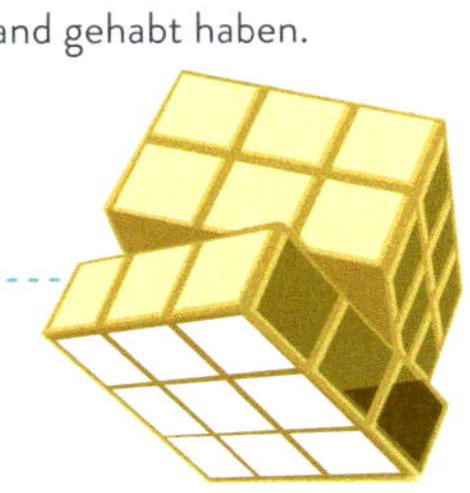

MICHAEL JACKSONS „THRILLER“

Das sechste Studioalbum von Michael Jackson erschien am 30.11.1982 und wurde geschätzt **65 Millionen** Mal weltweit verkauft. Das Produktionsbudget betrug 750 000 Dollar. Das meistverkaufte Musikalbum in Deutschland ist „Mensch“ von Herbert Grönemeyer mit mehr als **3,1 Millionen** Stück.

CLEAR COLA

1992 brachte Pepsi eine koffeinfreie Cola auf den Markt, die aussah wie Mineralwasser. Coca-Cola zog ein Jahr später mit der Diätbrause „Tab Clear“ nach. Beide Getränke waren klar, beide floppten.

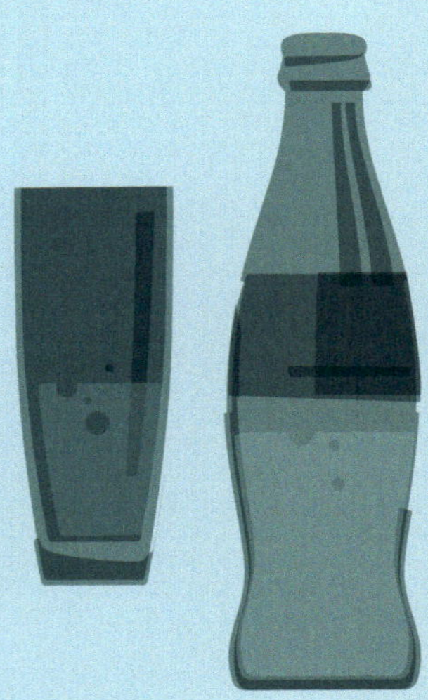

MICROSOFT ZUNE

Der Player war in den Jahren 2006 bis 2011 auf dem Markt. Zum Jahresende 2008 stürzten Geräte der ersten Generation reihenweise ab – Neustart unmöglich.

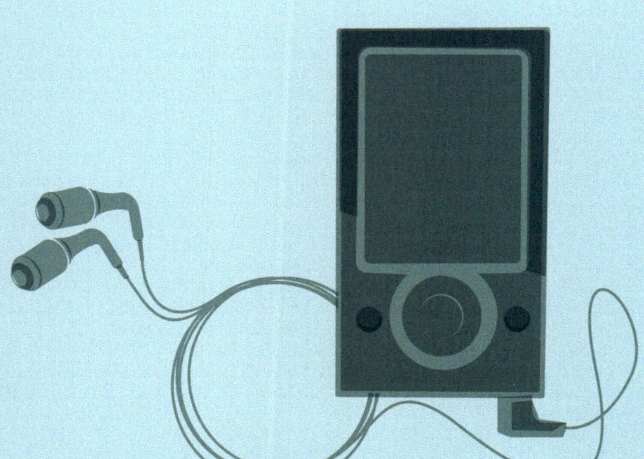

COLGATE KITCHEN ENTREES

Im Jahr 1982 stieg Colgate mit Tiefkühlgerichten in den Lebensmittelmarkt ein. Der Konzern behielt aber das weltberühmte Zahnpasta-Logo bei. Die Gerichte verschwanden im selben Jahr wieder aus den Regalen.

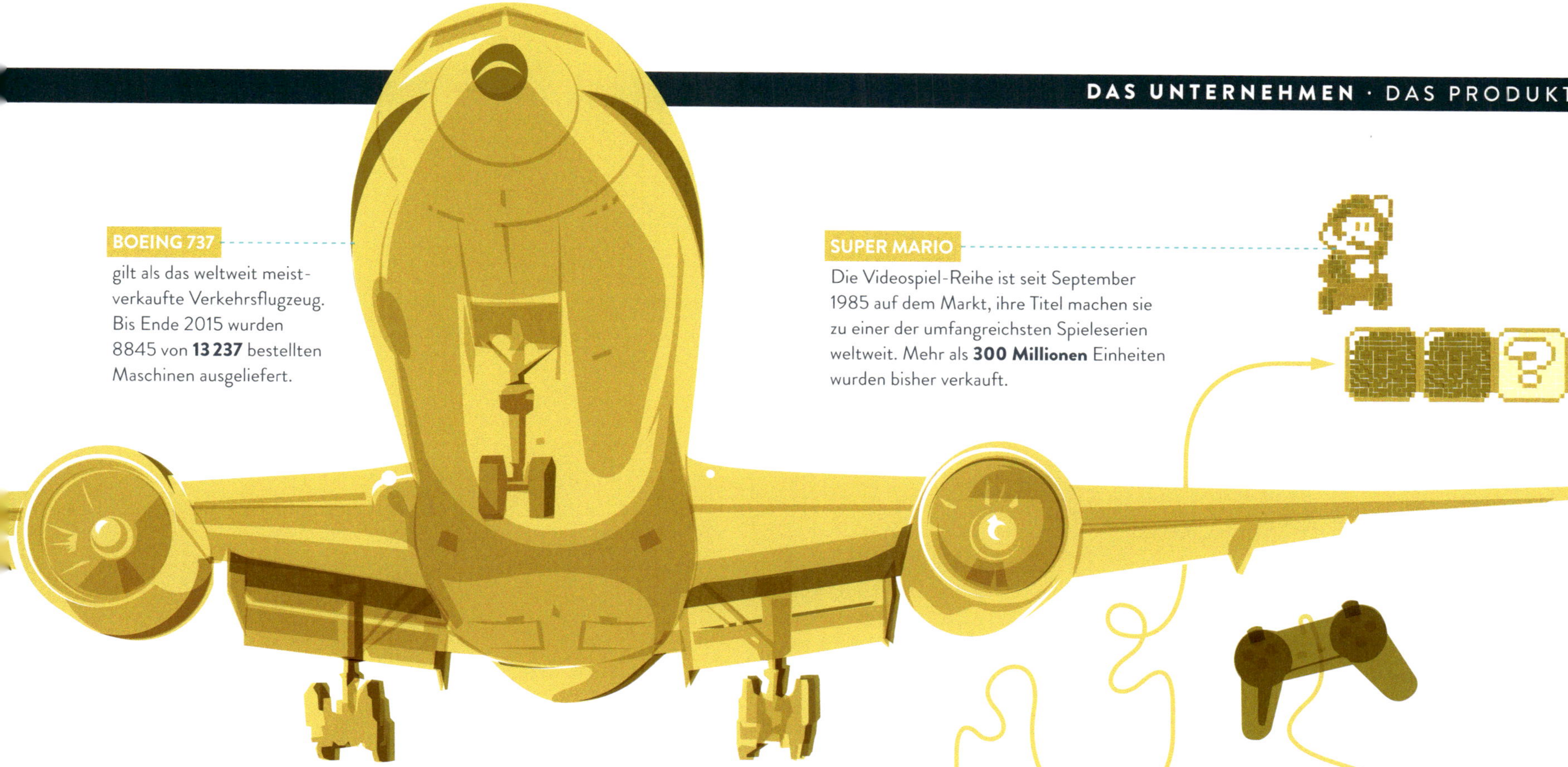

BOEING 737
gilt als das weltweit meistverkaufte Verkehrsflugzeug. Bis Ende 2015 wurden 8845 von **13 237** bestellten Maschinen ausgeliefert.

SUPER MARIO
Die Videospiel-Reihe ist seit September 1985 auf dem Markt, ihre Titel machen sie zu einer der umfangreichsten Spieleserien weltweit. Mehr als **300 Millionen** Einheiten wurden bisher verkauft.

KAFFEEPADS UND -KAPSELN
wurden 2001 entwickelt und 2002 von Douwe Egberts/Philips mit Senseo auf den Markt gebracht. Der Umsatz steigt stetig jedes Jahr und erreichte allein für Kaffeekapseln im Jahr 2013 die Marke von **8,1 Milliarden** Euro.

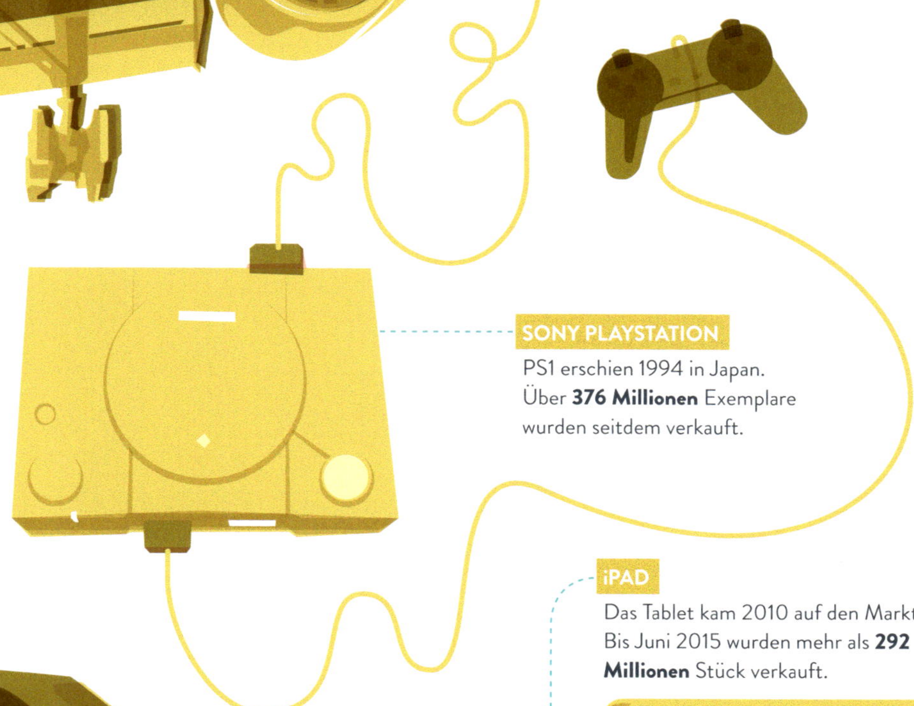

SONY PLAYSTATION
PS1 erschien 1994 in Japan. Über **376 Millionen** Exemplare wurden seitdem verkauft.

TOYOTA COROLLA
geht in elf Modellgenerationen seit 1966 vom Band und ist das meistverkaufte Auto der Welt: **40,7 Millionen** Fahrzeuge.

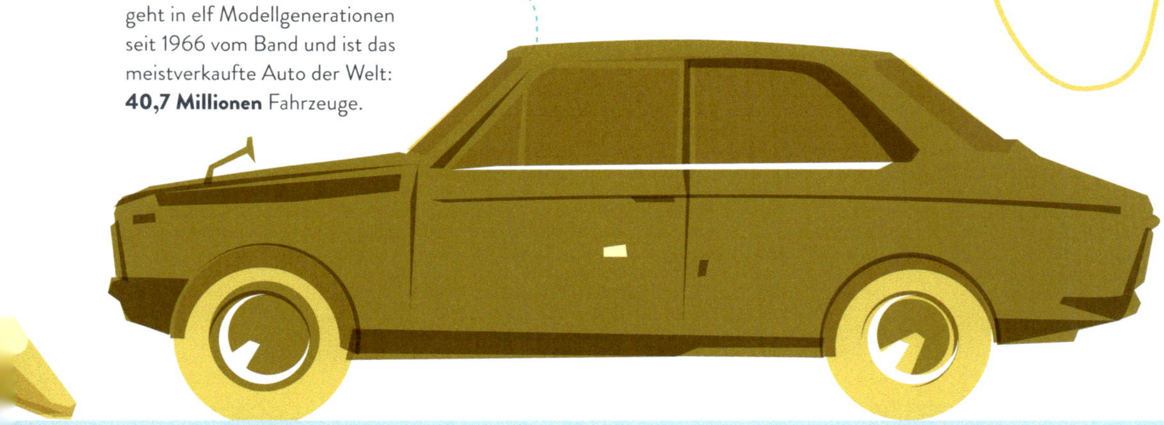

iPAD
Das Tablet kam 2010 auf den Markt. Bis Juni 2015 wurden mehr als **292 Millionen** Stück verkauft.

SONY AIBO
Der Hunderoboter erblickte 1999 das Licht der Welt. Sony verkaufte bis 2006 weltweit immerhin 150 000 Exemplare. Das Problem: Garantieleistungen kamen das Unternehmen teuer zu stehen. Der Kundendienst wurde sieben Jahre nach dem Produktionsende eingestellt.

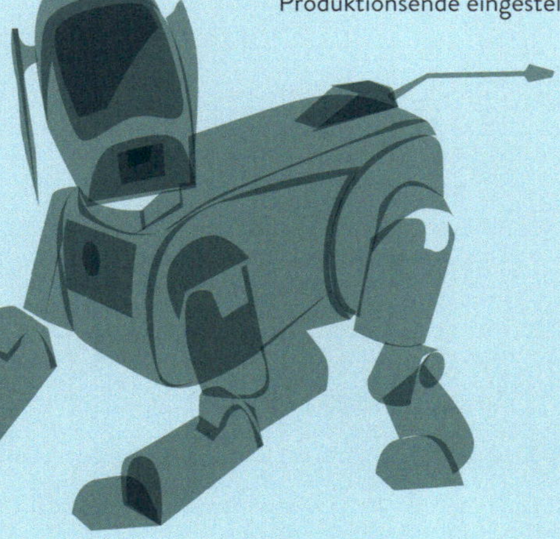

ARCH DELUXE
Der Feinkostburger von McDonald's sollte 1996 den Anfang einer Produktreihe für Feinschmecker markieren. McDonald's setzte mehr als 300 Millionen Dollar für Forschung, Entwicklung und Marketing in den Sand.

ISDN-BILDTELEFON
wurde ab 1997 von der Deutschen Telekom für 1798 Mark im Zweierpack angeboten. Die Anschaffungskosten waren hoch, die Bildqualität war schlecht. Die Leute warteten lieber auf Skype.

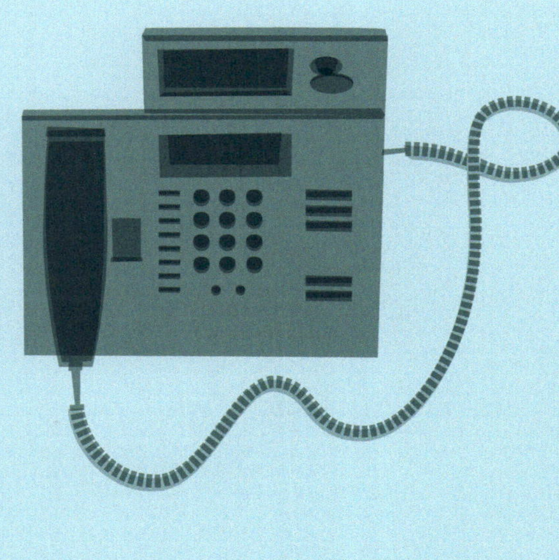

PRODUKTBIOGRAFIEN

Produkten geht es wie Menschen. Sie werden geboren, wachsen auf, haben eine Zeit hoher Produktivität, und irgendwann ist es Zeit für sie, zu gehen. Die Betriebswirte nennen es Lebenszyklus-Management.

WIE KOMMT DAS NEUE IN DIE WELT?

Verschiedene Innovationsmethoden helfen Entwicklern, Nutzer/Kunden besser zu verstehen und neue (Produkt-)Lösungen zu finden. Die meisten gehen dabei iterativ vor. Das heißt, sie arbeiten in vielen Schleifen, in denen Ideen, Lösungsansätze und Prototypen schrittweise verfeinert werden. So macht es auch Design Thinking.

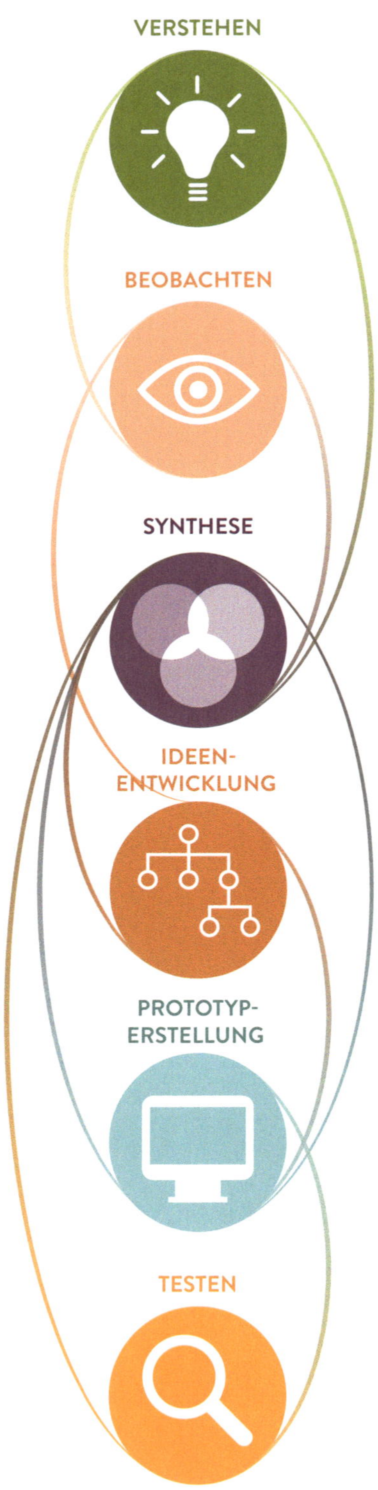

PATENTE

Innovation ist teuer. Patente (und andere Schutzrechte) sollen verhindern, dass neue Produkte umgehend kopiert werden. Denn sonst würde niemand in den Fortschritt investieren.

Voraussetzungen für ein Patent sind:

1. Neuheit
gehört nicht zum Stand der Technik

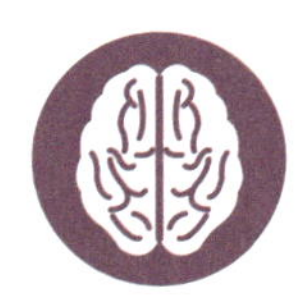

2. Erfinderische Tätigkeit
Die Idee darf nicht in naheliegender Weise aus dem Stand der Technik hervorgehen.

3. Gewerbliche Anwendbarkeit
Ideen, die nicht realisierbar und/oder gewerblich nutzbar sind, können nicht patentiert werden.
Aus sozial-ethischen Gründen gelten medizinische Verfahren als nicht gewerblich anwendbar.

Was wird in Deutschland nicht patentiert?

- *bloße Entdeckungen*
- *wissenschaftliche Theorien und mathematische Methoden*
- *ästhetische Formschöpfungen*
- *Computerprogramme als solche*
- *die Wiedergabe von Informationen als solche*
- *Erfindungen, deren gewerbliche Verwertung gegen die öffentliche Ordnung oder die guten Sitten verstößt*
- *Pflanzensorten und Tierrassen*
- *der menschliche Körper in den einzelnen Phasen seiner Entstehung und Entwicklung*
- *Verfahren zum Klonen von Menschen*
- *die Verwendung von menschlichen Embryonen für industrielle oder kommerzielle Zwecke*
- *Verfahren zur Veränderung der genetischen Identität von Tieren, die mit Leiden dieser Tiere verbunden sind, ohne dass diese Verfahren für den Menschen von einem beträchtlichen medizinischen Nutzen sind*

PRODUKTLEBENSZYKLUS

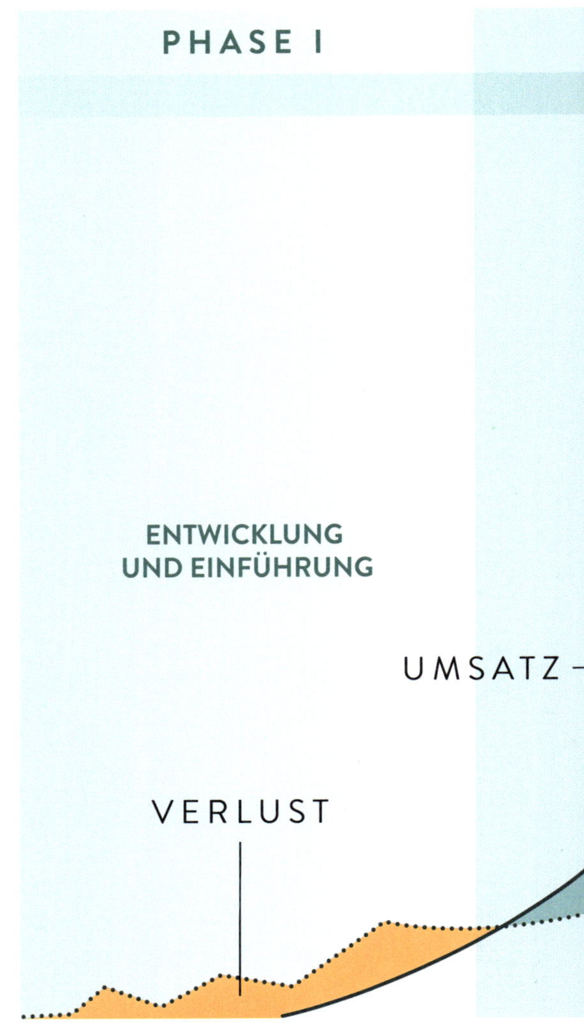

BCG-MATRIX

Manager müssen die Lebenszyklen ihres gesamten Produktportfolios im Auge behalten. Die Matrix der Boston Consulting Group hilft zu verstehen, wie es um die Produkte (einzeln und in der Gesamtheit) bestellt ist – und damit um die Zukunft des Unternehmens.

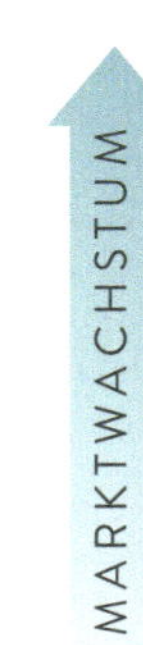

QUALITÄTSPRÜFUNG DMAIC-ZYKLUS

Qualität ist oft ein entscheidender Wettbewerbsvorteil. Qualitätsmanagementsysteme sollen sicherstellen, dass dieser nicht bei der Konkurrenz liegt.

1. **Define:** Problem und Umfang definieren, Identifizieren der Kundenanforderungen, Stakeholder-Analyse, messbares Projektergebnis bestimmen, Arbeitsplan erstellen
2. **Measure:** Datensammlungsplan erstellen, Statistiken auswerten, Ist-Zustand ermitteln, Kundenbedürfnisse verstehen, Prozessfähigkeit berechnen
3. **Analyze:** Prozess abbilden, Ursachenforschung, Einflussfaktoren herausfiltern und in Beziehungen stellen
4. **Improve:** Lösungen für wichtigste Ursachen entwickeln, Lösungen bewerten und beste Lösung auswählen, Änderungsplan erstellen, Pilotprojekt starten
5. **Control:** Prozesssteuerungsplan entwickeln, Kontrollplan erarbeiten, Verbesserung dokumentieren und überwachen

(FÜR KONSUMGÜTER)

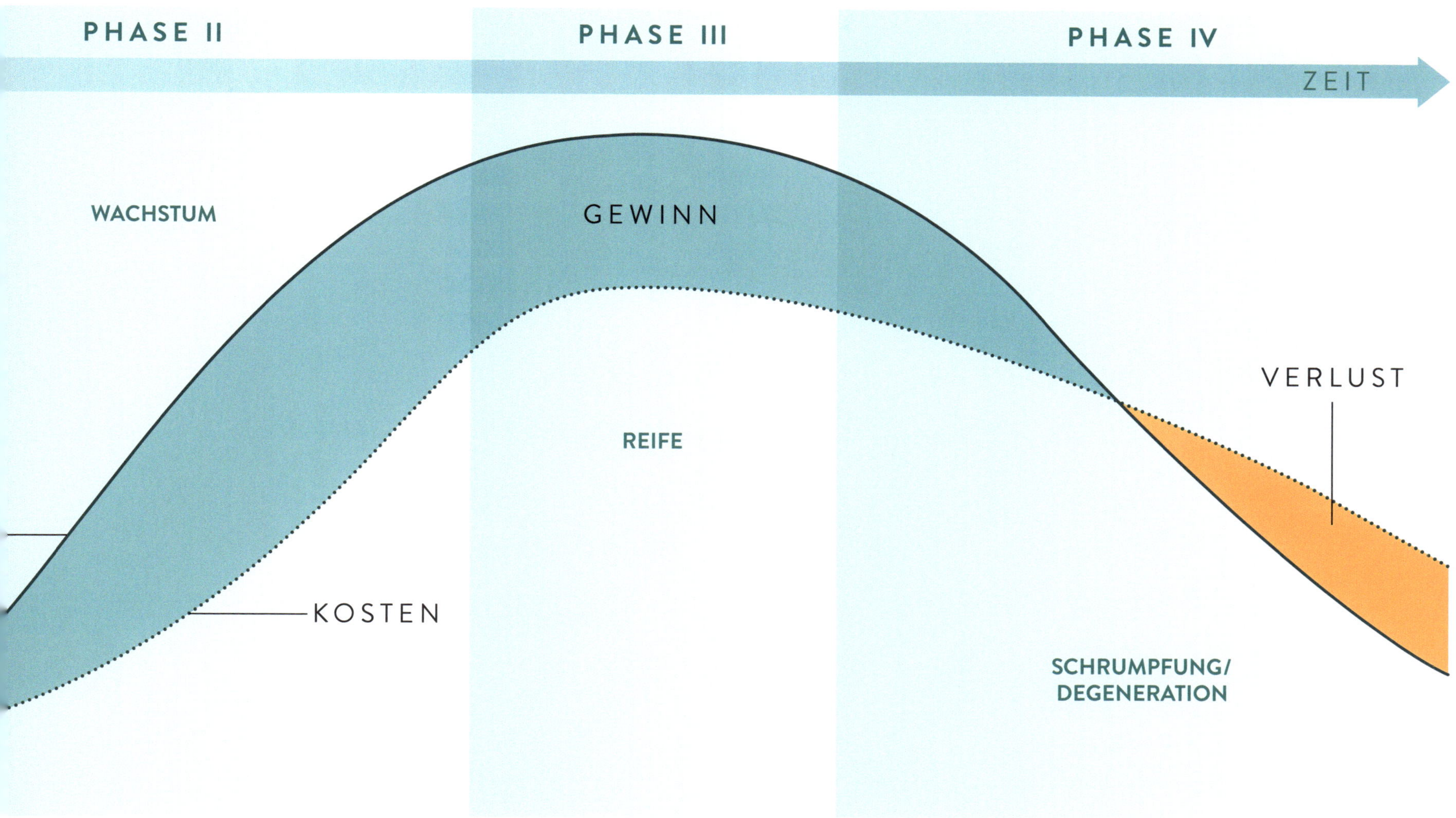

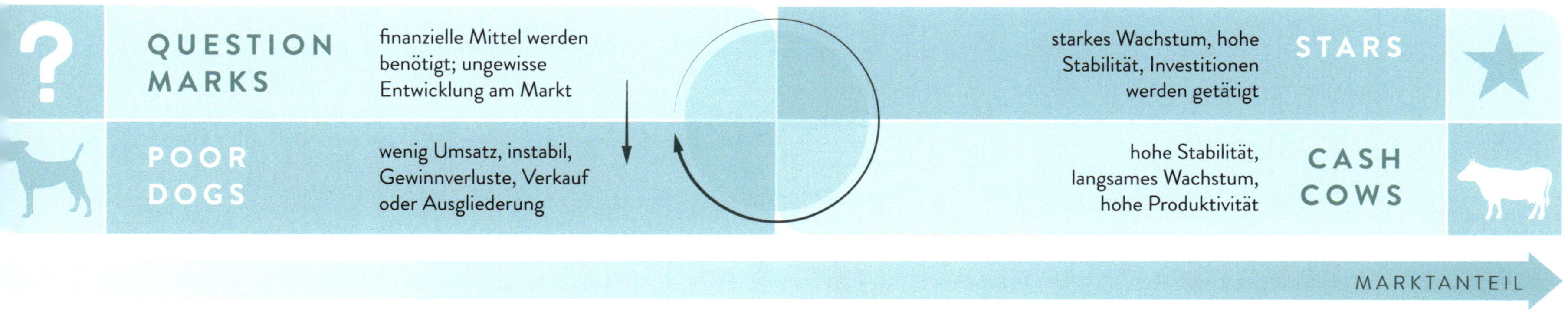

ORGA-KRAM

Wer entscheidet in einem Unternehmen was? Wer steuert welche Abläufe mit welchen Ressourcen wie? Wer hat welche Rechte und Pflichten? Das regelt die Organisation.

Die moderne Organisationslehre ist in etwa so komplex wie Teilchenphysik. Sie schaut grundsätzlich aus zwei unterschiedlichen Perspektiven auf Unternehmen – und andere Organisationen wie z. B. Behörden: auf den Aufbau und auf die Abläufe.

Die Aufbauorganisation beschreibt das hierarchische Gerüst eines Unternehmens. Sie legt fest, welche Aufgaben von welchen Menschen und Sachmitteln zu bewältigen sind. Die Ablauforganisation regelt hingegen, wie Arbeits- und Informationsprozesse in diesem strukturellen Rahmen ablaufen. Oder genauer gesagt: wie sie im Idealfall ablaufen sollten. Denn Organisation im Unternehmen hat natürlich noch eine dritte Ebene, nämlich die informelle. Nicht alles wird so gemacht, wie es die Hierarchie vorsieht. Das gilt sowohl in sogenannten Einliniensystemen, in denen einzelne Mitarbeiter nur von einer Stelle Anweisungen bekommen, als auch in Mehrliniensystemen. Dort hat der Einzelne oft viele Chefs, was Organisation auch nicht zwingend vereinfacht.

EINLINIENSYSTEM

Funktionale Organisation

Gliederung der Organisationsaufgaben erfolgt unterhalb der Leitungsebene nach Funktionen wie z. B. Entwicklung, Produktion, Vertrieb. Funktionale Organisation findet man oft bei kleineren und mittleren Betrieben mit überschaubaren Produktprogrammen.

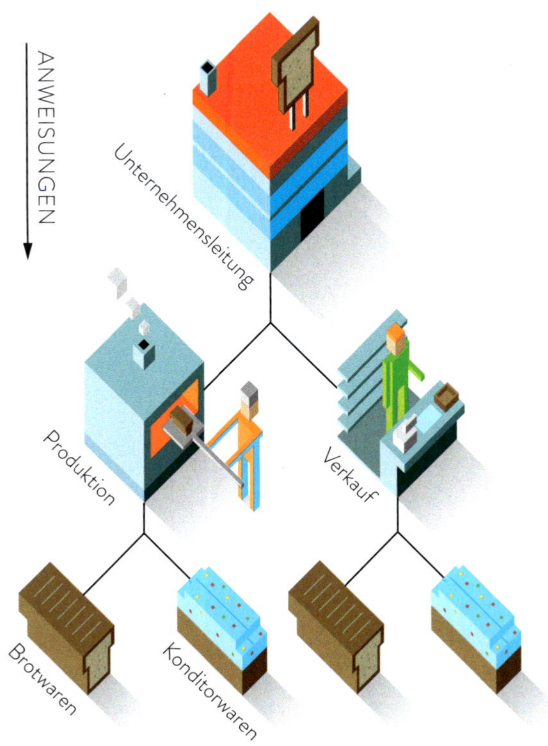

Divisionale Organisation

Gliederung nach Sparten oder Geschäftsbereichen, in der Regel auf der zweiten Managementebene. Dabei wird versucht, möglichst ähnliche Technologien, Produkte, Dienstleistungen oder auch Regionen oder Kundengruppen in einer Organisationseinheit zusammenzufassen.

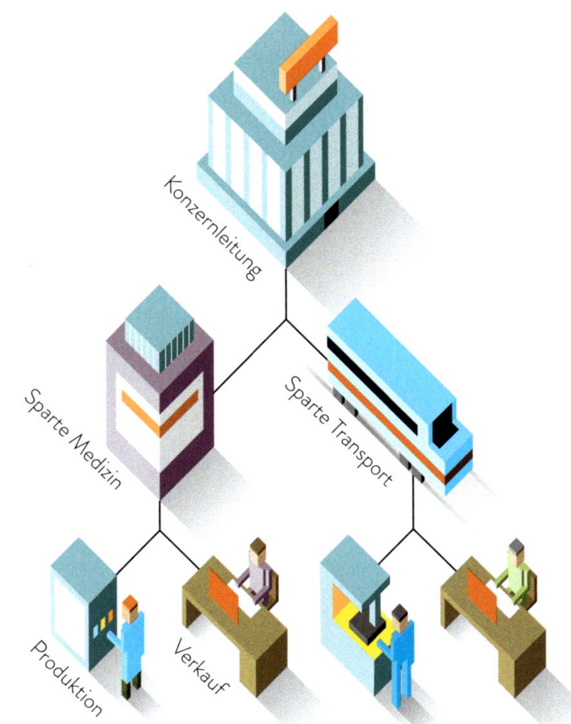

MEHRLINIENSYSTEM

Einfaches Mehrliniensystem

Auch Funktionsmeistersystem genannt. Kompetente Spezialisten dürfen in verschiedene Richtungen Anweisungen geben. Das verkürzt Entscheidungsprozesse und Abläufe. Handwerks- und kleinere technische Betriebe sind oft so organisiert.

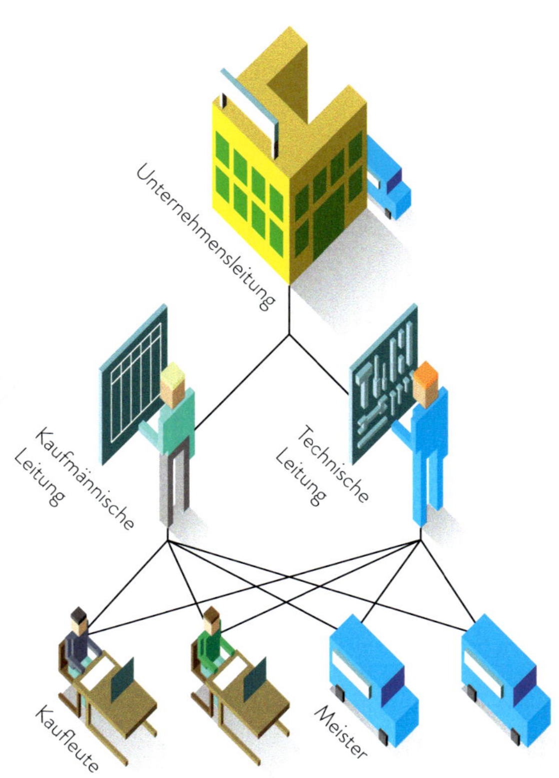

Matrixorganisation

Die Leitungsfunktionen werden auf zwei voneinander unabhängige, gleichberechtigte Dimensionen verteilt, z. B. Produktgruppen und Tätigkeiten. Ziel der Matrixorganisation ist es, Probleme unter Berücksichtigung unterschiedlicher Standpunkte zu lösen.

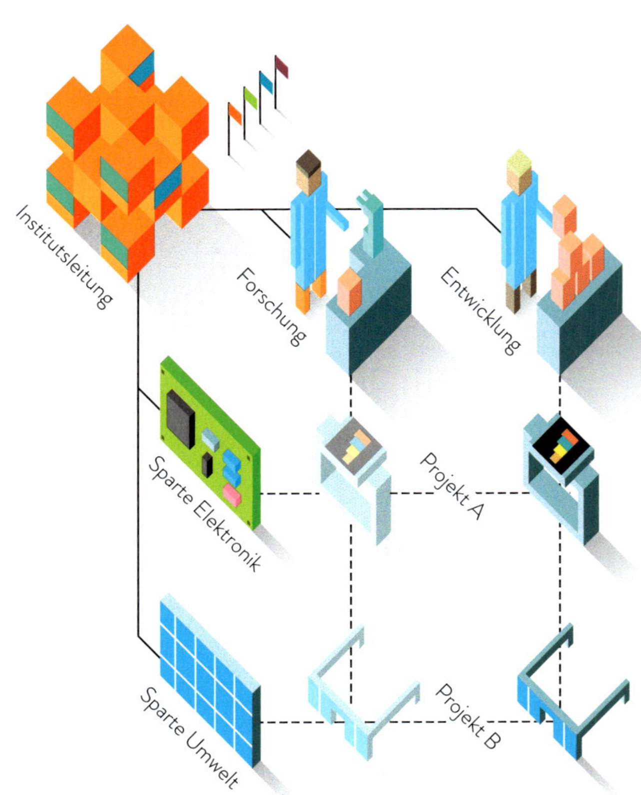

Stablinienorganisation

Eine um Stabsstellen erweiterte funktionale Organisation. Die Stäbe haben beratende Funktion und sollen die Führungskräfte entlasten. Das Prinzip von Kirche und Militär wurde in die Unternehmensorganisation übernommen. Stäbe und Führungskräfte in den Linien geraten häufig in Konflikt.

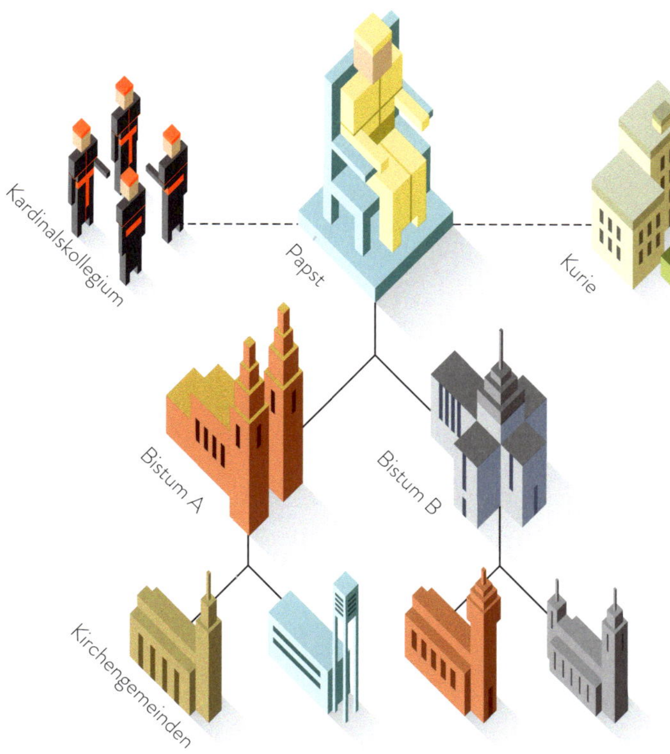

Holdingorganisation

Spezielle Form der Geschäftsbereichs- oder Spartenorganisation. Unter dem Dach einer Obergesellschaft (Holding) werden die Geschäftsbereiche der Tochtergesellschaften als eigenständige organisatorische Einheiten geführt.

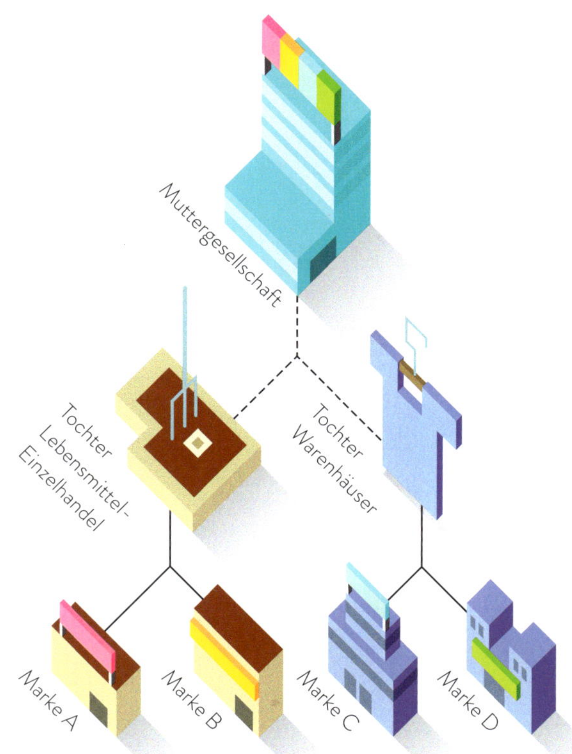

Tensororganisation

Eine Weiterentwicklung der Matrixorganisation, bei der nicht nur zwei, sondern drei oder mehr Gliederungsprinzipien kombiniert werden – z. B. Funktion, Produkt und Region. Das ist u. a. von Vorteil für internationale Unternehmen, die auf heterogenen Märkten eine diversifizierte Produktpalette anbieten.

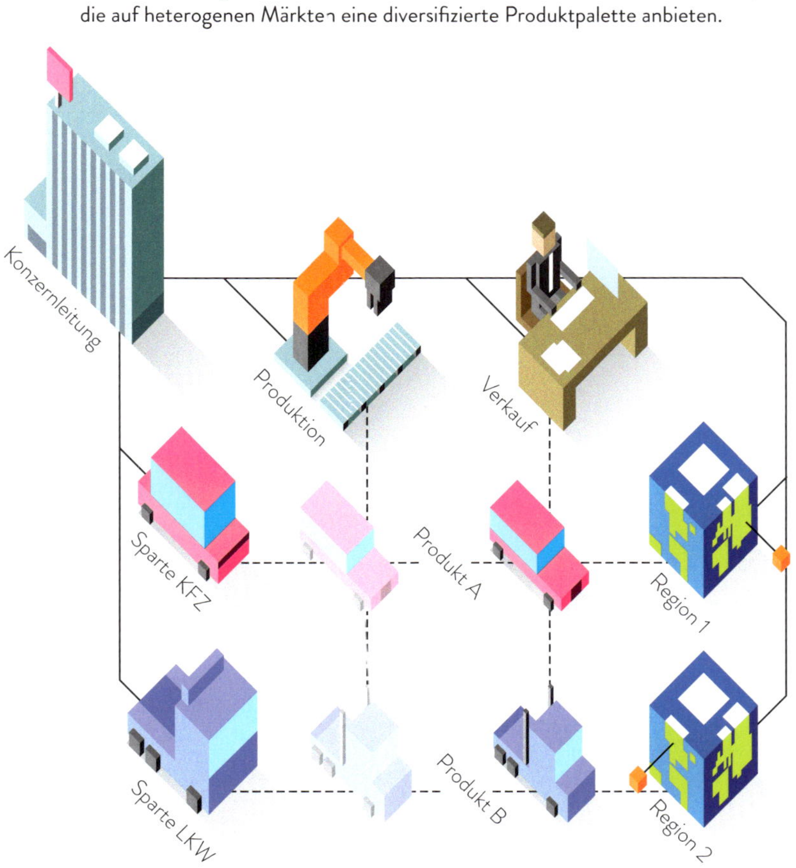

Netzwerkorganisation

Einzelne Bereiche, Produkte, Geschäftseinheiten genießen hohe Autonomie. Die Zentrale hat oft nur Koordinierungsaufgabe und erinnert an gemeinsames, langfristiges Ziel.

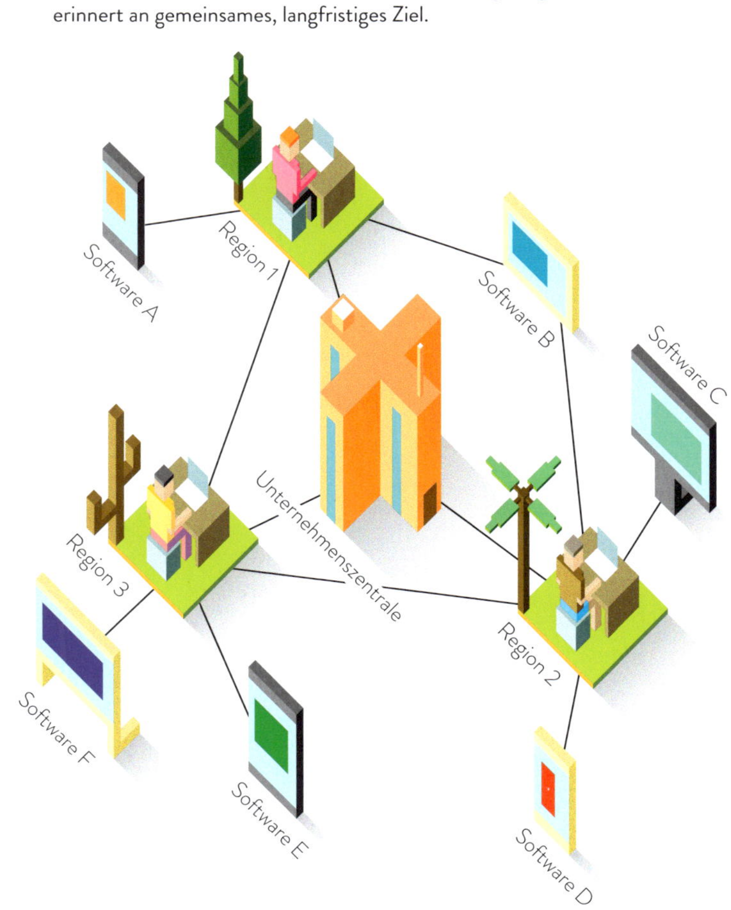

DER STAR IST DIE MANNSCHAFT

Wertschöpfung ist ein Mannschaftssport. Im Unternehmen gilt dabei wie im Fußball: Ein gutes Team braucht Spieler mit unterschiedlichen Qualitäten und Charakteren. Nahezu alle Studien zur Effektivität von Teams weisen in die gleiche Richtung. Heterogen zusammengesetzte Gruppen erzielen bessere Ergebnisse als homogene Teams. Voraussetzung hierfür ist allerdings, dass die unterschiedlichen Charaktere verbindliche Formen der Zusammenarbeit finden und sich auf gemeinsame Ziele verständigen können. Das ist naturgemäß schwieriger als in einem Team mit Typen, die alle ähnlich ticken. Im Umkehrschluss heißt das: Je heterogener ein Team ist, desto mehr Kompetenz braucht der Leiter des Teams in Teamentwicklung und Konfliktmanagement.

ORGANISATOR, DER DEN ÜBERBLICK BEHÄLT

DER KREATIVE, DER FÜR DIE GUTEN IDEEN UND INNOVATIVEN EINFÄLLE ZUSTÄNDIG IST

BERATERTYP, DER INFORMIERT UND ÜBERZEUGT

WORTGEWANDTER **VERKÄUFERTYP**

PRAKTISCH VERANLAGTER **MACHER**

TEAMENTWICKLUNG

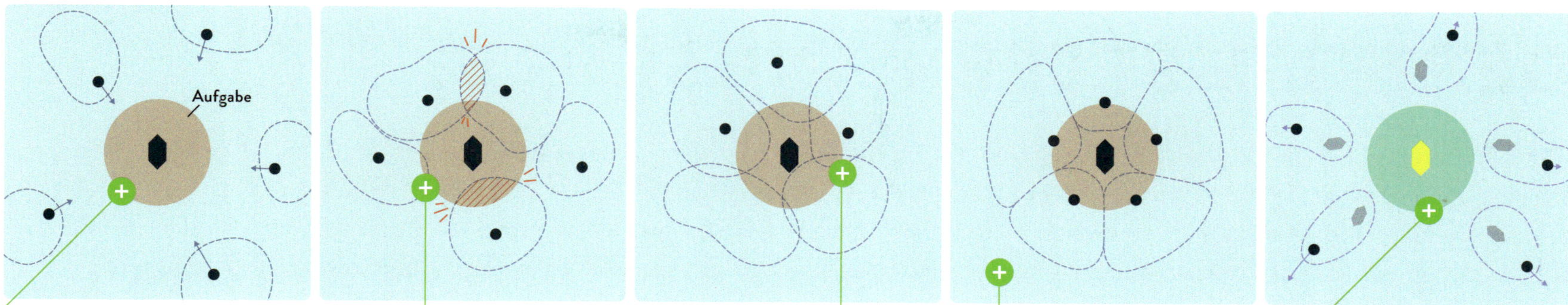

FORMING
(TESTPHASE)

In der Phase des Forming findet ein langsames Abtasten und Kennenlernen statt, die durch Vorsicht und Höflichkeit geprägt ist. Die Kommunikation unter den Teammitgliedern ist gering, und jeder versucht seine Aufgabe und Rolle im Team zu finden.

Klare Erwartungen: Vorgesetzte müssen dafür sorgen, dass die Teammitglieder verstehen, zu welchem Zweck das Team gebildet wurde.

STORMING
(NAHKAMPFPHASE)

In der Nahkampfphase ergeben sich die ersten Konflikte und Rivalitäten zwischen Teammitgliedern, Subgruppen und gegen die Aufgabe. Diese Phase ist notwendig, damit aus der Gruppe ein Team mit hohem Reifegrad entstehen kann.

Viel Austausch auf Augenhöhe zu Stand und Fortschritt von Projekten ist nötig. Denn oft sind nicht die unterschiedlichen Charaktere das Problem, sondern Unklarheit in den Prozessen.

NORMING
(ORGANISIERUNGSPHASE)

In der dritten Phase entwickelt das Team neue Umgangsformen und Verhaltensweisen. Gemeinsame Ziele und Aufgaben werden im Dialog ausgetauscht und die Arbeit organisiert. Es entsteht ein Wir-Gefühl, weshalb Machtkämpfe konstruktiv beigelegt werden.

Abwechslung und Spaß gehören dazu: Durch Events außerhalb des Unternehmens wird das Wir-Gefühl verstärkt.

PERFORMING
(ARBEITSPHASE)

In der vierten Phase ist das Team ideenreich, flexibel, solidarisch und leistungsfähig. Die Energie fließt den Problemlösungen zu, und das Team beweist seine Autonomie und Lebensfähigkeit für einen längeren Zeitraum.

Das Team einfach laufenlassen. Im Arbeitsalltag kleine Spaßelemente einbauen, zum Beispiel um Meetings aufzulockern.

TRANSFORMING (TRENNUNGS- UND TRANSFERPHASE)

In der letzten Phase blickt das Team auf den Teamprozess zurück und zieht Bilanz: Wie kann der Teamprozess künftig optimiert werden? Welche Erkenntnisse lassen sich auf zukünftige Situationen übertragen? Planung von weiterführenden Aktivitäten.

Reflexionsräume bewusst schaffen. Und dann gemeinsam feiern gehen!

KONFLIKTE

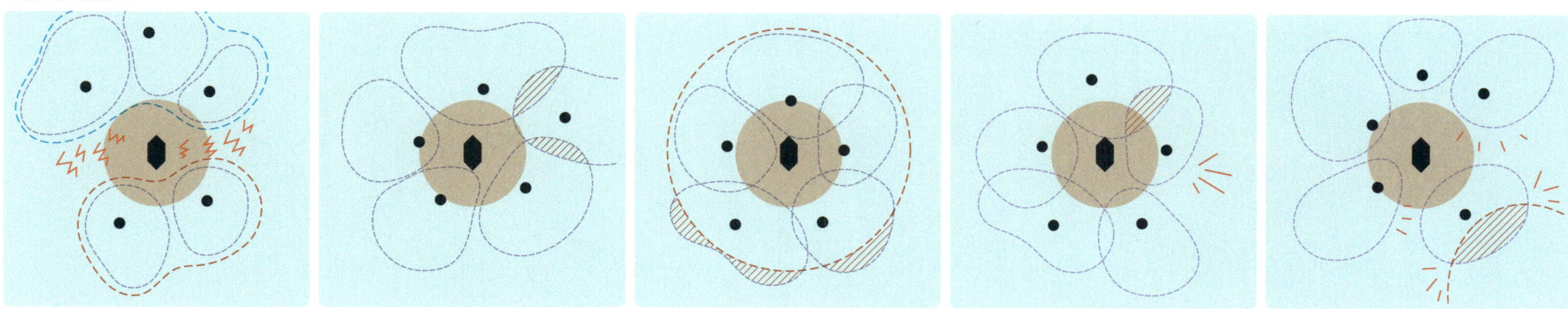

UNTERGRUPPENKONFLIKTE

Untergruppen schließen sich gegenseitig von Informationen aus und arbeiten im zweiten Schritt gegeneinander. Frühzeitige und entschiedene Intervention oft nötig, da Gefahr groß, dass Team vollständig auseinanderfällt.

RANGKONFLIKTE

Besonders bei sich findenden Teams und wenn neue Mitglieder hinzukommen. Ist grundsätzlich Teil des normalen Teamfindungsprozesses. Entspannen sich oft von selbst, wenn informelle Hierarchie etabliert ist.

NORMIERUNGSKONFLIKTE

Treten auf nach Verstößen gegen offizielle oder inoffizielle Spielregeln (Normen) des Teams. Oft reicht es, den Verstoß zu benennen. Ultima Ratio: Bestrafung des Fehlverhaltens. Das erhöht die Bereitschaft, den „Täter“ ins Team zu reintegrieren.

SUBSTITUTIONSKONFLIKTE

Konflikt wird nicht am tatsächlichen Problem ausgetragen, sondern auf „Nebenkriegsschauplatz“ verlagert. Substitutionskonflikte können nur gelöst werden, wenn das eigentliche Problem benannt wird.

LOYALITÄTSKONFLIKTE

Ein Teammitglied wird von außen angegriffen und erfährt keine Solidarität. Oft der Anfang von Zerfallsprozessen in Teams, da Aufkündigung von Loyalität dann schnell in viele Richtungen um sich greift.

OPTIMALE TEAMGRÖSSE

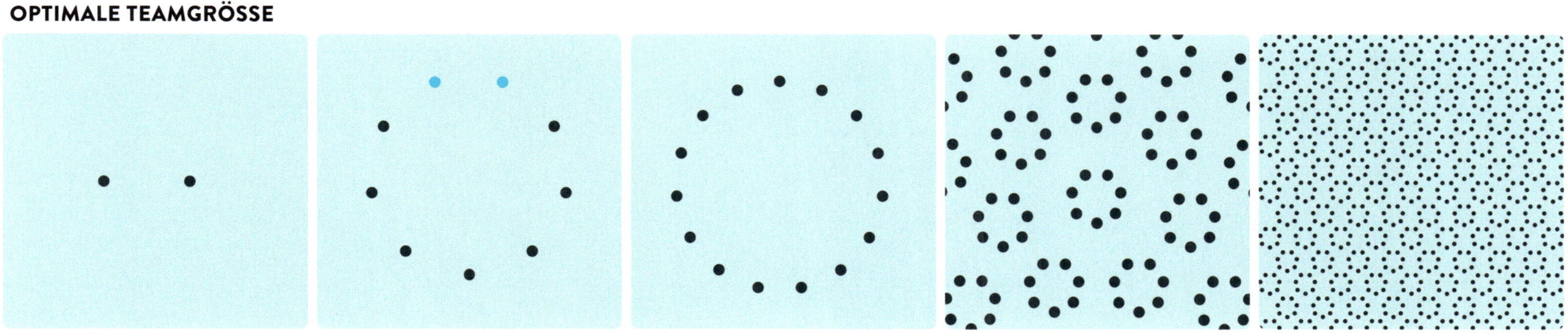

2

Das kleinste Team ist ein Tandem. Bei Start-up-Gründungen sind Zweier-Teams überdurchschnittlich erfolgreich. Die Google-Gründer Sergej Brin und Larry Page haben vorgemacht, wie es geht.

7 +/- 2

Projektteams mit fünf bis neun Mitgliedern mit ergänzenden Fähigkeiten sind am effektivsten. Wenn sie sich demokratisch selbst organisieren, sollte die Anzahl ungerade sein: der Mehrheiten wegen.

15

Kleine Unternehmen mit bis zu 15 Mitarbeitern lassen sich relativ leicht steuern. Jeder kennt jeden und kann mit jedem reden. Man braucht noch keine zweite Führungsebene.

150

Der Anthropologe Robin Dunbar fand heraus: Der Mensch kann sich bis zu 150 Namen und die wesentlichen Beziehungen untereinander merken. Für Unternehmen heißt das: Bei mehr als 150 Kollegen wird es für alle wirklich unübersichtlich.

1500 + X

Wie können viele kleine, effektive Teams eine große Einheit bilden? Dazu hat die Betriebswirtschaft die Organisation erfunden.

GEZÄHLTE ERBSEN

Wie steht es um ein Unternehmen bei Vermögen und Ertrag? Die Antwort finden Anteilseigner, Gläubiger, Ratingagenturen und Finanzbeamte in der Unternehmensbilanz. Sie ist neben der Gewinn-und-Verlust-Rechnung ein wichtiger Bestandteil des Jahresabschlusses eines Unternehmens. Auf den Stichtag hin stellt die Bilanz die Vermögensgegenstände (Aktiva) dem Eigen- und Fremdkapital gegenüber. Aus einem Vergleich der Bilanzen zu unterschiedlichen Zeitpunkten lässt sich die wirtschaftliche Entwicklung und finanzielle Stabilität eines Unternehmens erkennen.

Aktivseite

Die Seite der Aktiva beschreibt die Mittelverwendung: Aktiva zeigen, welche Ansprüche das Unternehmen mit den ihm zur Verfügung stehenden wirtschaftlichen Mitteln erworben hat.

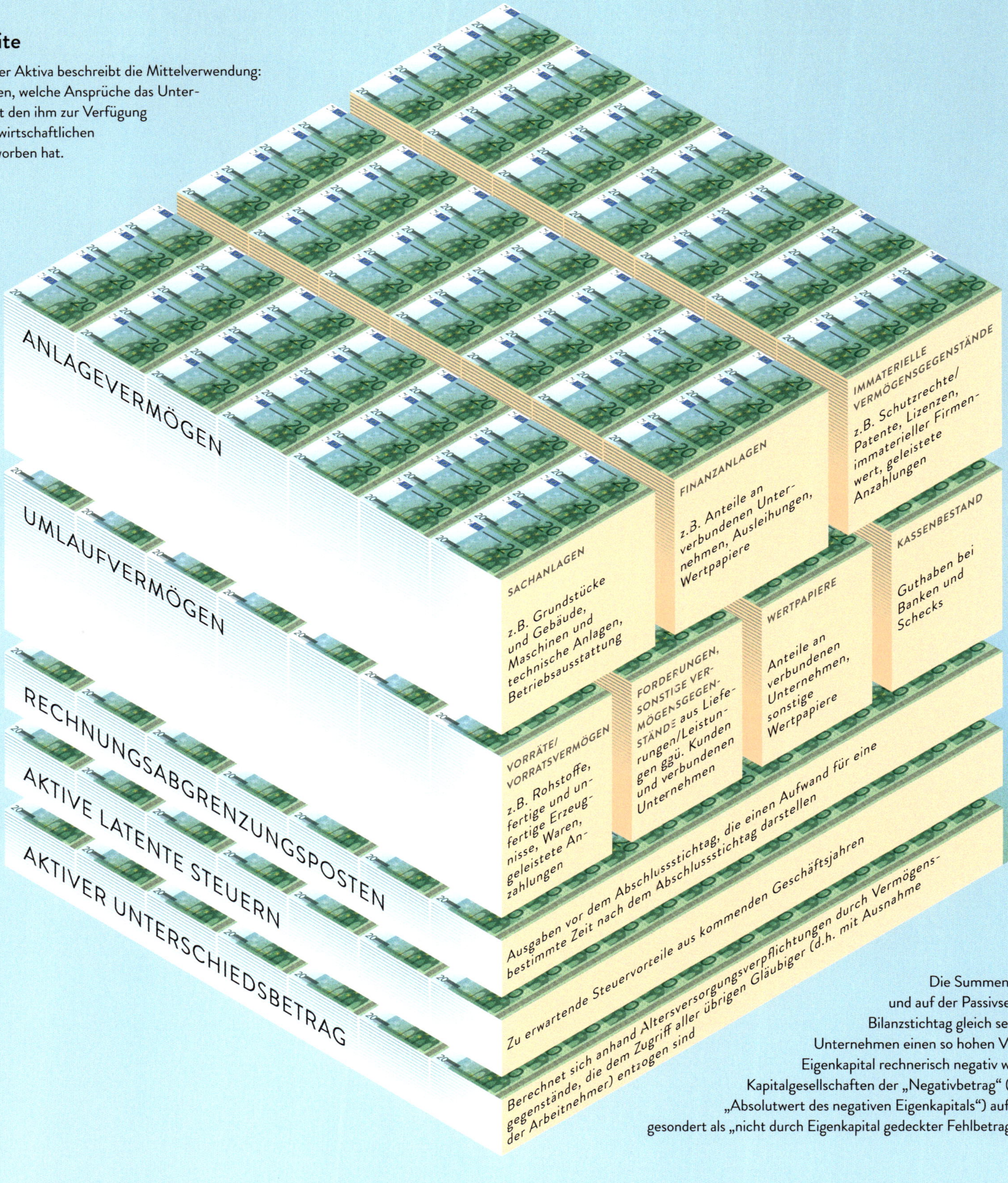

Die Summen auf der Aktiv- und auf der Passivseite müssen am Bilanzstichtag gleich sein. Erleidet das Unternehmen einen so hohen Verlust, dass das Eigenkapital rechnerisch negativ wird, so wird bei Kapitalgesellschaften der „Negativbetrag“ (math. korrekt: „Absolutwert des negativen Eigenkapitals“) auf der Aktivseite gesondert als „nicht durch Eigenkapital gedeckter Fehlbetrag“ ausgewiesen.

DIE DREI WICHTIGSTEN FUNKTIONEN

Gewinnermittlungsfunktion
Der Vergleich des Eigenkapitals zu Beginn und am Ende des Geschäftsjahres ergibt unter Berücksichtigung der Einlagen und Entnahmen den Gewinn oder Verlust des Unternehmens. Wie Gewinn oder Verlust zustande kommen, ist über die dem Eigenkapitalkonto vorgelagerte Gewinn-und-Verlust-Rechnung (GuV) ersichtlich.

Dokumentationsfunktion
Die Bilanz ist der formelle Abschluss der Buchführung. Sie gibt handels- und steuerrechtlich verbindlich Auskunft über Vermögen und Kapital des Unternehmens.

Informationsfunktion
Die Bilanz informiert nach innen und außen. Für die Verantwortlichen im Unternehmen ist die Bilanz Grundlage für Management-Entscheidungen. Für Lieferanten, Kreditgeber, Konkurrenten und andere beinhaltet sie wertvolle Informationen, wie sie sich ggü. dem Unternehmen verhalten sollen.

Passivseite

Die Seite der Passiva bildet die Mittelherkunft ab: Passiva zeigen, wie die Mittel finanziert sind, mit denen das Unternehmen wirtschaftet (Abbildung der Finanzierungsstruktur).

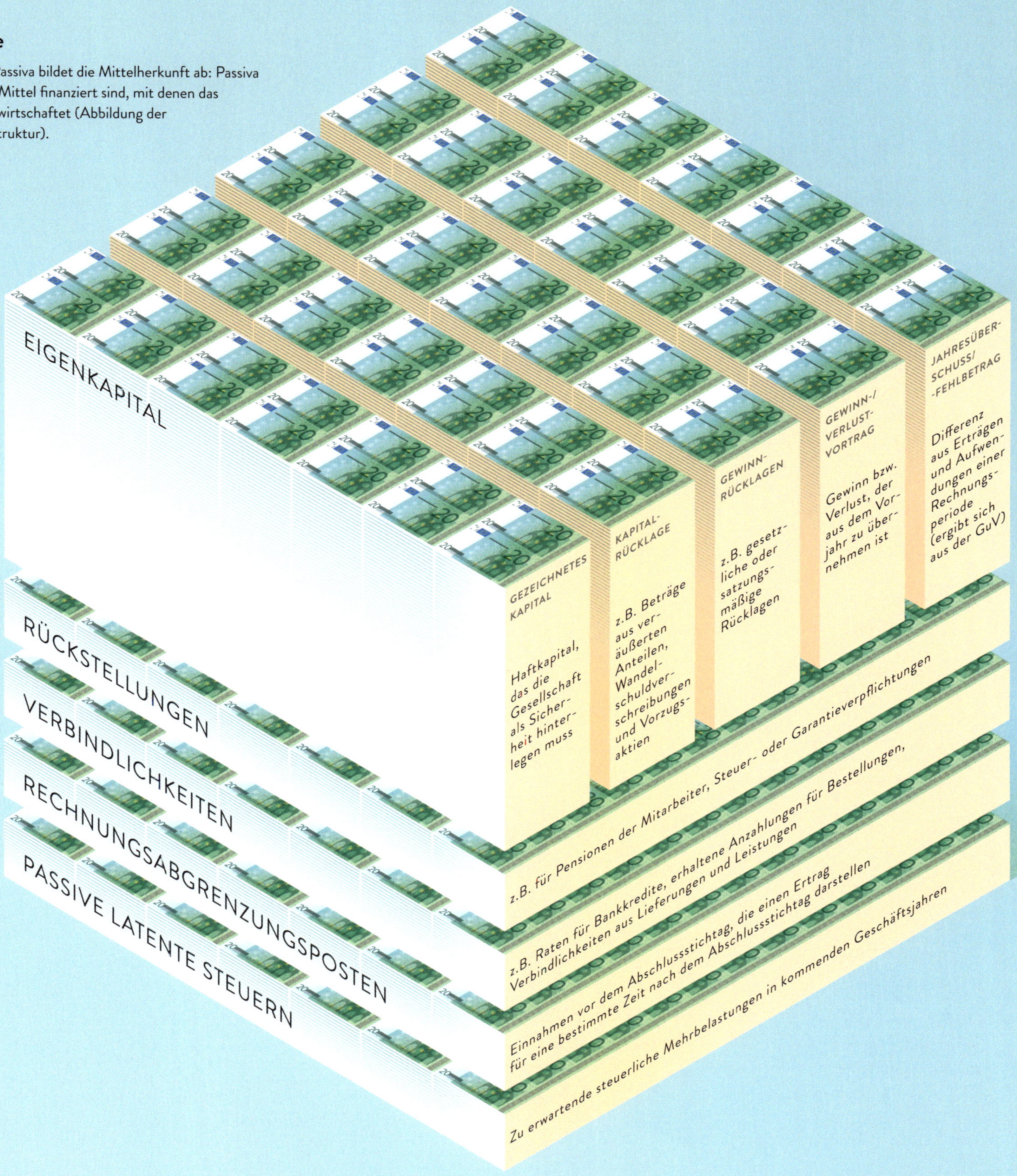

EINGETRICHTERT!

Marketing ist die Vorbereitung des Verkaufs. Viele Marketingstrategien bauen auf der Modell-Vorstellung eines Verkaufstrichters auf. Werbung weckt die Aufmerksamkeit. Gezielte Marketingmaßnahmen leiten dann potentielle Kunden Schritt für Schritt – also von Kontaktpunkt zu Kontaktpunkt – zum Kauf. Je mehr Kunden am Ende einschlagen, desto höher ist die Werbewirkung. Ein über hundert Jahre altes Stufenmodell in der Werbung heißt AIDA. Es wurde ursprünglich vor allem für die Gestaltung einzelner Werbemittel eingesetzt. Bis heute ist AIDA die Mutter aller Formen des Push-Marketings.

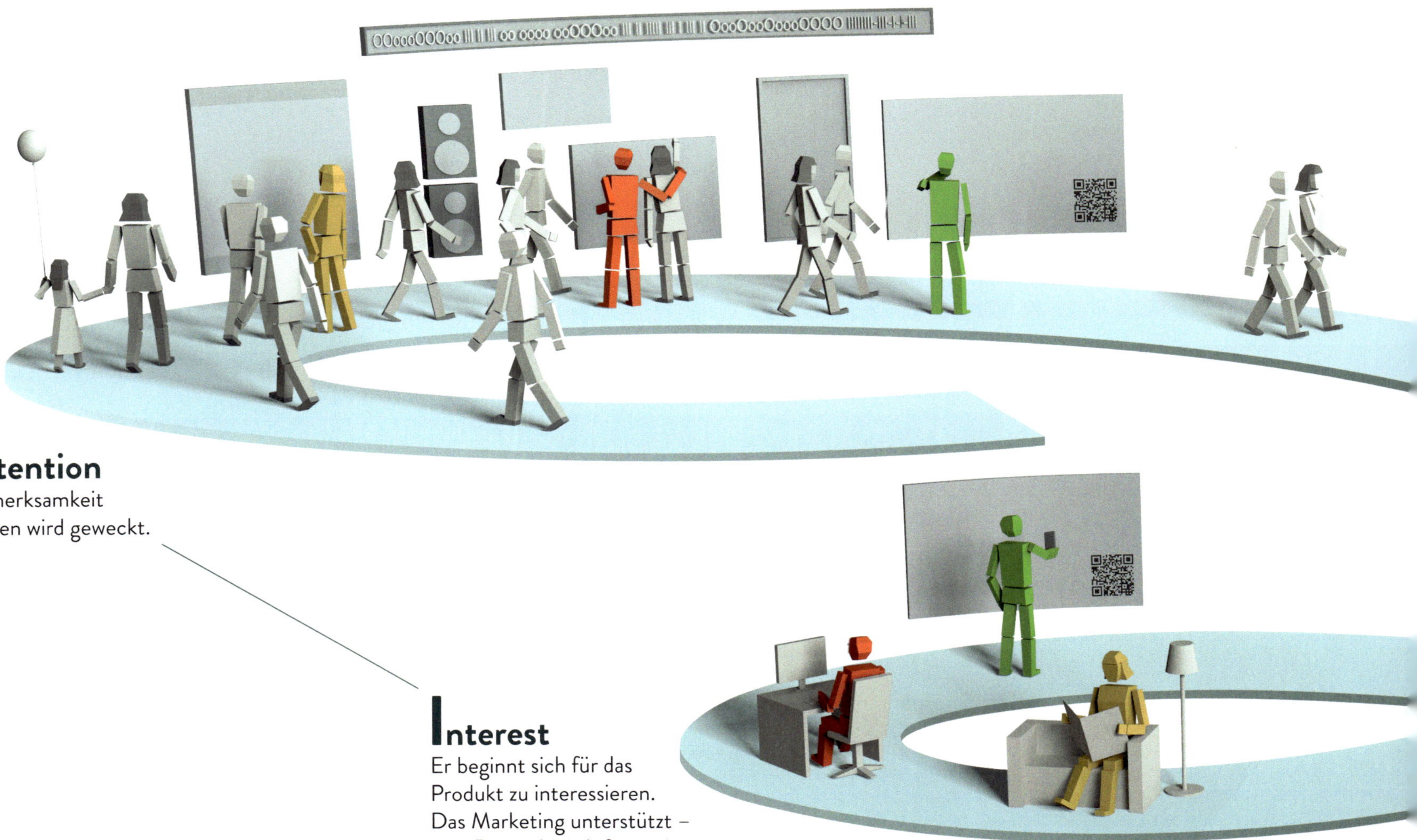

Attention
Die Aufmerksamkeit des Kunden wird geweckt.

Interest
Er beginnt sich für das Produkt zu interessieren. Das Marketing unterstützt – zum Beispiel mit Informationen.

Desire
Aus Interesse wird der Wunsch zu besitzen. Das Marketing füttert mit Informationen und Emotionen nach.

Die vier P sind das kleine Einmaleins im Marketing. Sie helfen dabei, ein Produkt oder eine Dienstleistung im Markt zu platzieren. Wer sie nicht beherrscht, kommt selten weit.

P RODUCT *(Produktpolitik)*
Die Basis jedes unternehmerischen Erfolgs. Wenn die Qualität nicht gut ist, sei besser billig.

P RICE *(Preispolitik)*
Teuer kann schlecht und billig gut für ein Unternehmen sein. Der entscheidende Punkt ist: Wie gut kennt ein Unternehmen die Zahlungsbereitschaft seiner Klientel?

P LACE *(Vertriebspolitik)*
Wo erreicht ein Produkt seine Kunden? Plätze können sich heute auch im Internet befinden.

P ROMOTION *(Kommunikation)*
Wie spricht ein Unternehmen wen in welchem Kommunikationskanal mit welcher Botschaft an?

ERWEITERUNGEN DES AIDA-PRINZIPS

AIDA**S**	**Satisfaction** (*Befriedigung*): Der Wunsch des Kunden wird befriedigt.
AID**C**A**S**	**Conviction** (*Überzeugung*): Das Produkt überzeugt im Vergleich mit anderen.

ALTERNATIVEN ZUM AIDA-PRINZIP

Das DAGMAR-Prinzip geht davon aus, dass Werbung mehr können muss als abverkaufen. Es betont, dass Werbemittel beim Verbraucher nur Wirkung erzielen, wenn sie in einer Stufenhierarchie verschiedene Bewusstseinsebenen durchdringen.

DEFINING	**Kontakt:** Wird das Werbemittel wahrgenommen?
ADVERTISING	**Aufnahme:** Wird die werbliche Information schnell erkannt?
GOALS FOR	**Verständnis:** Wird die Werbebotschaft sofort von der Zielgruppe verstanden?
MEASURED	**Speicherung:** Wird die Kernaussage der Botschaft leicht aufgenommen?
ADVERTISING	**Einstellung:** Wird die Werbebotschaft glaubwürdig, sympathisch, imageträchtig aufgenommen?
RESULTS	Am Ende steht der **Kauf**.

Action
Letzte Schubser führen zur Aktion des Kunden. Aktion heißt Kauf.

ENTWICKLUNGSSTUFEN DES MARKETING

in Deutschland, nach Manfred Bruhn

1950 Produktorientierung in den 1950ern (reine Produktion; aufgrund enormer Nachfrage in der Nachkriegszeit)

1960 Verkaufsorientierung in den 1960ern (von der Produktion zum Vertrieb)

1970 Marktorientierung in den 1970ern (Marktsegmentierung; Spezialisierung auf einzelne Bedürfnisse)

1980 Wettbewerbsorientierung in den 1980ern (Betonung von Alleinstellungsmerkmalen)

1990 Umfeldorientierung in den 1990ern (Reaktion auf ökologische, politische, technologische oder gesellschaftliche Veränderungen)

2000 Dialogorientierung ab 2000 (interaktive Ausrichtung der Kommunikation durch Internet, E-Mails)

2010 Netzwerkorientierung ab 2010 (Web 2.0, soziale Netzwerke, Word-of-Mouth)

DIE ZEHN GRÖSSTEN WERBEETATS

in Deutschland 2014 (in Millionen Euro)

Procter & Gamble	564
L'Oréal	395
Media-Saturn	394
Ferrero	382
Lidl	296
Volkswagen	258
Unilever	247
Beiersdorf	245
Telekom	240
Vodafone	224

DIE KAUFKNÖPFE IM KOPF

Warum kaufen wir was? Das Neuromarketing geht davon aus, dass sogenannte „emotional trigger“ im Gehirn viele Kaufentscheidungen auslösen. Trigger heißt wörtlich Drücker oder Anstoß. Die Psychologie spricht von Schlüsselreizen. Werbung und Marketing versuchen gezielt, Reizimpulse für tiefe emotionale Bedürfnisse zu setzen – um damit den Verstand im Kaufentscheidungsprozess zurückzudrängen.

Liebe ist stärker als Geiz. Verhandeln Sie deshalb auch bitte nicht mit dem Rosenverkäufer, selbst wenn eine Blume fünf Euro kostet.

Jaja, Statuskonsum ist peinlich. Komisch, dass Premium so gut geht. Egal in welcher Produktkategorie.

Altersarmut? Berufsunfähigkeit? Einbruch zu Hause? Nicht mit Ihnen. Sie haben Versicherungen und Türschlösser, bei denen Sie nicht abschätzen können, ob diese ihr Geld auch wert sind.

Sie waren viel zu lange auf Dienstreise?
Haben die Familie vernachlässigt?
Das weiß auch der Lego-Shop am Flughafen!

Her damit!

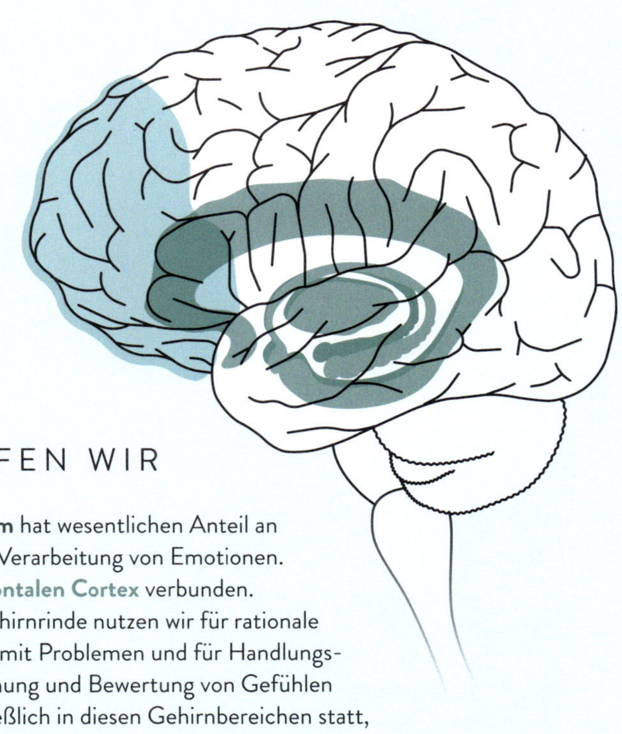

HIER KAUFEN WIR

Das **limbische System** hat wesentlichen Anteil an der Entstehung und Verarbeitung von Emotionen. Es ist mit dem **präfrontalen Cortex** verbunden. Diesen Teil der Großhirnrinde nutzen wir für rationale Auseinandersetzung mit Problemen und für Handlungsplanung. Die Entstehung und Bewertung von Gefühlen findet nicht ausschließlich in diesen Gehirnbereichen statt, aber jede Kaufentscheidung hat beide durchwandert.

NICHTS IST UNMÖGLICH…

Toyota galt als langweilige Automarke. Dann kamen drei Affen und änderten das.
Der Claim ist die Königsdisziplin der Werbetexter. Wenn der sitzt, erinnern wir uns auch noch Jahre später an ihn.
Und für Marke und Produkt wird alles möglich.

… verleiht Flüüügel.[1]

come in and find out[2]

… dass es Dich gibt.[3]

wenn's um Geld geht[4]

… MACHT KINDER FROH UND ERWACHSENE EBENSO[5]

20% auf alles Ausser Tiernahrung[6]

GEIZ IST GEIL![7]

3… 2… 1… meins![8]

Vorsprung durch Technik[9]

Wie das Land, so das…[10]

ich liebe es[11]

Dann klappt's auch mit dem Nachbarn.[12]

Der mit dem Blubb[13]

JUST DO IT.[14]

Dahinter steckt immer ein kluger Kopf[15]

Waschmaschinen leben länger mit …[16]

Wer wird denn gleich in die Luft gehen…[17]

Wohnst Du noch oder lebst Du schon?[18]

Das Auto.[19]

Gute Preise. Gute Besserung.[20]

… , die feine englische Art[21]

Schrei' vor Glück![22]

1 Red Bull 2 Douglas 3 Merci 4 Sparkasse 5 Haribo 6 Praktiker 7 Saturn 8 Ebay 9 Audi 10 Jever 11 McDonald's 12 Calgonit 13 Iglo Spinat
14 Nike 15 Frankfurter Allgemeine Zeitung 16 Calgon 17 HB 18 Ikea 19 Volkswagen 20 Ratiopharm 21 After Eight 22 Zalando

Die Welt und die Kunden verändern sich. Damit Unternehmen weiterhin gefragt sind, müssen sie sich ebenso weiterentwickeln. Und auch um ihre Produkte zu bewerben, bedarf es stets einer modernen Wortwahl. Die Grafik zeigt die am häufigsten verwendeten Wörter in deutschen Werbeslogans nach ihrer Platzierung in den letzten Jahrzehnten.

PRONOMEN

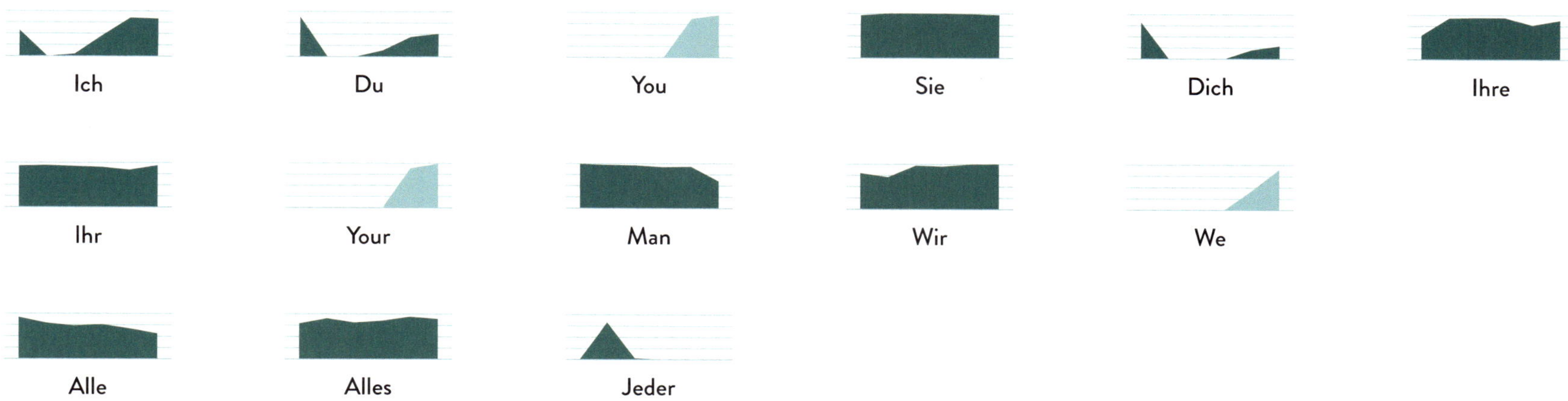

ADJEKTIVE

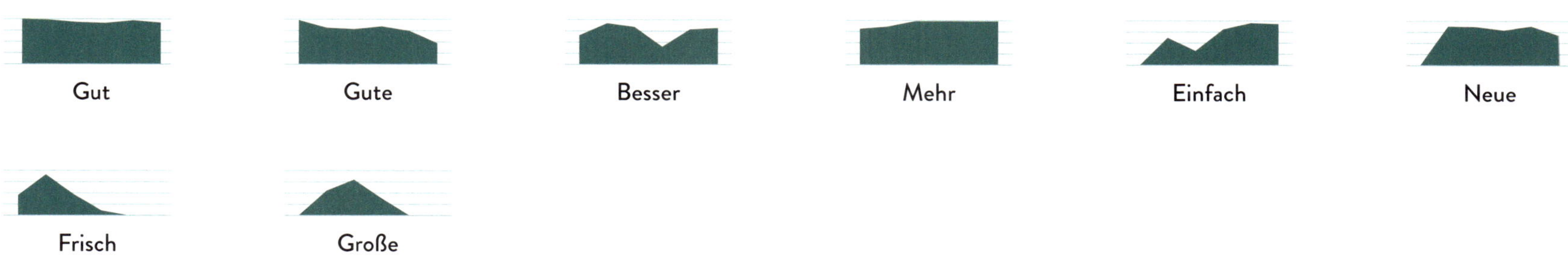

VERBEN

SUBSTANTIVE

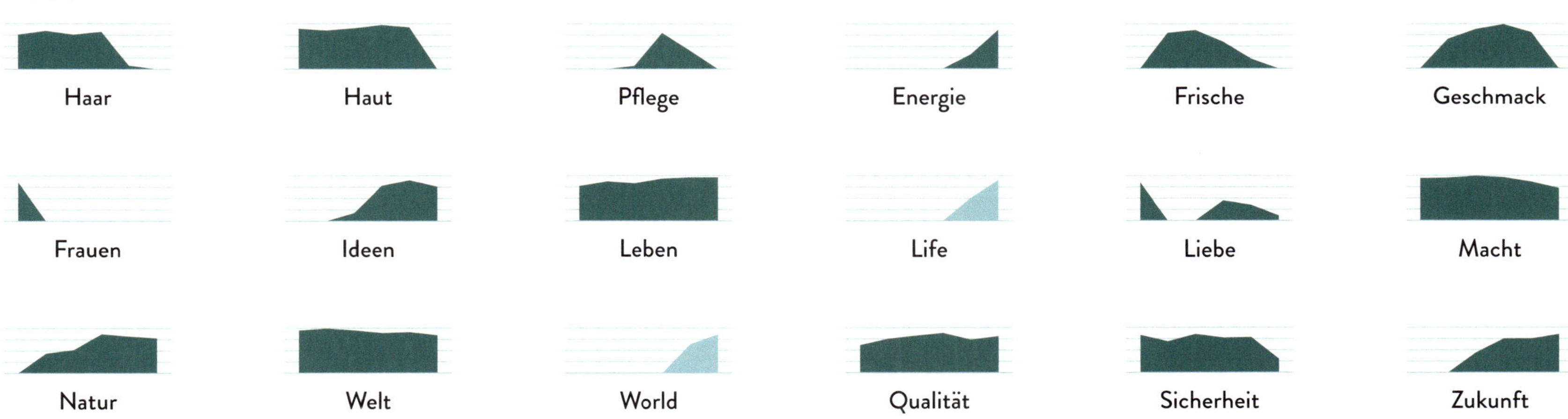

SONSTIGE

III

DIE VOLKS-WIRTSCHAFT

DIE DEUTSCHE WIRTSCHAFT
·
STAAT UND POLITIK
·
DAS WACHSTUM
·
DER WETTBEWERB
·
DAS GELD
·
DER ARBEITSMARKT
·
DER WOHLSTAND

RECHNEN WIR ZUSAMMEN …

Das Bruttoinlandsprodukt beschreibt die Leistungsfähigkeit einer Volkswirtschaft. Es errechnet sich aus dem Gesamtwert der Waren und Dienstleistungen, die in einem Jahr in einer Volkswirtschaft hergestellt werden. Geteilt durch die Anzahl der Einwohner (BIP pro Kopf), ergibt sich eine wichtige Vergleichsgröße für den Wohlstand in einem Land.

$$BIP_m = C + I +$$

Das Bruttoinlandsprodukt zu Marktpreisen errechnet sich aus den …

… privaten Konsumausgaben …

… zuzüglich der privaten Investitionen …

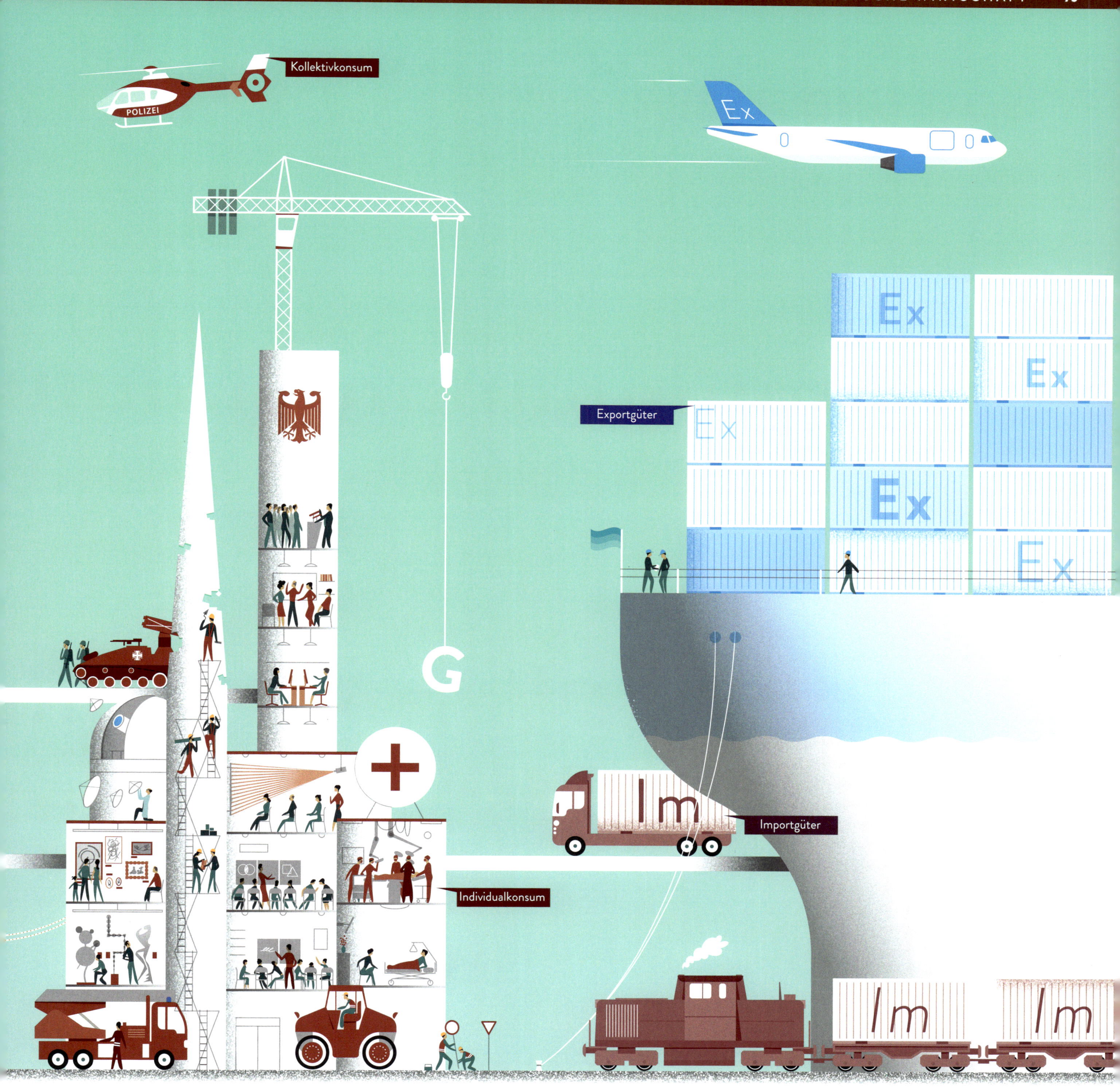

$$G + (Ex - Im)$$

... und der Staatsausgaben (Staatsverbrauch, staatl. Investitionen, Sozialtransfers, Subventionen, Übertragung an zwischenstaatl. Organisationen) ...

... unter Einbeziehung des Außenbeitrags, also der Differenz zwischen Exporten und Importen.

SOLL UND HABEN

Die Wirtschaftsgeschichte der Bundesrepublik ist eine Wachstumsgeschichte: beim Wohlstand und bei den Staatsschulden.

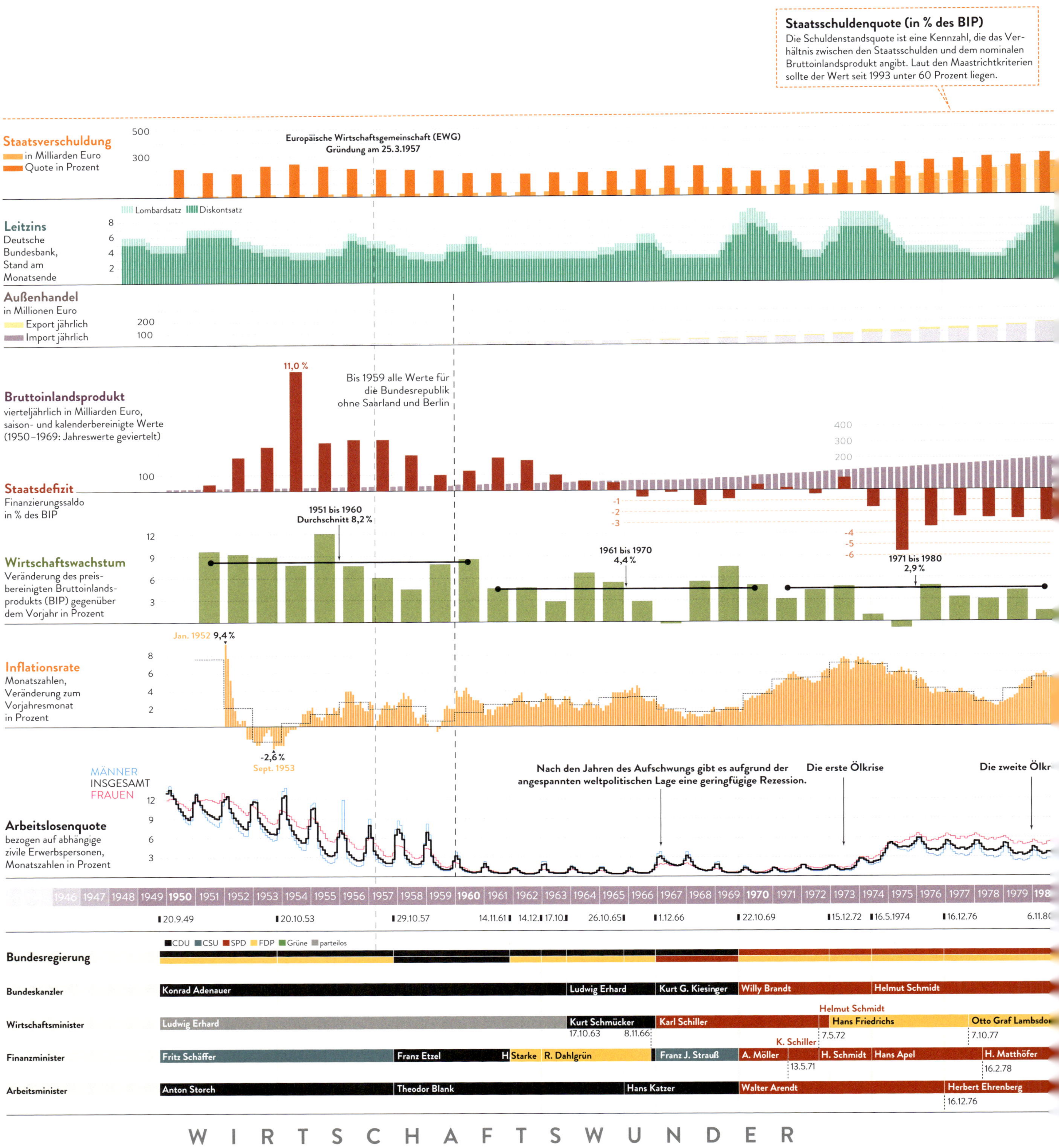

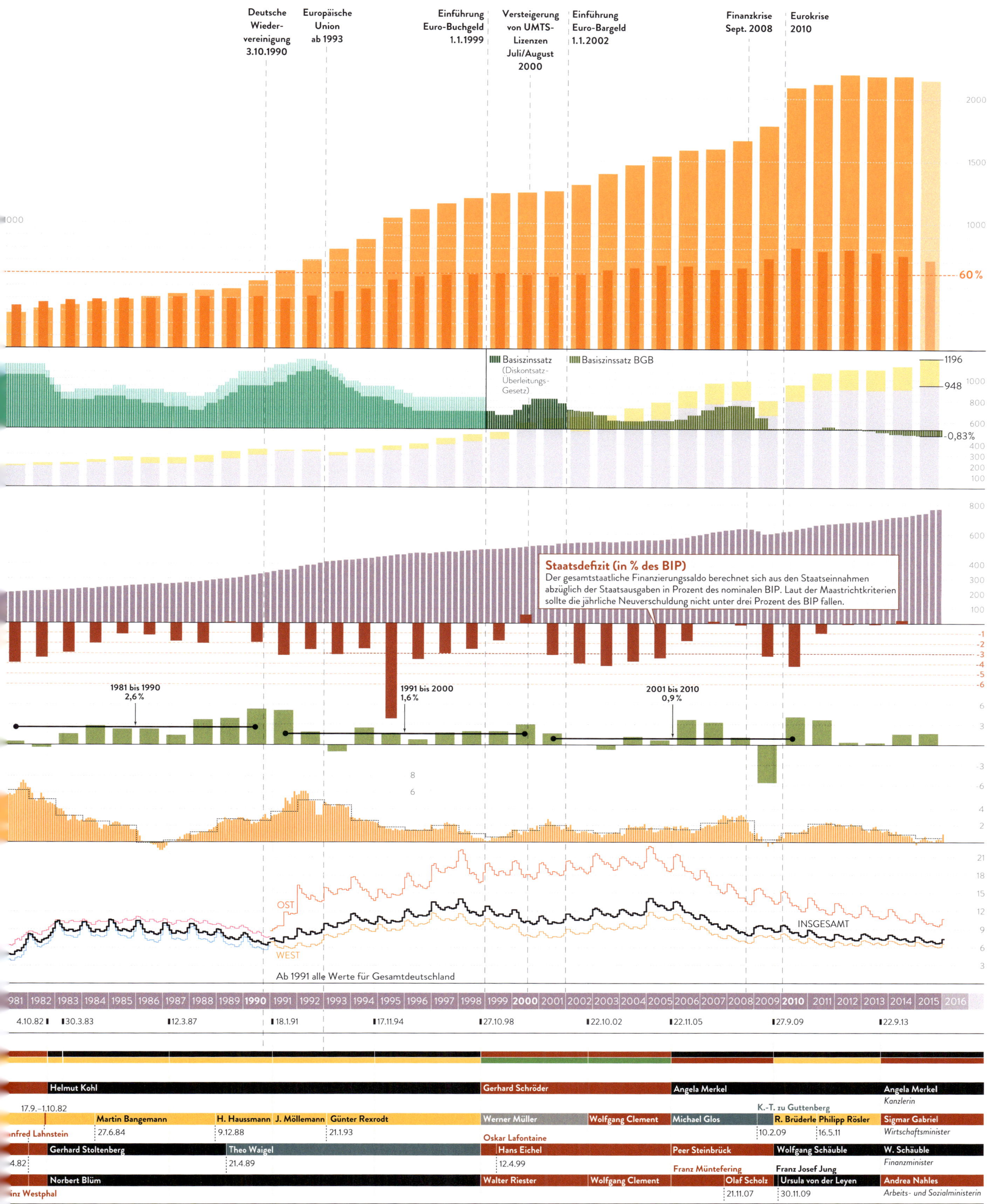
Deutsche Wieder-vereinigung 3.10.1990
Europäische Union ab 1993
Einführung Euro-Buchgeld 1.1.1999
Versteigerung von UMTS-Lizenzen Juli/August 2000
Einführung Euro-Bargeld 1.1.2002
Finanzkrise Sept. 2008
Eurokrise 2010
60 %
Basiszinssatz (Diskontsatz-Überleitungs-Gesetz)
Basiszinssatz BGB
1196
948
-0,83%
Staatsdefizit (in % des BIP)
Der gesamtstaatliche Finanzierungssaldo berechnet sich aus den Staatseinnahmen abzüglich der Staatsausgaben in Prozent des nominalen BIP. Laut der Maastrichtkriterien sollte die jährliche Neuverschuldung nicht unter drei Prozent des BIP fallen.
1981 bis 1990 2,6 %
1991 bis 2000 1,6 %
2001 bis 2010 0,9 %
OST
WEST
INSGESAMT
Ab 1991 alle Werte für Gesamtdeutschland
1981 1982 1983 1984 1985 1986 1987 1988 1989 1990 1991 1992 1993 1994 1995 1996 1997 1998 1999 2000 2001 2002 2003 2004 2005 2006 2007 2008 2009 2010 2011 2012 2013 2014 2015 2016
4.10.82 30.3.83 12.3.87 18.1.91 17.11.94 27.10.98 22.10.02 22.11.05 27.9.09 22.9.13
Helmut Kohl
Gerhard Schröder
Angela Merkel
Angela Merkel
Kanzlerin
17.9.–1.10.82
K.-T. zu Guttenberg
Martin Bangemann
H. Haussmann
J. Möllemann
Günter Rexrodt
Werner Müller
Wolfgang Clement
Michael Glos
R. Brüderle
Philipp Rösler
Sigmar Gabriel
nfred Lahnstein
27.6.84
9.12.88
21.1.93
Oskar Lafontaine
10.2.09
16.5.11
Wirtschaftsminister
Gerhard Stoltenberg
Theo Waigel
Hans Eichel
Peer Steinbrück
Wolfgang Schäuble
W. Schäuble
4.82
21.4.89
12.4.99
Franz Müntefering
Franz Josef Jung
Finanzminister
Norbert Blüm
Walter Riester
Wolfgang Clement
Olaf Scholz
Ursula von der Leyen
Andrea Nahles
inz Westphal
21.11.07
30.11.09
Arbeits- und Sozialministerin

DER KONJUNKTUR-MIXER

Wirtschaftspolitik regelt und gestaltet. Das bedeutet: Sie definiert die volkswirtschaftlichen Ziele. Sie setzt den gesetzlichen Rahmen, in dem vorwiegend private Akteure handeln. Und sie greift mit einer Reihe konjunkturpolitischer Maßnahmen in die Volkswirtschaft ein. Und wenn das nichts nützt? Dann leert sich die Tanzfläche und die politischen DJs werden abgewählt …

WIRTSCHAFTSPOLITISCHE HAUPTRICHTUNGEN

ON OFF

Angebotspolitik (angebotsorientierte Wirtschaftspolitik) stellt die Renditeerwartungen der Kapitalgeber in den Mittelpunkt der Überlegungen. Die Mittel beziehen sich daher überwiegend auf die wirtschaftspolitischen Rahmenbedingungen (Geldwertstabilität, Löhne, Arbeitszeitregelungen, Steuern etc.).

ON OFF

Nachfragepolitik (nachfrageorientierte Wirtschaftspolitik) beschäftigt sich mit der Stabilisierung der gesamtwirtschaftlichen Entwicklung. Die Mittel sind antizyklische Fiskalpolitik (z. B. Ausgabenerhöhung bei schwacher privatwirtschaftlicher Nachfrage bzw. Ausgabensenkung bei Übernachfrage) sowie expansive bzw. kontraktive Geldpolitik.

MESSGRÖSSEN

QUANTITATIVE ZIELE

Das **Stabilitätsgesetz** schreibt seit 1967 vor: Staatsziel ist ein gesamtwirtschaftliches Gleichgewicht mit vier gleichrangigen Unterzielen.

MESSGRÖSSEN

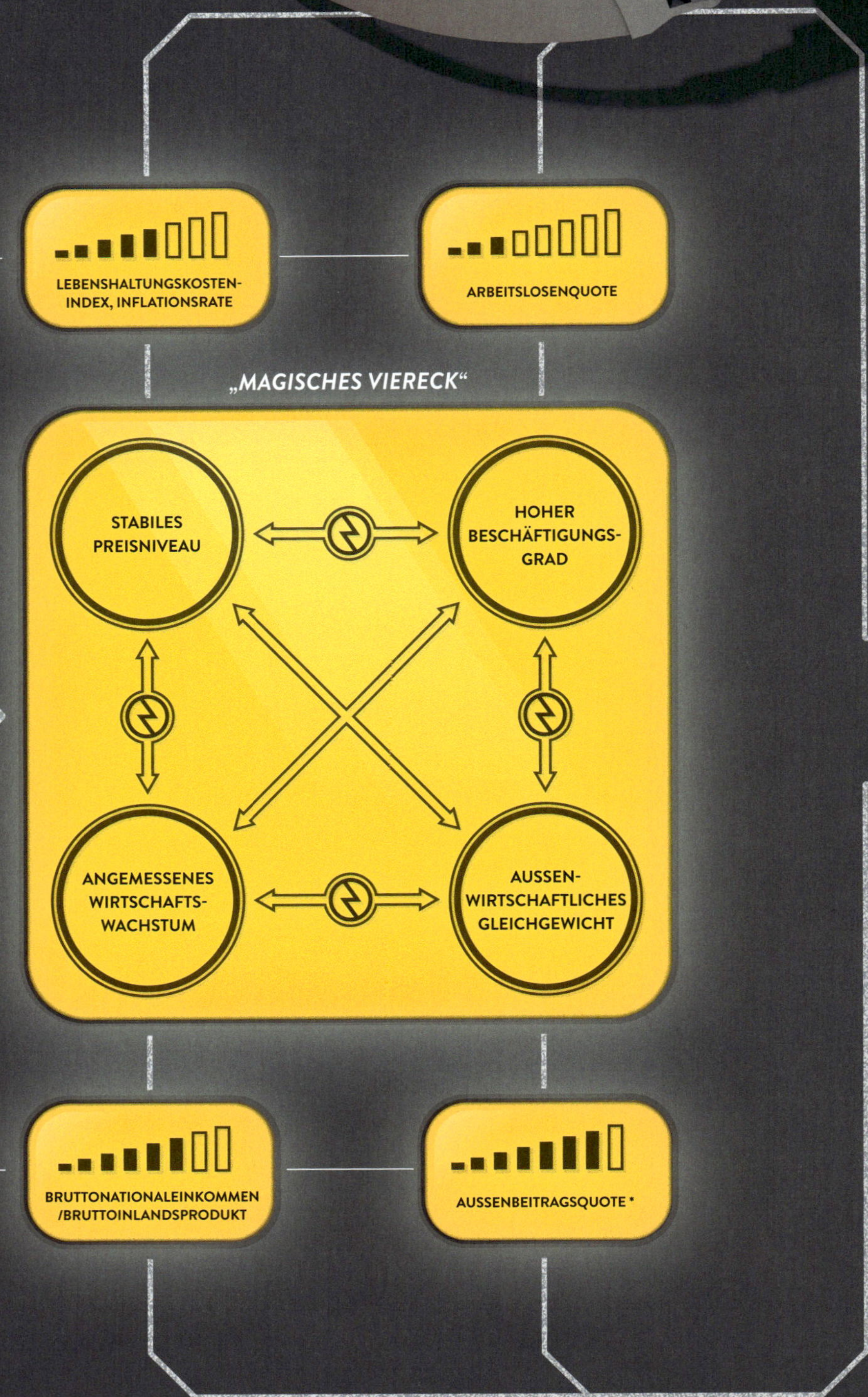

ZIELKONFLIKTE

Der Begriff „magisch“ deutet es an: Staat, Notenbank und Sozialpartner müssten zaubern können, um das Ideal des gesamtwirtschaftlichen Gleichgewichts zu erreichen. Zwischen den Unterzielen herrschen Zielkonflikte (Inkongruenz). So führen Wachstum und hohe Beschäftigung in der Regel zu höheren Preisen. Neben den quantitativen Zielen des Magischen Vierecks gibt es auch noch qualitative wie eine gerechte Einkommensverteilung oder die Erhaltung der Umwelt.

* Außenbeitrag (Exporte minus Importe von Waren und Dienstleistungen) geteilt durch nominales BIP mal 100

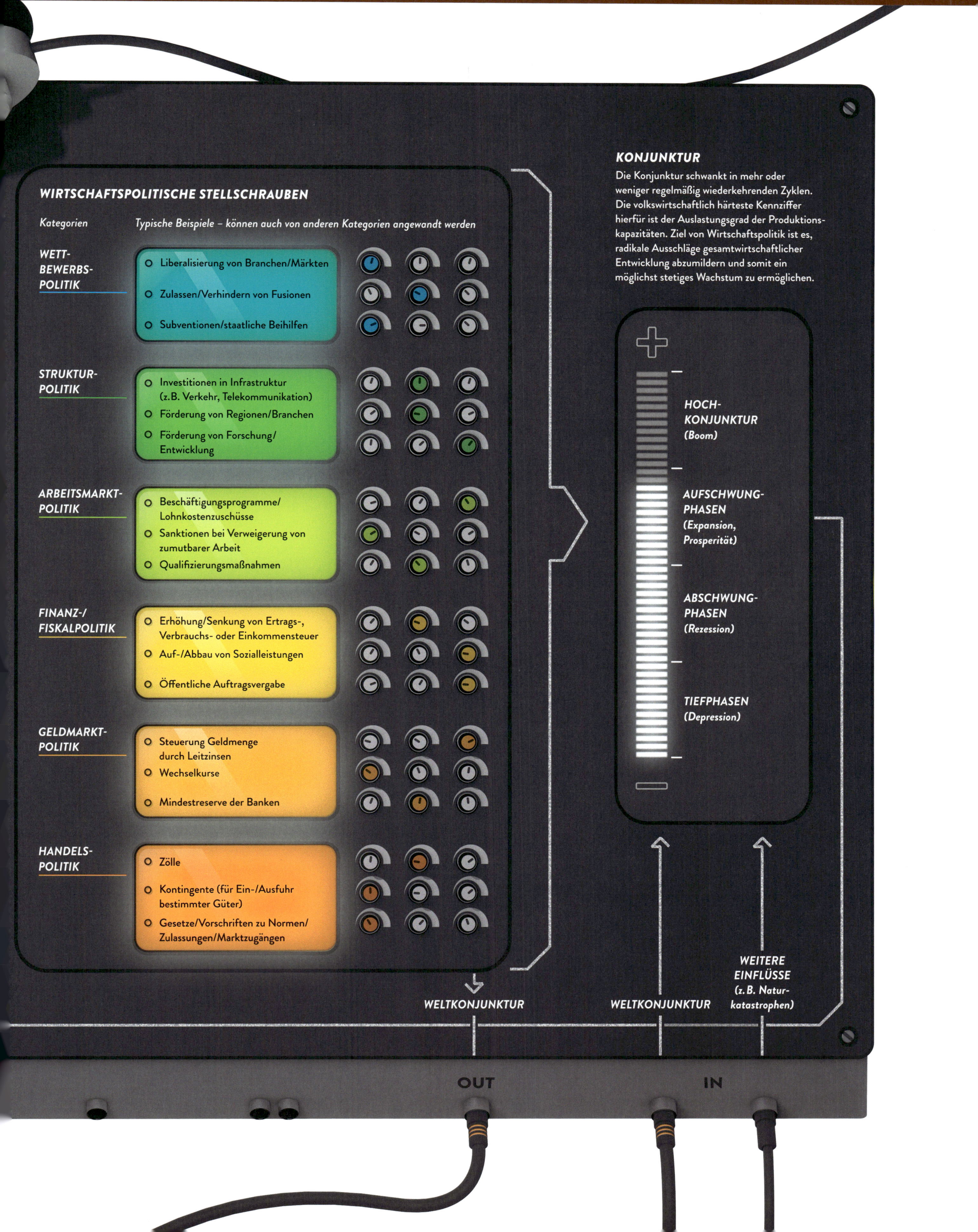
WIRTSCHAFTSPOLITISCHE STELLSCHRAUBEN
Kategorien
Typische Beispiele – können auch von anderen Kategorien angewandt werden
WETTBEWERBS-POLITIK
Liberalisierung von Branchen/Märkten
Zulassen/Verhindern von Fusionen
Subventionen/staatliche Beihilfen
STRUKTUR-POLITIK
Investitionen in Infrastruktur (z.B. Verkehr, Telekommunikation)
Förderung von Regionen/Branchen
Förderung von Forschung/Entwicklung
ARBEITSMARKT-POLITIK
Beschäftigungsprogramme/Lohnkostenzuschüsse
Sanktionen bei Verweigerung von zumutbarer Arbeit
Qualifizierungsmaßnahmen
FINANZ-/FISKALPOLITIK
Erhöhung/Senkung von Ertrags-, Verbrauchs- oder Einkommensteuer
Auf-/Abbau von Sozialleistungen
Öffentliche Auftragsvergabe
GELDMARKT-POLITIK
Steuerung Geldmenge durch Leitzinsen
Wechselkurse
Mindestreserve der Banken
HANDELS-POLITIK
Zölle
Kontingente (für Ein-/Ausfuhr bestimmter Güter)
Gesetze/Vorschriften zu Normen/Zulassungen/Marktzugängen
KONJUNKTUR
Die Konjunktur schwankt in mehr oder weniger regelmäßig wiederkehrenden Zyklen. Die volkswirtschaftlich härteste Kennziffer hierfür ist der Auslastungsgrad der Produktionskapazitäten. Ziel von Wirtschaftspolitik ist es, radikale Ausschläge gesamtwirtschaftlicher Entwicklung abzumildern und somit ein möglichst stetiges Wachstum zu ermöglichen.
HOCH-KONJUNKTUR (Boom)
AUFSCHWUNG-PHASEN (Expansion, Prosperität)
ABSCHWUNG-PHASEN (Rezession)
TIEFPHASEN (Depression)
WELTKONJUNKTUR
WELTKONJUNKTUR
WEITERE EINFLÜSSE (z.B. Naturkatastrophen)
OUT
IN

BIG SPENDER

Der Staat hat Macht. Einkaufsmacht. Er kauft jährlich für über 60 Milliarden Euro Waren und Dienstleistungen ein. Volkswirte sprechen dabei von Bruttoinvestitionen. Manche sollen sich sogar auszahlen.

BRUTTOINVESTITIONEN DES STAATES

nach Teilsektoren und Aufgabenbereichen in jeweiligen Preisen 2014 in Mrd. Euro

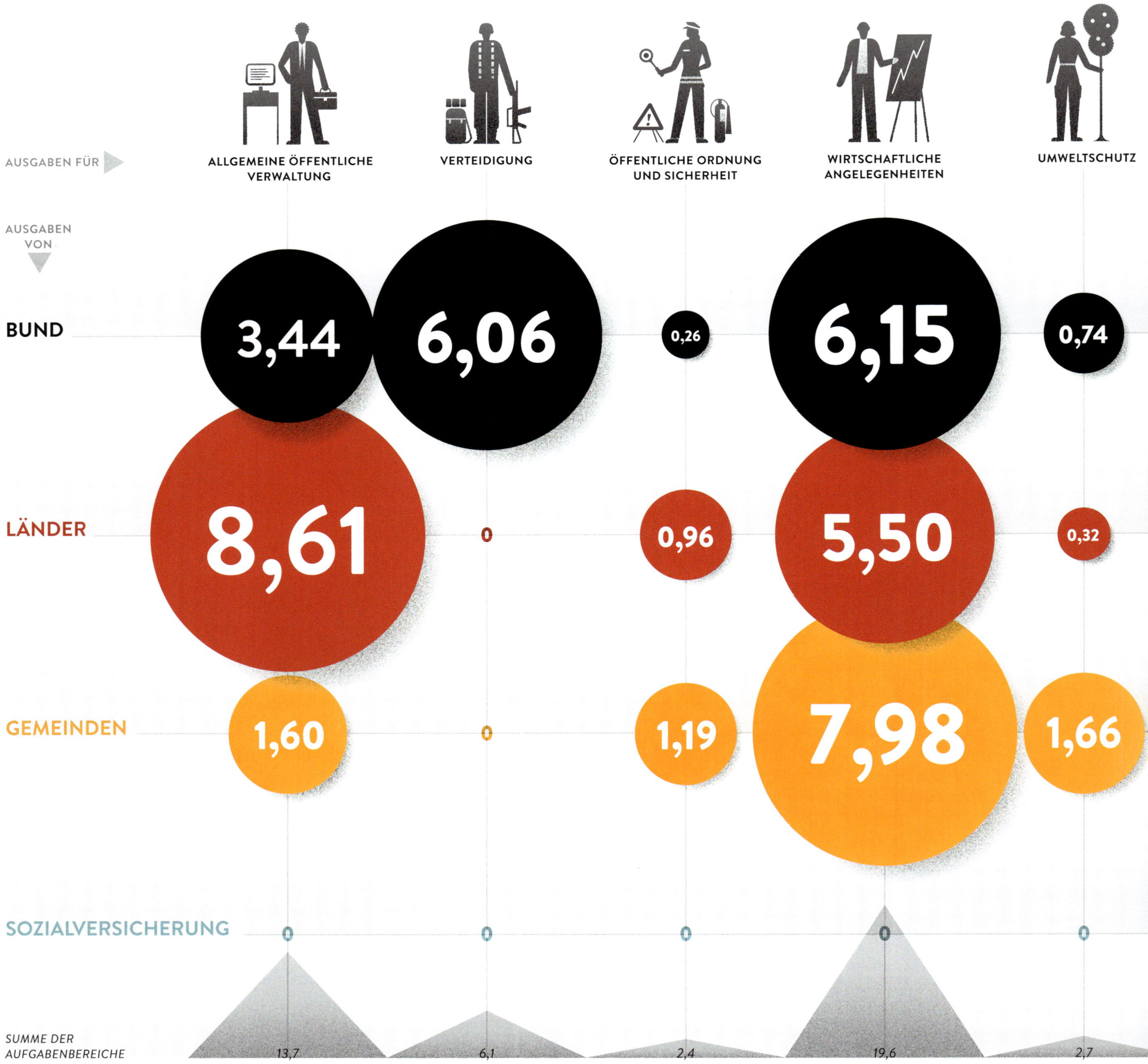

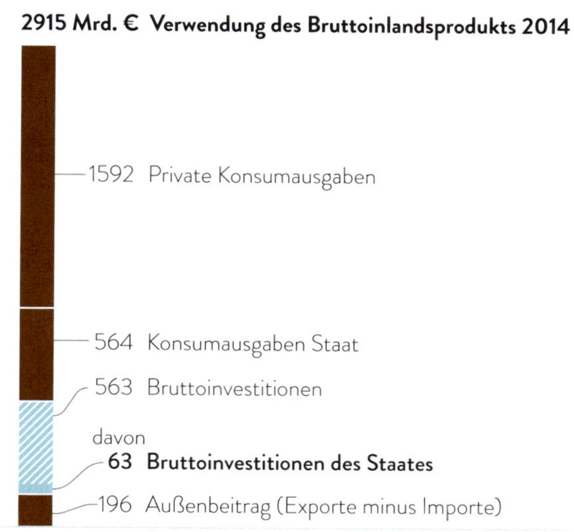

STAATSEINNAHMEN UND -AUSGABEN

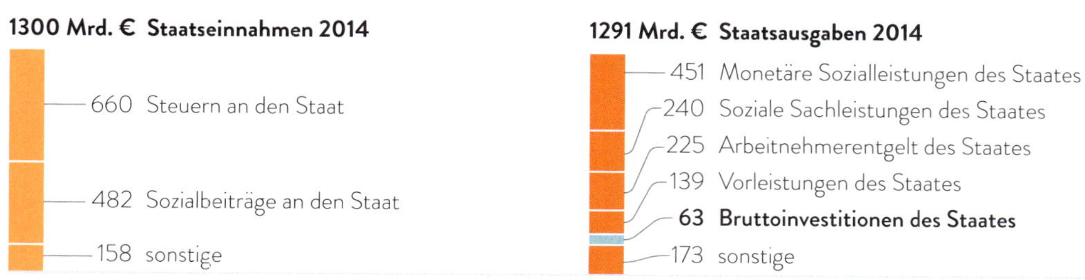

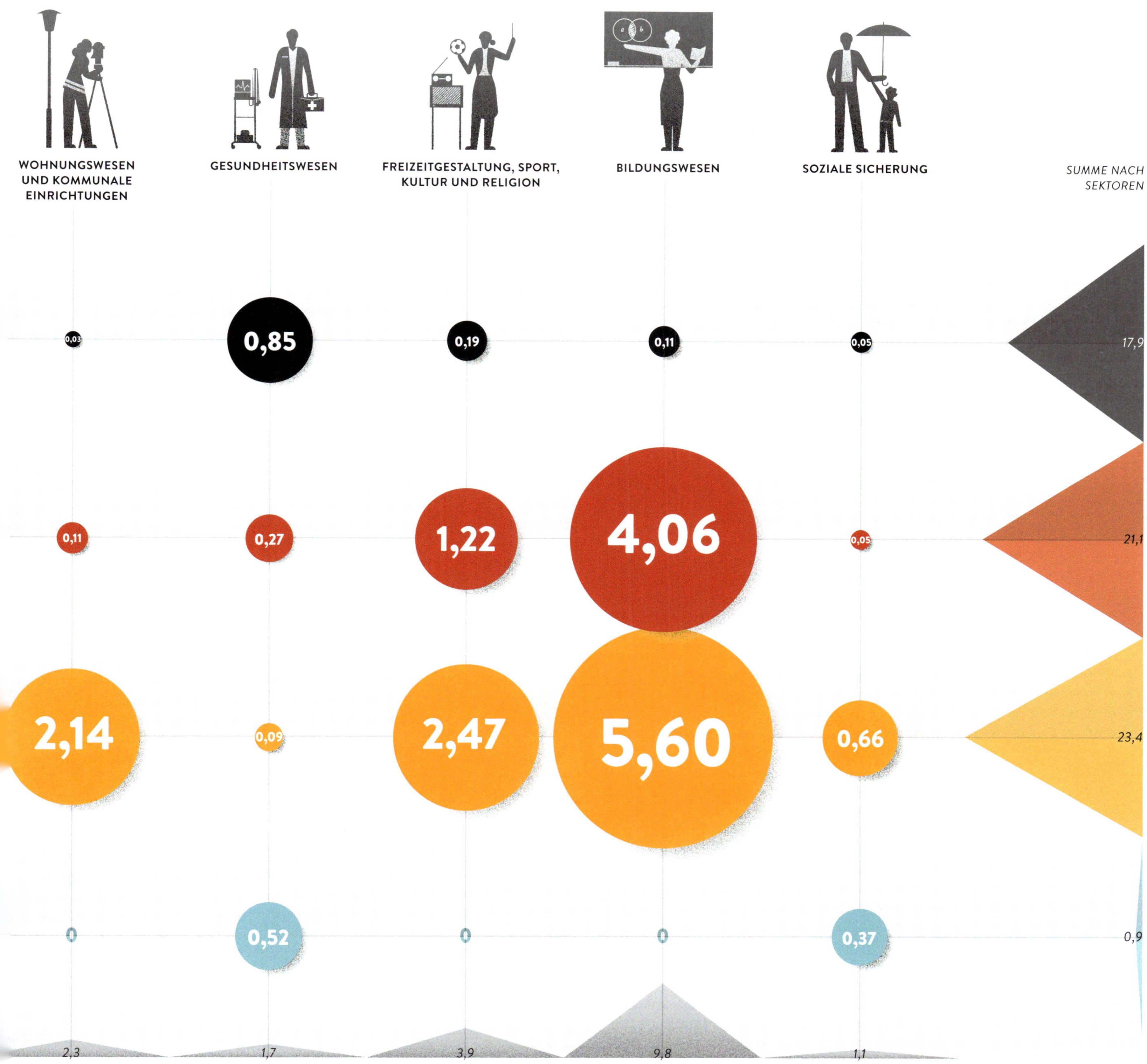

GELDSTRÖME

Unternehmen produzieren. Dafür nutzen sie Arbeit, Boden und Kapital. Die privaten Haushalte konsumieren. Dafür müssen sie Arbeit verkaufen, Boden verpachten und Geld verleihen. Auf diese Weise entstehen in der Marktwirtschaft zwei wertgleiche Geldströme. Der Ökonom Herbert Sperber stellt sie als zwei gegenläufige Kreise dar. Zum Austausch kommt es auf den sogenannten Konsumgüter- und Faktormärkten.

KONSUMGÜTERMÄRKTE
Unternehmen verkaufen.
Haushalte kaufen.
AUSGABEN
GÜTERKÄUFE
HAUSHALTE
Die privaten Haushalte verkaufen sog. Faktorleistungen (vor allem ihre Arbeitskraft). Davon kaufen sie dann die Güter der Unternehmen (an deren Herstellung sie beteiligt sind).
zu verpachten
ARBEIT
BODEN
KAPITAL
zu verpachten
zu verleihen
zu verkaufen
EINKOMMEN

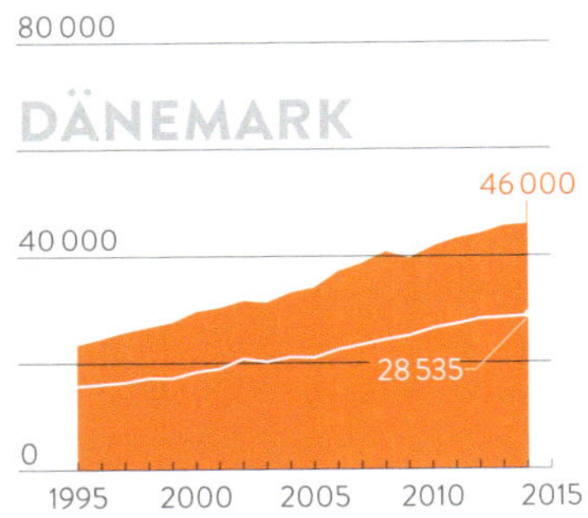

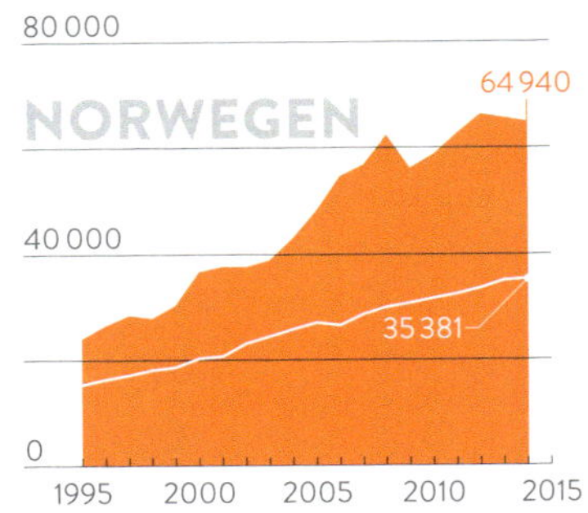

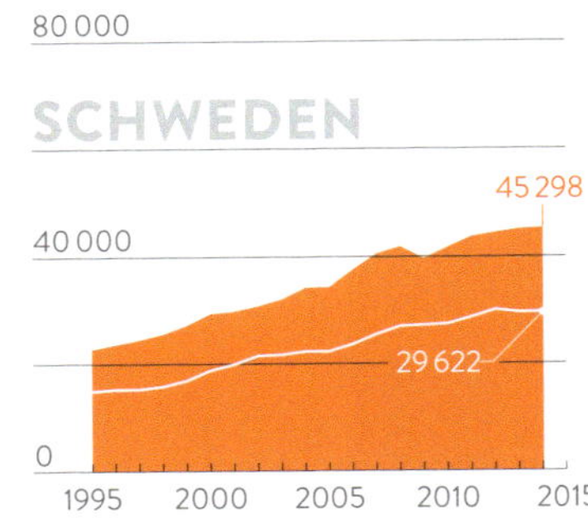

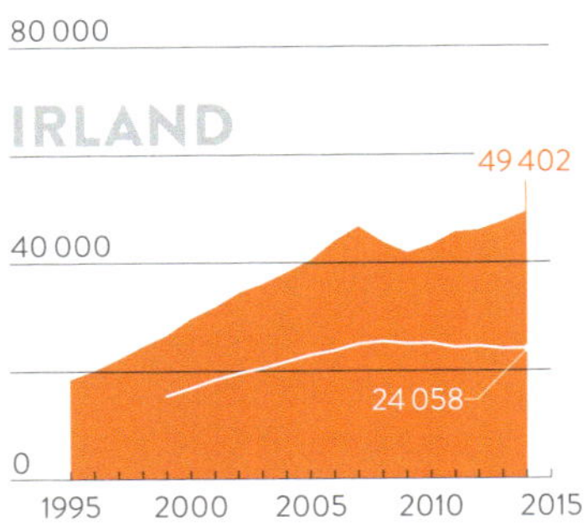

DAS WÄCHST!

Wird die Welt besser oder schlechter? Das ist schwer zu beantworten. Statistisch gesichert ist: Die Menschen werden in den meisten Ländern immer wohlhabender – zumindest im Landesdurchschnitt. Das belegen die OECD-Daten zu Bruttoinlandsprodukt und den verfügbaren Pro-Kopf-Einkommen.

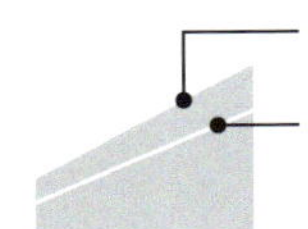

Europa · Nordamerika · Südamerika · Afrika · Asien · Australien

* kein Mitgliedsstaat der OECD

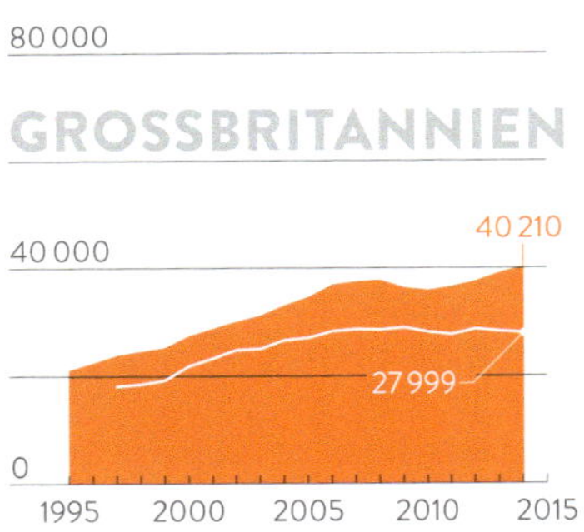

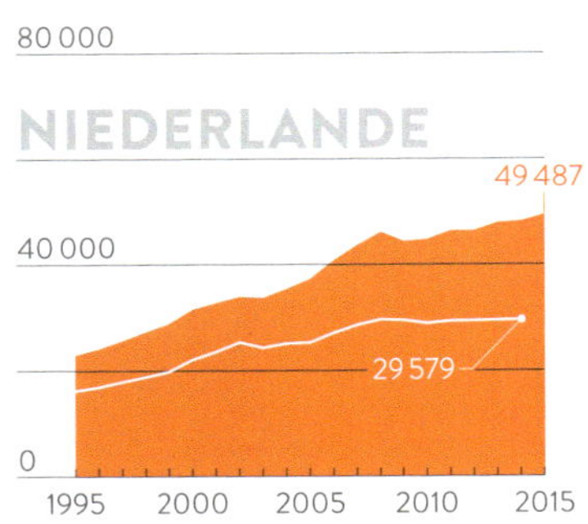

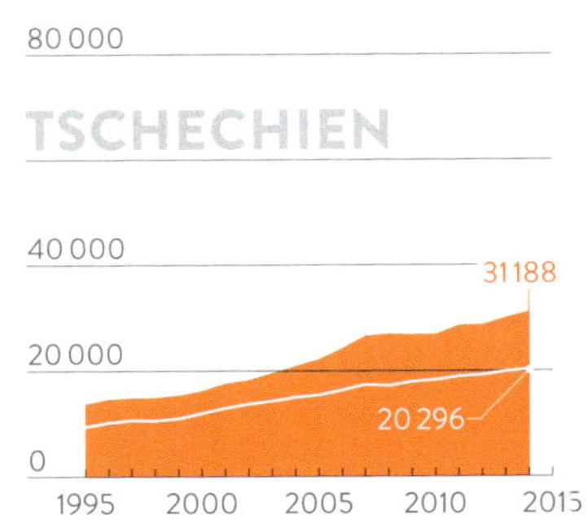

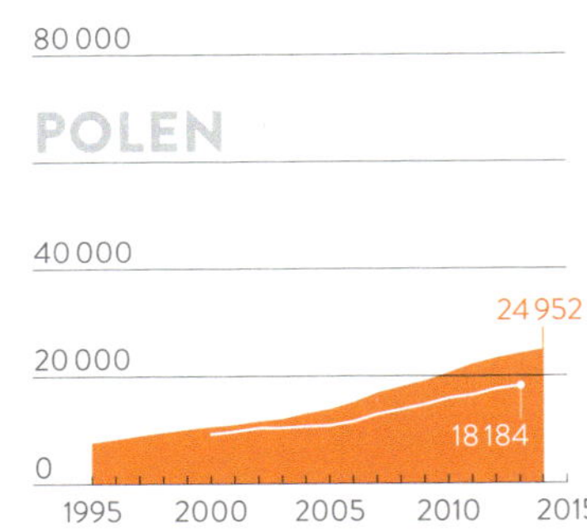

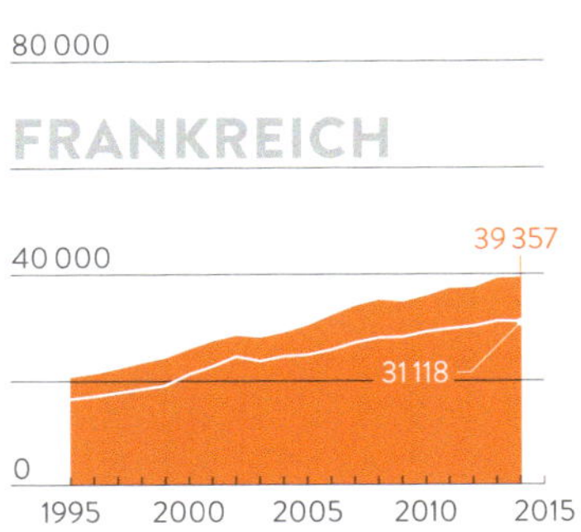

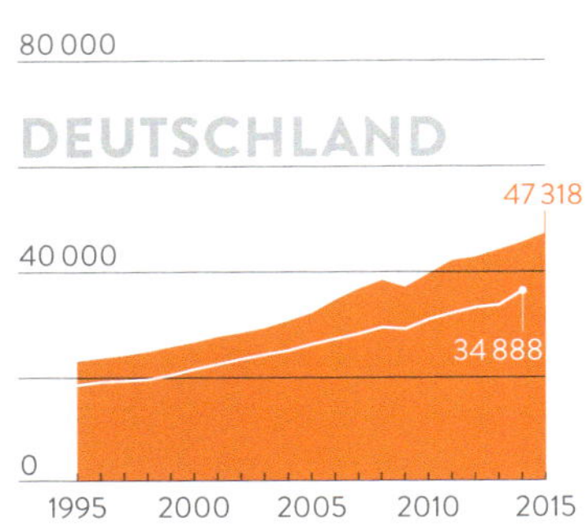

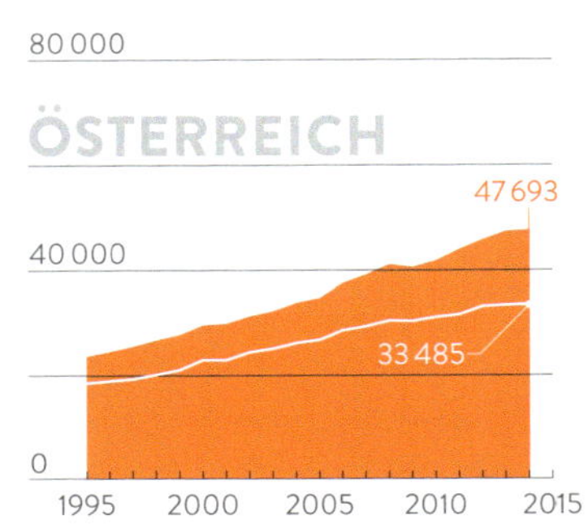

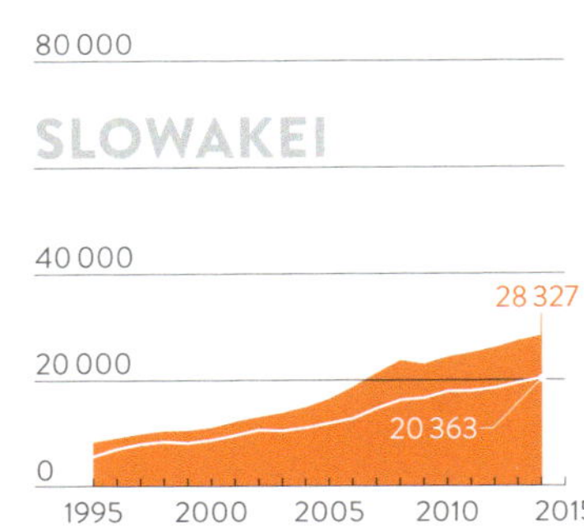

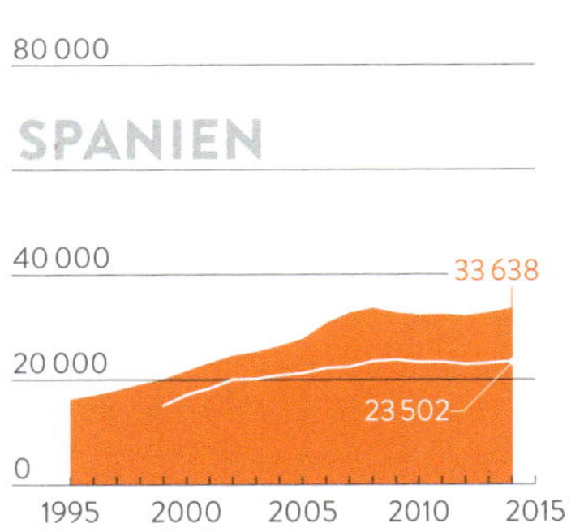

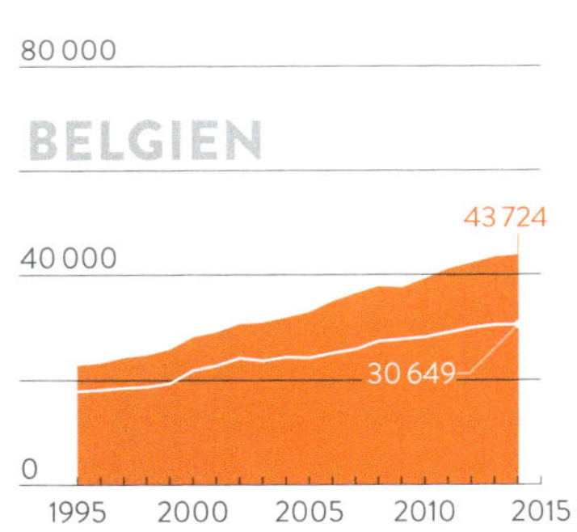

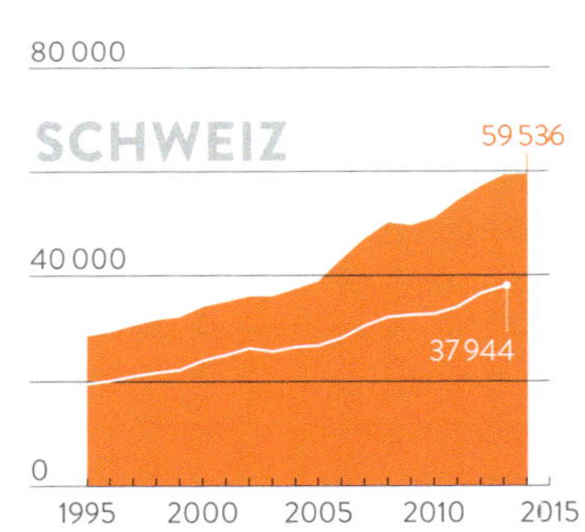

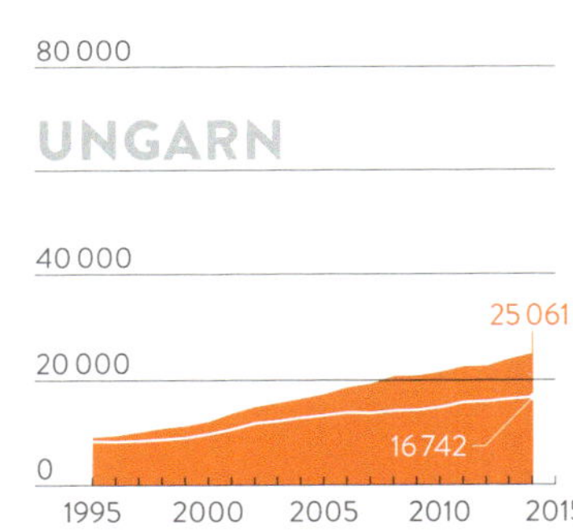

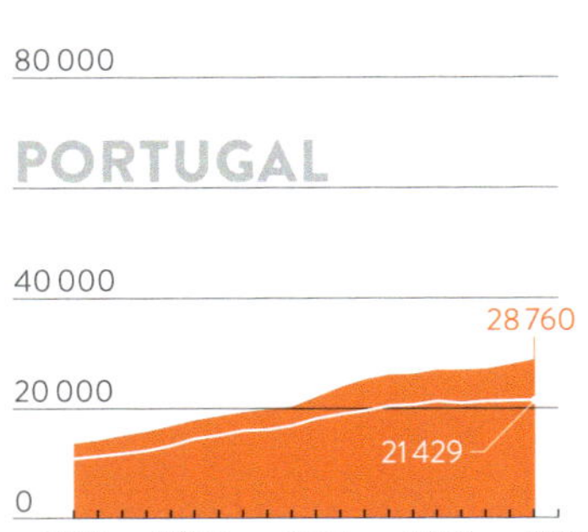

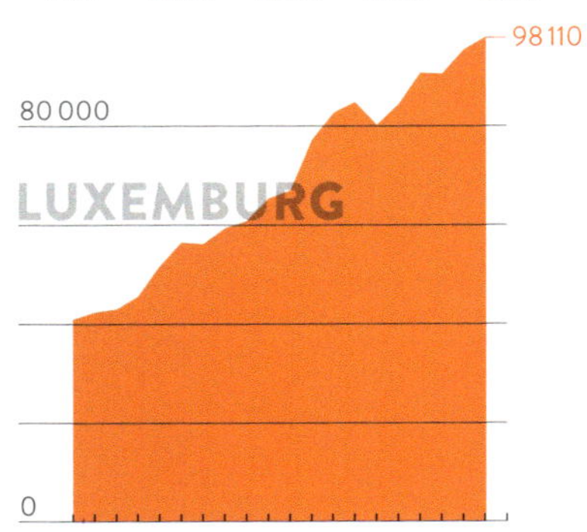

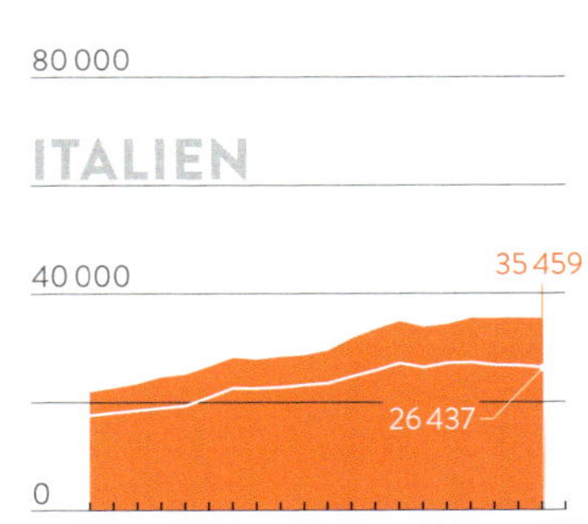

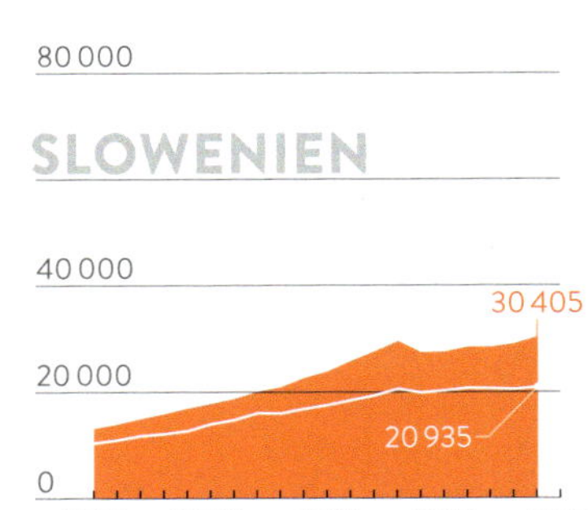

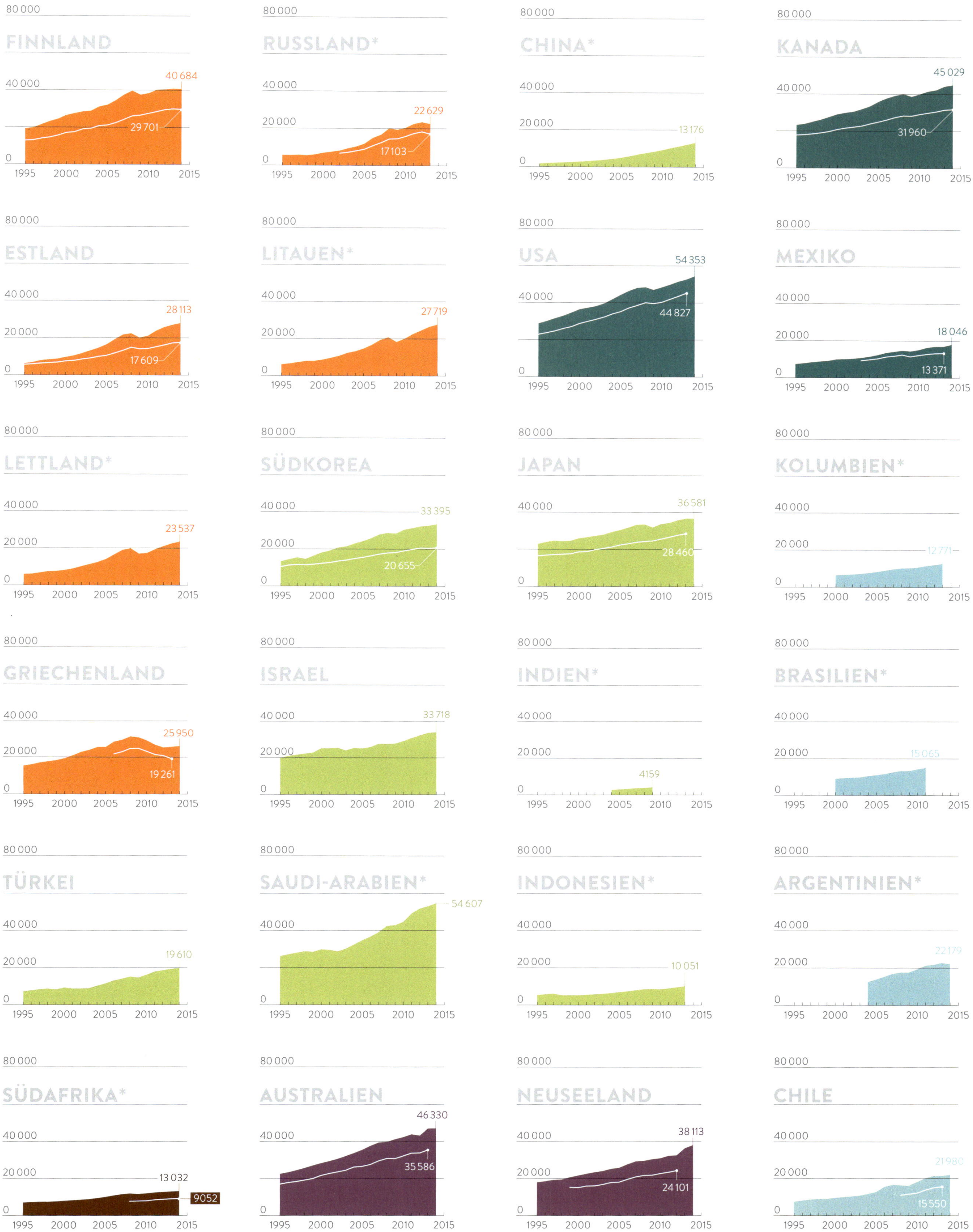

80 000
40 000
20 000
0
1995 2000 2005 2010 2015
FINNLAND
40 684
29 701
RUSSLAND*
22 629
17 103
CHINA*
13 176
KANADA
45 029
31 960
ESTLAND
28 113
17 609
LITAUEN*
27 719
USA
54 353
44 827
MEXIKO
18 046
13 371
LETTLAND*
23 537
SÜDKOREA
33 395
20 655
JAPAN
36 581
28 460
KOLUMBIEN*
12 771
GRIECHENLAND
25 950
19 261
ISRAEL
33 718
INDIEN*
4159
BRASILIEN*
15 065
TÜRKEI
19 610
SAUDI-ARABIEN*
54 607
INDONESIEN*
10 051
ARGENTINIEN*
22 179
SÜDAFRIKA*
13 032
9052
AUSTRALIEN
46 330
35 586
NEUSEELAND
38 113
24 101
CHILE
21 980
15 550

GESUNDE KONKURRENZ

Marktwirtschaft beruht auf Wettbewerb. Das bedeutet: Mindestens zwei Marktakteure streben nach einem Ziel. Je erfolgreicher der eine ist, desto schwerer hat es der andere. Das hört sich gemein an, ist aber gesund für Volkswirtschaften. Die Wirtschaftswissenschaft unterscheidet dabei **ÖKONOMISCHE** (statische und dynamische) und **GESELLSCHAFTSPOLITISCHE** Funktionen von Wettbewerb.

KONTROLLFUNKTION

Funktionierender Wettbewerb mit einer Vielzahl von Konkurrenten beugt gleichzeitig starken gesellschaftlichen und politischen Machtstellungen vor.

VERTEILUNG

Primäre Einkommensverteilung (Markteinkommen) nach dem Prinzip der Leistungsgerechtigkeit

WAHLFREIHEIT

Die Verbraucher haben die Wahl zwischen verschiedenen Angeboten und Arbeitnehmer die Chance zum Wechsel ihres Arbeitsplatzes.

ANPASSUNG

Schnelle Reaktion auf sich ständig ändernde Datenlage

HANDLUNGSFREIHEIT

Die Marktteilnehmer sollen auf dem Markt ohne Wettbewerbsbeschränkungen handeln können. Allerdings regulieren staatliche Wettbewerbshüter, wenn die Kontrollfunktion des Markts versagt.

PLANVERSAGEN

Die Vordenker der sozialistischen Planwirtschaft glaubten: Staatliche Wirtschaftsverwaltung kann Produktion besser steuern als der Markt. Das historische Experiment der Zentralverwaltungswirtschaft scheiterte grandios. Warum eigentlich?

MANGEL AN INFORMATIONEN

Wirtschaftliche Prozesse sind komplex. Die Planer sind viel zu weit weg von ihnen, als dass sie auf der Basis von ausreichend Informationen sinnvoll steuern könnten.

MANGEL AN FLEXIBILITÄT

Die Anweisungen der Planer sind verbindlich. Wenn es anders kommt als geplant, stehen erst mal alle Räder still. Oder sie arbeiten gegeneinander.

MANGEL AN FREIHEIT

Selbstbestimmung und Eigenverantwortung fördern ökonomischen Ehrgeiz und Produktivität. Die kommunistischen Diktaturen haben beides erstickt.

Was sind Kartelle?

Unternehmenskartelle versuchen, durch abgestimmtes Verhalten den gegenseitigen Wettbewerb auszuhebeln. Spürbare Wettbewerbsbeschränkungen sind grundsätzlich verboten. Über die Einhaltung wacht das Kartellamt. Dieses entscheidet in Einzelfällen auch über eine Freistellung vom Kartellverbot. Kartelle sprechen sich hinter den Kulissen oft ab über ...

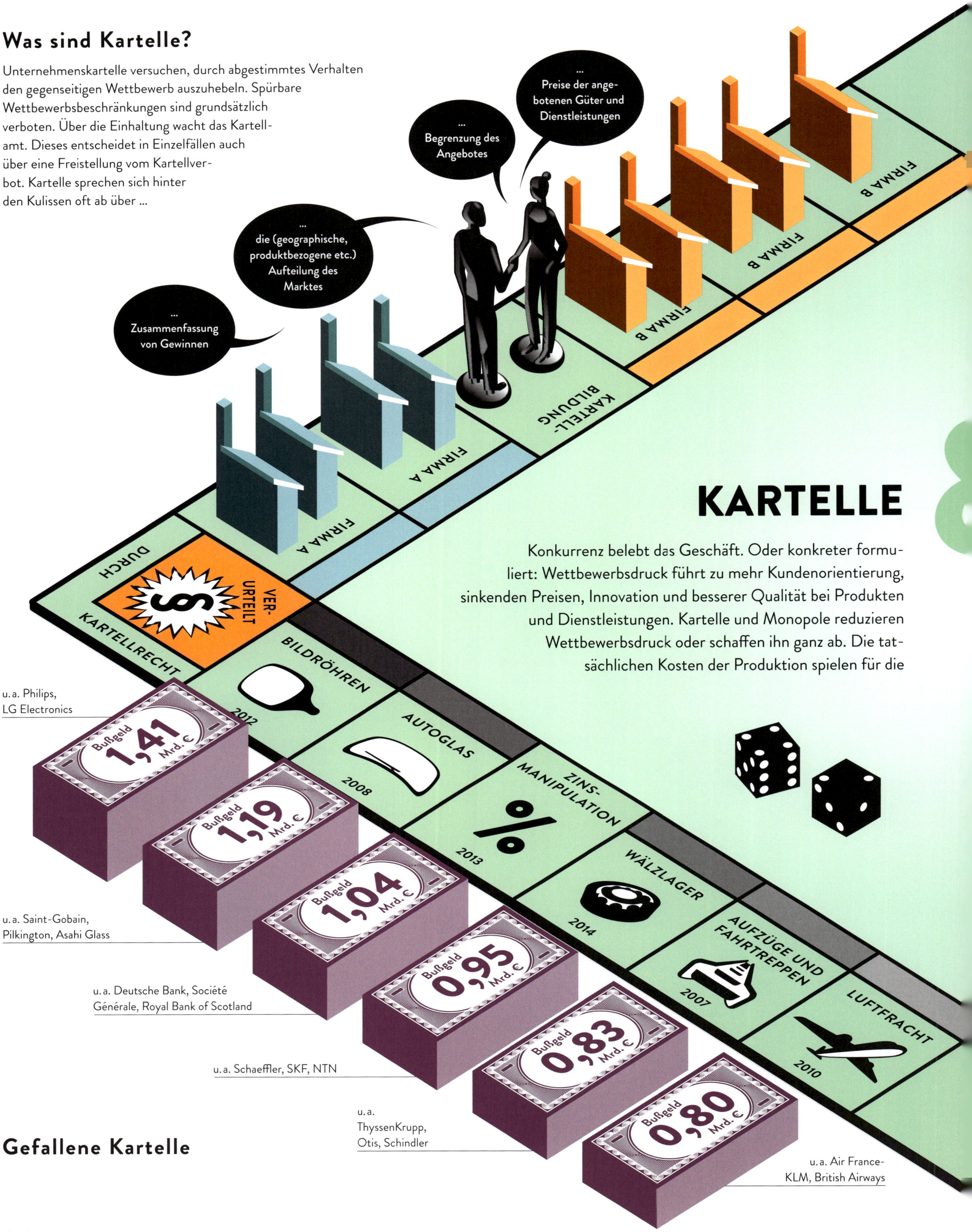

KARTELLE

Konkurrenz belebt das Geschäft. Oder konkreter formuliert: Wettbewerbsdruck führt zu mehr Kundenorientierung, sinkenden Preisen, Innovation und besserer Qualität bei Produkten und Dienstleistungen. Kartelle und Monopole reduzieren Wettbewerbsdruck oder schaffen ihn ganz ab. Die tatsächlichen Kosten der Produktion spielen für die

Gefallene Kartelle

MONOPOLE

Preise kaum noch eine Rolle, sondern nur noch die Frage: Wie viele Kunden können wie viel zahlen? Ohne Wettbewerbsdruck müssen sich Anbieter nicht bemühen, effizienter zu arbeiten und Kunden mit gutem Service für sich zu gewinnen und zu binden. Oder allgemeiner formuliert: Keine Konkurrenz ist schlecht für die Volkswirtschaft.

Was sind Monopole?

Ein Monopolist ist in einer komfortablen Lage: Ein Verkäufer bedient viele Käufer. Oft sind Monopole staatlich gewollt und rechtlich abgesichert, z. B. beim Glücksspiel-Monopol. Die Wirtschaftsgeschichte hat aber auch unter Marktbedingungen immer wieder „Quasi-Monopole" hervorgebracht. Davon sprechen die Ökonomen, wenn ein Unternehmen eine marktbeherrschende Stellung erobert hat, wie Microsoft in den 1990er Jahren bei Betriebssystemen von PCs.

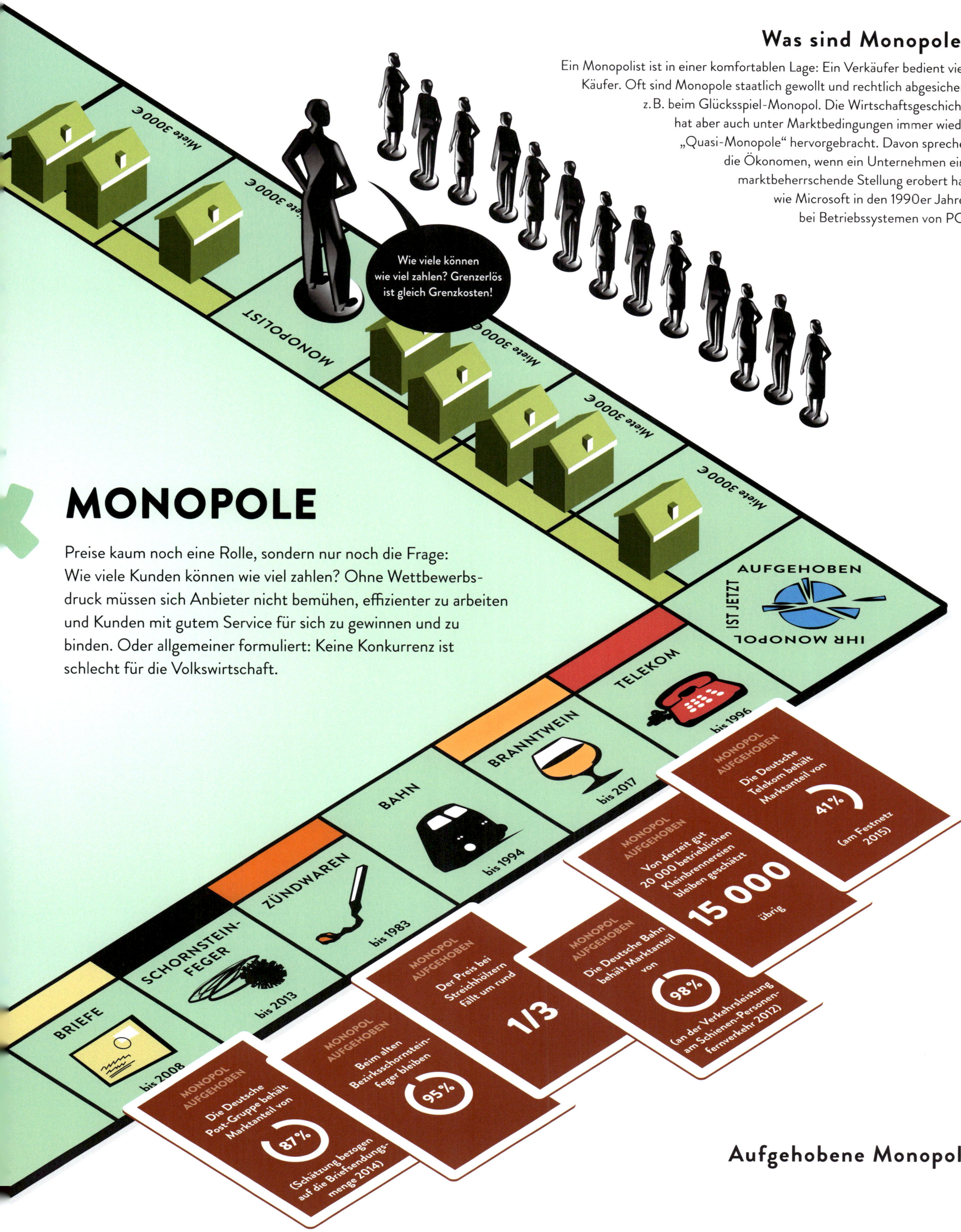

Aufgehobene Monopole

DIE GESCHICHTE DES GELDES

Schafe gegen Getreide tauschen ist auf Dauer unpraktisch. Das erkannten alle frühen Hochkulturen und schufen die ersten Währungen, die Wert von Waren trennten und zu allgemeinen Zahlungsmitteln wurden. Das deutsche Wort Geld stammt von dem althochdeutschen „gelt“ ab – und bedeutete ganz neutral „Vergeltung“.

GELDFUNKTIONEN

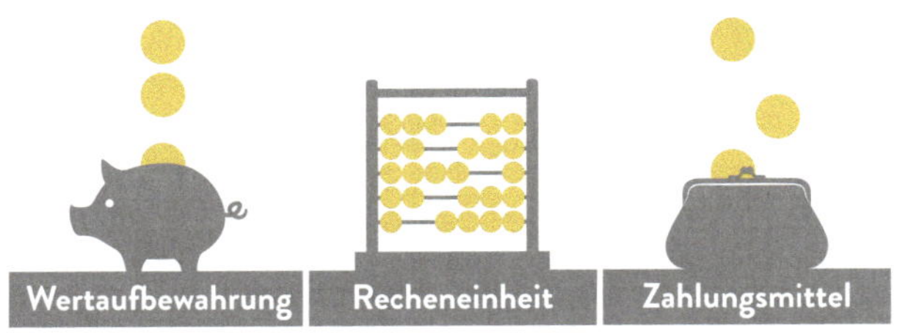

GLOSSAR

Fiatgeld
Geld ohne intrinsischen Wert (Fiat lat.: es werde), das nicht durch Edelmetalle gedeckt ist. Heutiges Zentralbankgeld, wie Euro oder US-Dollar, ist Fiatgeld.

Kurantmünzen
Nominalwert entspricht dem Metallgehalt

Scheidemünzen
Nominalwert ist deutlich höher als der Metallgehalt

Gold- und Silberstandard
Einheitlicher Währungsstandard, bei dem jede Banknote einen fixen Gegenwert in Edelmetallen hat

Buchgeld
Immaterielles Geld, das nur in Kontobüchern der Banken verzeichnet ist

Elektronisches Geld
Digitaler monetärer Wert, gespeichert auf einem Datenträger

Kryptogeld
Digitale Währung, die durch Prinzipien der Kryptographie sicher ist

GELDGESCHICHTE

WARENGELD

Bis ca. 5000 vor Christus tauschen Menschen Waren ausschließlich direkt. Das sogenannte Warengeld (auch Primitiv-Geld genannt) markiert den ersten großen Entwicklungssprung in der Geschichte des Geldes. Beliebt waren unverderbliche Güter wie Reis, Muscheln und Metalle. Aber auch Vieh diente als frühe Währung.

MÜNZGELD

In Indien, China und Kleinasien entstehen die ersten Münzen. Ab 700 v. Chr. prägten die Lyder (in der heutigen Türkei) die ersten **Kurantmünzen** aus einer natürlichen Gold/Silber-Legierung mit festgelegter Größe und festgelegtem Wert. Münzen müssen nun nicht mehr umständlich gewogen werden.

PAPIERGELD

Um 1000 n. Chr. beginnen chinesische Regionalherrscher, Papiergeld herauszugeben. Die neuen Zahlungsmittel sind leichter zu transportieren und schwerer zu fälschen.

BUCHGELD

Krieg macht erfinderisch: Die Tempelritter geben im 12. Jahrhundert erste Kreditbriefe heraus und betreiben entlang der Kreuzzugrouten ein internationales bargeldloses Zahlungssystem.

VIRTUELLES GELD

Ein gewisser Satoshi Nakamoto (Pseudonym) stellt 2009 in einem Onlineforum das Konzept der **Kryptowährung** Bitcoin vor: digitales Geld, ohne Zentralbank, Verwaltung durch die Nutzer. Die Identität des Erfinders ist bis heute mysteriös.

2009
Bitcoin

In der arabischen Welt entsteht ab dem 14. Jahrhundert das Hawala-Finanzsystem: Geldtransfers per Vertrauensleuten über große Distanzen.

15. Jh. Europa
Das **Buchgeld** breitete sich zunächst in Italien und den europäischen Handelszentren aus. Händler tauschten Kreditbriefe vermehrt direkt, ohne zwischengeschaltete Auszahlung in Münzen.

Bankiers, wie die Medicis, professionalisieren das Bankwesen, das durch den globalen Seehandel internationaler wird.

20. Jh.
Bargeldloser Zahlungsverkehr wird zum Standard. Der Interbankenhandel entsteht.

1950 USA
Erste Kreditkarte

1990er
Elektronisches Geld
wird zum Standard

1980er
Erstes Online-Banking

10. Jh. China
Erstes Papiergeld (im Wert eines Münz-Depots)

14. Jh. China
Offizielle staatliche Banknoten (Wert per kaiserlichen Erlass)

1661 Schweden
Erste offizielle Banknoten in Europa: Die private Bank von Stockholm emittiert sog. *Credityf-Zedel*, die durch hinterlegtes Kupferplattengeld gedeckt sind. Dieses Prinzip der Notenbank setzt sich im 19. Jahrhundert in Europa durch.

1718–1720 Frankreich
John Law überredet König Ludwig XV. **Fiatgeld** einzuführen. Anfänglich ein Erfolg, wird zu viel des ungedeckten, staatlichen Papiergeldes gedruckt. Das Projekt endet in einer desaströsen Inflation.

19. Jh.
Die Banknote wird zum akzeptierten Zahlungsmittel.

1923 Deutschland
Der Höhepunkt der Hyperinflation: Die massive Geldentwertung führt in den finanziellen Ruin der Bürger.

ab 780 Westeuropa
Karl der Große schafft die erste europäische Währungsunion: Der karolingische Denar wurde nach dem einstigen römischen Denarius benannt.

Ende 13. Jh.
Europa erfährt durch die Reisen von Marco Polo vom Papiergeld.

1620–1623 Europa
Kipper- und Wipperzeit: Höhepunkt der Münzentwertung durch betrügerische Zugabe von Kupfer, Zinn oder Blei

ab 1871 Deutsches Reich
Die Goldmark ist erste einheitliche Währung nach Kleinstaaterei mit Hunderten von Währungen.

1944–1973
Bretton-Woods-System: Neue internationale Währungsordnung mit Gold-Devisen-Standard, festen Wechselkursen und Leitwährung US-Dollar

Nach dem Zusammenbruch werden in den meisten Ländern die Wechselkurse wieder freigegeben.

Mittelalter Europa
Prägerechte sind gestreut. Es gibt sehr viele regionale Währungen. Einheitliche Münzen haben sich bislang langfristig nicht durchgesetzt. Münzen werden nicht mehr nach Nennwert getauscht, sondern nach Gewicht.

In China gilt die Kauri-Schnecke weiter als Zahlungsmittel – neben dem modernen Papiergeld, wie auch Marco Polo verblüfft feststellt.

Ende 18. Jh. post-revolutionäres Frankreich
Münzvorräte neigen sich dem Ende zu. Der Handel mit Gold- und Silbermünzen wird verboten. Auf Annahmeverweigerung von Papiergeld steht die Todesstrafe.

19. Jh.
England weicht als erstes Land vom **Silberstandard** ab und führt 1816 den **Goldstandard** ein. Wegen Silberknappheit wird 1867 daraus ein internationaler Standard.

Erstes Drittel 20. Jh.
Aussetzung des **Goldstandards** in vielen Staaten: Ungedecktes **Fiatgeld** wird auf Grund des durch den 1. Weltkrieg erhöhten Finanzbedarfs vermehrt in Umlauf gebracht.

Bis ins 19. Jahrhundert gibt es Kaurigeld in Südasien, in Afrika und in der Südsee bis ins 20. Jahrhundert.

Steingeld von der mikronesischen Insel Yap gilt bis heute als (symbolisches) Zahlungsmittel.

WIE VIEL GELD IST GUT?

Die Zentralbanken steuern die Geldmenge. Dabei stecken sie in einem Dilemma. Einerseits möchten sie mit niedrigen Zinsen volkswirtschaftliches Wachstum fördern. Dafür müssen sie das Geldangebot erhöhen. Allerdings darf das Angebot die Nachfrage nach Geld nicht übersteigen, sonst droht Inflation. Das Dumme dabei: Auch Zentralbanker wissen immer erst hinterher, was richtig gewesen wäre.

LEITZINS

wichtigstes geldpolitisches Instrument

Erhöhung	%	Senkung
Verteuerung	KREDITAUFNAHME	**Verbilligung**
Verknappung	GELDMENGE	**Erhöhung**
Bremsung	WACHSTUM	**Ankurbelung**

WIRKUNGSKANÄLE

Zinsbestimmung am Geldmarkt

↓

- Zinssätze an anderen monetären Märkten
- Aktienkurse und Immobilienpreise
- Wechselkurse
- Konjunktur-, Inflations- und Zinserwartungen

↓

Gesamtwirtschaftliche Güternachfrage (Konsum, Investitionen, Exporte)

↓

- Produktion und Beschäftigung
- Preisniveau

Entwicklung der Leitzinsen

Federal Reserve System — Europäische Zentralbank — Bank of England

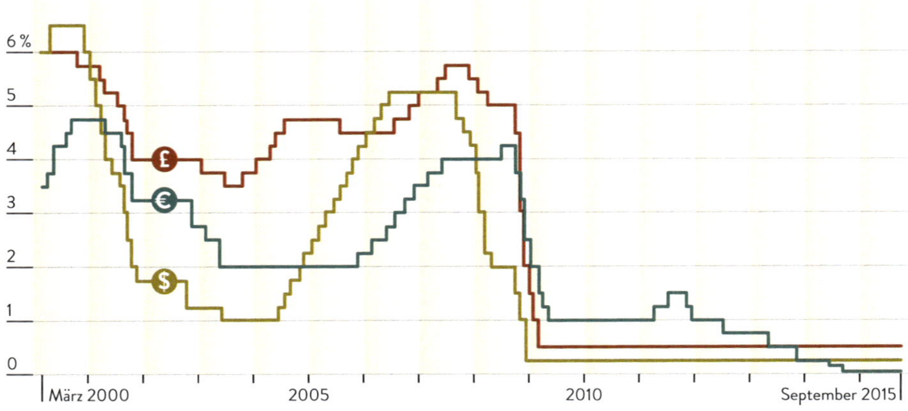

Wert des Bargeldumlaufs in Euro-Banknoten
(in Milliarden Euro, Dezember 2015)

EZB

Europäische Zentralbank

1992 wurden die Aufgaben der EZB im Vertrag von Maastricht definiert. Seit 1998 ist sie die Währungsbehörde der Mitgliedsstaaten der Europäischen Währungsunion.

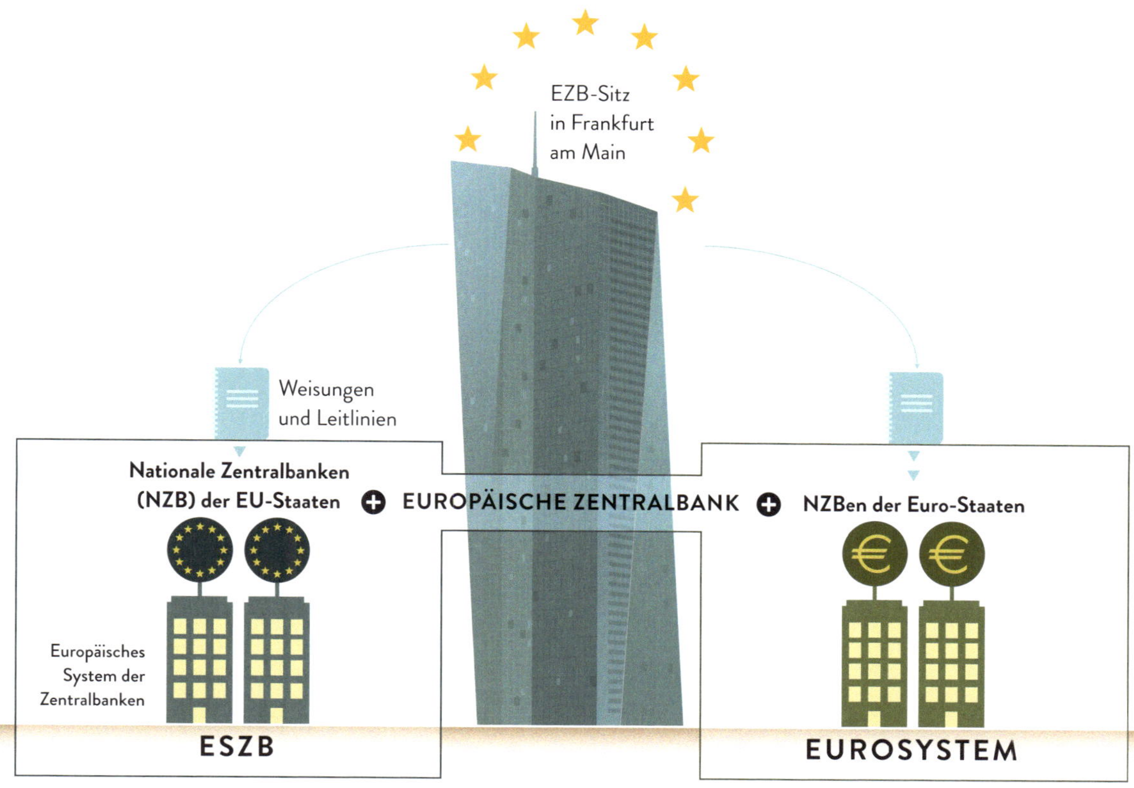

HAUPTZIELE

Wert des Euro wahren ⊕ Preisstabilität gewährleisten

ORGANE DER EZB

ERWEITERTER RAT	DIREKTORIUM	RAT
Beratungsgremium	*Leitung*	*Oberstes Beschlussorgan*
EZB-Präsident, EZB-Vize + 28 NZB-Präsidenten der EU-Staaten	EZB-Präsident, EZB-Vize + 4 Mitglieder	Direktorium + 19 NZB-Präsidenten der Euro-Staaten

AUFGABEN

Steuerung der Geldpolitik des Euroraums

Der Leitzins ist das wichtigste Instrument der EZB. Er steuert im Euroraum Zinsen und Geldmenge und damit indirekt auch die Inflationsrate.

Durchführung von Devisengeschäften

Verwaltung der Währungsreserven der Mitgliedstaaten*

Internationale und europäische Zusammenarbeit

Banken-Aufsicht und Finanzstabilität

Förderung eines reibungslosen Zahlungsverkehrs

Erhebung statistischer Daten

Genehmigung für Ausgabe der Euro-Banknoten**

INSTRUMENTE

Hauptrefinanzierungsgeschäft
Geschäftsbanken können zeitlich begrenzt Wertpapiere in Zentralbankgeld umtauschen.

Spitzenrefinanzierungsfazilität
Geschäftsbanken können sich kurzfristig Geld bei der EZB beschaffen (Übernachtliquidität).

Einlagefazilität
Geschäftsbanken können kurzfristig nicht benötigtes Geld bei der EZB anlegen.

Währungsreserven ⊖ **Goldreserven** ⊕ **Devisenreserven** ⊕ Reservepositionen aus Mitgliedschaft in internationalen Institutionen (Bsp.: IWF)

Währungsreserven von EZB und Eurosystem (in Milliarden Euro, 1999–2015)

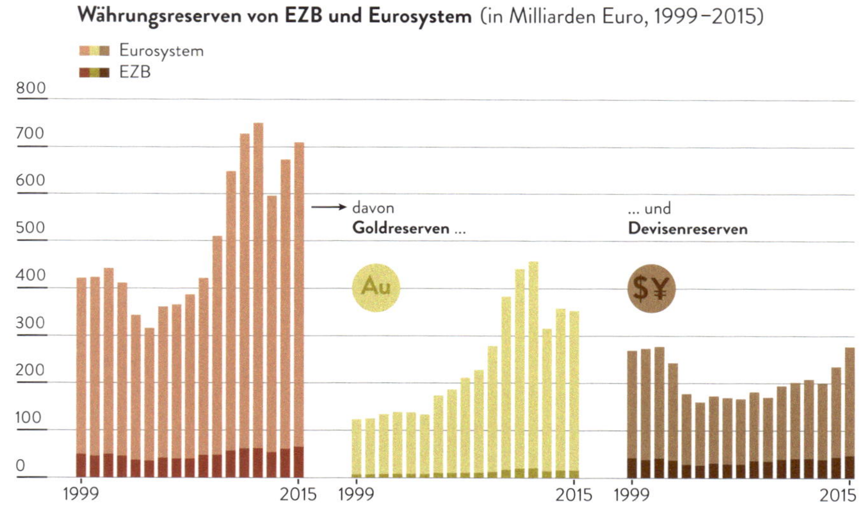

Umlaufwerte der Euro-Banknoten
in Milliarden Euro
2002–2015

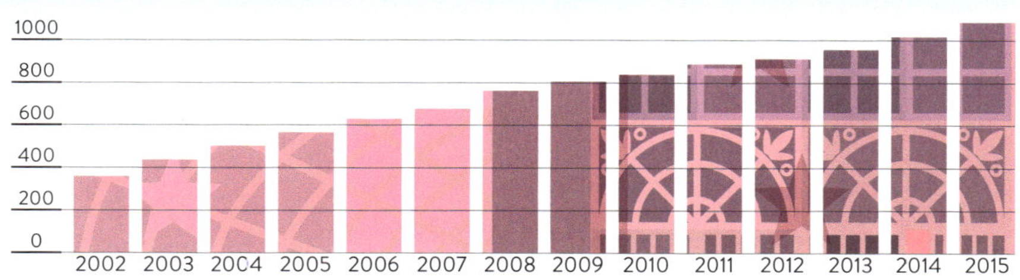

* Verwaltung durch das ESZB
** Druck und Ausgabe selbst erfolgen durch die NZBen

WIE KOMMT DAS GELD IN DIE WELT?

Bank A hat Bedarf an Geld, hinterlegt dafür Pfand bei der Zentralbank.

Das Geld kommt nicht (nur) aus dem Automaten. Es wird auch nicht (nur) von der Zentralbank gedruckt. Einen Großteil des Geldes, mit dem wir wirtschaftlich tätig sind, wird von den Geschäftsbanken „geschöpft". Das heißt im Klartext: Banken verleihen Geld, das erst durch den Kredit entsteht.

Bank A bekommt von der Zentralbank einen Kredit per Gutschrift als Sichteinlage (Guthaben ohne Laufzeit oder Kündigungsfrist) auf ihr Konto bei der Zentralbank.

Dafür zahlt Bank A den Leitzins. Diese Kreditvergabe schafft ZENTRALBANKGELD.

Die Geschäftsbank nutzt einen Teil der Sichteinlage bei vorgeschriebener Mindestreserve von (aktuell) 1 % für eine Kreditvergabe an ein Unternehmen.

Bank A darf unter Berücksichtigung der Mindestreserve an das Unternehmen einen **Kredit in 100-facher Höhe** ausgeben. Damit schafft sie GIRALGELD.

Das bleibt erhalten, solange es auf Girokonten zirkuliert und nicht als Bargeld ausgezahlt wird.

Bei Bargeldbedarf kann sich Bank A ihre Sichteinlage auch als Bargeld ausliefern lassen. Ebenso kann sie ihren Kredit durch Rückzahlung von Bargeld tilgen.

Das Unternehmen zahlt über das Girokonto einen Teil des Kredits zurück: **Das Giralgeld wird damit wieder vernichtet.**

Die Geschäftsbank kann die Gutschrift wiederum verwenden, um ihren Kredit bei der Zentralbank zu tilgen.

Durch **Gebühren und Zinsen** wird für die Geschäftsbank aus der Kreditvergabe ein Geschäft.

ZENTRALBANKGELD
Summe aus Bargeld und Sichteinlagen bei der Zentralbank im Euroraum in Mrd. Euro, Jan. 2016

1827

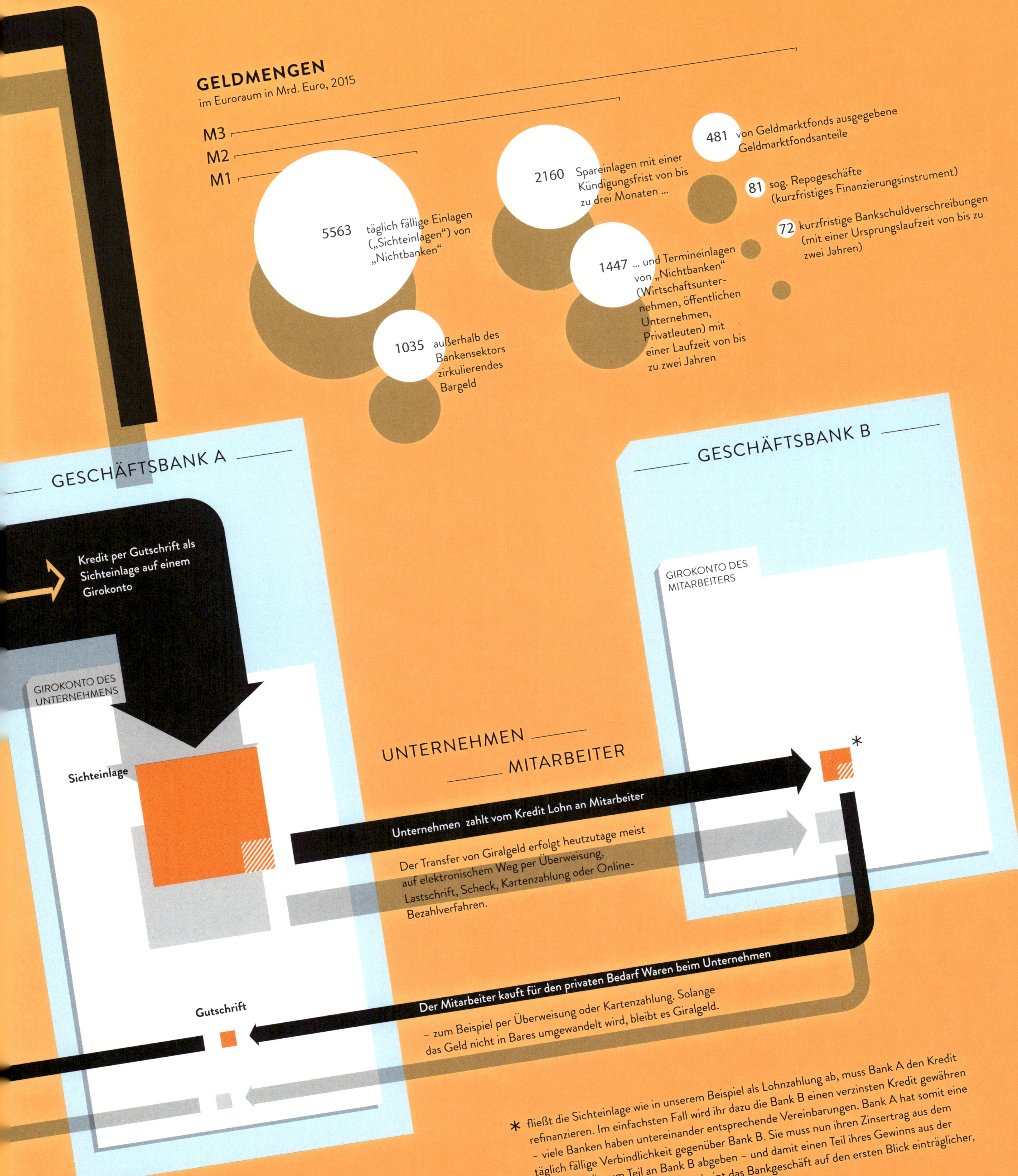

* fließt die Sichteinlage wie in unserem Beispiel als Lohnzahlung ab, muss Bank A den Kredit refinanzieren. Im einfachsten Fall wird ihr dazu die Bank B einen verzinsten Kredit gewähren – viele Banken haben untereinander entsprechende Vereinbarungen. Bank A hat somit eine täglich fällige Verbindlichkeit gegenüber Bank B. Sie muss nun ihren Zinsertrag aus dem Kundenkredit zum Teil an Bank B abgeben – und damit einen Teil ihres Gewinns aus der Buchgeldschöpfung. Insofern erscheint das Bankgeschäft auf den ersten Blick einträglicher, als es tatsächlich ist.

Öffentliche Dienstleister, Erziehung, Gesundheit

460,6

Unternehmens-dienstleister

276,4

BRUTTOWERTSCHÖPFUNG NACH WIRTSCHAFTSBEREICHEN
in Milliarden Euro (2013, jeweilige Preise)

WER MACHT WAS UND WENN JA WIE VIELE?

Um 1900 arbeiteten noch knapp 40 Prozent der deutschen Erwerbstätigen in der Landwirtschaft. Heute sind es unter zwei Prozent. Als in den 1960er Jahren die Großrechner kamen, begann der Siegeszug der Dienstleister auf Kosten der Industriearbeiter. Roboter werden vom Statistischen Bundesamt noch nicht als eigene Berufsgruppe erfasst. Heute arbeiten die Menschen in folgenden Wirtschaftsbereichen und erzielen dabei folgende Branchenwertschöpfung:

Information und Kommunikation

122,9

Finanz- und Versicherungsdienstleister

104,7

Handel, Verkehr und Gastgewerbe

396,3

Grundstücks- und Wohnungswesen

283,6

Sonstige Dienstleister

103,5

Fischerei, Land- und Forstwirtschaft

20,0

Produzierendes Gewerbe

82,9

Baugewerbe

113,3

Verarbeitendes Gewerbe

572,6

Primärer Sektor
Land- und Forstwirtschaft, Fischerei
Sekundärer Sektor
Produzierendes Gewerbe
Tertiärer Sektor
Dienstleistungen und übrige Wirtschaftsbereiche

VERGLEICH DER WIRTSCHAFTSBEREICHE
2013

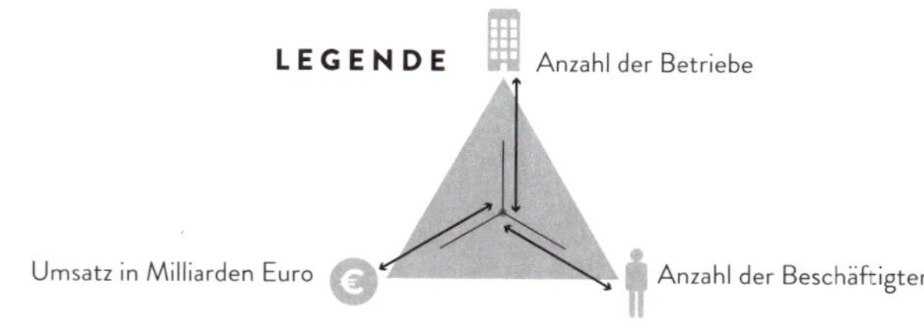

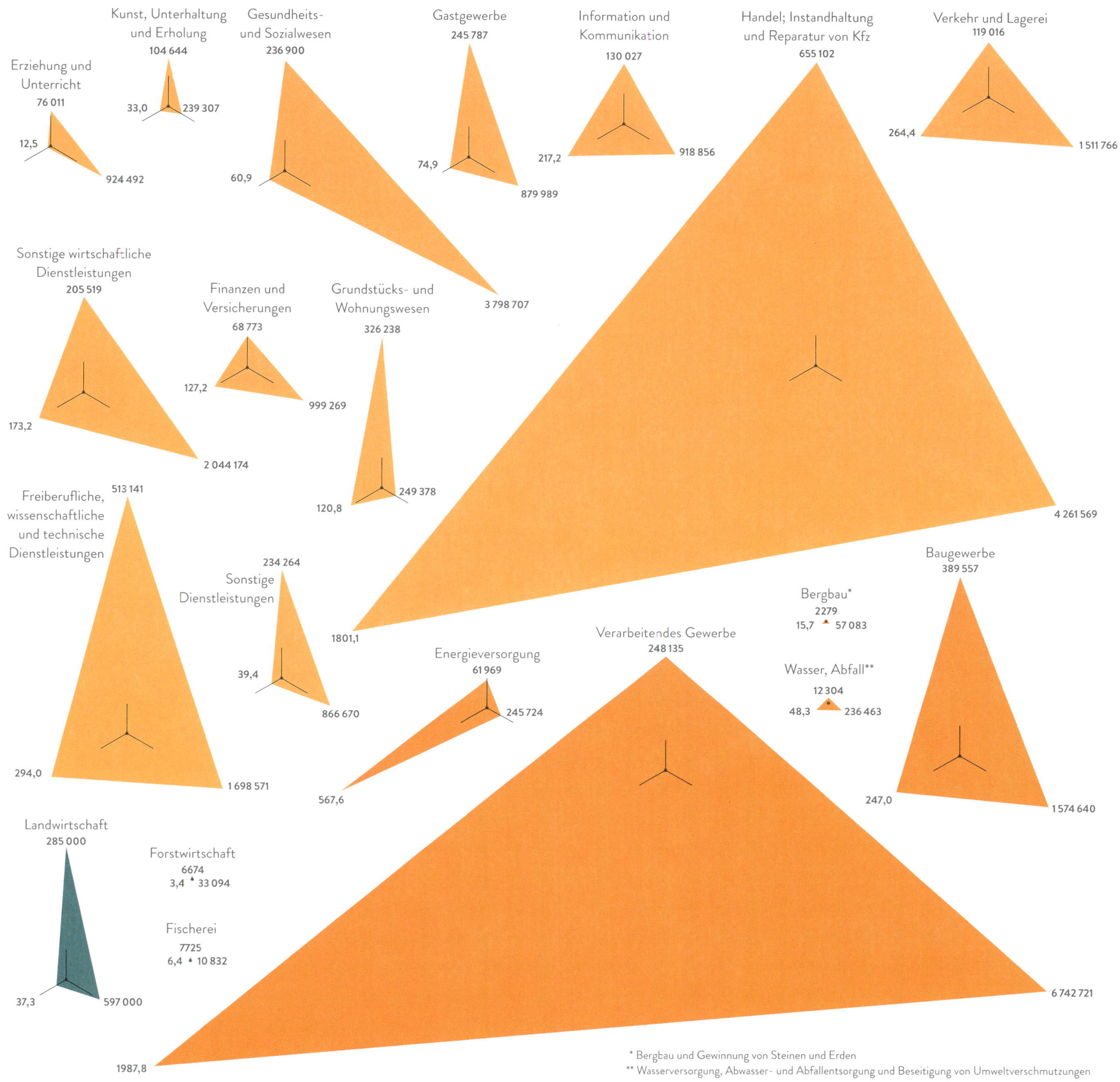

* Bergbau und Gewinnung von Steinen und Erden
** Wasserversorgung, Abwasser- und Abfallentsorgung und Beseitigung von Umweltverschmutzungen

ENTWICKLUNG DER ERWERBSTÄTIGEN IN DEUTSCHLAND NACH WIRTSCHAFTSSEKTOREN

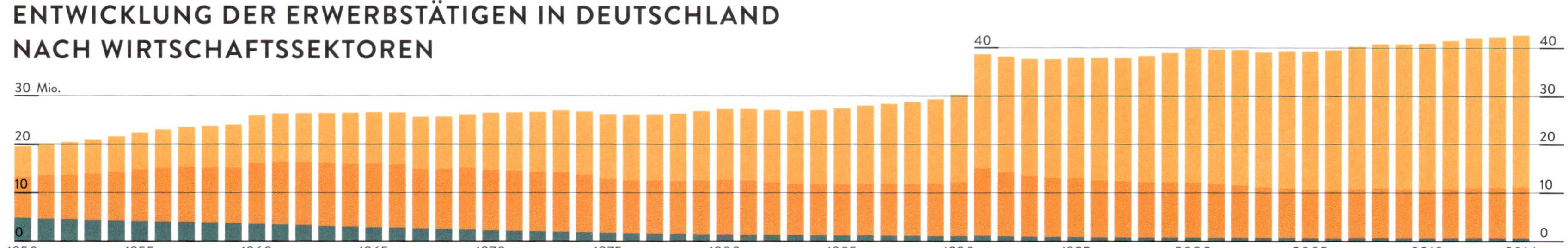

RENTE MIT 75?

Die Arbeitslosenquote ist erfreulich niedrig. Und trotzdem arbeitet in Deutschland nicht einmal jeder Zweite. Dafür gibt es immer mehr alte Menschen und immer weniger Junge. Klischees? Zahlen!

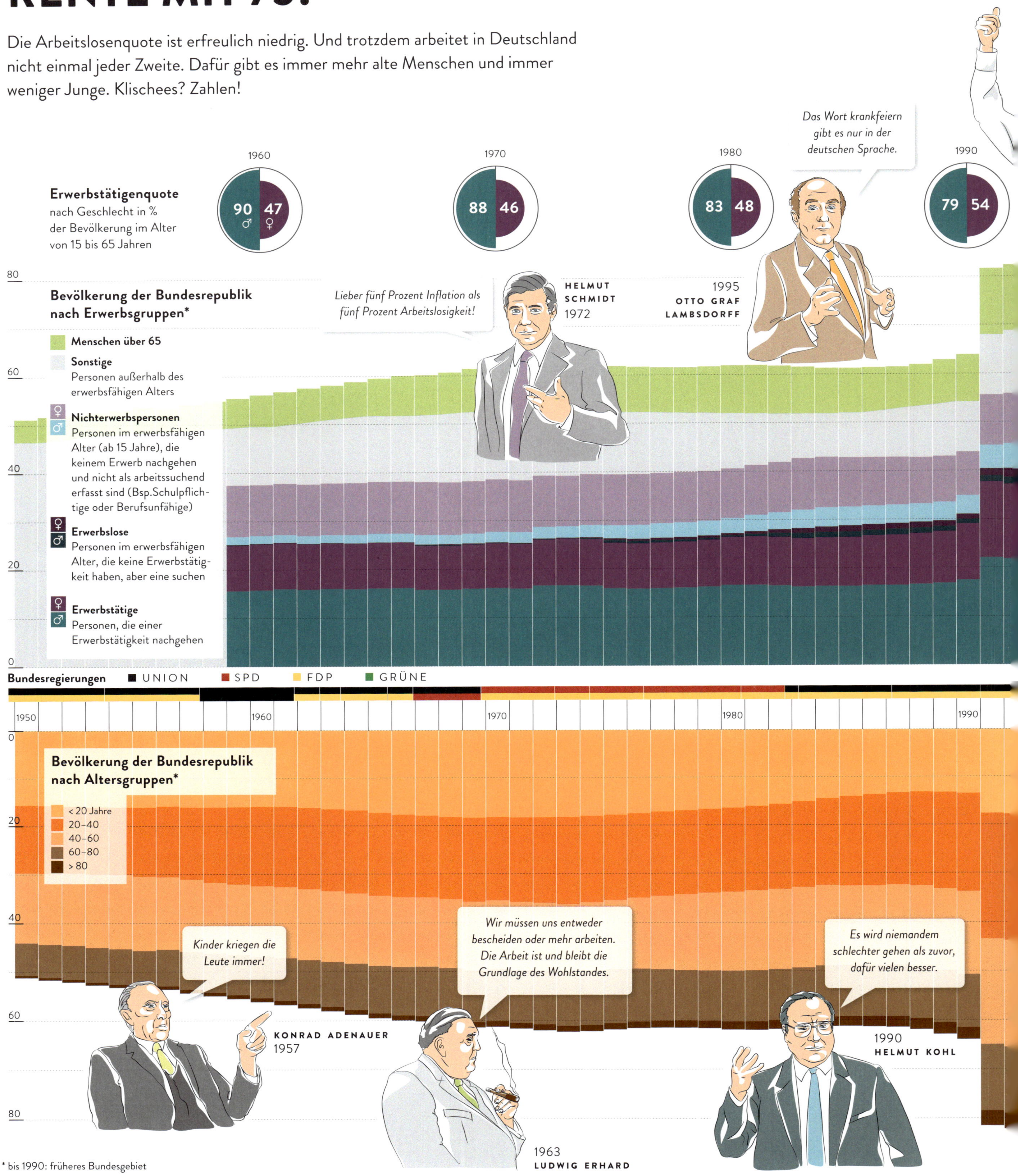

* bis 1990: früheres Bundesgebiet

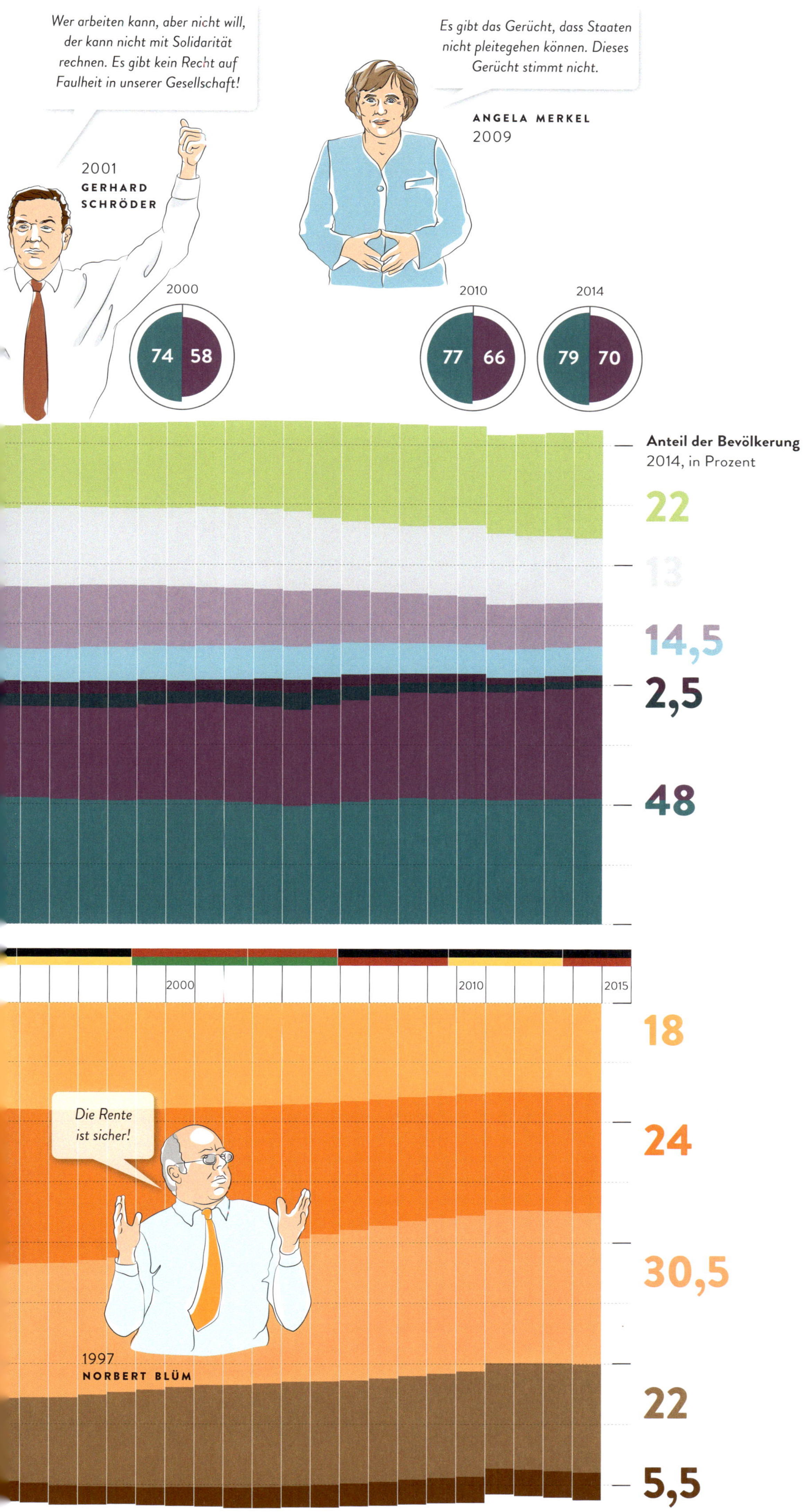

Prognostizierte Bevölkerungsentwicklung in Deutschland nach Altersgruppen
in Millionen

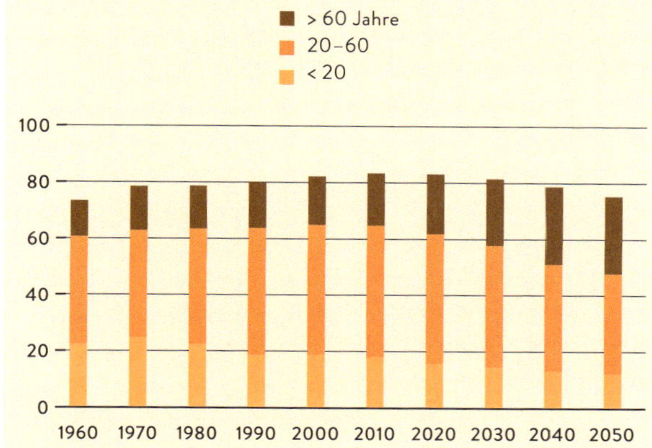

Erwerbspersonenpotential bis 2050
3 Szenarien
in Millionen

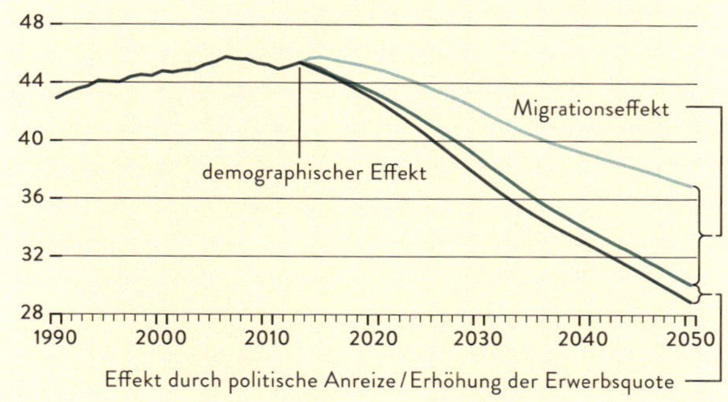

Szenario 1: Bevölkerungsentwicklung ohne Zuwanderung und unveränderter Erwerbsquote (Stand von 2013) (ein eher unrealistisches Szenario)
Szenario 2: Trend steigender Erwerbsquoten und bereits beschlossene Änderungen im Rentenrecht
Szenario 3: steigende Erwerbsquoten und ein positiver jährlicher Wanderungssaldo von 200 000 Personen

Das Arbeitskräftepotential sinkt zwischen 2012 und 2050 von 45,1 auf unter 29 Millionen (Rückgang von 36 %).

Entwicklung der Lebenserwartung bei Geburt in Deutschland nach Geschlecht
in Jahren

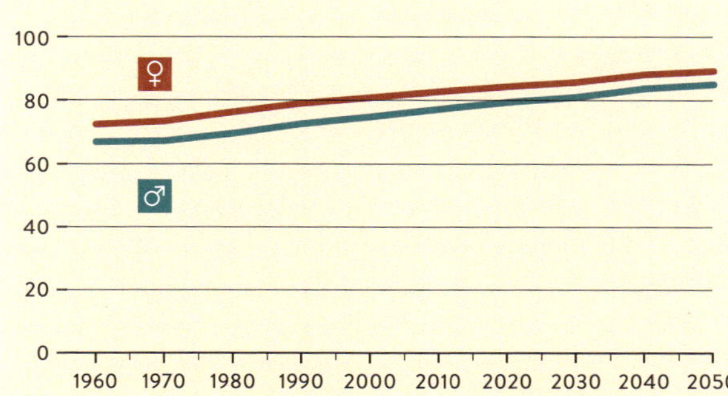

WOHLSTAND VERMESSEN

Wem geht es wie gut? Nach welchen Kriterien? Es ist nicht leicht, allgemeingültige Kriterien für Wohlstand und Wohlbefinden in einer Gesellschaft zu finden. Geld? Soziale Aufstiegschancen? Ein gutes Gesundheitssystem? Oder ist die eigentliche Währung möglichst viel Glück von möglichst vielen Menschen?

HUMAN DEVELOPMENT INDEX 2015

Der Wohlstandsindikator der Vereinten Nationen (erhoben seit 1990)

Kriterien BNE* pro Kopf · Lebenserwartung · Bildung

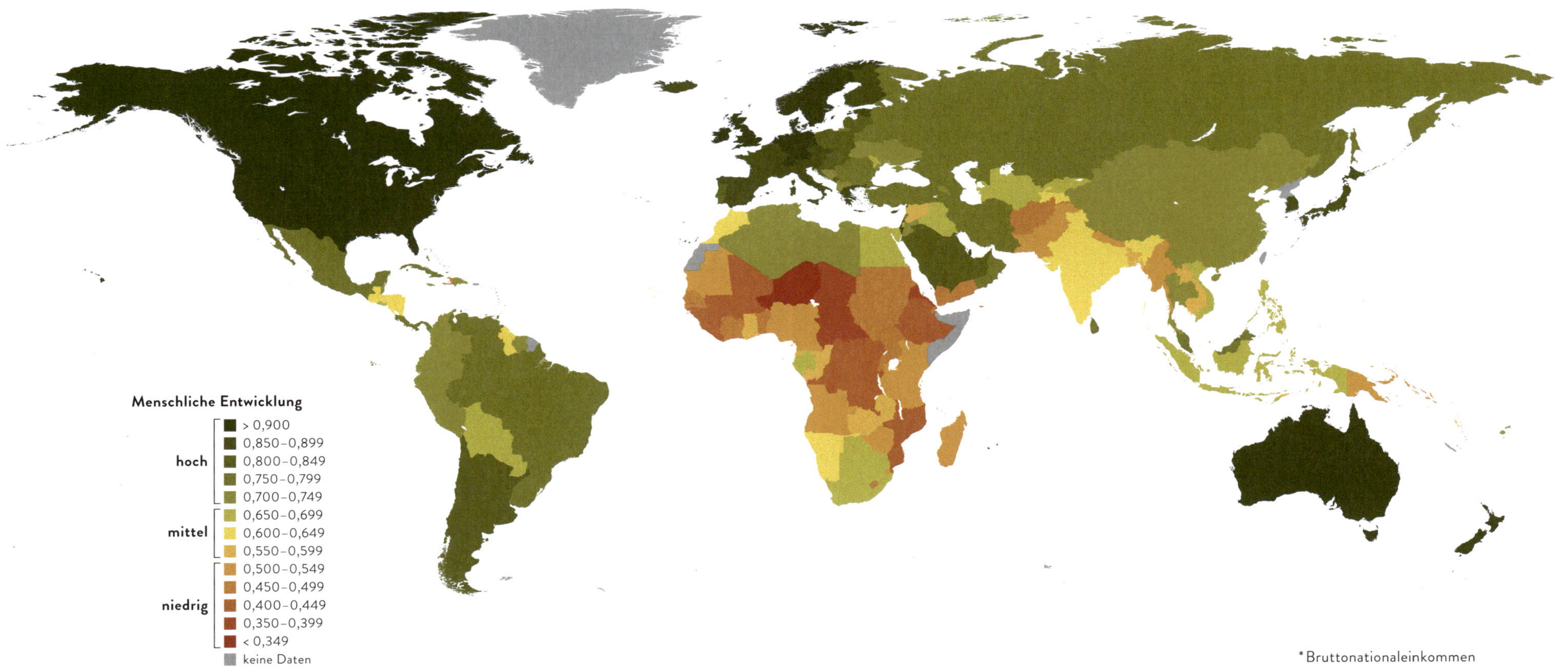

*Bruttonationaleinkommen

HAPPINESS RANKING 2015

Aus dem World Happiness Report der Vereinten Nationen (erhoben seit 2012)

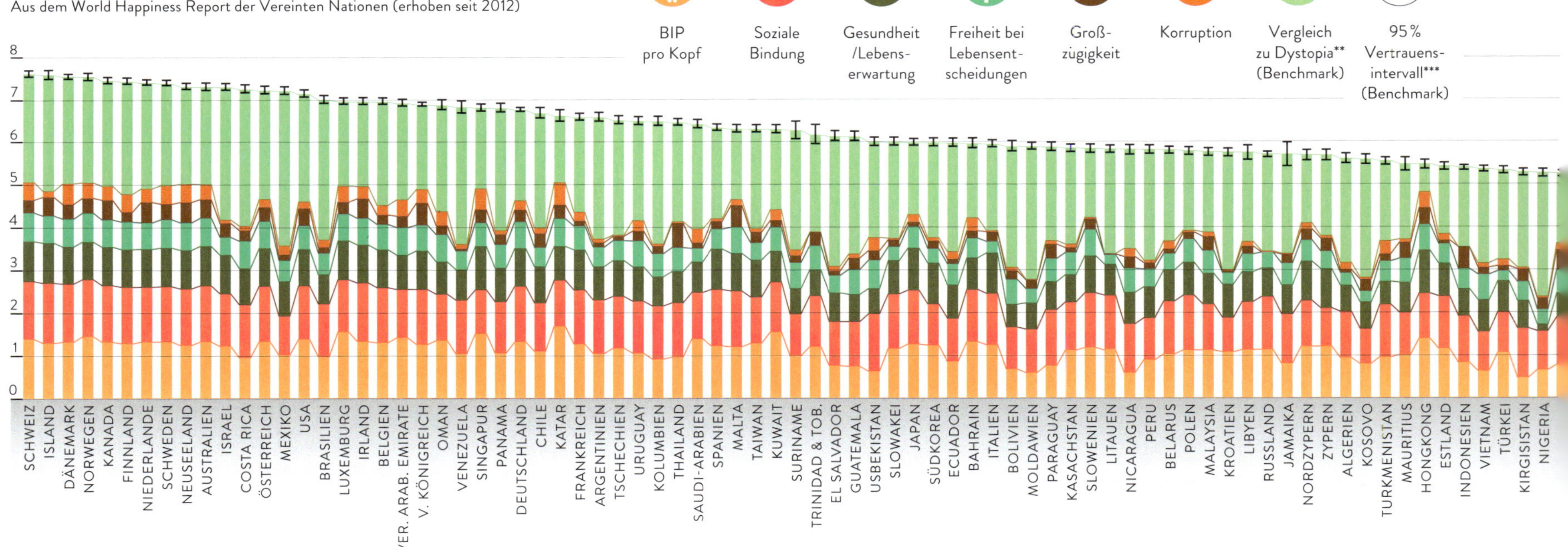

Gesundheitsausgaben
pro Kopf 2013, in US-Dollar

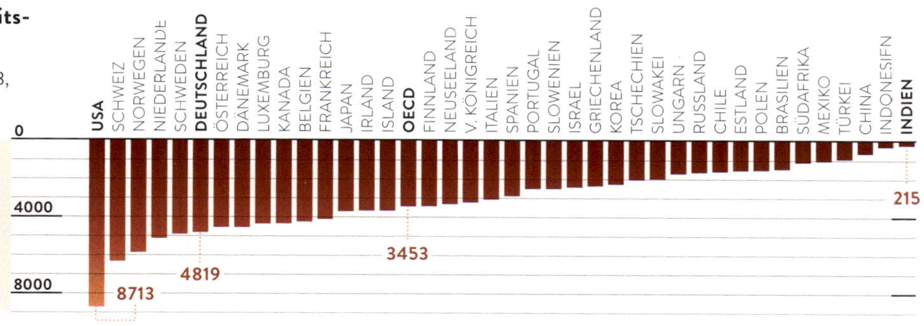

Geldvermögen privater Haushalte in Deutschland
in Milliarden Euro

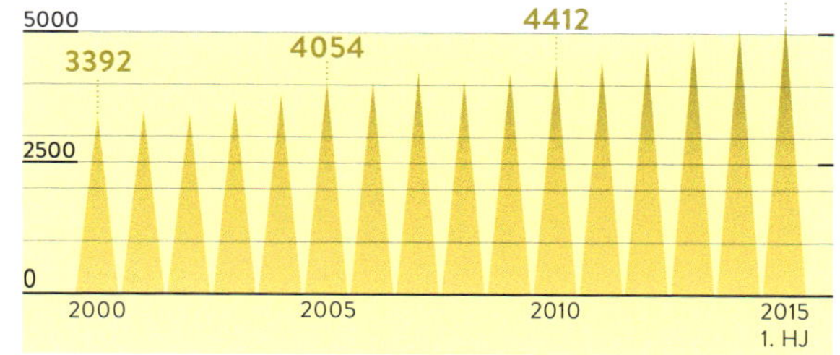

Bildungsmobilität im Vergleich
Anteil der Studierenden (20–34 Jahre) in Prozent, deren Eltern eine geringe Schulbildung haben (Ausbildung unterhalb des Sekundarbereichs II)

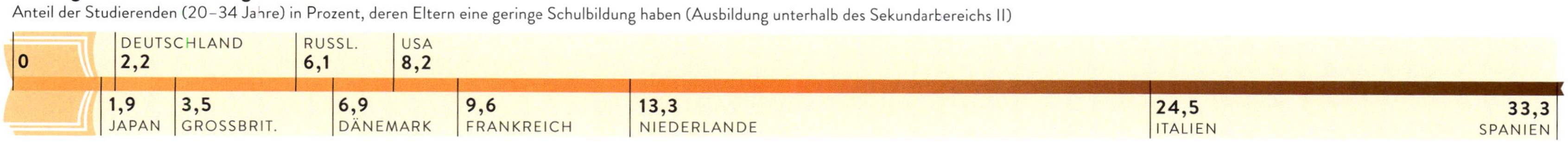

GINI-KOEFFIZIENT
Maß der (Un-)Gleichheit der Einkommensverteilung

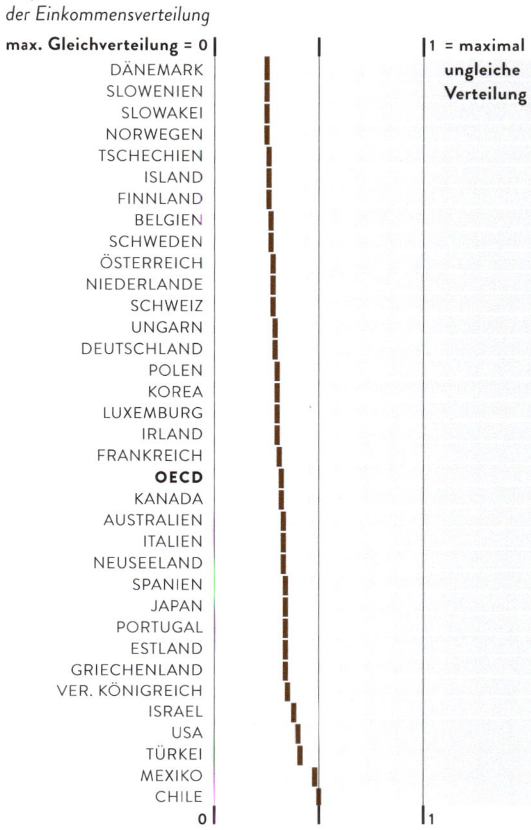

RELATIVE EINKOMMENSARMUT
Erhebung durch die OECD (in % des Durchschnittseinkommens)

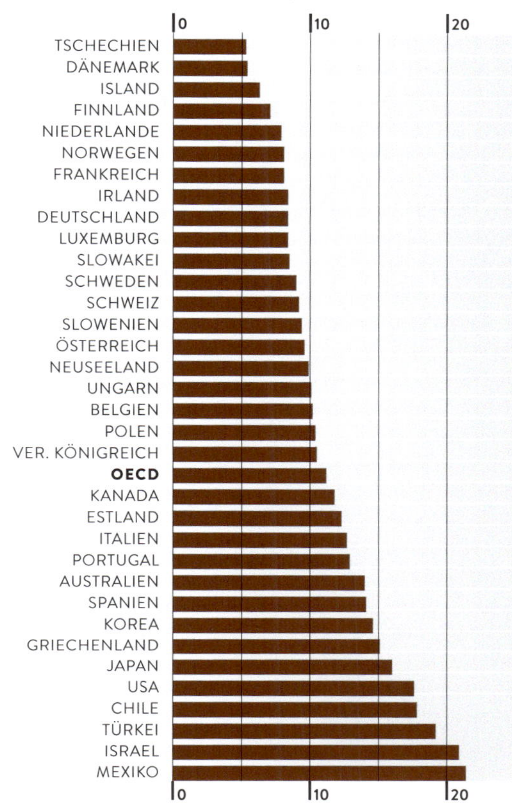

10% TOP-VERDIENER VS. 10% EINKOMMENSÄRMSTE

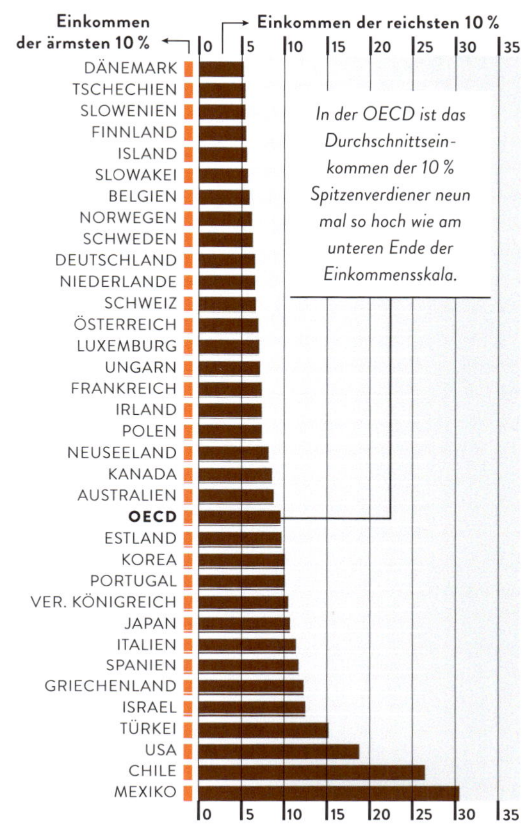

** Dystopia ist ein fiktives Land mit den unglücklichsten Menschen, die man sich vorstellen kann (als negative Vergleichsgröße).
*** Dieser Wert hilft dabei zu vergleichen, wie unterschiedlich Glückswahrnehmung innerhalb eines Landes ist.

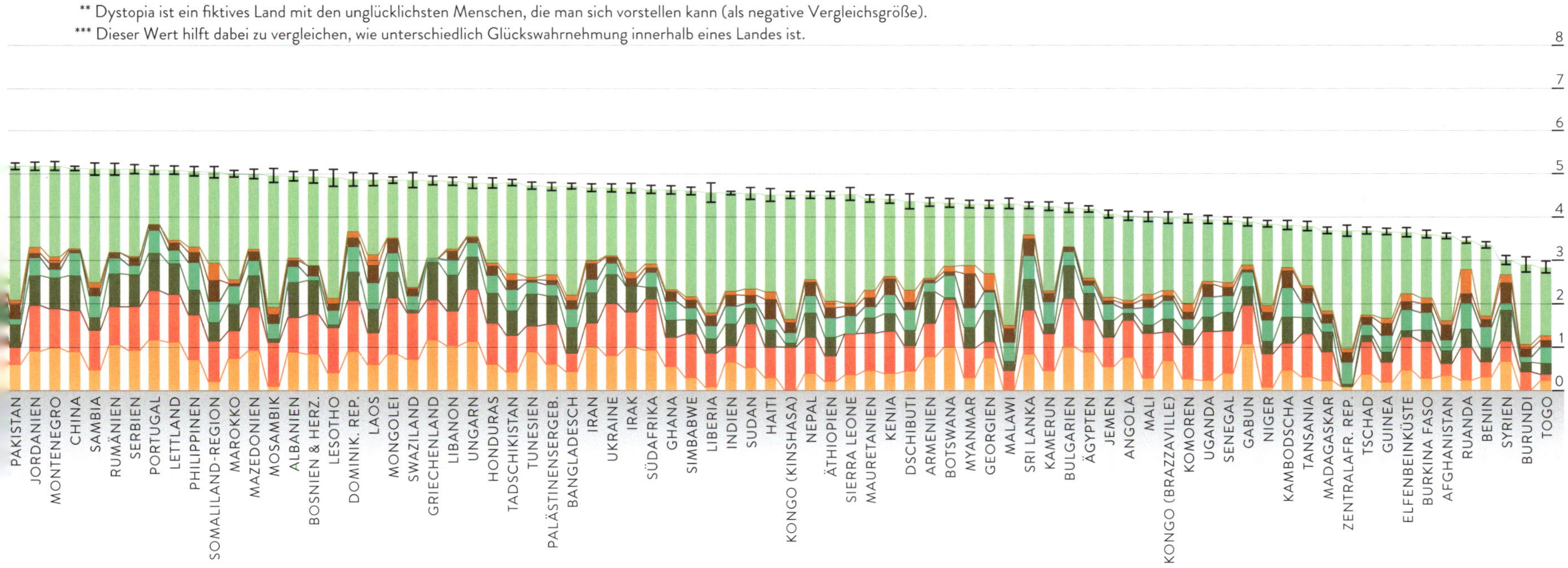

IV

DIE WELT-WIRTSCHAFT

DIE GLOBALE PRODUKTION
·
DER WELTHANDEL
·
DER ILLEGALE WELTMARKT
·
DIE INSTITUTIONEN
·
DER GLOBALE FINANZMARKT
·
MULTIS UND MARKEN
·
TALENTVERTEILUNG UND ARBEITSMIGRATION

DAS JEANS-GESCHÄFT

1873 ließen sich Levi Strauss und Jacob W. Davis die „Blue Jeans" patentieren. Schon damals importierten die amerikanischen Jeans-Macher Stoffe aus Europa. Die robusten Arbeiterhosen waren Vorreiter der Globalisierung. Sie wurden zu Marken-Ikonen, Ausdruck von Lebensgefühl – und ein Beispiel für eine weltweit sehr ungleiche Verteilung von Wertschöpfung.

WAS KOSTET WAS?

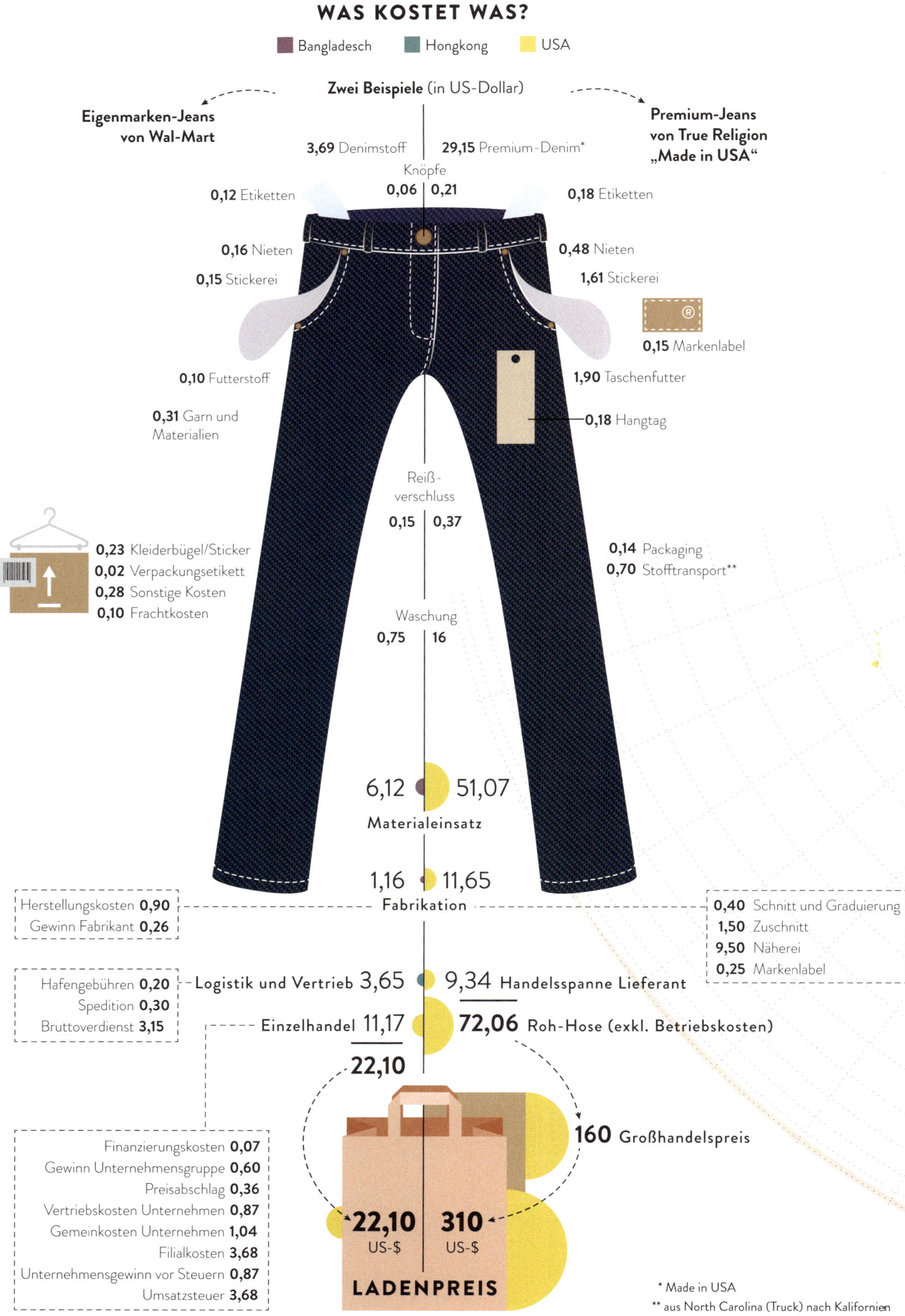

* Made in USA
** aus North Carolina (Truck) nach Kalifornien

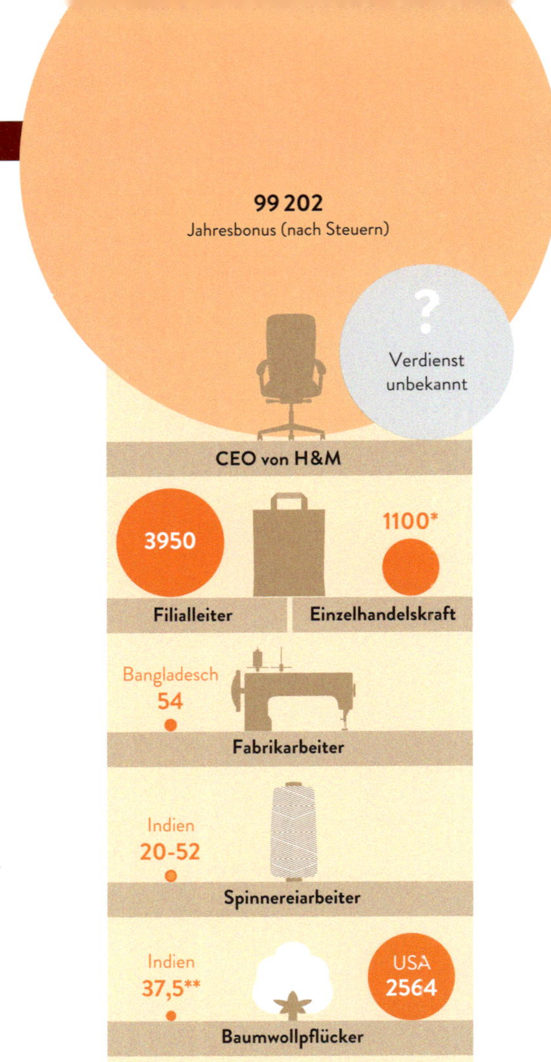

WER VERDIENT WAS?

Monatsverdienste in Euro

* niedrigster Posten, 38-Stunden-Woche
** 1,50 Euro/Tag (25 Tage Arbeit im Monat)

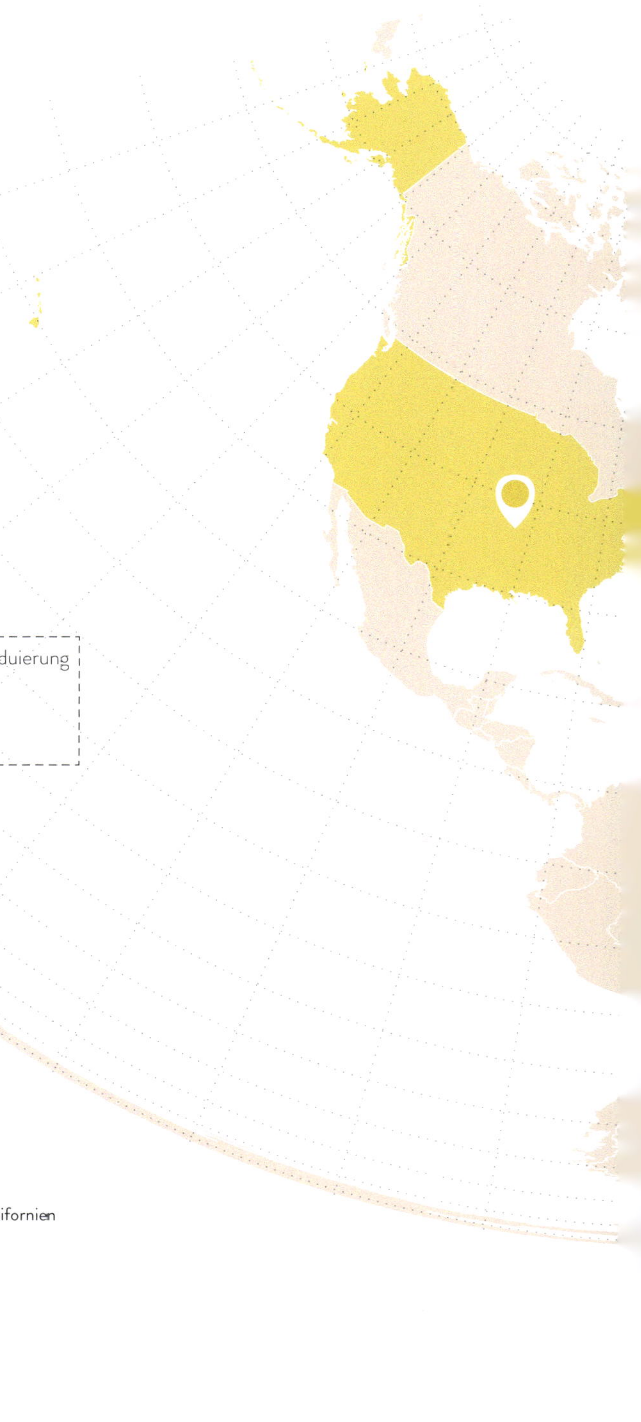

WAS WIRD WO HERGESTELLT?

Eine Jeans reist um die halbe Welt, bevor sie in einem europäischen Laden landet. Viele nehmen diese Route:

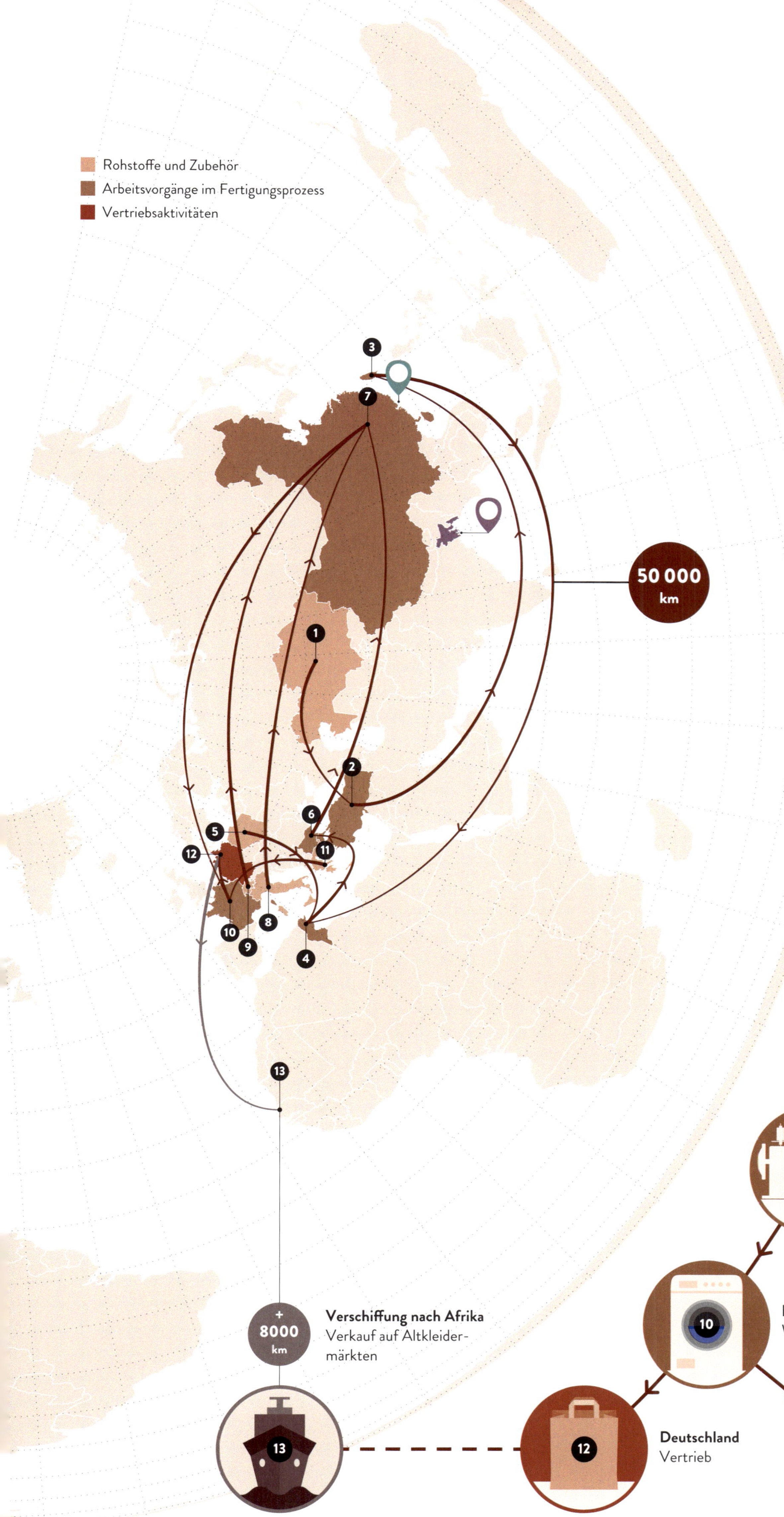

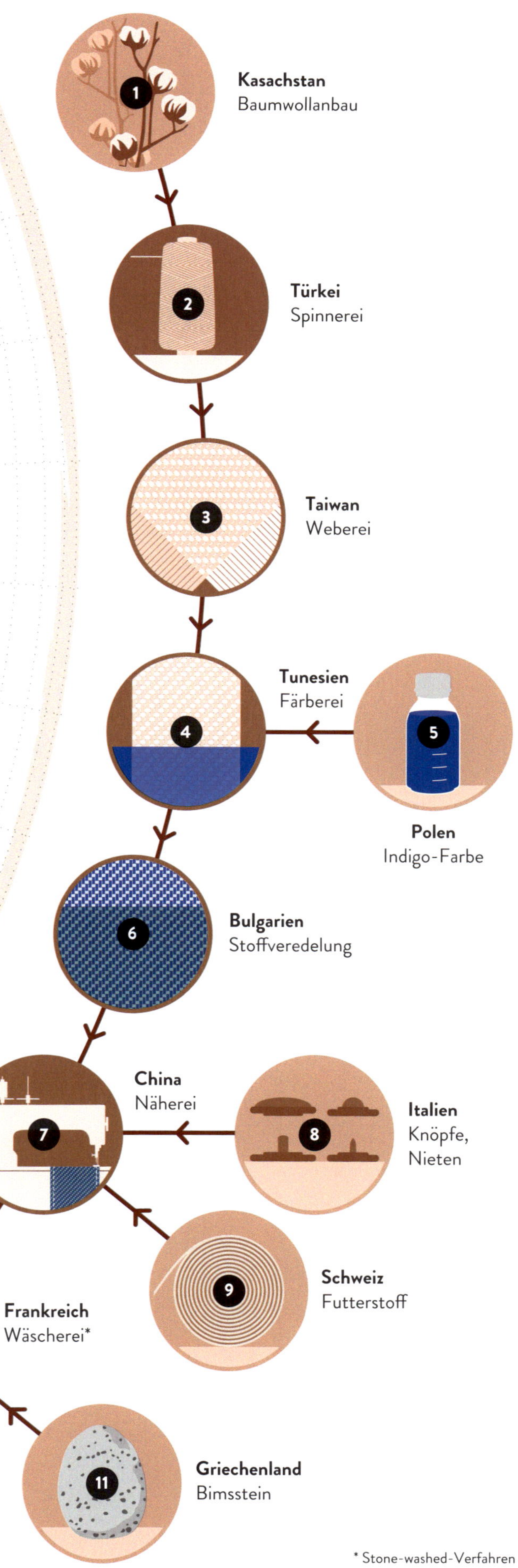

* Stone-washed-Verfahren

WER LIEFERT? WER VERDIENT?

Produktion und Wertschöpfung sind heute in weltweiten Lieferketten verknüpft. Wobei der Begriff Lieferkette bereits irreführend ist. Bei Bananen mag er noch halbwegs stimmen. Bei technisch komplexen Produkten arbeiten Netzwerke von Firmen zusammen, damit wir sicher durch die Welt fliegen – oder die Welt auf den Bildschirm unseres Smartphones holen können.

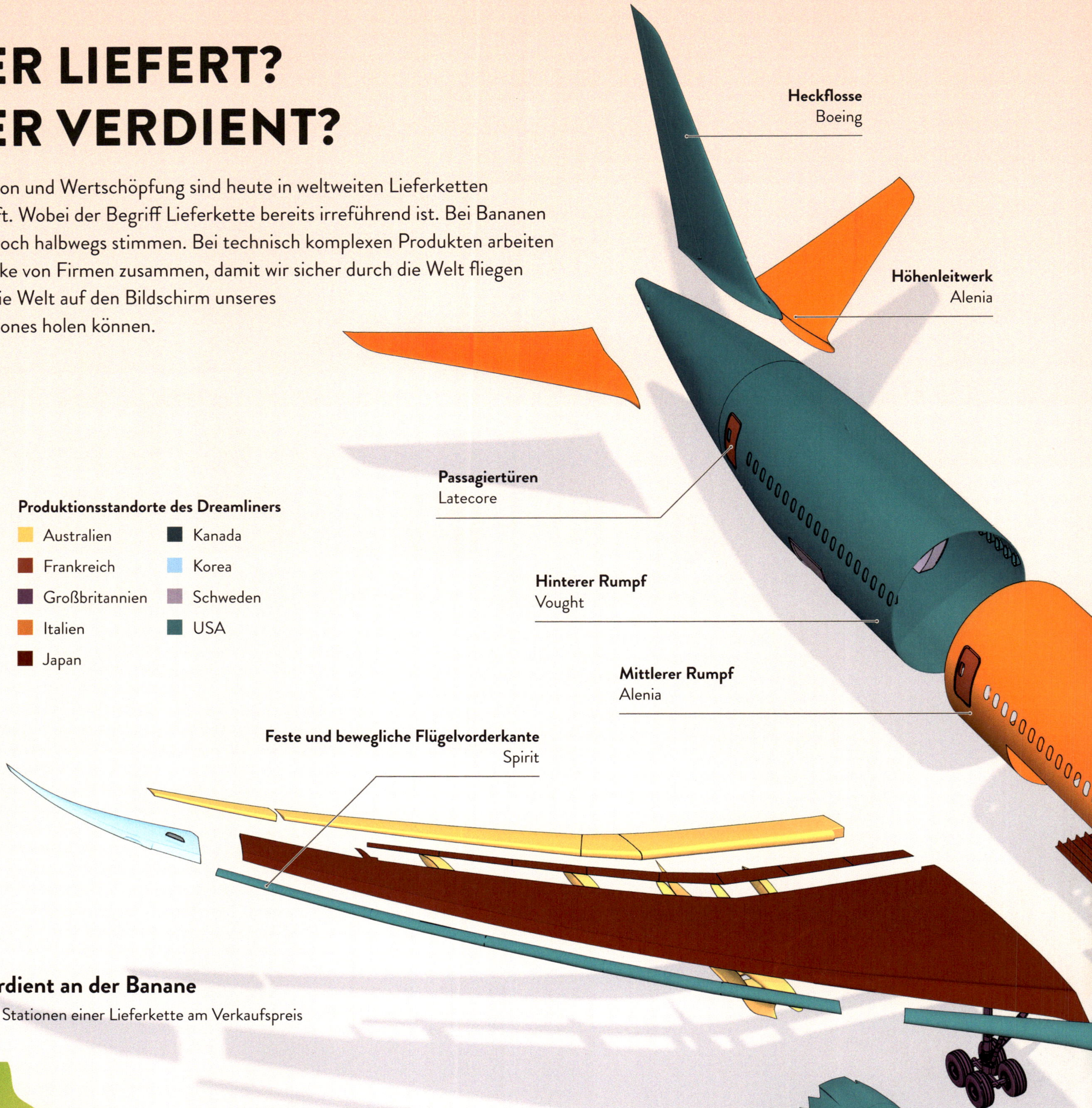

Wer verdient an der Banane

Anteil der Stationen einer Lieferkette am Verkaufspreis in Prozent

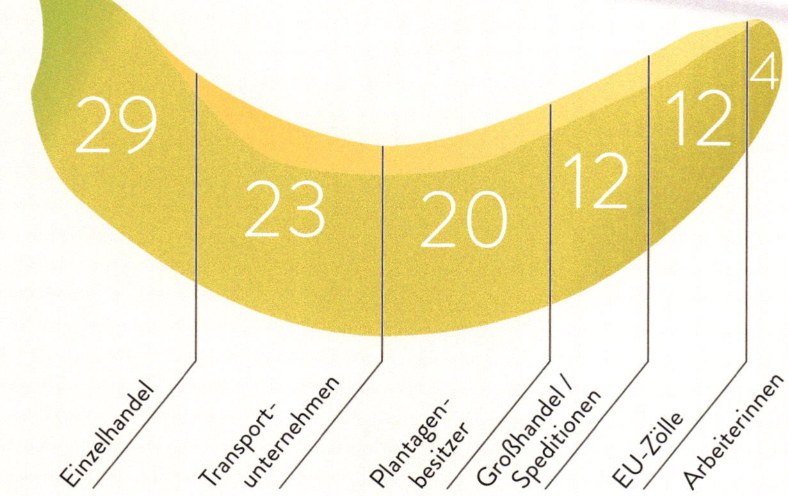

Verteilung der Wertschöpfung

Für das iPhone in Prozent

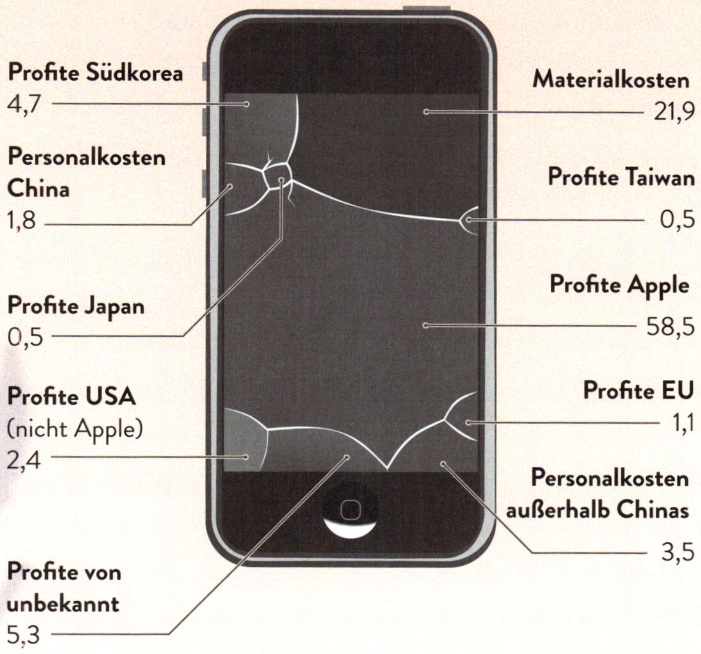

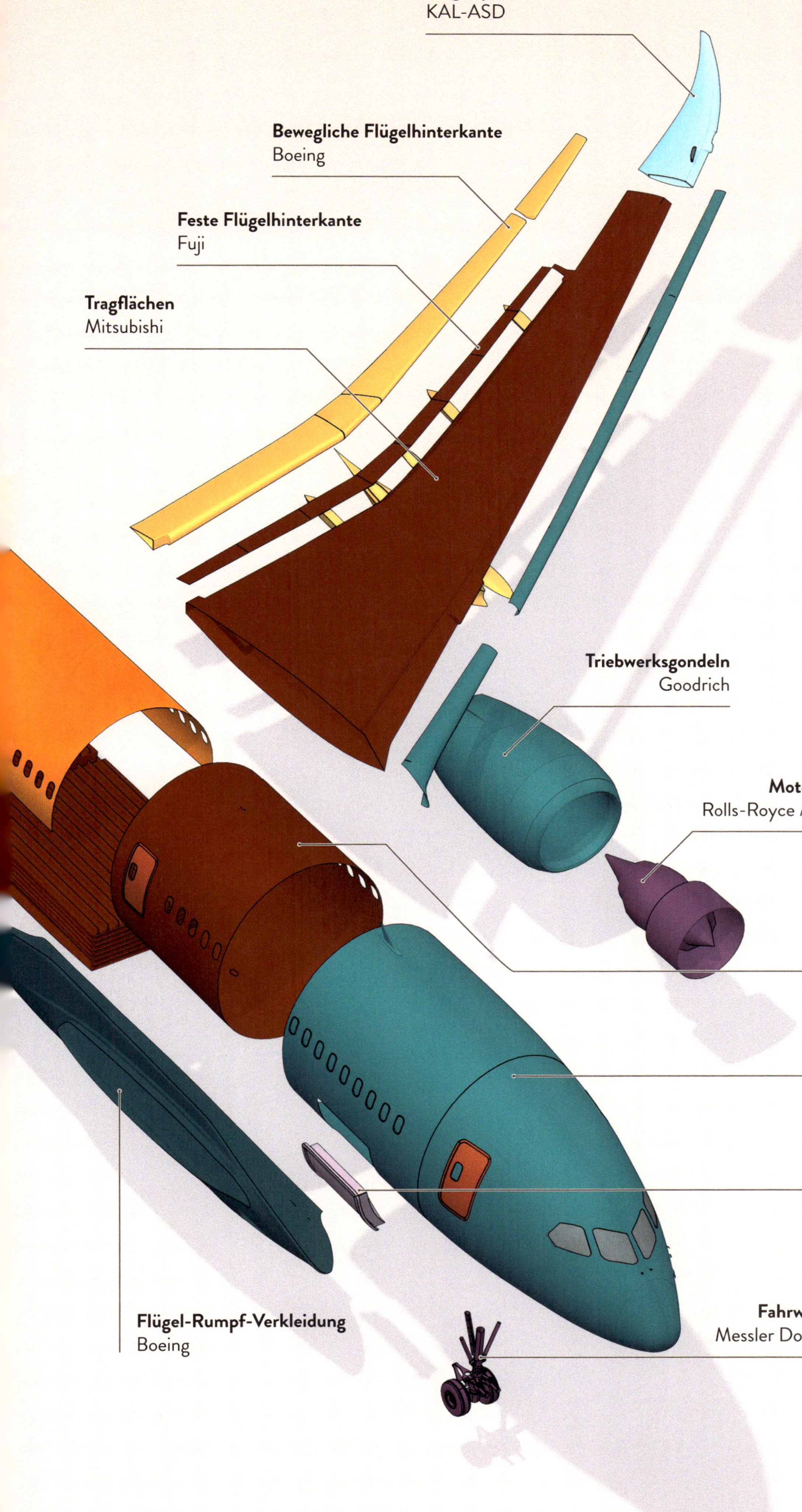

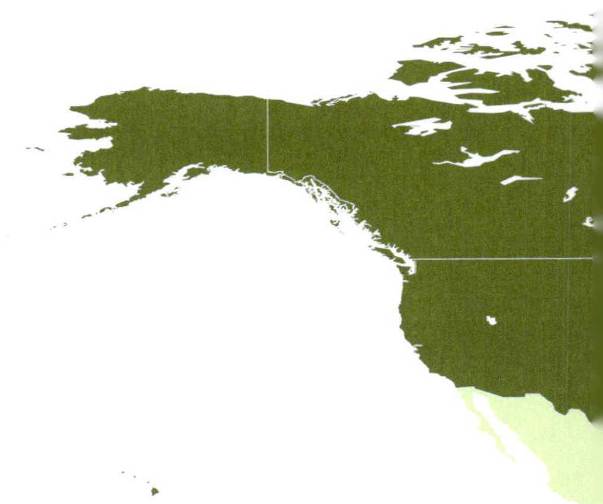

... UND AM ENDE GEWINNEN IMMER DIE SCHWEIZER.

Je höher die Wettbewerbsfähigkeit eines Landes ist, desto höher ist die Produktivität. Je höher die Produktivität ist, desto größer ist der volkswirtschaftliche Wohlstand. Voraussetzung ist unternehmerische Freiheit durch geringe Regulation bei dennoch hoher Rechtssicherheit. Das sind die Grundannahmen von Ranglisten wie dem Global Competitiveness Report des World Economic Forum oder dem Index of Economic Freedom des konservativ-wirtschaftsliberalen US-Thinktank Heritage Foundation. Manchmal gewinnen übrigens auch die Hongkong-Chinesen.

WETTBEWERBSFÄHIGKEIT

ZWÖLF SÄULEN DES GLOBAL COMPETITIVENESS INDEX

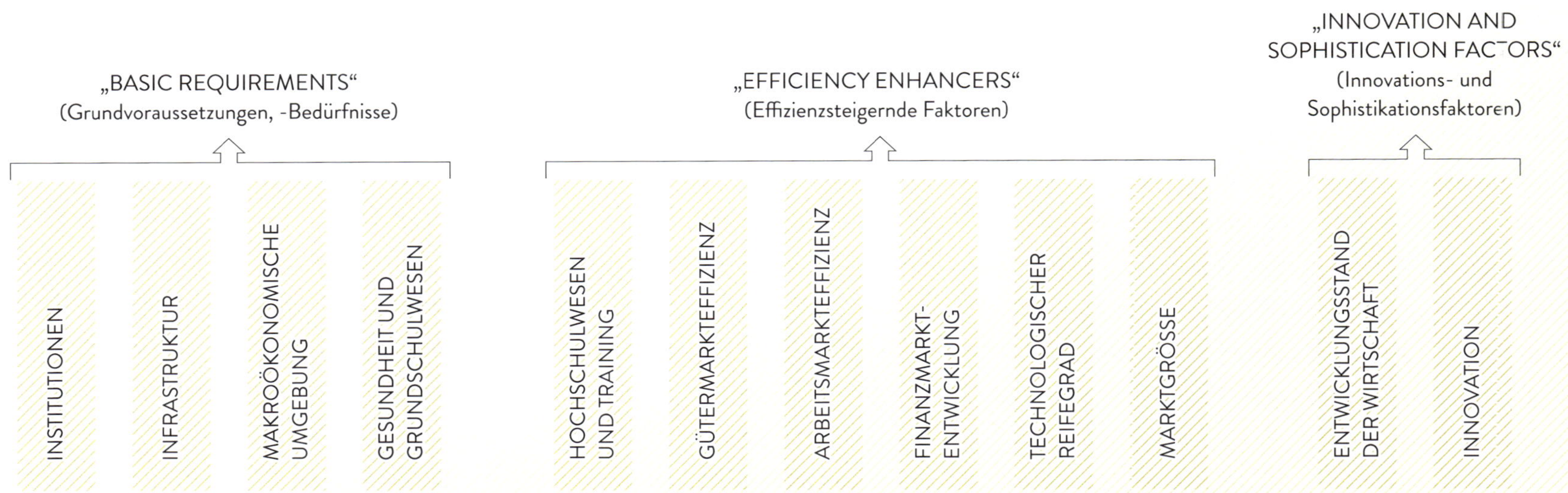

DIE WETTBEWERBSFÄHIGSTEN LÄNDER DER WELT
NACH DEM GLOBAL COMPETITIVENESS INDEX (GCI)

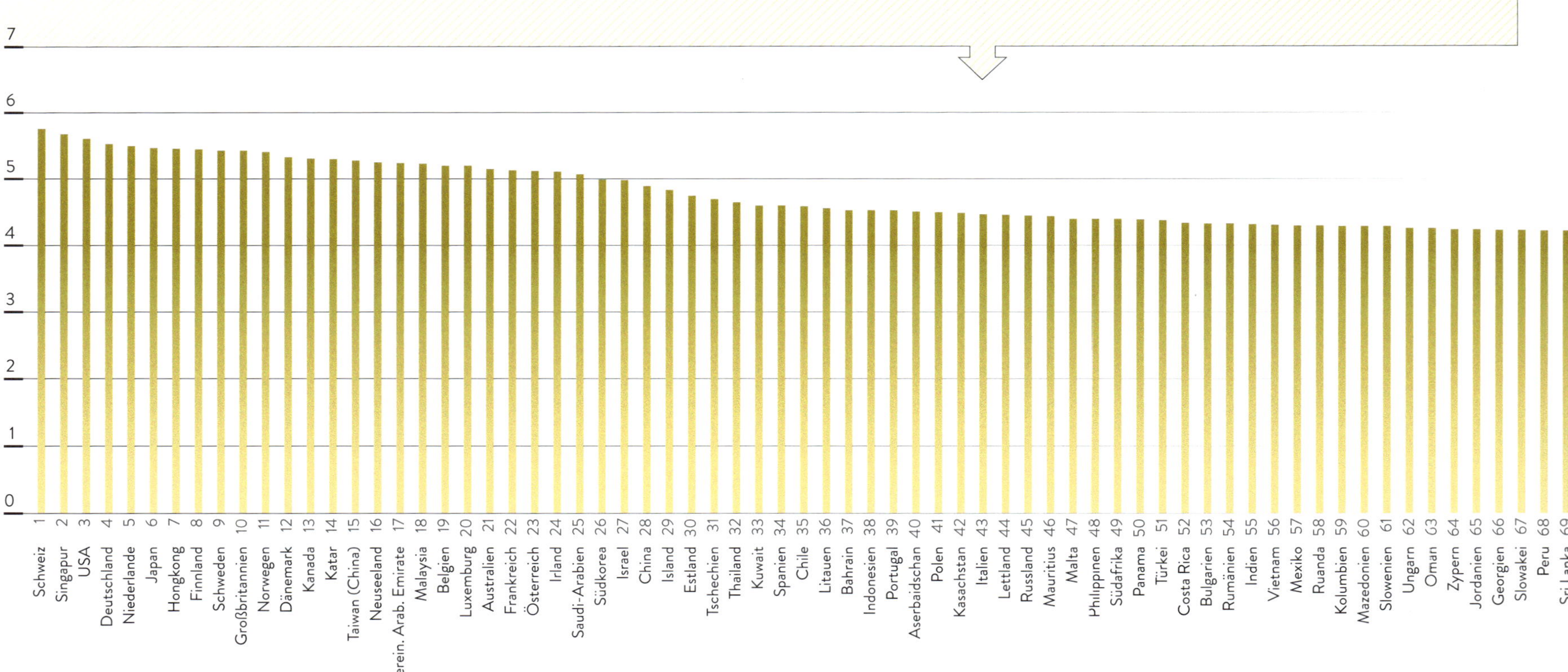

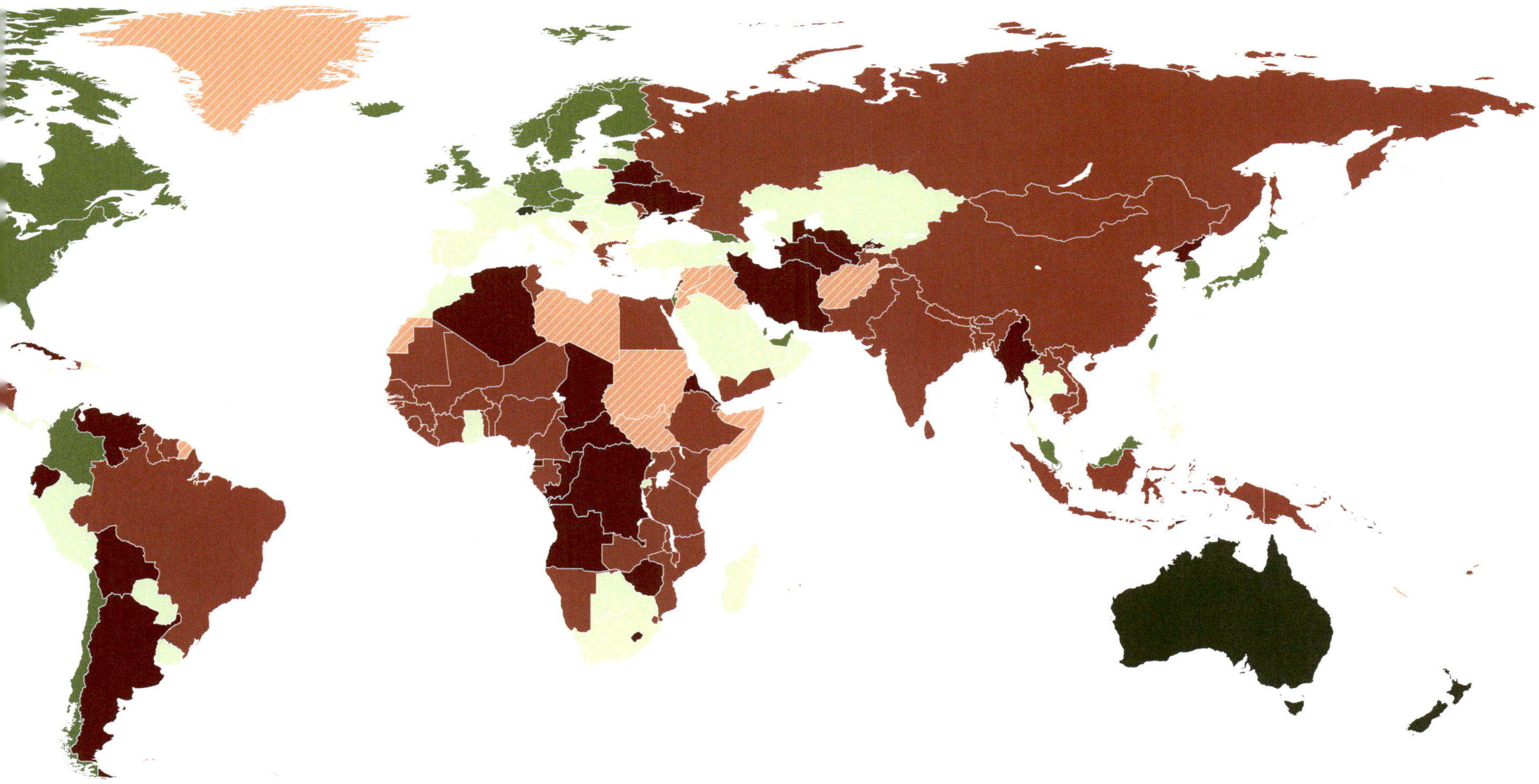

Grad der ökonomischen Freiheit, Gesamtindex

100-80 | 79,9-70 | 69,9-60 | 59,9-50 | 49,9-0 | k. A.

ÖKONOMISCHE FREIHEIT

Wirtschaftlich freieste Staaten

Rang		Gesamtindex
1	Hongkong	88,6
2	Singapur	87,8
3	Neuseeland	81,6
4	Schweiz	81,0
5	Australien	80,3
6	Kanada	78,0
7	Chile	77,7
8	Irland	77,3
9	Estland	77,2
10	Großbritannien	76,4

Am meisten unterdrückte Staaten

Rang		Gesamtindex
169	Argentinien	43,8
170	Äquatorialguinea	43,7
171	Iran	43,5
172	Republik Kongo	42,8
173	Eritrea	42,7
174	Turkmenistan	41,9
175	Simbabwe	38,2
176	Venezuela	33,7
177	Kuba	29,8
178	Nordkorea	2,3

Einflussfaktoren für die Berechnung des Gesamtindex

RECHTSSICHERHEIT
- Eigentumsrechte
- Niveau der Korruption

AUSMASS STAATLICHER REGULATION
- Freiheit der Finanzen/des Finanzmarktes
- Umfang der Staatsausgaben

REGULATORISCHE EFFIZIENZ
- Freiheit der Geschäftstätigkeit
- Regulierung des Arbeitsmarktes
- Monetäre Freiheit

OFFENE MÄRKTE
- Handelsfreiheit
- Investitionsfreiheit
- Steuerliche Freiheit

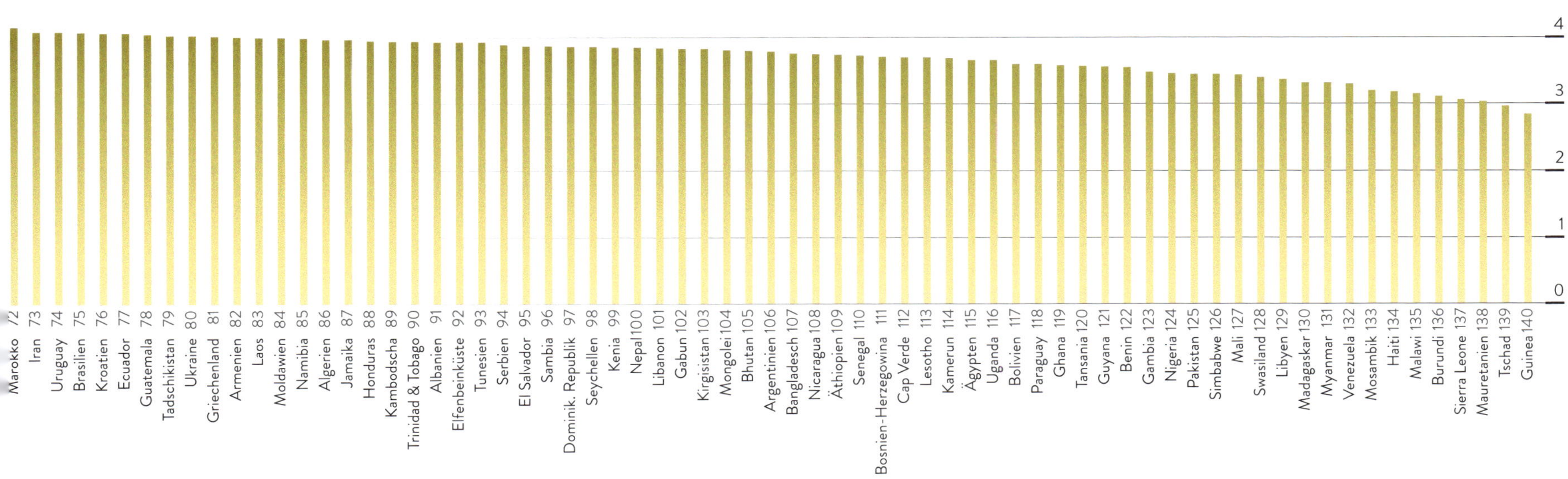

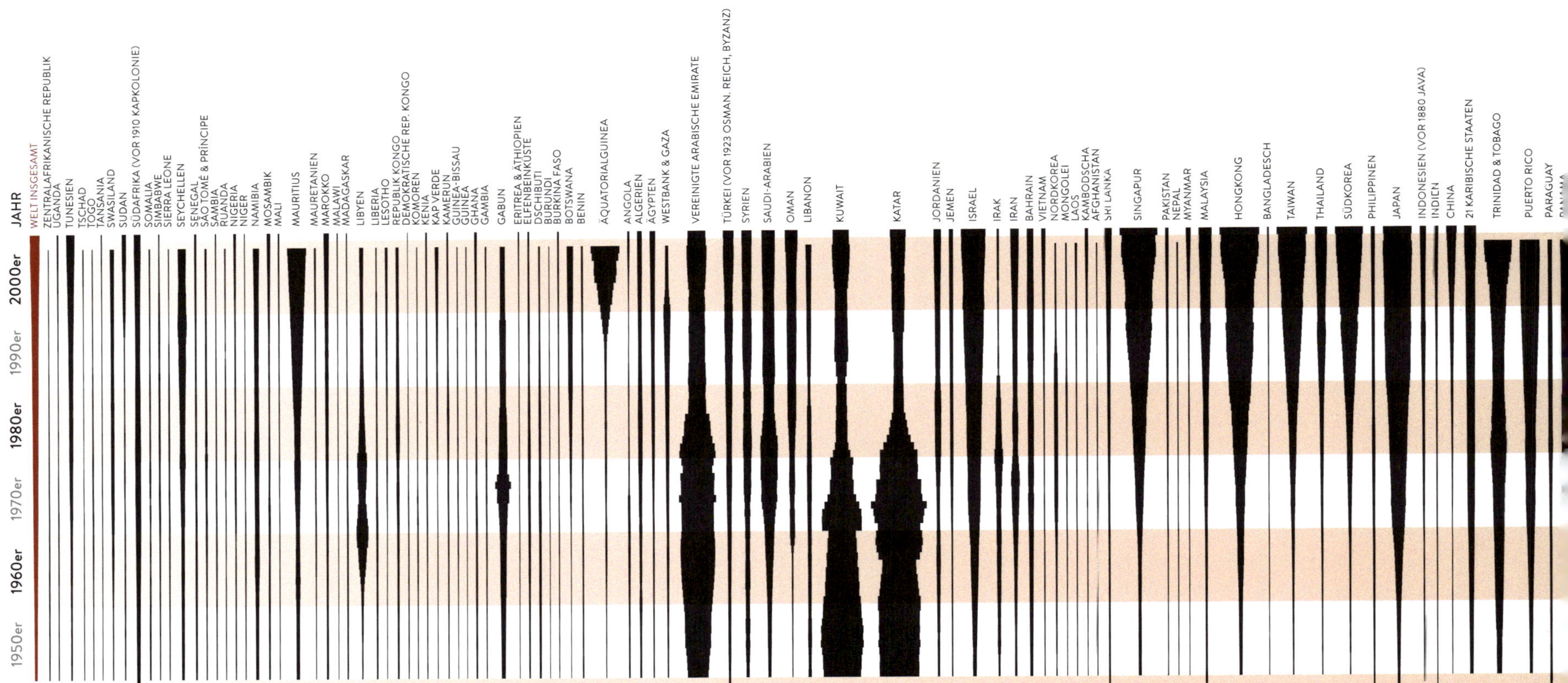

1940

Heute leben in etwa 40 mal so viele Menschen auf der Erde wie im Jahr 1 nach Christus. Das Bruttoinlandsprodukt pro Kopf hat sich seitdem im weltweiten Durchschnitt versechzehnfacht.

1913

x 16

DIE BIP-ZEITMASCHINE

1870

Die industrielle Revolution hat keinen besonders guten Ruf. Wie reich sie uns gemacht hat, lässt sich aus den Daten des Angus Maddison Project ablesen. Das hat in akribischer Kleinarbeit rekonstruiert, wie hoch das Bruttoinlandsprodukt pro Kopf seit Christi Geburt war. Die Daten sind naturgemäß lückenhaft. Auffällig ist auch: Der durchschnittliche Wohlstand in den westlichen Industrieländern ist in den letzten 50 Jahren rasant gewachsen. In den Ölstaaten wuchs hingegen die Bevölkerung wiederum viel schneller als das Bruttoinlandsprodukt.

1820

Bruttoinlandsprodukt pro Kopf in Int$*

- 40000
- 30000
- 20000
- 10000
- 7500
- 5000
- 2500
- 1000

* Die Berechungen des Angus Maddison Project basieren auf dem sogenannten **Internationalen Dollar**, eine von der Weltbank berechnete Vergleichswährung, welche die Kaufkraftparität in den einzelnen Ländern abbildet. Maddison legt dabei die Kaufkraft des Int$ von 1990 zugrunde.

** und Nachfolgestaaten

1775 1750 1720 1700 1650 1600 1570 1550 1500 1450 1400 1348 1300 1280 1150 1000 730 1

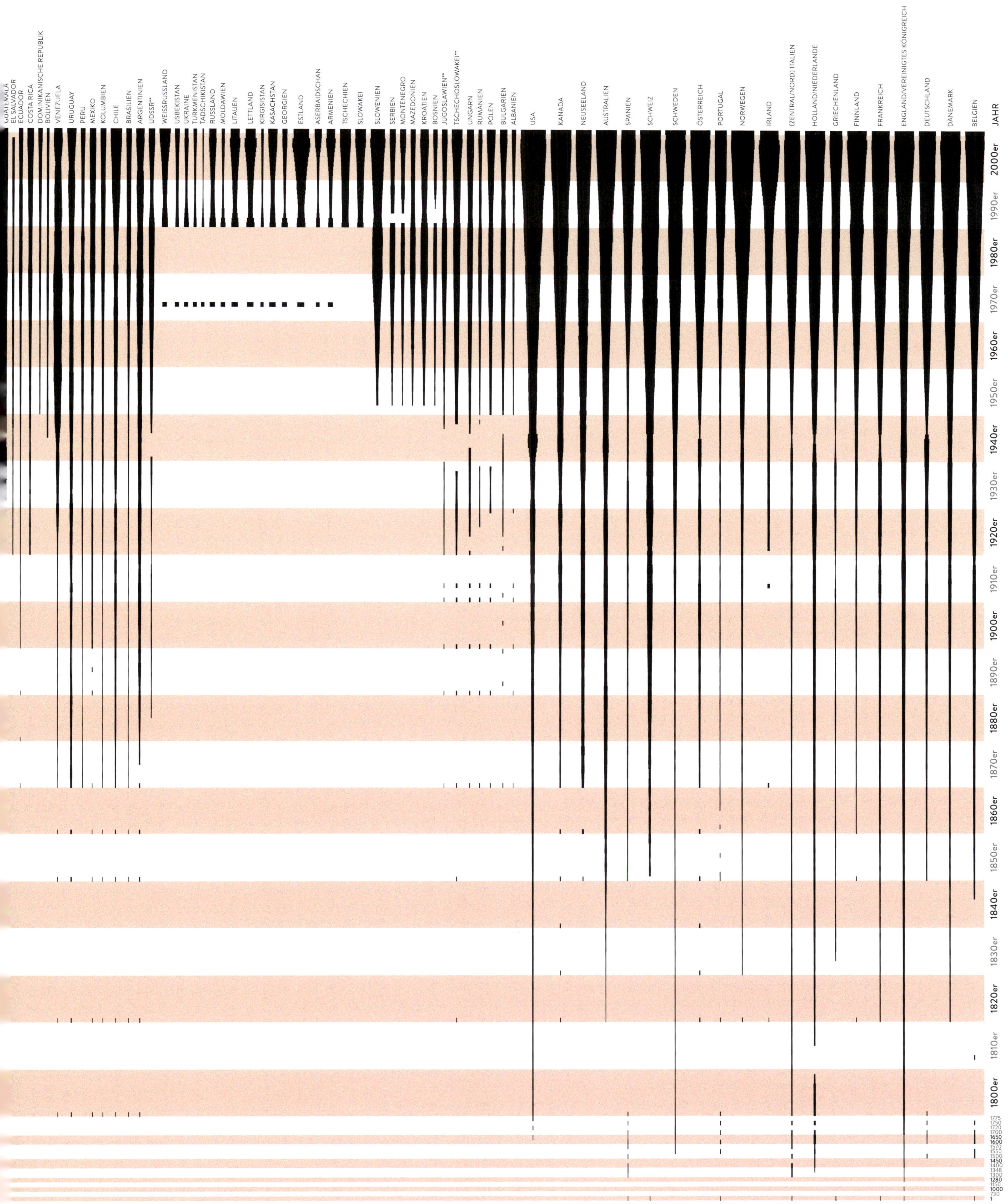
GUATEMALA
EL SALVADOR
ECUADOR
COSTA RICA
DOMINIKANISCHE REPUBLIK
BOLIVIEN
VENEZUELA
URUGUAY
PERU
MEXIKO
KOLUMBIEN
CHILE
BRASILIEN
ARGENTINIEN
UDSSR**
WEISSRUSSLAND
USBEKISTAN
UKRAINE
TURKMENISTAN
TADSCHIKISTAN
RUSSLAND
MOLDAWIEN
LITAUEN
LETTLAND
KIRGISISTAN
KASACHSTAN
GEORGIEN
ESTLAND
ASERBAIDSCHAN
ARMENIEN
TSCHECHIEN
SLOWAKEI
SLOWENIEN
SERBIEN
MONTENEGRO
MAZEDONIEN
KROATIEN
BOSNIEN
JUGOSLAWIEN**
TSCHECHOSLOWAKEI**
UNGARN
RUMÄNIEN
POLEN
BULGARIEN
ALBANIEN
USA
KANADA
NEUSEELAND
AUSTRALIEN
SPANIEN
SCHWEIZ
SCHWEDEN
ÖSTERREICH
PORTUGAL
NORWEGEN
IRLAND
(ZENTRAL/NORD) ITALIEN
HOLLAND/NIEDERLANDE
GRIECHENLAND
FINNLAND
FRANKREICH
ENGLAND/VEREINIGTES KÖNIGREICH
DEUTSCHLAND
DÄNEMARK
BELGIEN
JAHR
2000er
1990er
1980er
1970er
1960er
1950er
1940er
1930er
1920er
1910er
1900er
1890er
1880er
1870er
1860er
1850er
1840er
1830er
1820er
1810er
1800er
1775
1750
1720
1700
1650
1600
1570
1550
1500
1450
1400
1348
1300
1280
1150
1000
730
1

DIE WELT IST KLEIN (GEWORDEN)

Die Seidenstraße verband schon im zweiten Jahrhundert vor Christus Europas Händler mit ihren Kollegen in Mittel- und Ostasien. Vor dreißig Jahren schaltete die Globalisierung dem weltweiten Warenverkehr den Turbo zu. So strömen Menschen und Waren heute.

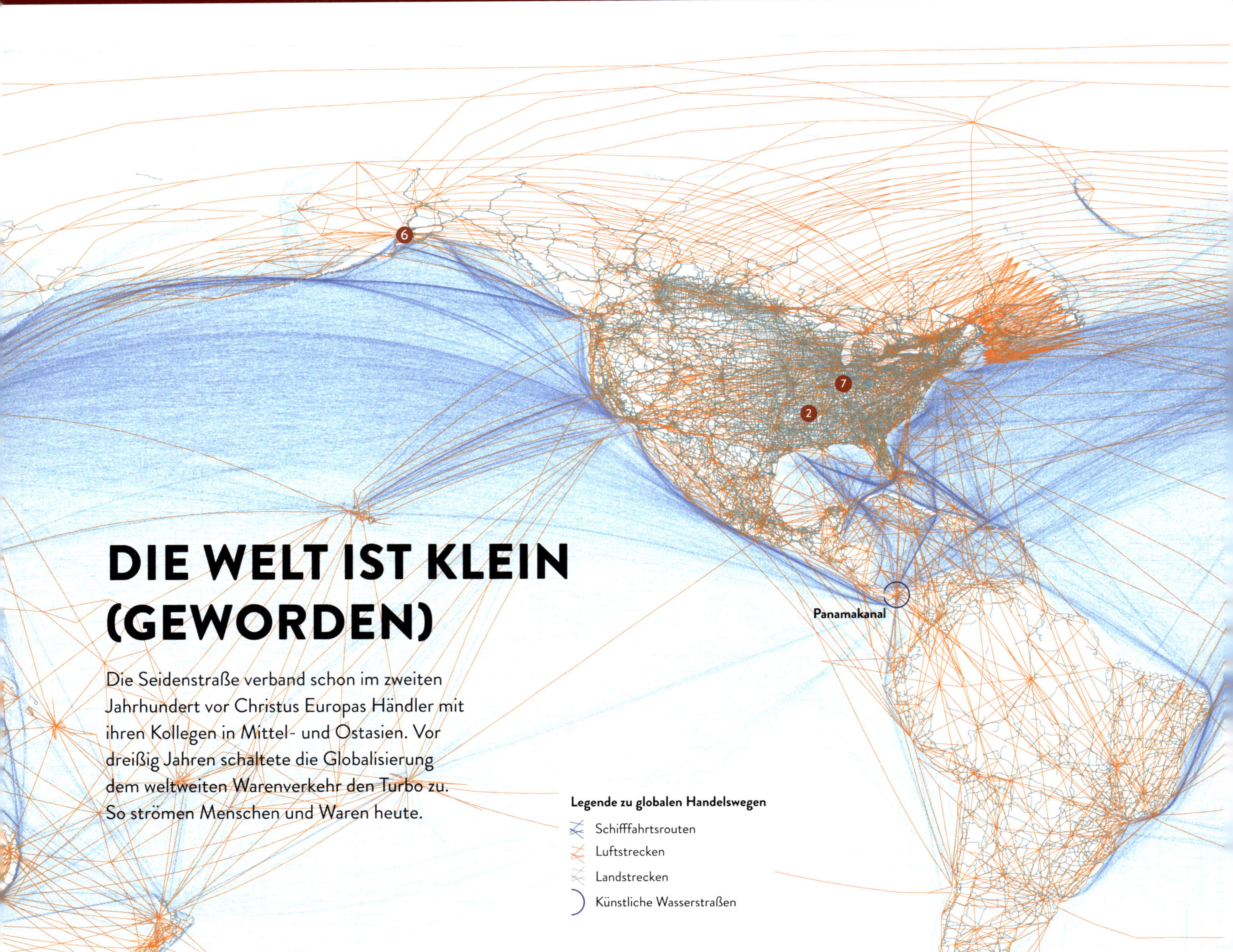

Das Transportvolumen einer MSC Oscar entspricht dem von 1100 Boeing 747.

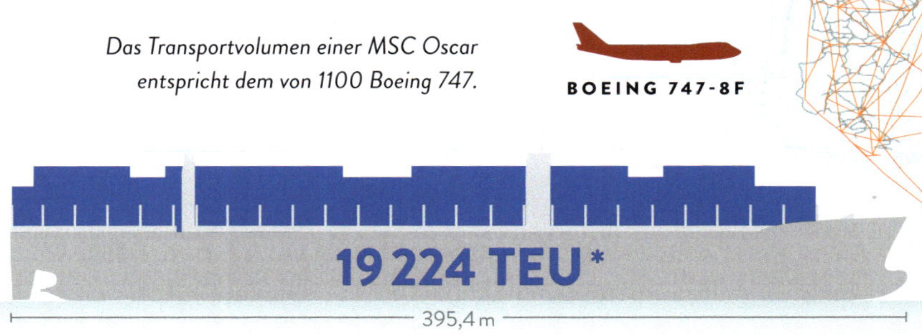

Frachttransportleistung in der EU
Anteile in Prozent (2013)

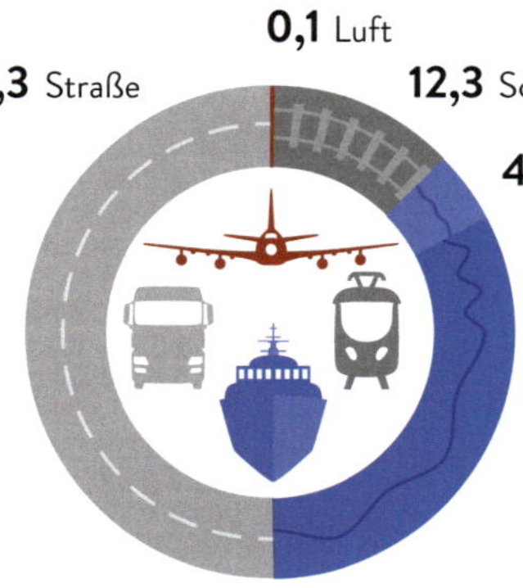

Umschlagvolumen der zehn größten Containerhäfen der Welt im Jahr 2014
in Millionen TEU*

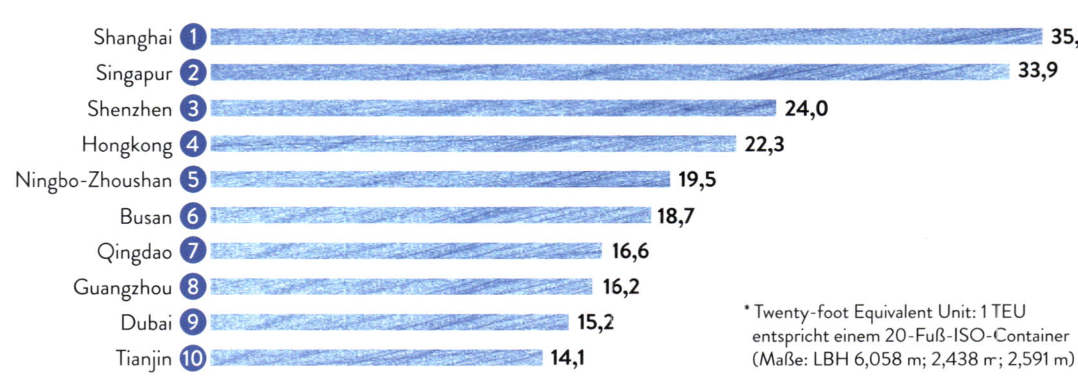

* Twenty-foot Equivalent Unit: 1 TEU entspricht einem 20-Fuß-ISO-Container (Maße: LBH 6,058 m; 2,438 m; 2,591 m)

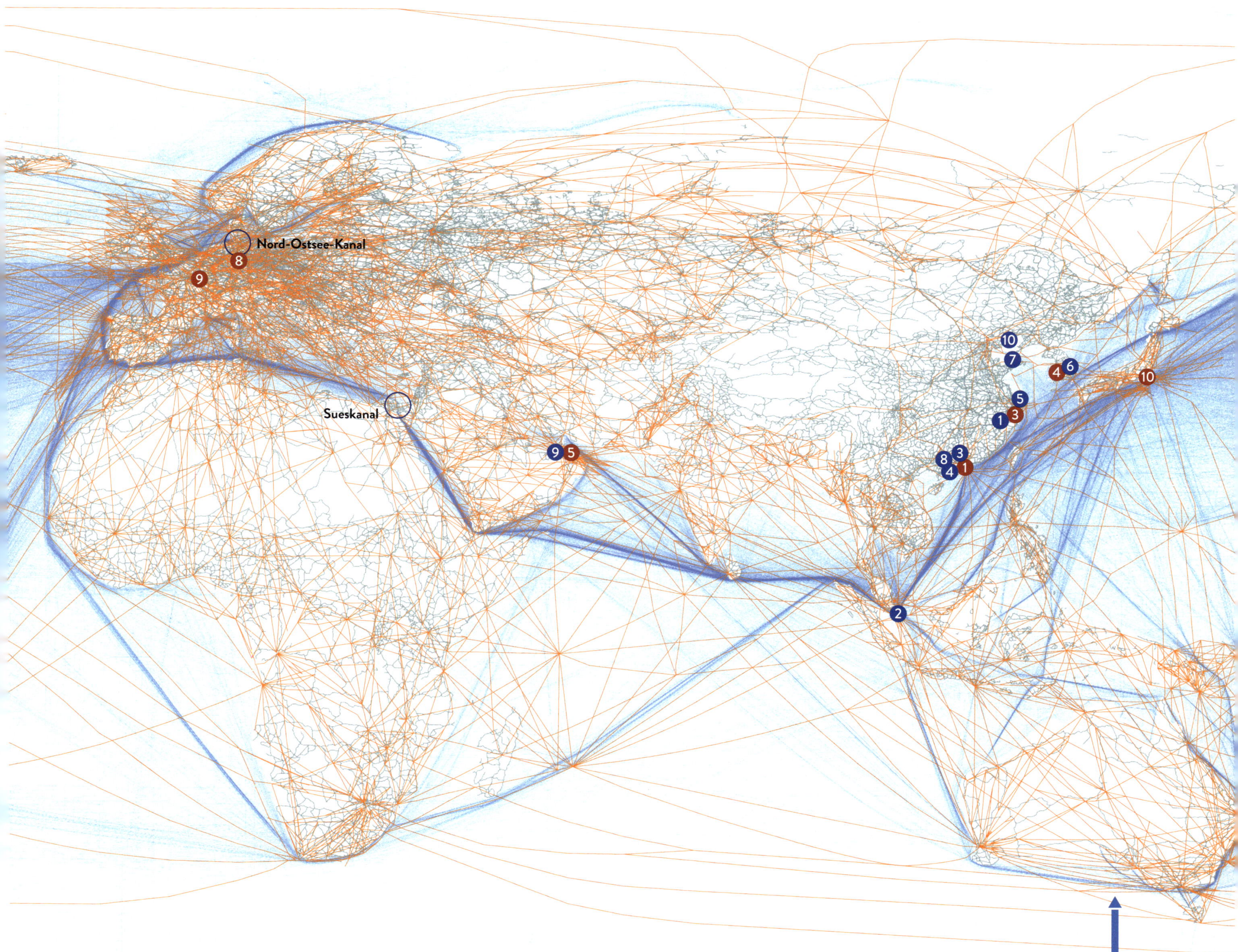

BOEING 747-8F
Größtes kommerzielles Frachtflugzeug der Welt

Die zehn größten Frachtflughäfen nach Frachtaufkommen 2013
in Millionen Tonnen

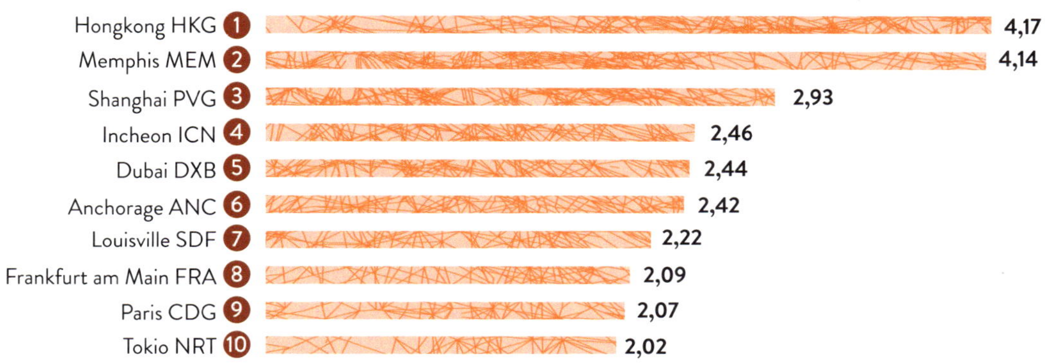

Prognose zu globaler handelsbedingter Fracht und Emissionssteigerung
Vergleich: 2010 und 2050

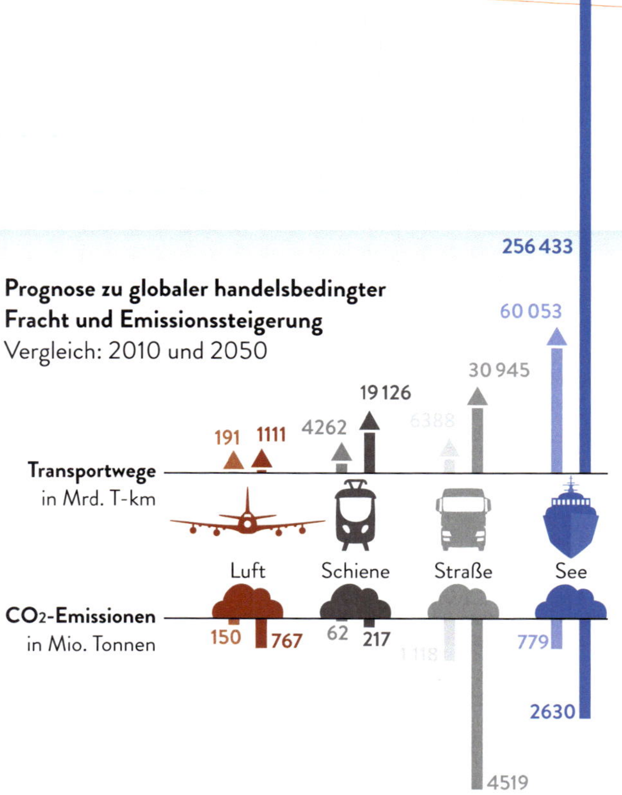

HANDEL FREI!?

Je freier der Handel, desto besser für alle. Handelshemmnisse hemmen Wohlstand. So sehen es die Wirtschaftsliberalen. Globalisierungskritiker hingegen glauben: Freihandel schwächt lokale Produktion und zementiert weltweite Ausbeutung. Mit Daten gesichert ist: Der Handel wird fast überall freier. Und der Wohlstand auf der Welt wächst fast überall.

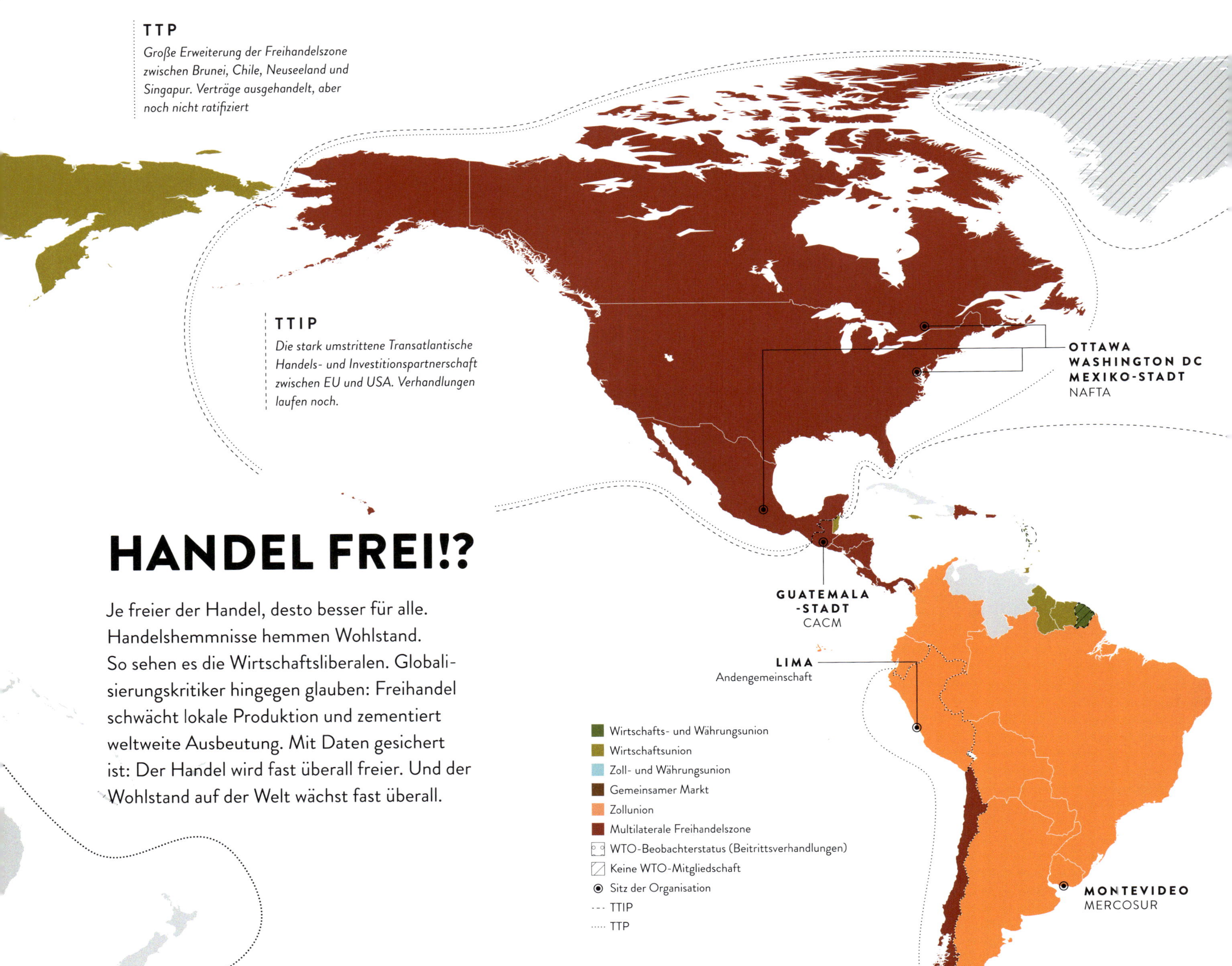

WTO

Nachfolgeorganisation des GATT. Die wichtigste Plattform für weltweite Freihandelspolitik. Streitschlichter bei vielen großen Handelskonflikten

NAFTA

Die nordamerikanische Antwort auf die Europäische Wirtschaftsgemeinschaft. Sie kam sehr spät. Keine Ambitionen auf politische Integration

MERCOSUR

Die südamerikanische Freihandelszone. Ziel ist ein voll integrierter Binnenmarkt mit rund 300 Millionen Verbrauchern.

Wichtige Abkommen des Freihandels (Gründungsdatum)

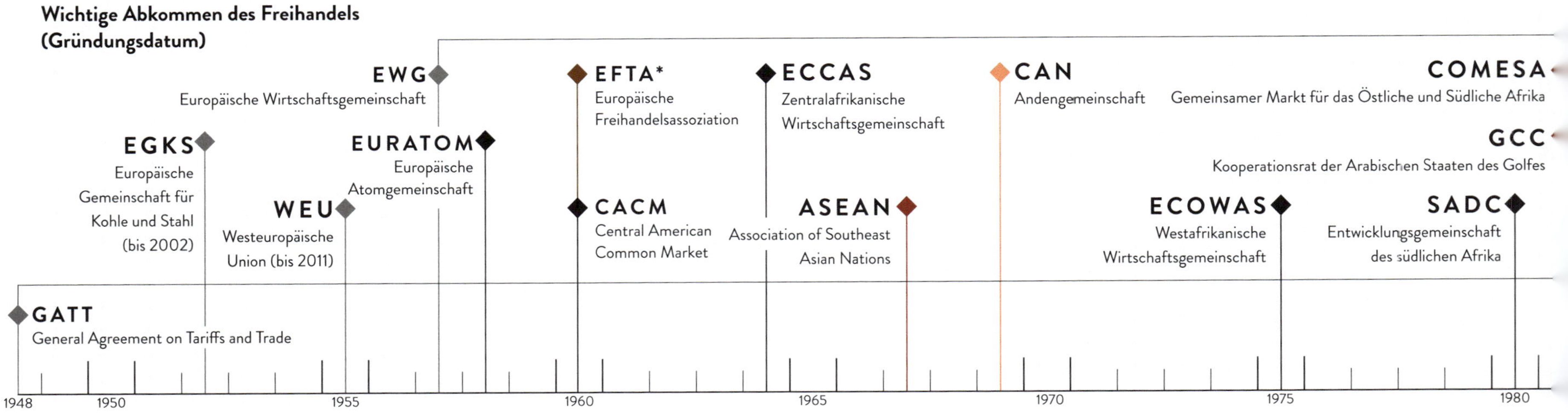

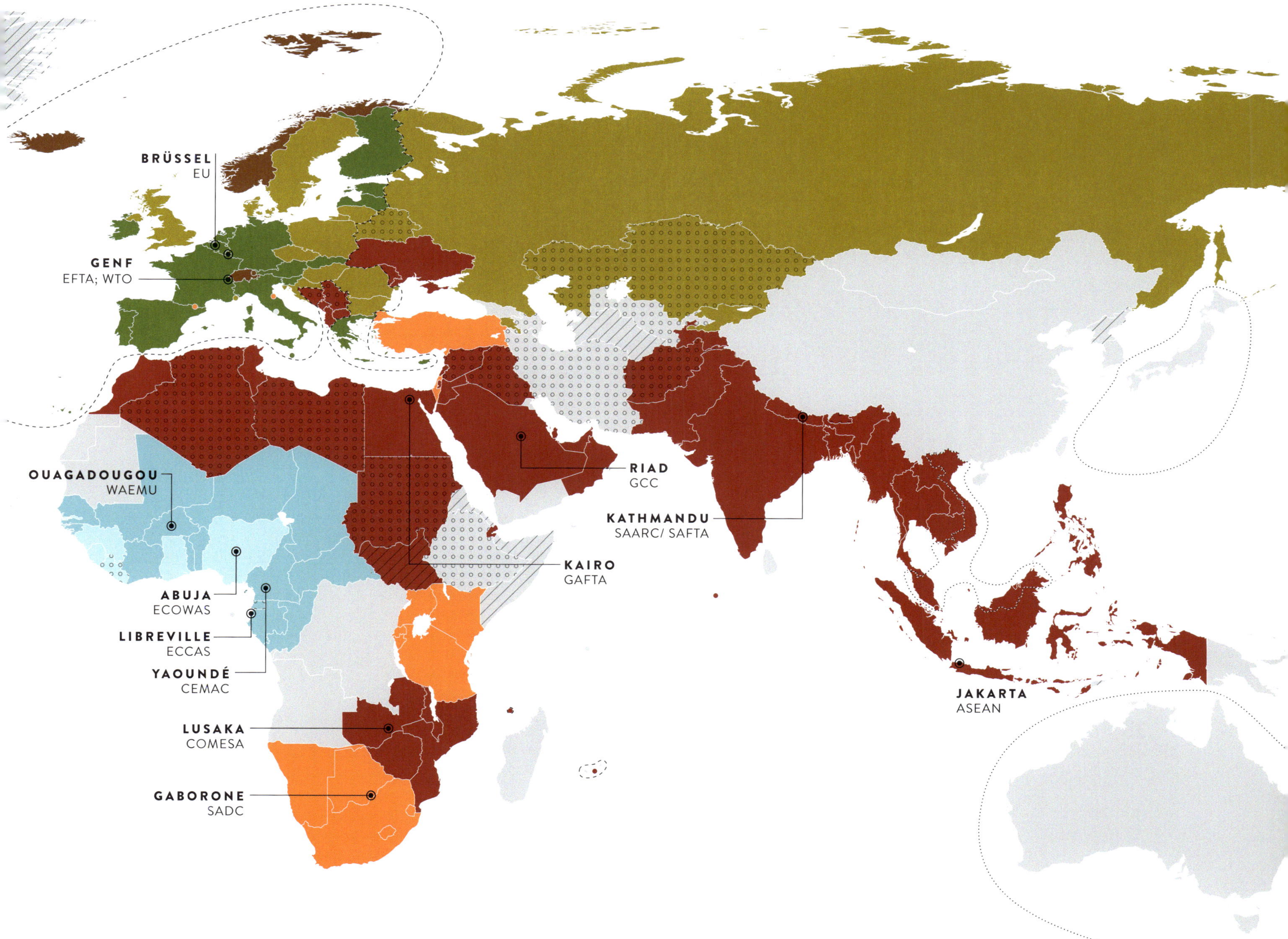

EWR

Weitet europäischen Binnenmarkt auf Island, Liechtenstein und Norwegen aus. Kroatien ist provisorisches Mitglied. Die Schweiz mag nicht dazugehören.

GAFTA

Umfasst die meisten Staaten der Arabischen Liga. Ziel ist wie bei Mercosur ein voll integrierter Binnenmarkt. GAFTA möchte das bis 2025 erreichen.

ASEAN

Früh gegründet und wichtig für den Aufstieg der Tigerstaaten. Die ökonomischen Schwergewichte der Großregion – China, Japan und Südkorea – sind aber nie beigetreten.

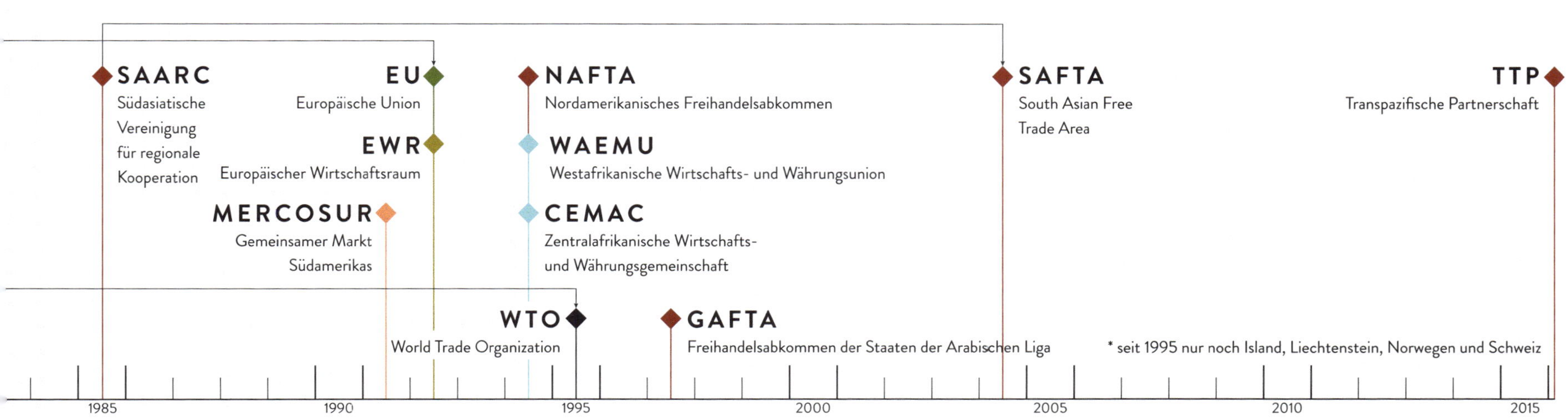

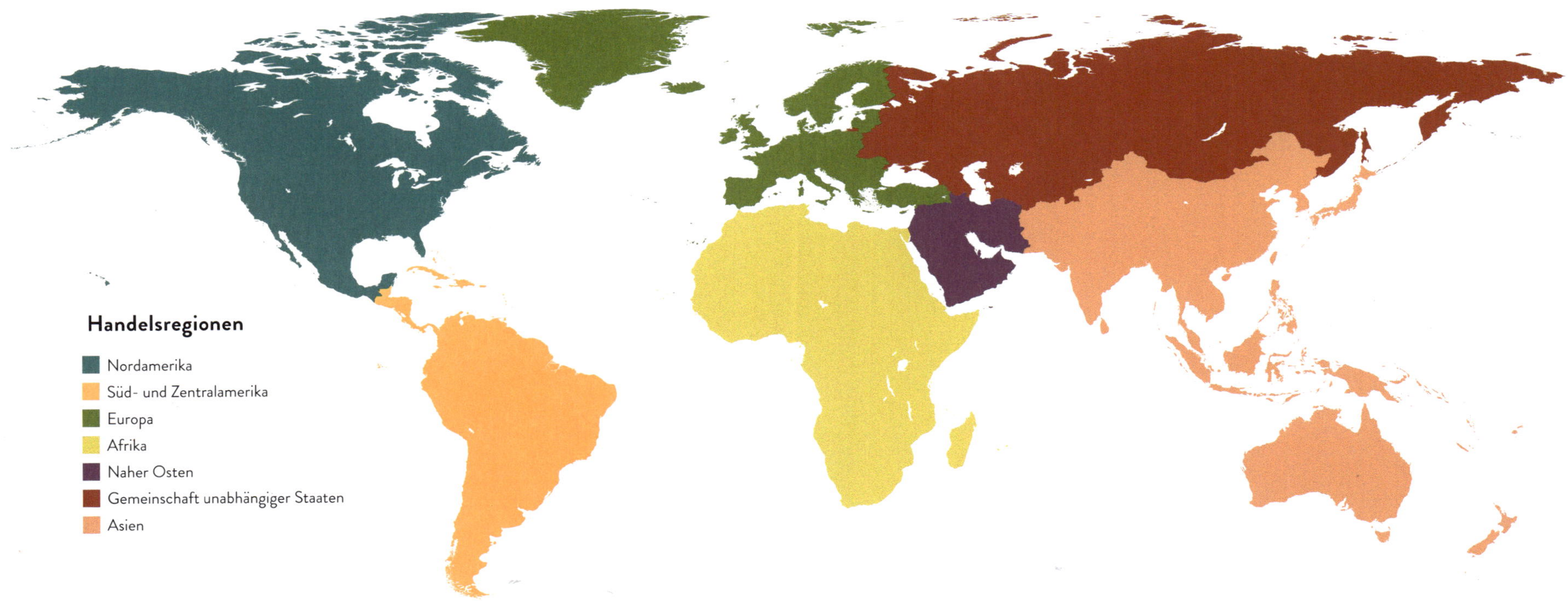

EUROPA = MEISTER

Lange waren die Deutschen auf den Titel Exportweltmeister stolz. Im Ländervergleich haben sie keine Chance mehr gegen die Chinesen. Aber ein Blick auf die Kontinente zeigt: Wie gut, dass es den europäischen Binnenmarkt gibt! Ökonomische und politische Integration bringt Wachstum.

Führende Handelsnationen 2014
Anteil am Welthandel in Prozent

← EXPORT → | → IMPORT ←

WAREN

Export		Import	
China	12,3	12,6	USA
USA	8,5	10,3	China
Deutschland	7,9	6,4	Deutschland
Japan	3,6	4,3	Japan
Niederlande	3,5	3,6	Verein. Königreich
Frankreich	3,1	3,5	Frankreich
Südkorea	3,0	3,1	Hongkong
Italien	2,8	3,1	Niederlande
Hongkong	2,8	2,8	Südkorea
Verein. Königreich	2,7	2,5	Italien

DIENSTLEISTUNGEN

Export		Import	
USA	13,9	9,8	USA
Verein. Königreich	6,8	7,5	China
Frankreich	6,2	7,2	Deutschland
Deutschland	5,4	4,3	Frankreich
China	4,7	4,0	Verein. Königreich
Niederlande	3,8	3,7	Japan
Japan	3,2	2,9	Singapur
Indien	3,1	2,9	Niederlande
Singapur	2,8	2,8	Indien
Spanien	2,7	2,8	Russland

Top 3 der führenden Exportländer im Zeitverlauf
Warenexporte kumuliert in Milliarden US-Dollar

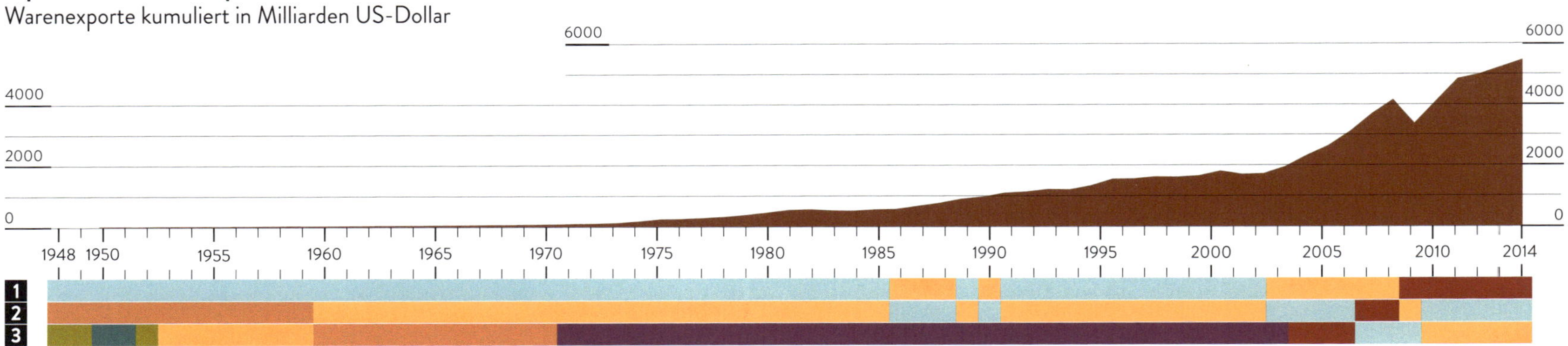

Die ersten drei Plätze in der Exportweltmeisterschaft

USA · KANADA · JAPAN · CHINA · FRANKREICH · GROSSBRITANNIEN · DEUTSCHLAND

Intra- und interregionaler Handel 2013
Warenströme in Milliarden US-Dollar

LESEBEISPIEL

501 — 1012 **Asien-Nordamerika**

3076 **Intraregionaler Handel**

Asien exportiert Waren im Wert von 1012 Mrd. US-Dollar nach Nordamerika, das wiederum ein Volumen von 501 Mrd. nach Asien exportiert. Der innerasiatische Warenhandel beläuft sich auf 3076 Mrd. Dollar.

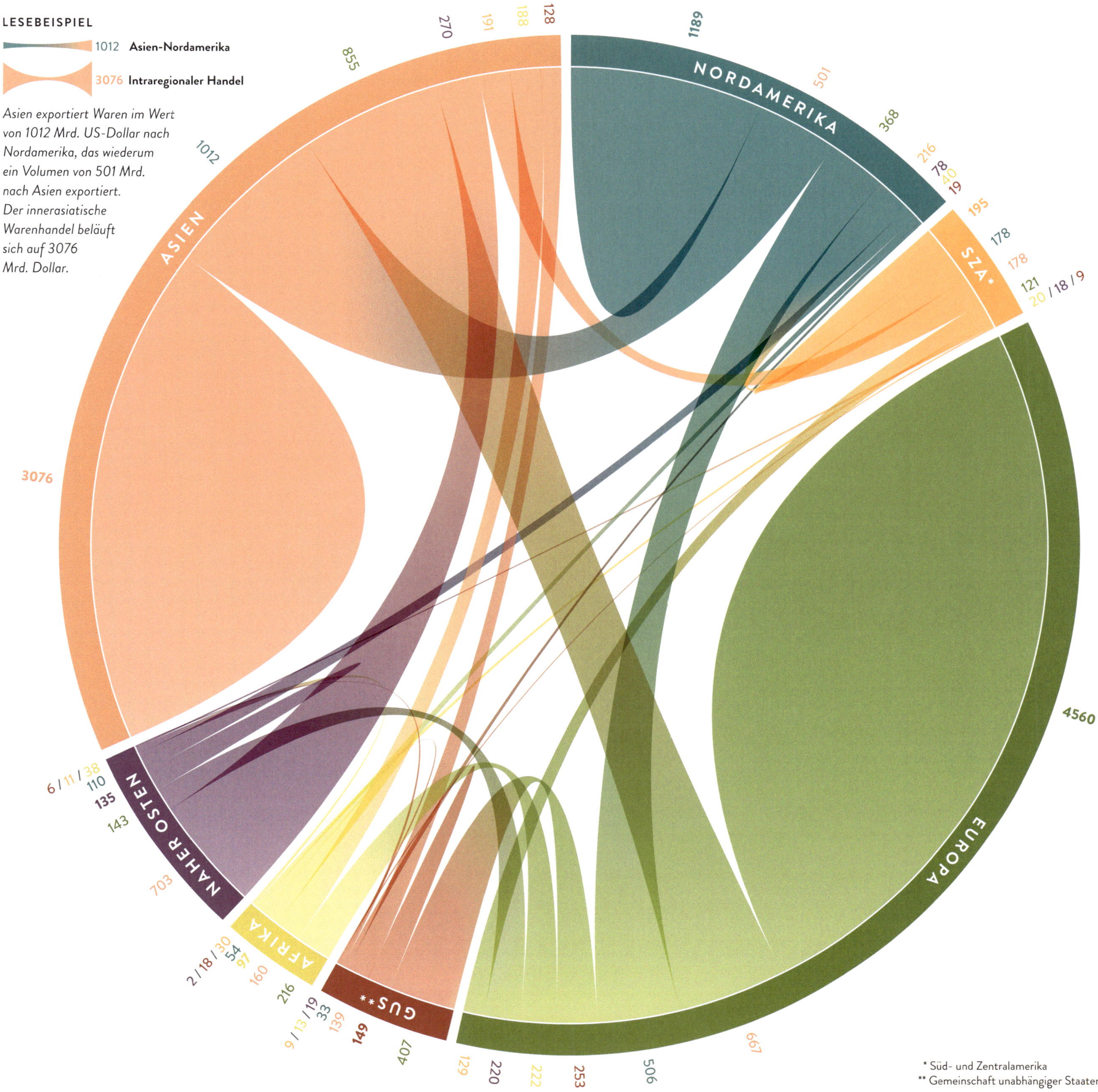

* Süd- und Zentralamerika
** Gemeinschaft unabhängiger Staaten

Weltweite Exporte 2014
Werte in Milliarden US-Dollar

Dienstleistungen ■ Waren

DER ILLEGALE WELTMARKT

Die Banden des organisierten Verbrechens sind Global Player. Umfang und Verlauf der illegalen Warenströme sind naturgemäß nur sehr schwer zu schätzen. Zwei Wissenschaftler vom Finnish Institute of International Affairs haben viele Fakten und Indizien zusammengetragen, die zumindest ein grobes Bild ermöglichen und besonders wichtige Ströme des illegalen Weltmarkts hervorheben. Ein bedrückendes Ergebnis ihrer Studie: Das Verbrechen setzt mit Handel vermutlich mehr als eine Billiarde US-Dollar um.

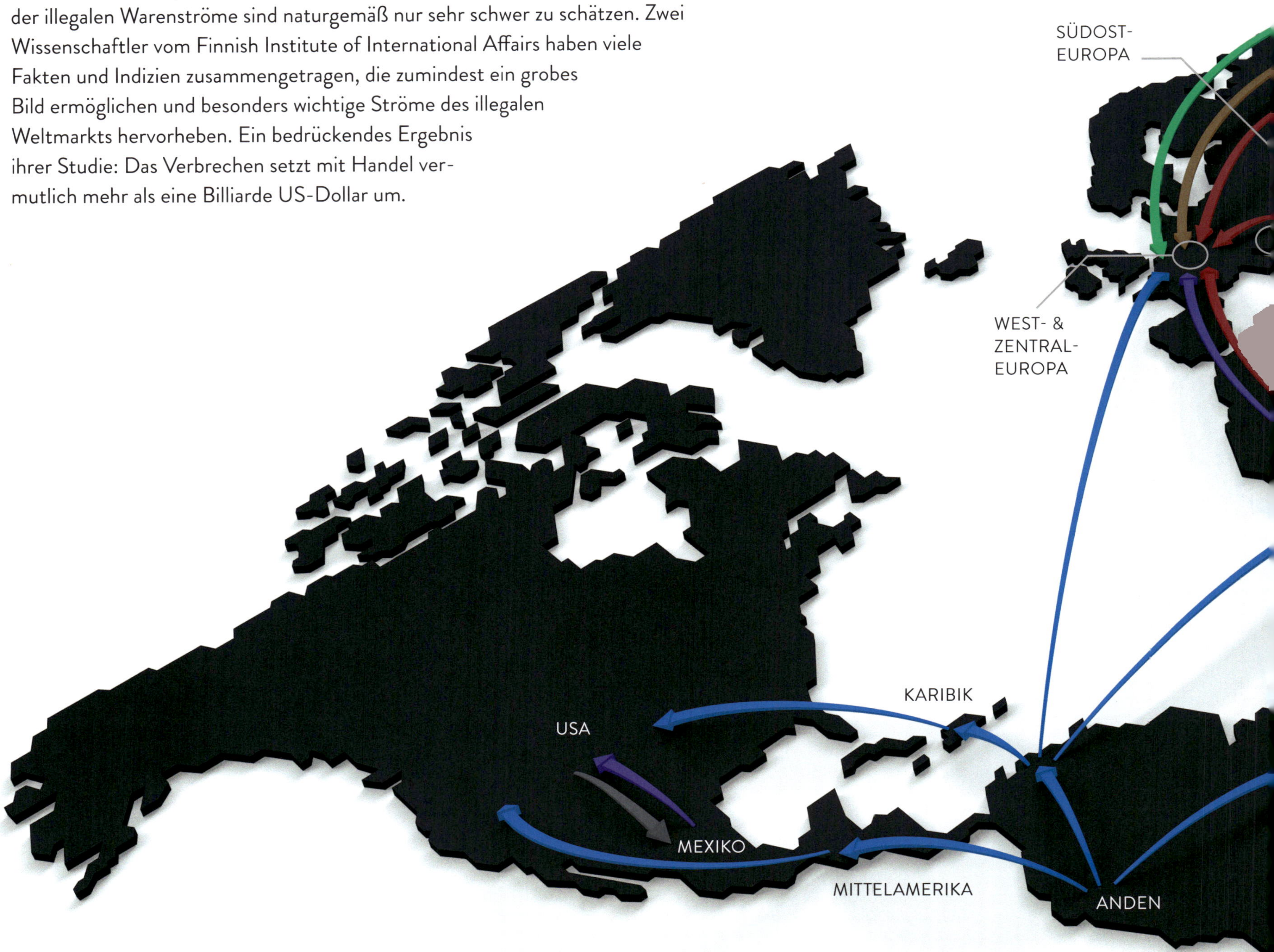

Kokain

Der Weltmarkt für Kokain wächst seit Jahrzehnten. Besonders schnell steigt die Anzahl der Konsumenten in Europa. Sie ist inzwischen fast so hoch wie in den USA. Weltweit werden mit Kokain rund 90 Mrd. US-$ umgesetzt.

Schusswaffen

Illegale Waffen werden überall auf der Welt gehandelt. Aber besonders viele wandern aus den GUS-Staaten nach Afrika und aus den USA über die mexikanische Grenze. UNODC schätzt den jährlichen Umsatz weltweit auf 170 bis 320 Mio. US-$.

Menschenschmuggel

Seit langem nutzen Afrikaner Schleuserbanden, um nach Europa zu kommen. In den letzten Jahren haben sich in Syrien, Afghanistan und dem Irak regelrechte Schleuser-Industrien gebildet.

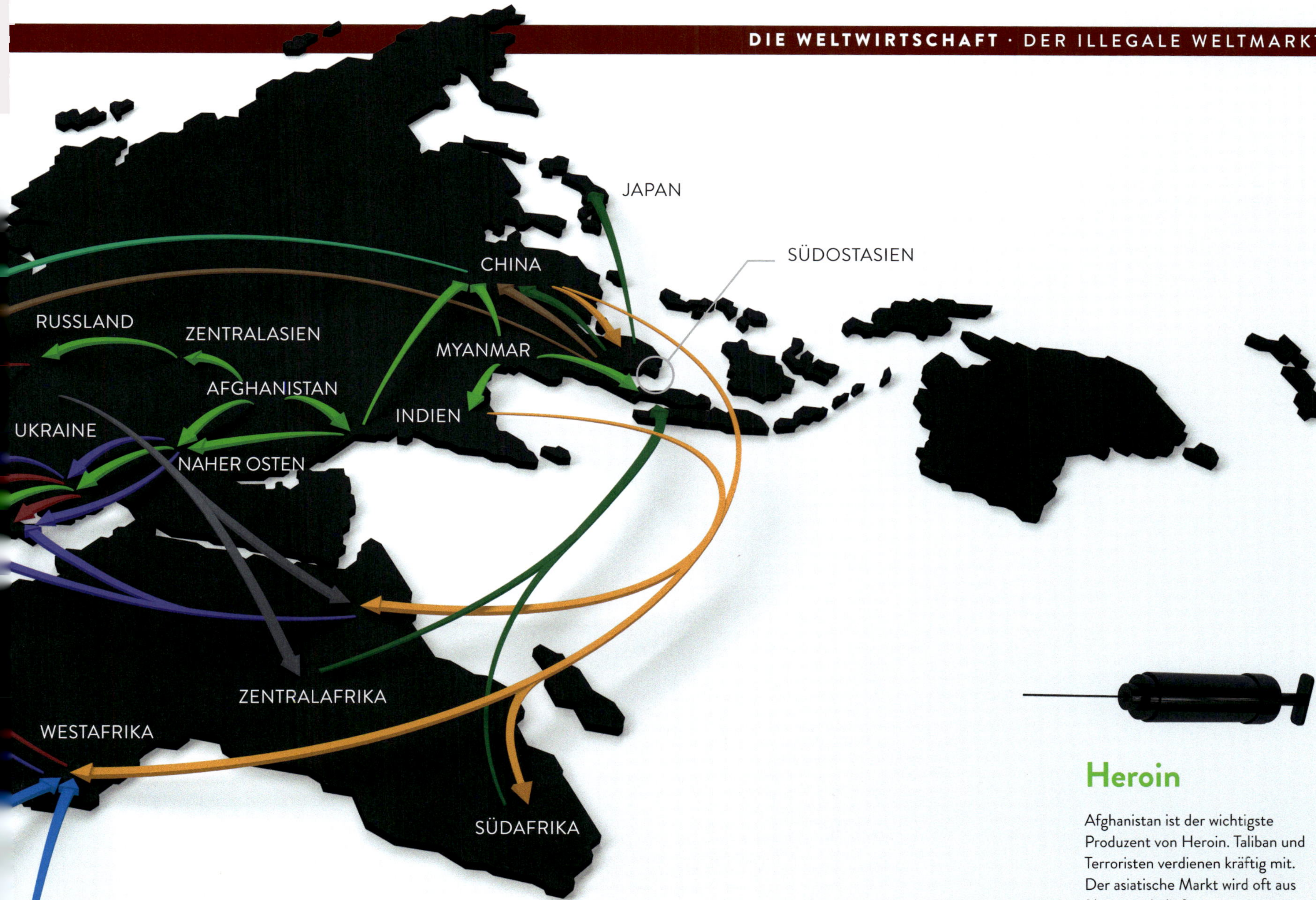

Heroin

Afghanistan ist der wichtigste Produzent von Heroin. Taliban und Terroristen verdienen kräftig mit. Der asiatische Markt wird oft aus Myanmar beliefert.

Gefälschte Waren

Kopierte Gucci-Handtaschen sind nur die Spitze des Fake-Eisbergs. Mit Zigaretten, Alkohol und falsch deklarierten Erdöl-Produkten machen die Banden ein Vielfaches des Umsatzes von Marken-Turnschuhen.

Gefälschte Medizin

Gefälschte Medikamente gehören zu den niederträchtigsten Waren, die nur vorstellbar sind. Oft enthalten sie keine Wirkstoffe, manchmal sogar Gifte.

Verschleppung

Laut Studie ist Europa einer der wichtigsten Zielorte für Menschenhändler. Ein großer Teil der Verschleppten sind Zwangsprostituierte.

Holz

China ist laut der finnischen Forscher der Hauptlieferant an geschützten Bäumen und Hölzern.

Tiere

Der Aberglaube an Potenzmittel aus pulverisiertem Nashorn bringt Dickhäuter zum Aussterben. Seltene Vögel werden lebend um die Welt geschmuggelt. Asien gehört zu den größten Importeuren.

ZWANGSARBEIT IM 21. JAHRHUNDERT

Die Sklaverei ist weltweit abgeschafft. Formal. Überwunden ist sie leider nicht. Rund 21 Millionen Menschen werden laut International Labour Organization mit (Androhung von) Gewalt durch Zwangsarbeit ausgebeutet. Das sind so viele wie noch nie in der Geschichte. Die modernen Sklaven werden oft verschleppt, schuften in Schuldknechtschaft in Sweatshops oder auf Äckern, werden zu Prostitution gezwungen oder müssen als Kindersoldaten in Rebellenarmeen kämpfen. Auf Haiti kostet ein Mädchen 50 Dollar. Die Schande in Zahlen:

Angaben in Prozent

	Erwachsene	Kinder	Männer	Frauen
Sexuelle Ausbeutung	79	21	2	98
Privatwirtschaft	73	27	60	40
Staatlich	67	33	42	58
Insgesamt	74	26	45	55

Staatlich

2,2 Millionen Menschen werden von Regierungen und pseudo-staatlichen Organisationen als Sklaven ausgebeutet, zum Beispiel in Gefängnissen/Arbeitslagern, beim offiziellen Militär oder in Rebellenarmeen.

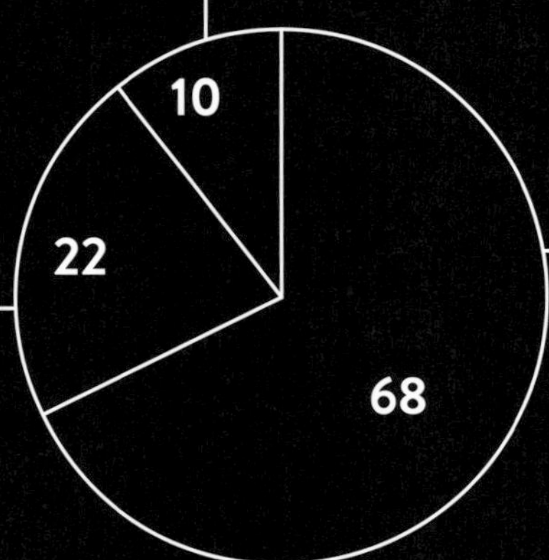

Angaben in Prozent

Prostitution

4,5 Millionen Frauen, Männer und Kinder werden weltweit unter Gewaltandrohung gezwungen, ihren Körper zu verkaufen.

Privatwirtschaft

14,2 Millionen Menschen werden durch private Firmen oder Privatleute mit Zwangsarbeit ausgebeutet, vor allem in Landwirtschaft, Bauwirtschaft, Produktion und in der Hausarbeit.

Wie lukrativ ist Zwangsarbeit für die Täter?

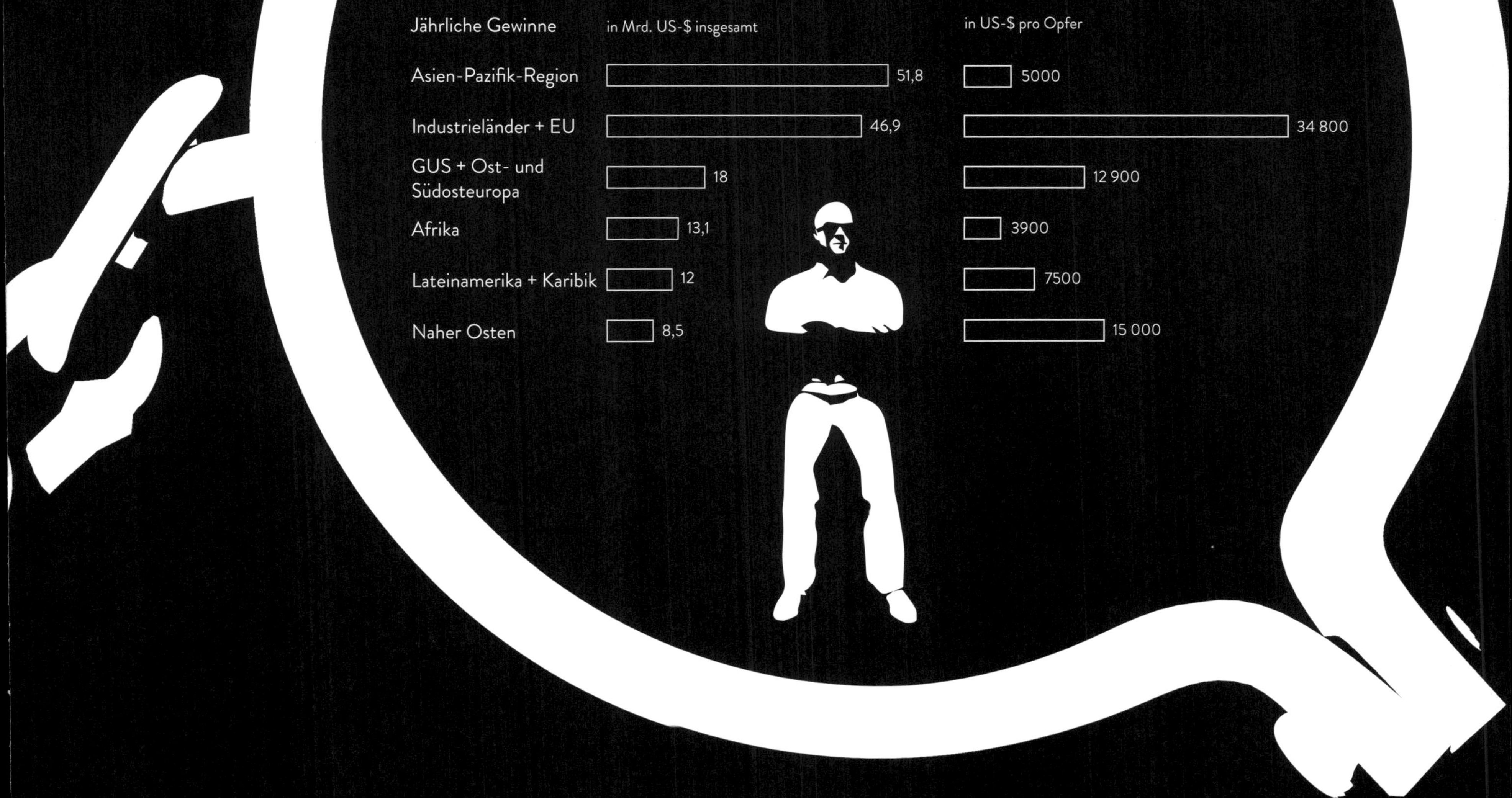

Den globalen Kapitalismus kann nichts und niemand bändigen. Tatsächlich? Ein Geflecht von internationalen Organisationen und Zusammenschlüssen hat einen internationalen Ordnungsrahmen geschaffen. Mit mächtigen Organisationen, die ihre Macht oft gegenseitig stärken.

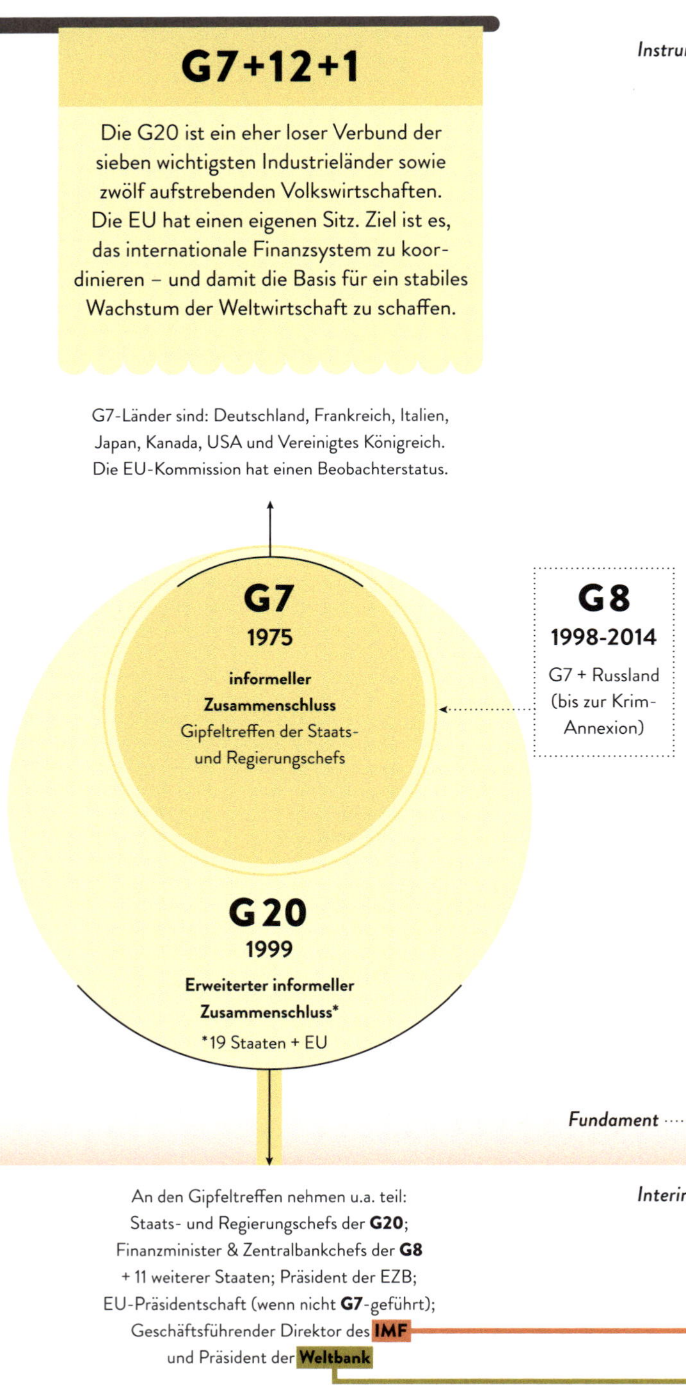

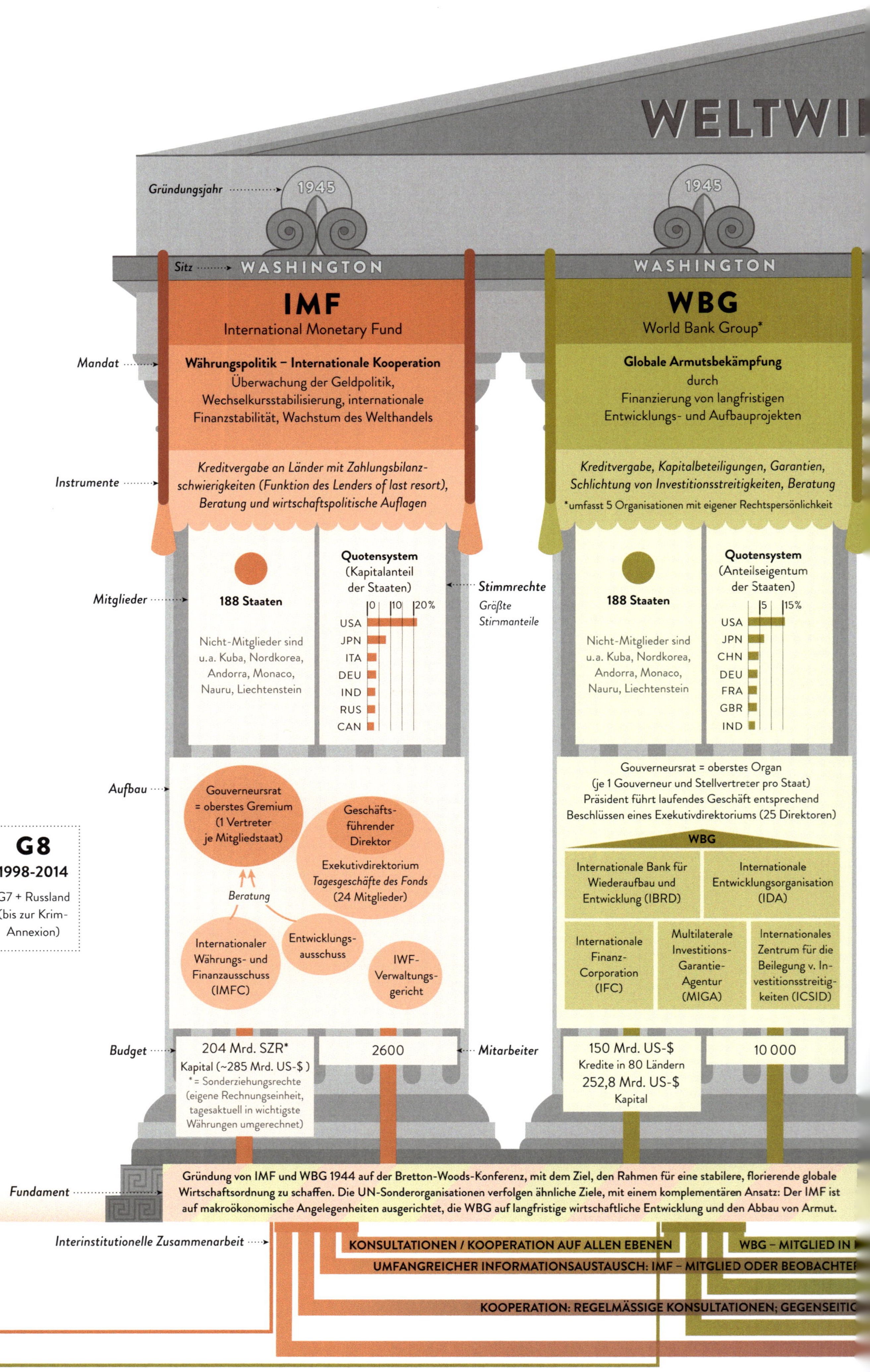

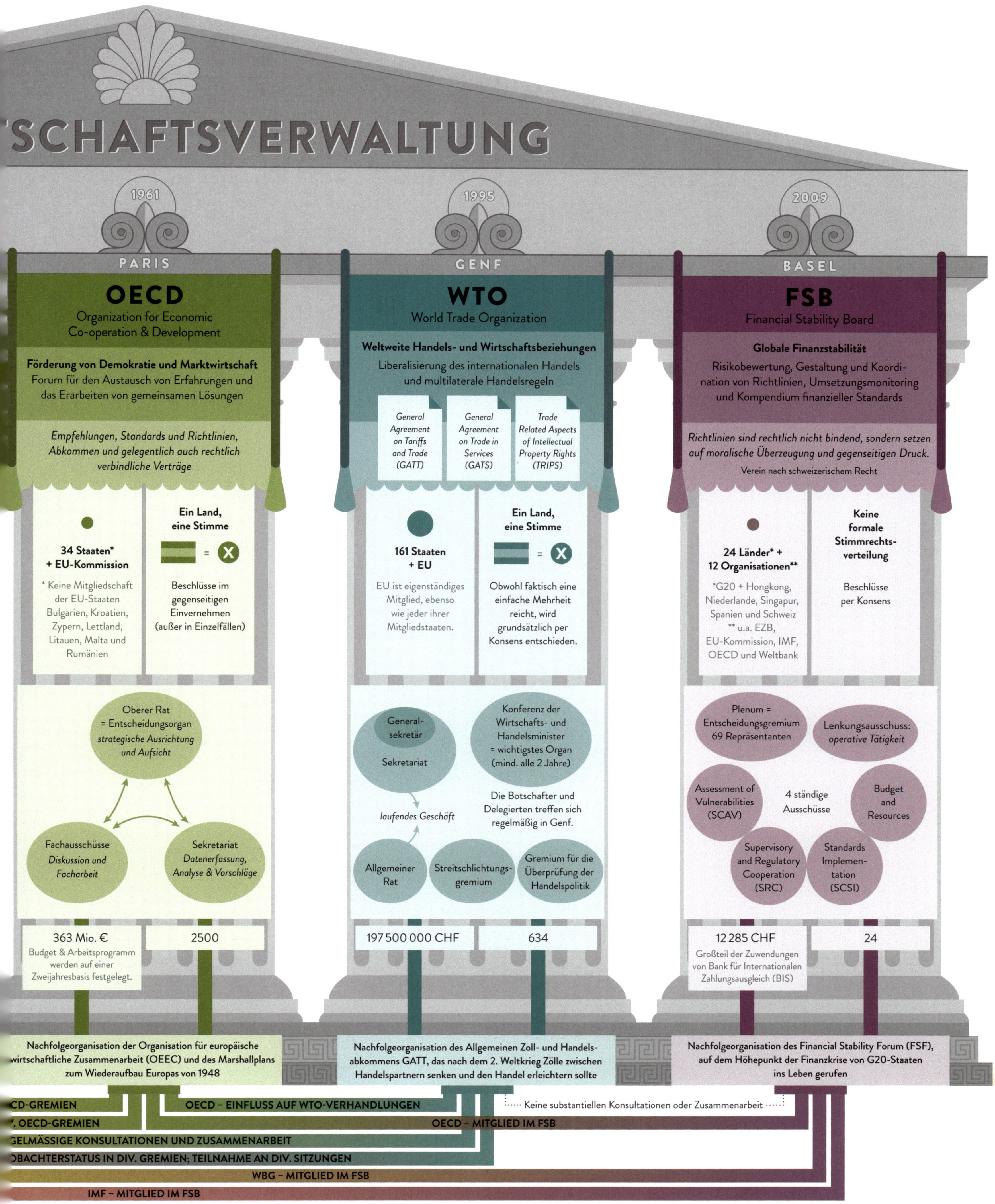
SCHAFTSVERWALTUNG
1961
PARIS
OECD
Organization for Economic Co-operation & Development
Förderung von Demokratie und Marktwirtschaft
Forum für den Austausch von Erfahrungen und das Erarbeiten von gemeinsamen Lösungen
Empfehlungen, Standards und Richtlinien, Abkommen und gelegentlich auch rechtlich verbindliche Verträge
34 Staaten* + EU-Kommission
* Keine Mitgliedschaft der EU-Staaten Bulgarien, Kroatien, Zypern, Lettland, Litauen, Malta und Rumänien
Ein Land, eine Stimme
Beschlüsse im gegenseitigen Einvernehmen (außer in Einzelfällen)
Oberer Rat = Entscheidungsorgan strategische Ausrichtung und Aufsicht
Fachausschüsse Diskussion und Facharbeit
Sekretariat Datenerfassung, Analyse & Vorschläge
363 Mio. €
Budget & Arbeitsprogramm werden auf einer Zweijahresbasis festgelegt.
2500
Nachfolgeorganisation der Organisation für europäische wirtschaftliche Zusammenarbeit (OEEC) und des Marshallplans zum Wiederaufbau Europas von 1948
1995
GENF
WTO
World Trade Organization
Weltweite Handels- und Wirtschaftsbeziehungen
Liberalisierung des internationalen Handels und multilaterale Handelsregeln
General Agreement on Tariffs and Trade (GATT)
General Agreement on Trade in Services (GATS)
Trade Related Aspects of Intellectual Property Rights (TRIPS)
161 Staaten + EU
EU ist eigenständiges Mitglied, ebenso wie jeder ihrer Mitgliedstaaten.
Ein Land, eine Stimme
Obwohl faktisch eine einfache Mehrheit reicht, wird grundsätzlich per Konsens entschieden.
General-sekretär
Sekretariat
Konferenz der Wirtschafts- und Handelsminister = wichtigstes Organ (mind. alle 2 Jahre)
laufendes Geschäft
Die Botschafter und Delegierten treffen sich regelmäßig in Genf.
Allgemeiner Rat
Streitschlichtungs-gremium
Gremium für die Überprüfung der Handelspolitik
197 500 000 CHF
634
Nachfolgeorganisation des Allgemeinen Zoll- und Handels-abkommens GATT, das nach dem 2. Weltkrieg Zölle zwischen Handelspartnern senken und den Handel erleichtern sollte
2009
BASEL
FSB
Financial Stability Board
Globale Finanzstabilität
Risikobewertung, Gestaltung und Koordination von Richtlinien, Umsetzungsmonitoring und Kompendium finanzieller Standards
Richtlinien sind rechtlich nicht bindend, sondern setzen auf moralische Überzeugung und gegenseitigen Druck.
Verein nach schweizerischem Recht
24 Länder* + 12 Organisationen**
*G20 + Hongkong, Niederlande, Singapur, Spanien und Schweiz
** u.a. EZB, EU-Kommission, IMF, OECD und Weltbank
Keine formale Stimmrechts-verteilung
Beschlüsse per Konsens
Plenum = Entscheidungsgremium 69 Repräsentanten
Lenkungsausschuss: operative Tätigkeit
Assessment of Vulnerabilities (SCAV)
4 ständige Ausschüsse
Budget and Resources
Supervisory and Regulatory Cooperation (SRC)
Standards Implemen-tation (SCSI)
12 285 CHF
Großteil der Zuwendungen von Bank für Internationalen Zahlungsausgleich (BIS)
24
Nachfolgeorganisation des Financial Stability Forum (FSF), auf dem Höhepunkt der Finanzkrise von G20-Staaten ins Leben gerufen
CD-GREMIEN
OECD – EINFLUSS AUF WTO-VERHANDLUNGEN
Keine substantiellen Konsultationen oder Zusammenarbeit
. OECD-GREMIEN
OECD – MITGLIED IM FSB
GELMÄSSIGE KONSULTATIONEN UND ZUSAMMENARBEIT
OBACHTERSTATUS IN DIV. GREMIEN; TEILNAHME AN DIV. SITZUNGEN
WBG – MITGLIED IM FSB
IMF – MITGLIED IM FSB

GELDVERMEHRUNG

Die Welt braucht Banking, aber keine Banken. Bill Gates hat diesen Satz gesagt. Wirklich? Dafür schlägt sich die alte Branche der Geldvermehrer nach wie vor recht gut.

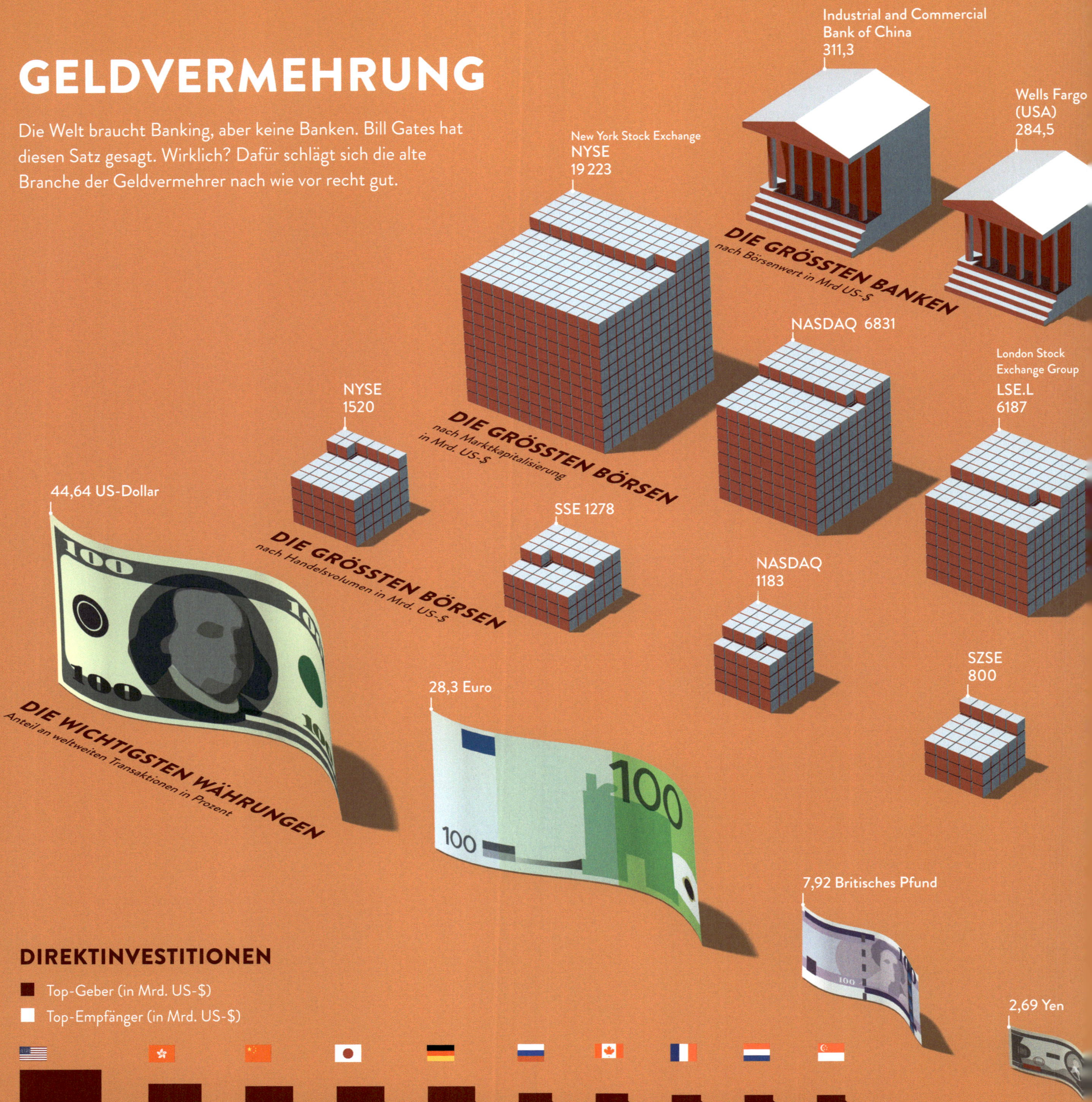

DIREKTINVESTITIONEN

■ Top-Geber (in Mrd. US-$)
□ Top-Empfänger (in Mrd. US-$)

Top-Geber	Mrd. US-$
USA	337
Hongkong	143
China	116
Japan	114
Deutschland	112
Russland	56
Kanada	53
Frankreich	43
Niederlande	41
Singapur	41

Top-Empfänger	Mrd. US-$
China	129
Hongkong	103
USA	92
Vereinigtes Königreich	72
Singapur	68
Brasilien	62
Kanada	54
Australien	52
Indien	34
Niederlande	30

DIE 10 ÄLTESTEN BANKEN

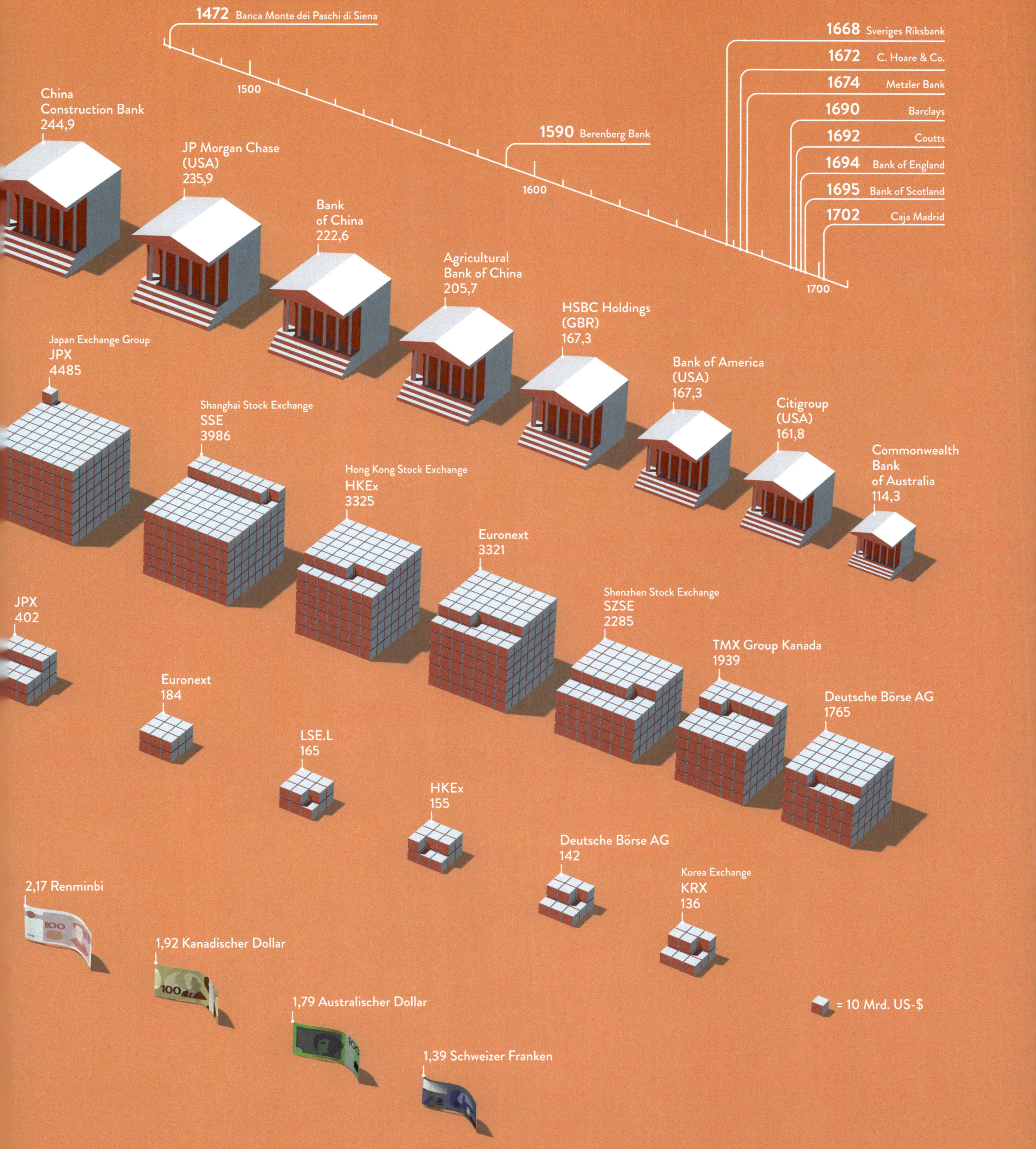

DER BIG-MAC-INDEX

Wie viel ist mein Geld im Ausland wirklich wert? Und was sagt das aus über die Kaufkraft inländischer Währungen? Diese Frage stellt sich die internationale Volkswirtschaftslehre seit dem 19. Jahrhundert unter dem Stichwort Kaufkraftparität. Die Theorie dazu ist hochkomplex. Die Grundlagen hat der britische Ökonom David Ricardo erarbeitet. Dem Magazin The Economist kam 1986 die satte Idee, einfach die Preise eines hochstandardisierten, weltweit verfügbaren Konsumprodukts zu vergleichen: dem Big Mac. Das ist stark vereinfachend, aber sehr aufschlussreich.

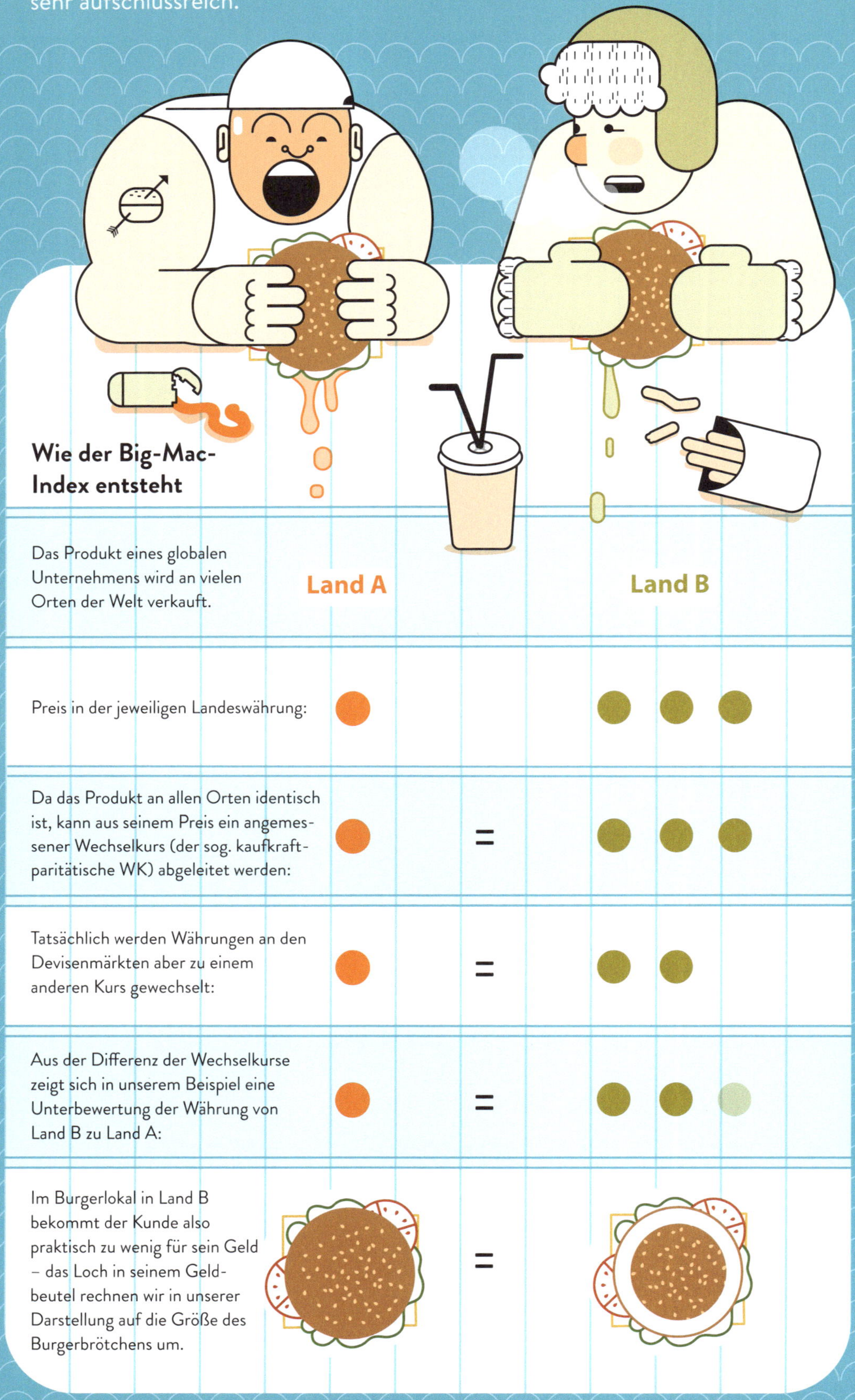

Der Big-Mac-Index mit amerikanischem „Musterburger": Landeswährung im Vergleich zum Dollar, Über- und Unterbewertung in %

Burger World
Europa
Norwegen
+5,8
Schweden
+6,1
Irland
−13,9
Großbritannien
−14,4
Dänemark
−12,3
Polen
−51,9
Finnland
−10,6
Belgien
−13,9
Niederlande
−24,8
Deutschland
−21,7
Tschechische Republik
−39,5
Estland
−34,6
Schweiz
+30,7
Österreich
−23,7
Ungarn
−37,6
Italien
−12,8
Griechenland
−27,0
Asien
Japan
−36,7
Russland
−69,0
China
−45,6
Südkorea
−27,2
Ukraine
−68,7
Indien
−61,4
Hongkong
−49,8
Taiwan
−57,9
Türkei
−30,9
Pakistan
−42,0
Sri Lanka
−50,7
Thailand
−37,3
Vietnam
−45,8
Israel
−13
Vereinigte Arabische Emirate
−28,2
Singapur
−33,7
Malaysia
−63,1
Philippinen
−43,5
Saudi-Arabien
−35,2
Indonesien
−55,6
Afrika
Ägypten
−56,1
Südafrika
−64,1
Australien
Australien
−24,1
Neuseeland
−20,6

IST GRÖSSER BESSER?

Wer verkauft am meisten? Manager und Eigentümer von Unternehmen interessiert die Frage immer brennend. Deutsche Unternehmen schneiden im weltweiten Vergleich gar nicht so schlecht ab. Allerdings: Viel Umsatz sagt nicht so viel über den Wert eines Unternehmens aus. Gewinn und Zukunftsaussichten bestimmen den Aktienkurs stärker. Daher ist das kleine Google auch viel mehr wert als das große Wal-Mart. Und VW? Wir wagen die Prognose, dass das Unternehmen auch beim Umsatz bald nicht mehr ganz vorne fährt.

Die 10 größten globalen Unternehmen je Branche nach Umsatz* (in Milliarden US-Dollar)

↑ Aufsteiger → gleicher Platz ↓ Absteiger +1 Veränderung zur Platzierung von 2010 • 2010 nicht unter den TOP 50

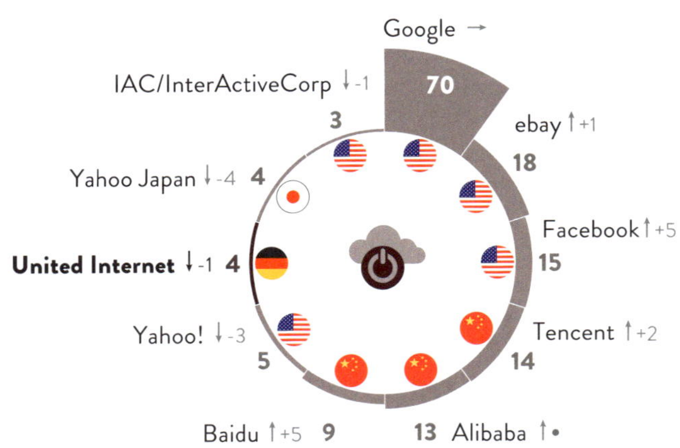

INTERNET

Die Umsätze bei Internetunternehmen sind im Vergleich zur Old Economy noch niedrig, die Renditen sind aber oft extrem hoch.

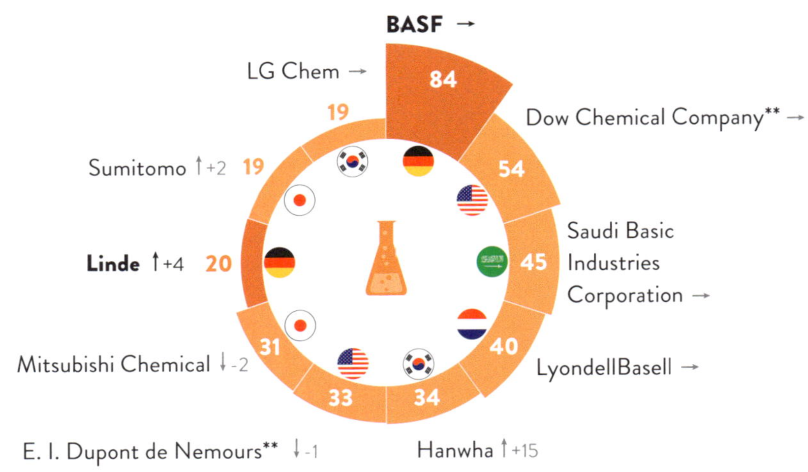

CHEMIE

BASF war lange das größte Chemie-Unternehmen der Welt. Das ändert sich gerade durch eine inneramerikanische Fusion.

* Umsatz börsennotierter Unternehmen vom 1.7.2014 bis 30.6.2015

** Dow Chemical und Dupont de Nemours haben Ende 2015 ihre Fusion beschlossen.

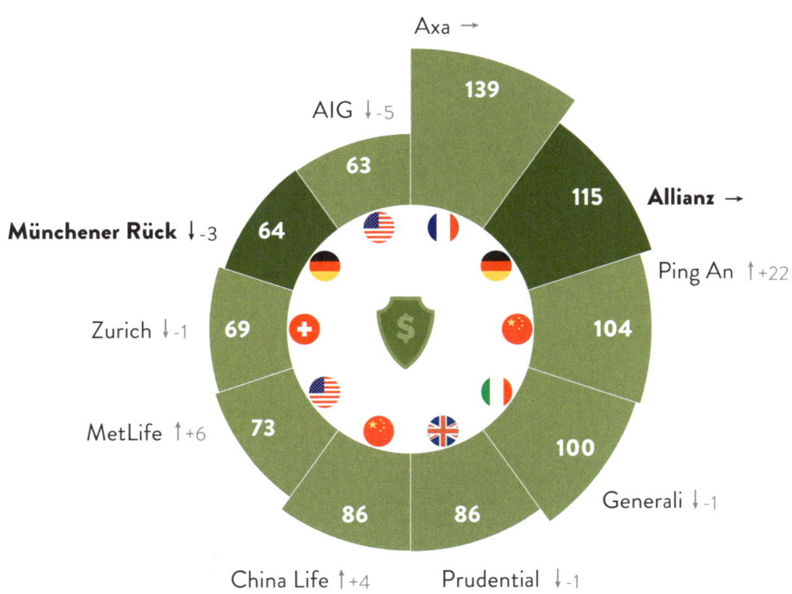

VERSICHERUNGEN

Noch ist ein französisches Unternehmen der größte Versicherer der Welt. Die chinesische Ping An wächst rasant.

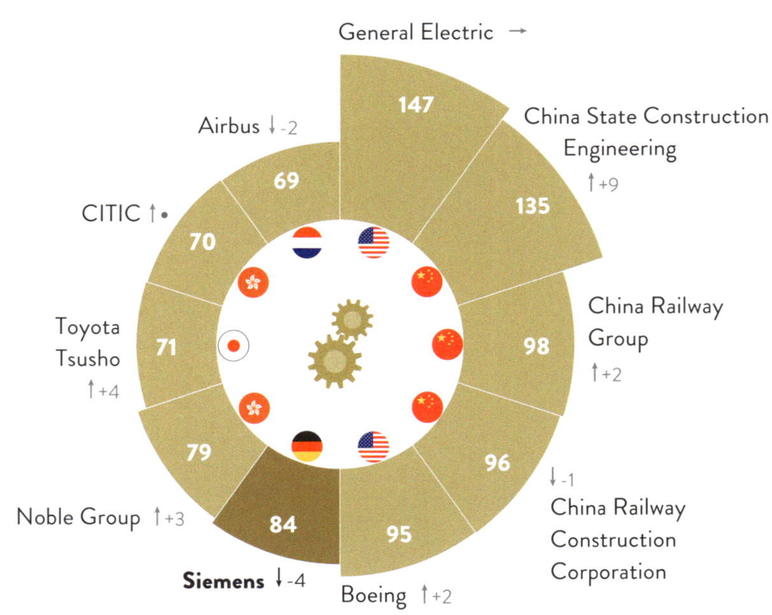

INDUSTRIEGÜTER

Wie innovativ ist Siemens? Diese Frage wird darüber entscheiden, ob Deutschland noch lange bei den Industriegütern unter den Top 10 vertreten bleibt.

Anzahl der Top 10 Global Player je Land

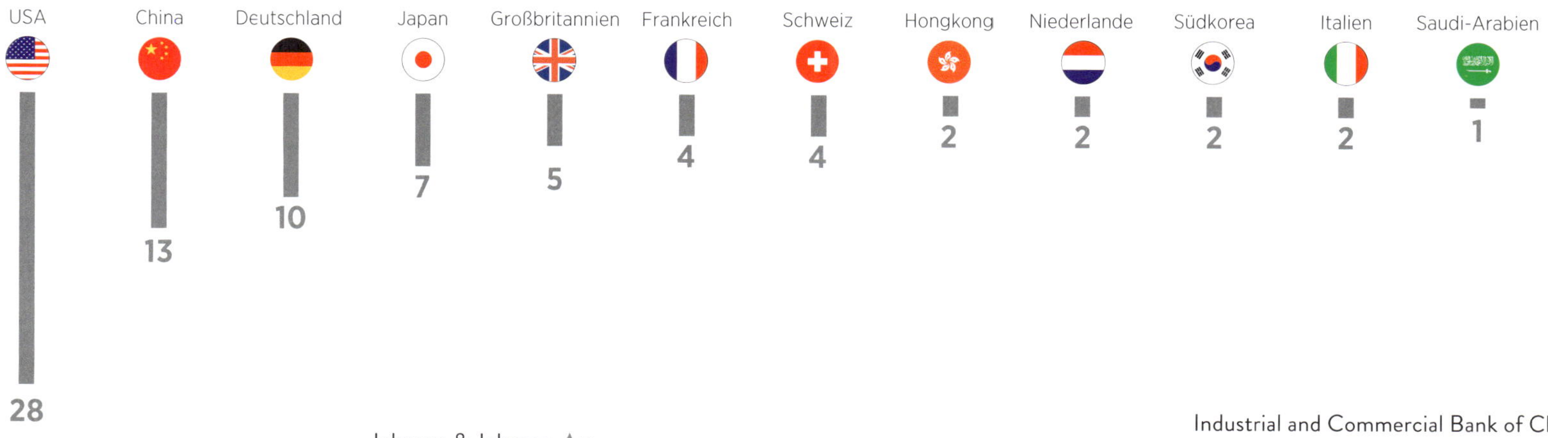

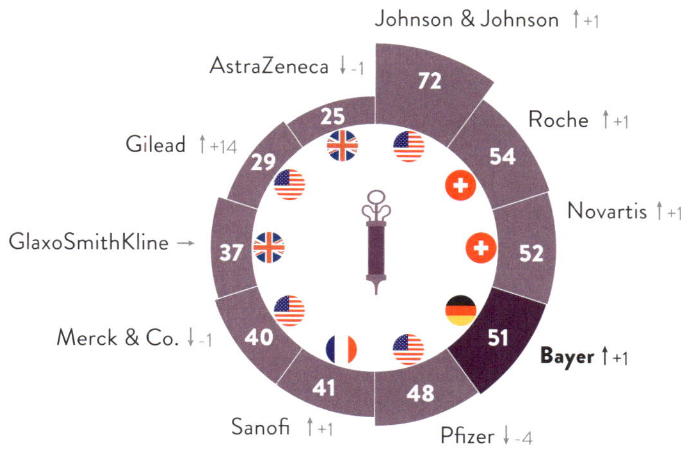

PHARMA

Pharma können die Schweizer noch besser als Banking. Sie haben zwei Riesenunternehmen und viele innovative Mittelständler in der Branche.

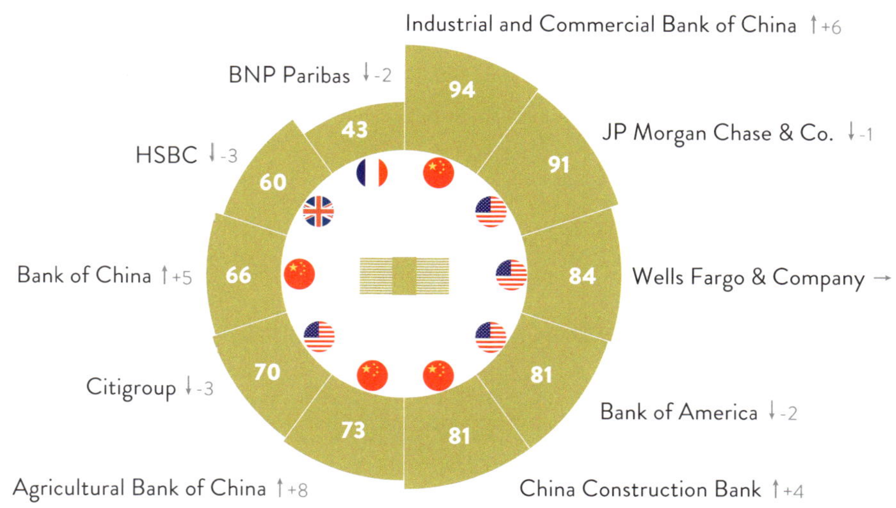

BANKEN

Die Masse macht es. Chinesische Banken sind auf dem Vormarsch.

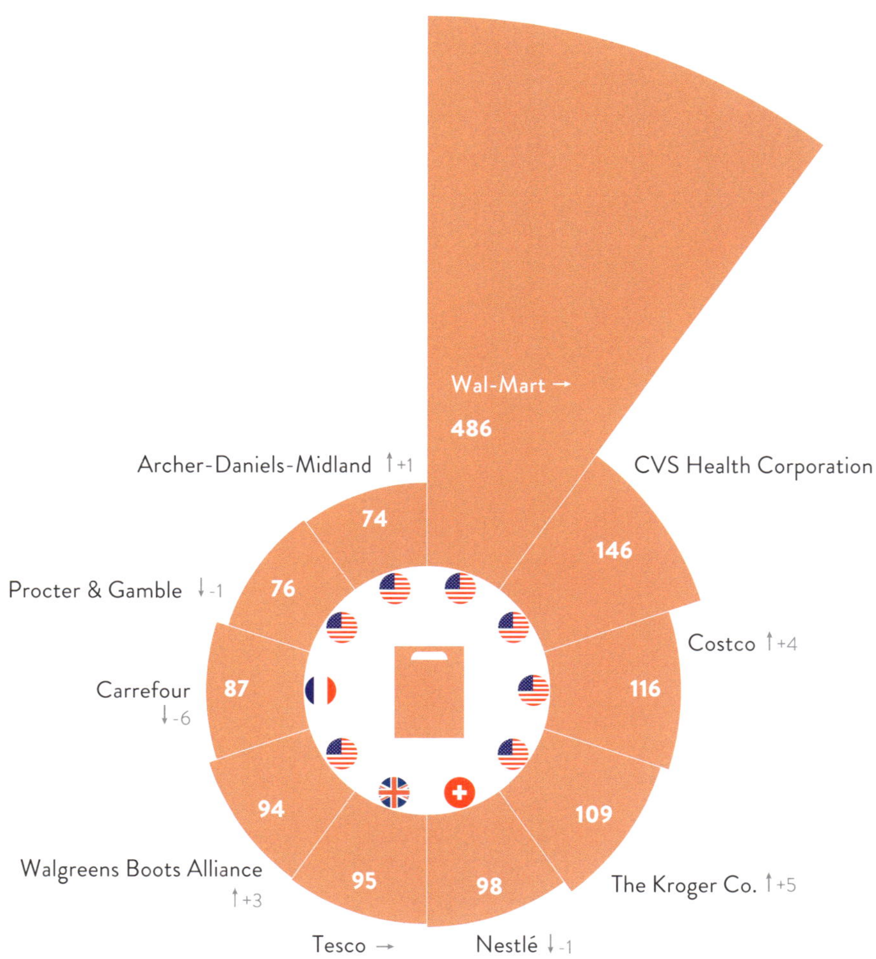

KONSUMGÜTER/HANDEL

Wäre Amazon ein Offline-Händler, er läge in dieser Statistik auf Platz fünf.

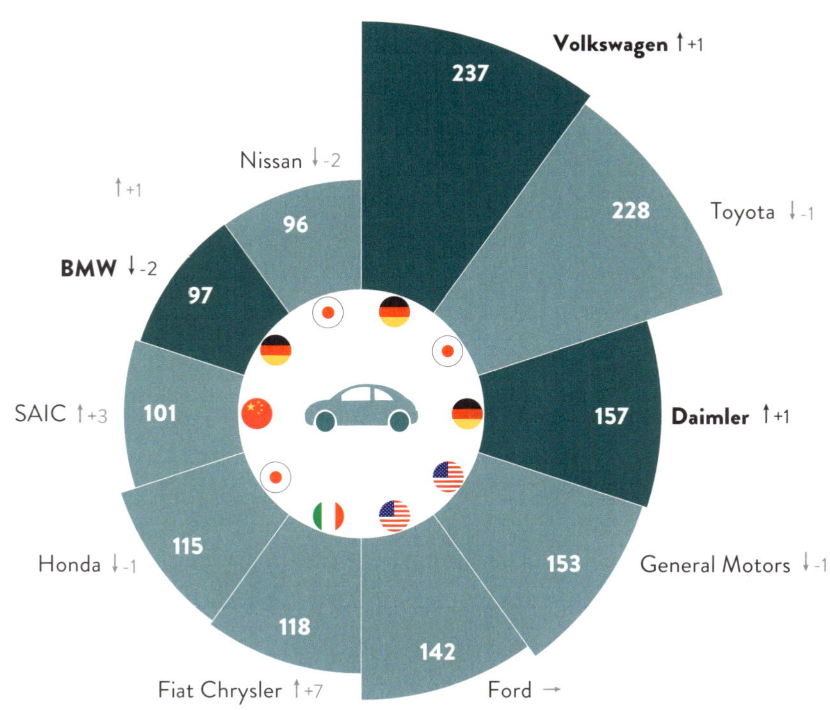

AUTOMOBILE

Schon mal einen Maxus, Roewe oder Yuejin auf der Straße gesehen? Warten Sie mal ein paar Jahre. Das sind die Marken des ersten chinesischen Automobilherstellers, der BMW überholt hat.

BESTSELLER

McDonald's hat es vorgemacht: Mit Filialen lässt sich die Handelswelt erobern. Der Konsum ist so global wie die Produktion. Und der Geschmack eines Kunden in China unterscheidet sich heute in vielen Bereichen nicht mehr von einem in Argentinien. Alle mögen Big Macs, schwedische Möbel, Elektronik designed in California und günstige Klamotten mit schlichten Schnitten, denen man nicht anmerkt, dass sie aus Japan stammen.

Verteilung der Filialen

- Europa
- Nordamerika
- Südamerika
- Asien
- Australien
- Afrika
- weitere Staaten des jeweiligen Kontinents

Ikea hat weltweit 389 Märkte

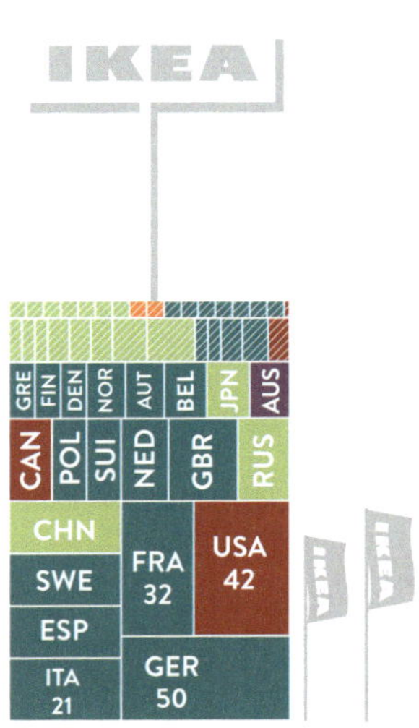

Apple hat weltweit 477 Stores

Uniqlo hat weltweit 1657 Geschäfte

McDonald's

hat weltweit 35 737 Restaurants

WATERWARS

Bei Blindtests kann so gut wie niemand Markenwasser von Leitungswasser unterscheiden. Dem weltweiten Wasserhandel scheint das nicht zu schaden. Markenführung schlägt Geschmacksnerven – und Verbraucherverstand.

Verkauf von Getränken

Anteile am weltweiten Verkauf von Getränken (von 2011 bis 2016)

	%
Abgepacktes Wasser	18
Wassertanks	18
Tee	15
Milch(-drinks)	12
Kohlesäurehaltige Getränke	6
Säfte	8
Bier	8
Eistee	6
Kaffee	4
Andere	8

Weltweit gibt es über 4000 Wassermarken. Rund 200 Milliarden Liter Wasser werden jedes Jahr in Flaschen abgefüllt und verkauft. Umsatz weltweit 2012: über 150 Milliarden US-Dollar.

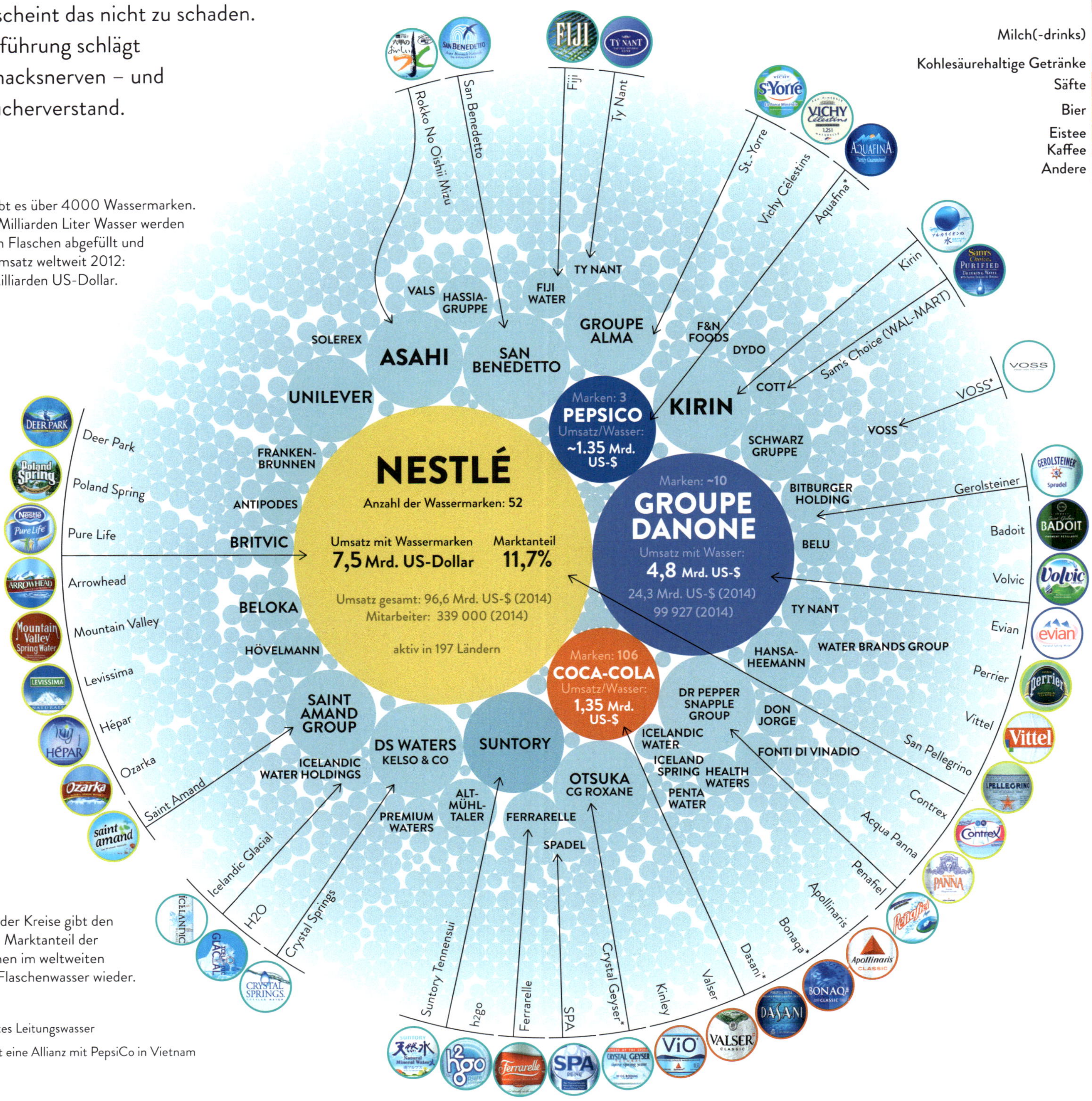

Die Größe der Kreise gibt den ungefähren Marktanteil der Unternehmen im weltweiten Markt mit Flaschenwasser wieder.

* Aufbereitetes Leitungswasser

**Suntory hat eine Allianz mit PepsiCo in Vietnam

Wasserverbrauch

Pro-Kopf-Konsum von Flaschenwasser in den führenden Ländern 2014 in Gallonen (1 amerik. Gallone = 3,785 l)

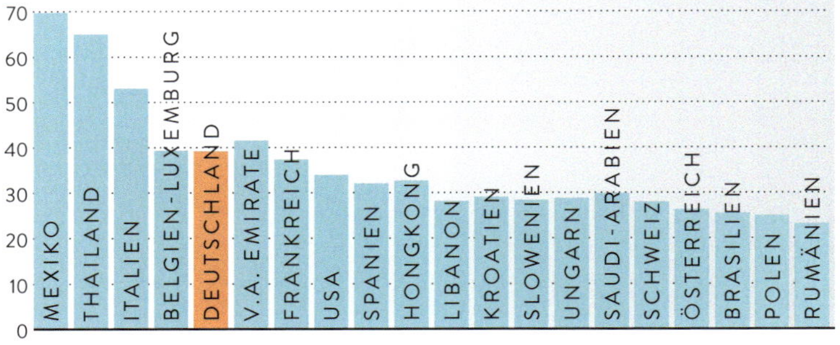

Globaler Verbrauch von Flaschenwasser von 2007 bis 2017 in Mrd. Litern

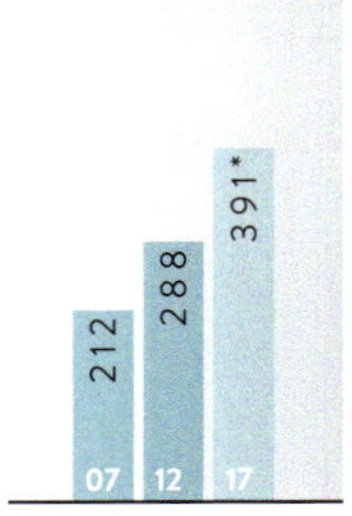

* geschätzt

Globaler Bedarf an Trinkwasser von 1980 bis 2030 (in Kubikkilometern)

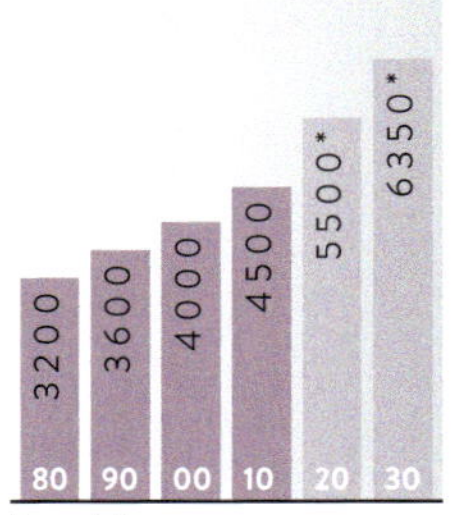

* geschätzt

Pro-Kopf-Konsum von Wasser in Deutschland 2003 bis 2014 (in Litern)

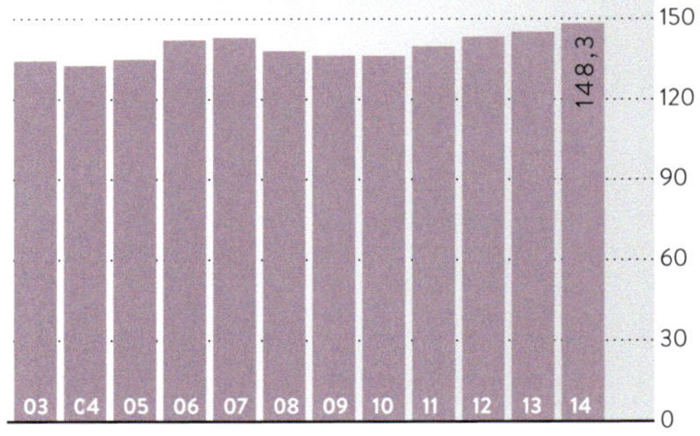

HIDDEN CHAMPIONS

Wozu TV-Spots und protzige Firmenzentralen? Die unscheinbaren Siegertypen des deutschen Mittelstands machen vor: Mit innovativen Produkten kann man Weltmärkte erobern, ohne für großes Aufsehen zu sorgen.

WAS IST EIN „HIDDEN CHAMPION"?
(nach Fraunhofer-Institut für System- und Innovationsforschung)

- weniger als 10 000 Mitarbeiter
- Exportanteil größer als 50 %
- signifikanter Marktanteil (abgestuft nach Größe des Gesamtmarktes)
- überdurchschnittliches Wachstum in den vergangenen fünf Jahren

1526
Hidden Champions gab es in Deutschland im Jahr 2013.

401 000
Beschäftigte arbeiteten für die Hidden Champions im Jahr 2013.

151 Mrd. €
So hoch war der gesamte Umsatz der Hidden Champions im Jahr 2013.

WAS HIDDEN CHAMPIONS AUSMACHT, ANTEIL AN BESTIMMTEN FAKTOREN. Angaben in %

Global Champions
Hidden Champions

	Hidden Champions
Nutzung/Einsatz von Produktinnovatoren	1,4
Nutzung/Einsatz von Prozessinnovatoren	1,1
Forschungs- und Entwicklungsausgaben	5,7
Innovationsausgaben	4,7
Umsatzanteil mit neuen Produkten	4,6
Umsatzanteil mit Marktneuheiten	6,5
Umsatzanteil mit Weltmarktneuheiten	15,0

VERTEILUNG DER HIDDEN CHAMPIONS IN DEUTSCHLAND NACH BRANCHEN

Angaben in Prozent (Durchschnitt der Jahre 2009–2013)

SONSTIGE BRANCHEN	2,9
PHARMAINDUSTRIE	1,7
INGENIEURBÜROS	1,8
TEXTIL- UND LEDERINDUSTRIE	1,9
FAHRZEUGBAU	4,6
FORSCHUNG UND ENTWICKLUNG	4,7
GLAS- UND STEINWARENINDUSTRIE	4,8
ELEKTRONIK/MESSTECHNIK	5,0
KUNSTSTOFFVERARBEITUNG	5,1
HOLZ- UND PAPIERINDUSTRIE	5,1
SOFTWARE/INTERNET	5,4
CHEMIEINDUSTRIE	5,4
MEDIZINTECHNIK	6,1
ELEKTROTECHNIK	10,5
METALLINDUSTRIE	11,1
MASCHINENBAU	23,7

BEISPIELE HIDDEN CHAMPIONS AUS DEUTSCHLAND

	DURAVIT	RAVENSBURGER	OTTO BOCK	MENNEKES	SENNHEISER	SILTRONIC	LAPP GRUPPE
Sitz	Hornberg (BW)	Ravensburg (BW)	Duderstadt (NI)	Kirchhundem (NRW)	Wedemark (NI)	München (BY)	Stuttgart (BW)
UMSATZ 2014 In Mio. €	390	373	935,8	130	634,8	853,4	820
MITARBEITER (=100)	5500	1838	7329	>1000	2600	4165	3200
GRÜNDUNGSJAHR	1817	1883	1919	1935	1945	1953	1959

1800 1850 1900 1950 2000

DIE EINEN KOMMEN, DIE ANDEREN GEHEN

Kulturell sind Migranten oft nicht willkommen. Volkswirtschaftlich gesehen sind Einwanderer fast immer ein gutes Geschäft. Soziologen kennen den Grund: Es sind die überdurchschnittlich Ambitionierten, die in der Ferne ihr Glück suchen. Im Jahr 2013 waren es über 230 Millionen.

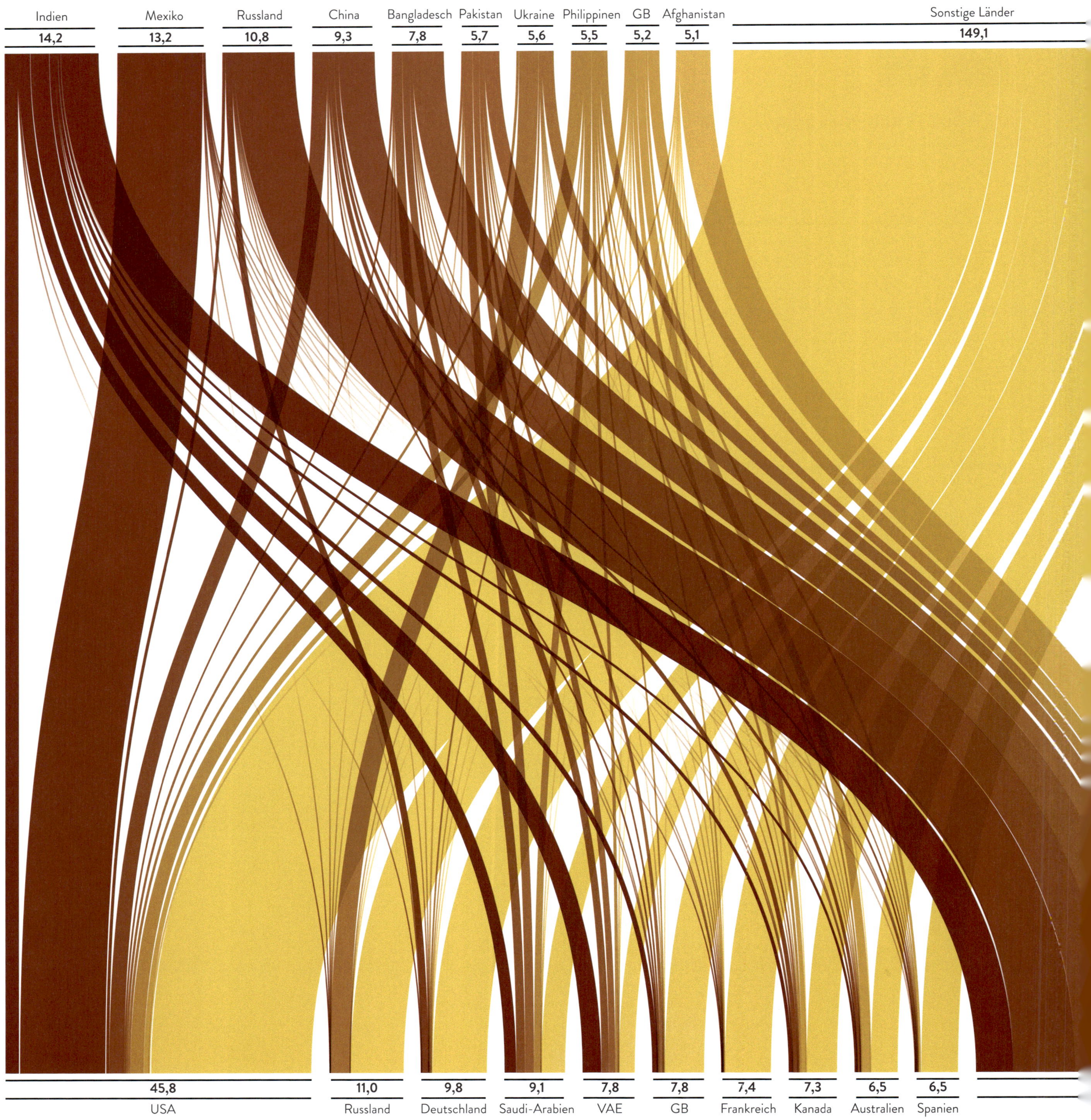

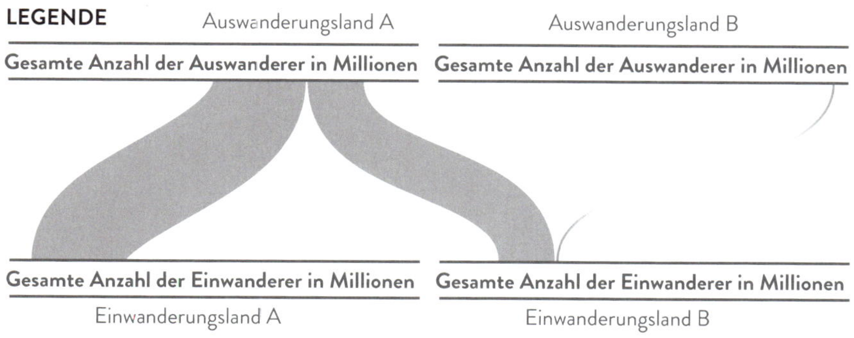

FAKTEN ZUR MIGRATION

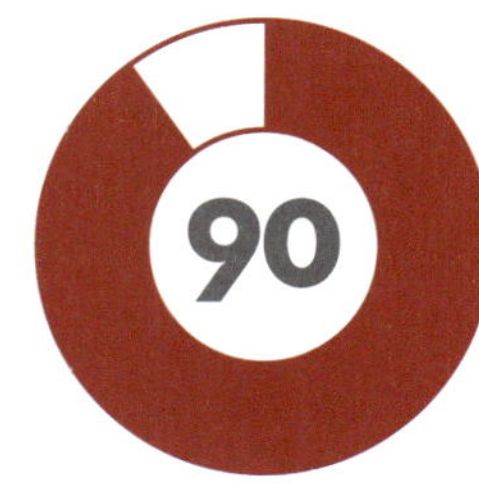

90 Prozent der Migranten werden in dem neuen Land früher oder später berufstätig. Deswegen kann man die globalen Migrationsströme ebenfalls als Arbeitsmigration betrachten.

ANZAHL DER MIGRANTEN IN DEN OECD-LÄNDERN

Migranten von 15 Jahren und älter. Nach der Region des Ursprungs. Angaben in Millionen (gerundet)

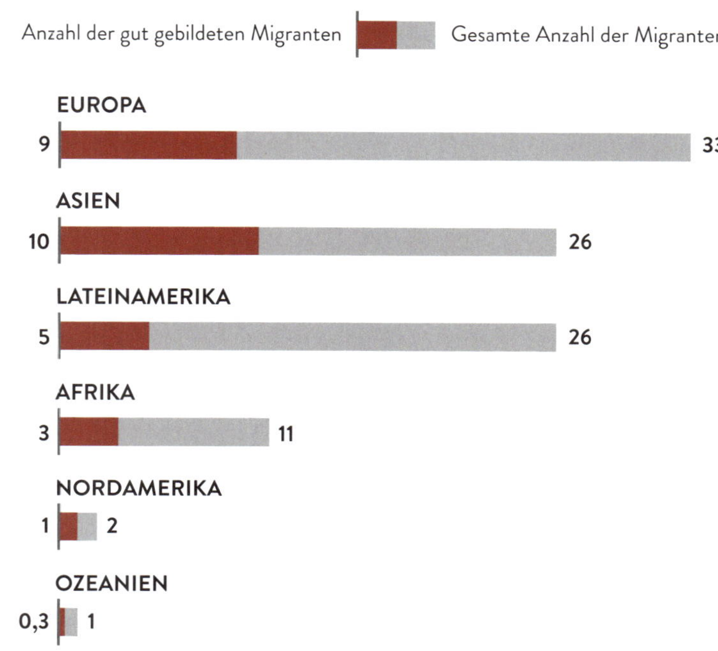

WELCHE RICHTUNG?

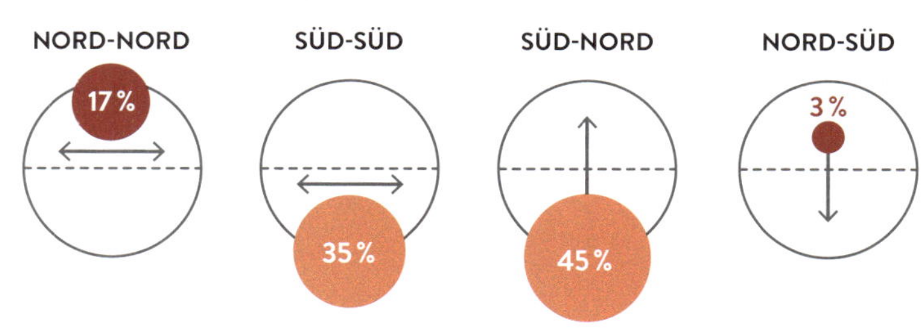

Weltbank und Vereinte Nationen erheben Daten zu den Himmelsrichtungen der Wanderungsbewegungen. Wenig überraschend: Der Norden ist attraktiver als der Süden. Es wandern aber auch viele Menschen von einem südlichen Land zu einem anderen südlichen. Etwas verwirrend dabei: Für die großen internationalen Organisationen zählt Australien zum Norden und Russland zum Süden.

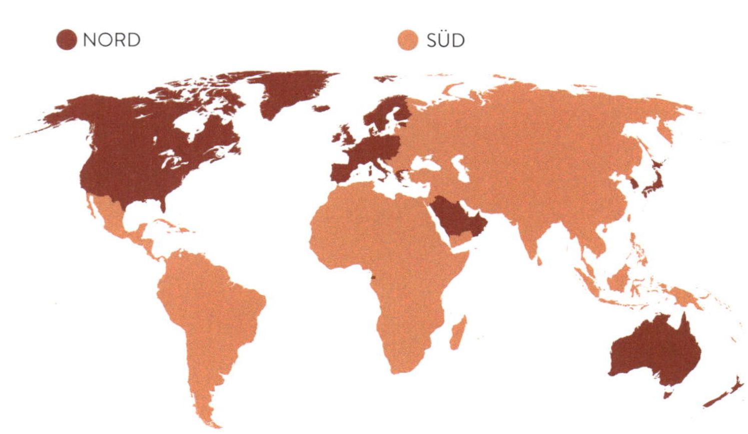

MUSS I DENN …

Deutschland ist ein Einwanderungsland. Und ein Land mit vielen Auswanderern. Viele Gutausgebildete gehen, darunter besonders viele Frauen. Allerdings kaufen die meisten von ihnen irgendwann einen Rückfahrschein. Die Zahl der Rückkehrer ist fast genauso hoch.

Beliebteste Auswanderungsländer der Deutschen:
Die meisten Auswanderer zieht es in die Schweiz oder die USA. Insgesamt sind in der Zeitspanne 2004–2013 knapp 1,5 Millionen Bundesbürger ausgewandert.

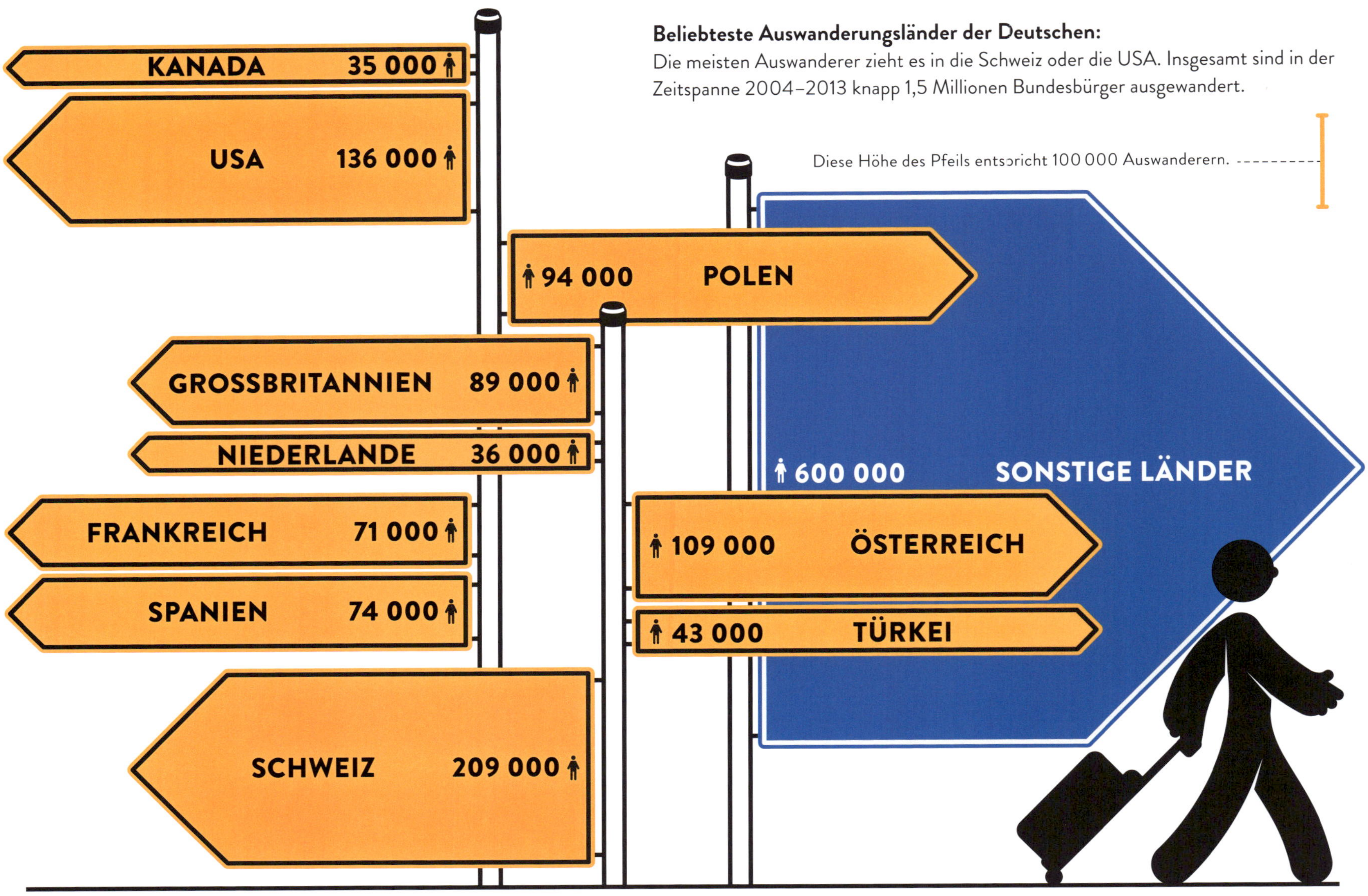

Ein Drittel der in die Schweiz ausgewanderten Deutschen hat einen Doktortitel. Besonders häufig wandern Führungskräfte aus.

Bessere Karriereperspektiven sowie Partner und Familie werden als häufigste Ursachen für die Auswanderung genannt.

1,2 Millionen der Auswanderer haben ein Studium abgeschlossen. Ein Großteil der Auswanderer war aber hierzulande arbeitslos.

Deutsche Frauen kehren ihrer Heimat öfter den Rücken als Männer. Im Jahr 2010 lebten 550 000 Akademikerinnen im Ausland und 490 000 männliche Akademiker.

Anzahl der Auswanderer aus Deutschland und der Rückkehrer nach der Wende

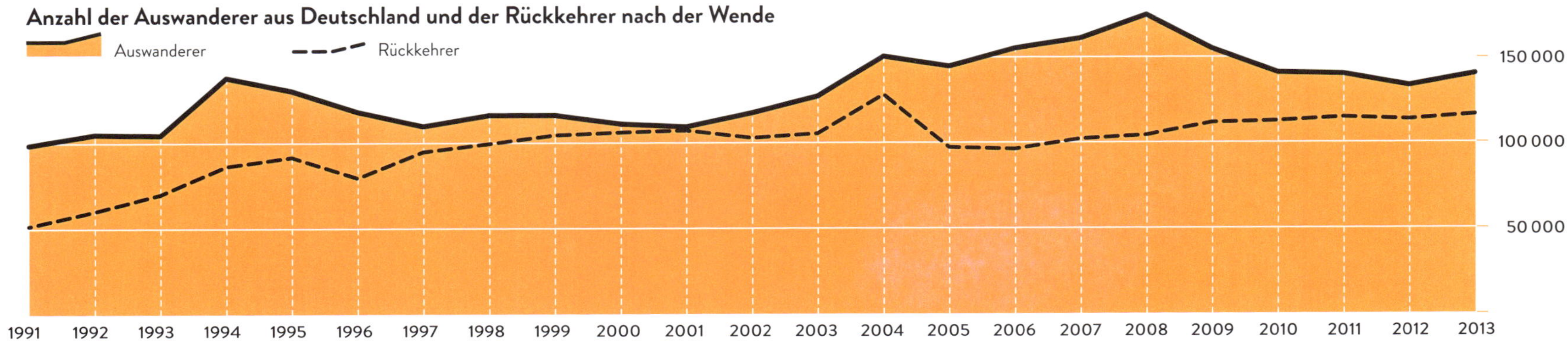

DIE BUNTESLIGA

Woher kommen die Spieler der Bundesliga-Vereine?
Woher bei europäischen Top-Clubs?
Am Ball ist übrigens Brasilien Export-Weltmeister.

Die Größe der Kreise zeigt die Anzahl an Spielern nach ihrem jeweiligen Herkunftsland an.
Die Farbe gibt den Kontinent an.

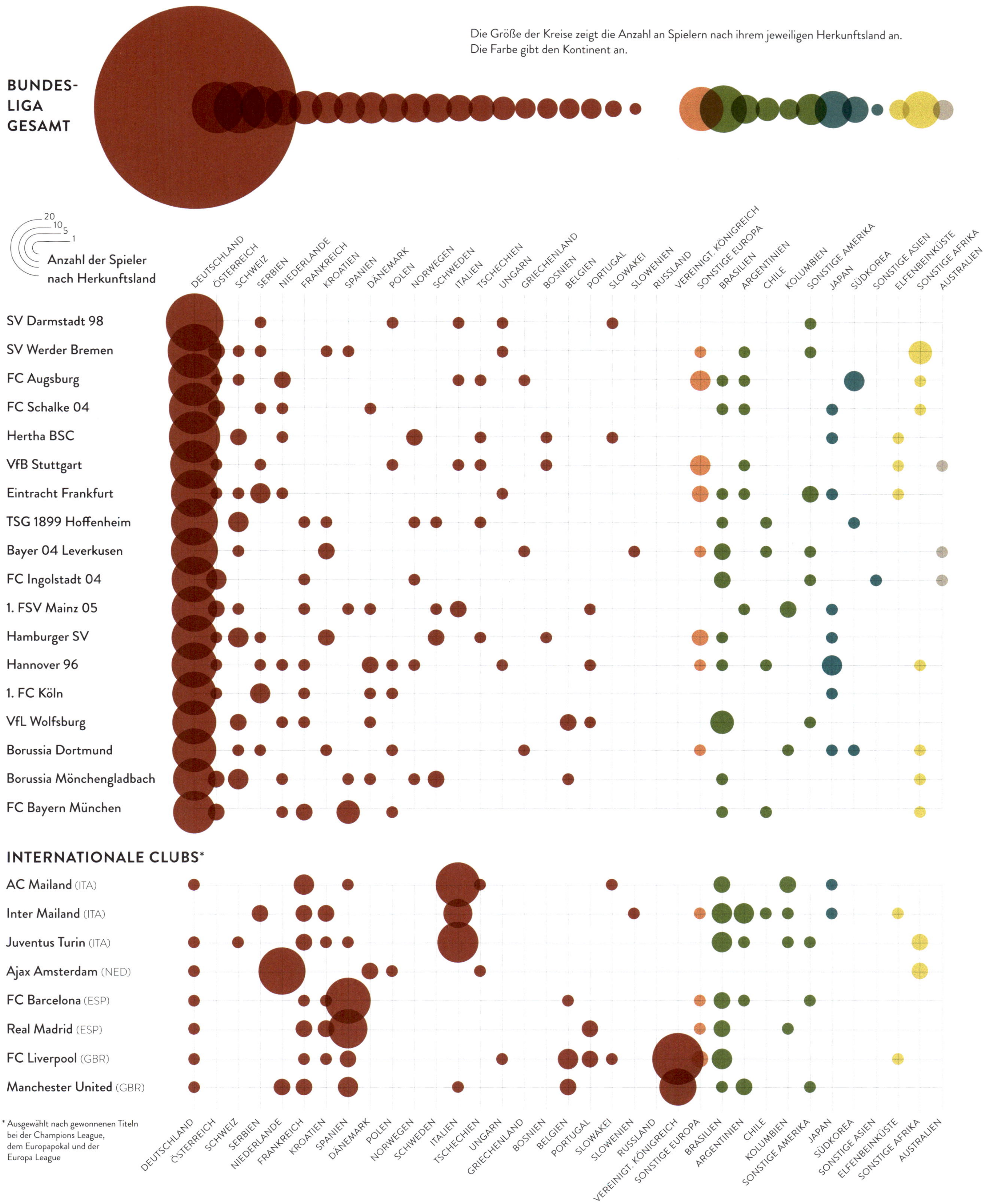

* Ausgewählt nach gewonnenen Titeln bei der Champions League, dem Europapokal und der Europa League

V

DIE THEORIE

ARISTOTELES
·
ADAM SMITH
·
KARL MARX
·
FREDERICK WINSLOW TAYLOR
·
JOHN MAYNARD KEYNES
·
MILTON FRIEDMAN
·
AMARTYA SEN

ARISTOTELES

„Oikonomia". So nannte der griechische Philosoph seine Schriften über Organisation und Führung einer selbstgenügsamen Hauswirtschaft. Erst mehr als 2000 Jahre später, im 18. Jahrhundert, wurde Ökonomie zu einer eigenen wissenschaftlichen Disziplin. Bei einigen zentralen Themen konnten die Wirtschaftsdenker der Neuzeit auf Aristoteles aufbauen: zum Beispiel beim Geldverdienen mit Geld und bei der Rolle des Privateigentums.

VORDENKER

Platon
~428 v. Chr.– ~347 v. Chr.
Materielles ist immer Mittel zum Zweck, nie Selbstzweck.

WEITERDENKER

Thomas von Aquin
~1225–1274
Preise, Zinsen und Steuern müssen gerecht sein.

John Locke
1632–1704
Handelsbilanzüberschüsse und Edelmetallzuflüsse führen zu steigenden Preisen.

Adam Smith
1723–1790
Der Markt koordiniert sich selbst.

„Es ist offenbar besser, dass der Besitz privat bleibt, aber durch die Benutzung gemeinsam wird. Dass aber die Bürger sich dementsprechend verhalten, ist die besondere Aufgabe des Gesetzgebers."

390 v. Chr. | 380 | 370 | 360

384
Geboren auf der Halbinsel Chalkidike im thrakischen Stagira. Vater Arzt, Mutter stammt aus Arztfamilie.

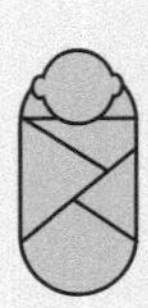

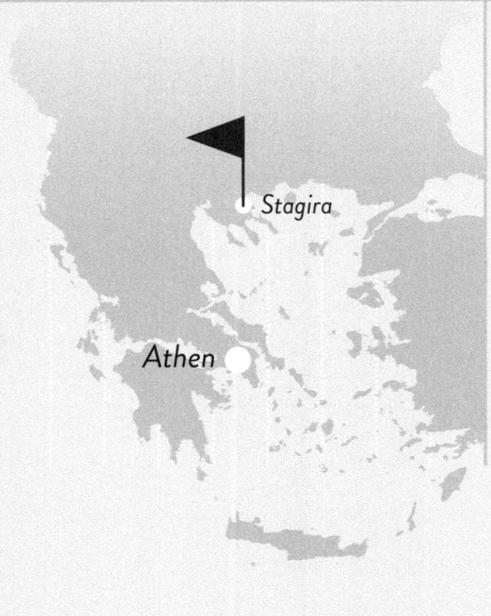

367
Mit 17 Eintritt in **Platons Akademie** in Athen

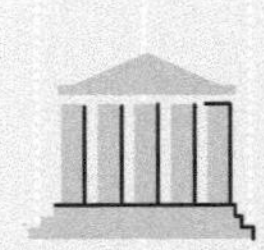

20 Jahre an der Akademie: als Schüler sowie als Lehrer. **Vorlesungsmanuskripte** entstehen, die ältesten seiner überlieferten Lehrschriften.

DREI IDEEN ZU WIRTSCHAFT

Ökonomik

„Hausverwaltungskunst“ ist für Aristoteles „naturgemäße Erwerbskunst“.

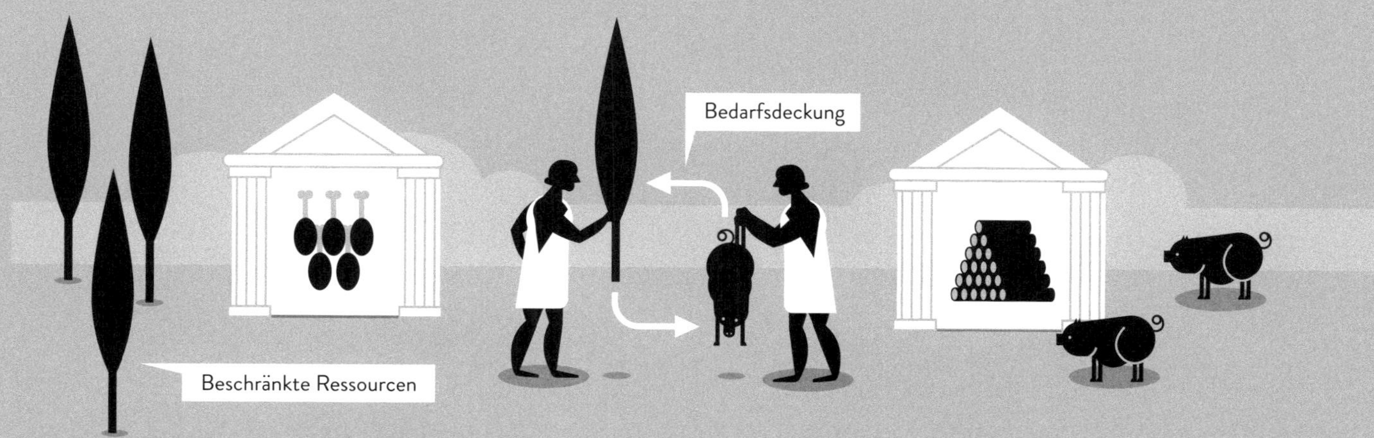

Chrematistik

Die „Kunst des Gelderwerbs“ lehnt der Philosoph als „unnatürliche Erwerbskunst“ scharf ab.

Privateigentum

Privateigentum ist für Aristoteles – in Abgrenzung zu seinem Lehrer Platon – sinnvoll.

350 | 340 | 330 v. Chr.

347 Geht nach Platons Tod nach **Kleinasien** zu Herrscher Hermias, einem ehemaligen Mitschüler. **Heirat** mit dessen Verwandter Pythias, **Geburt** der gemeinsamen Tochter

343 Wird von König Philipp II. von Makedonien an den Hof als **Erzieher für Prinz Alexander** (späterer Alexander der Große) gerufen.

335 Lebt wieder in Athen. Gründet seine eigene Schule, am **Lykeion**. Seine Frau Pythias stirbt.

Jahrzehnt vermutlich **Hauptentstehungszeit** vieler seiner wichtigen Werke, die häufig nur fragmentarisch erhalten sind

322 Aristoteles flieht aufgrund politischer Spannungen aus Athen nach Chalkis auf Euboia aufs Landgut seiner Mutter. Er **stirbt** im Alter von 62 Jahren.

ADAM SMITH

Wie funktioniert ein Markt? Welche Rolle spielen Individuum und Staat in der Ökonomie? Wie hängen Arbeitsteilung, Automatisierung und Produktivität zusammen? Adam Smith war der Erste, der diesen Fragen systematisch auf den Grund ging. Er wurde damit zum Begründer der klassischen Schule der Nationalökonomie. Sein Denken prägt die Volkswirtschaftslehre bis heute – und begründet, warum Eigennutz und Gemeinnutz in einem Markt kein Widerspruch sein müssen.

VORDENKER

Richard Cantillon
1680–1734
Von Erhöhung der Geldmenge profitieren Banken und staatsnahe Firmen zuerst.

David Hume
1711–1776
Ökonomie ist kein Nullsummenspiel. Alle können gleichzeitig gewinnen.

WEITERDENKER

David Ricardo
1772–1823
Welthandel lohnt sich für alle Staaten, auch für die ärmsten.

John Stuart Mill
1806–1873
Laissez faire. Staat hat nur für sichere, wirtschaftliche Rahmenbedingungen zu sorgen.

Vilfredo Pareto
1848–1923
Der Nutzen von Gütern ist individuell, Preise sind komplex.

„Es ist nicht die Wohltätigkeit des Metzgers, des Brauers oder des Bäckers, die uns unser Abendessen erwarten lässt, sondern dass sie nach ihrem eigenen Vorteil trachten.“
– The Wealth of Nations, Book I

1720 | 1730 | 1740 | 1750

1723
Geboren in Kirkcaldy, Schottland. Smith' Vater stirbt kurz vor der Geburt.

1737
Mit 14 **Studium** an der Universität Glasgow, Vorlesungen bei Francis Hutcheson

1740–1746
Philosophiestudium am Balliol College der Universität Oxford

1750
Smith wird **Professor** für Logik und später Moralphilosophie in Glasgow.

UNSICHTBARE UND ANDERE HÄNDE

Die Überwindung des Merkantilismus

Der absolutistische Staat hemmt die Produktivität und damit Wohlfahrt seiner Bürger.

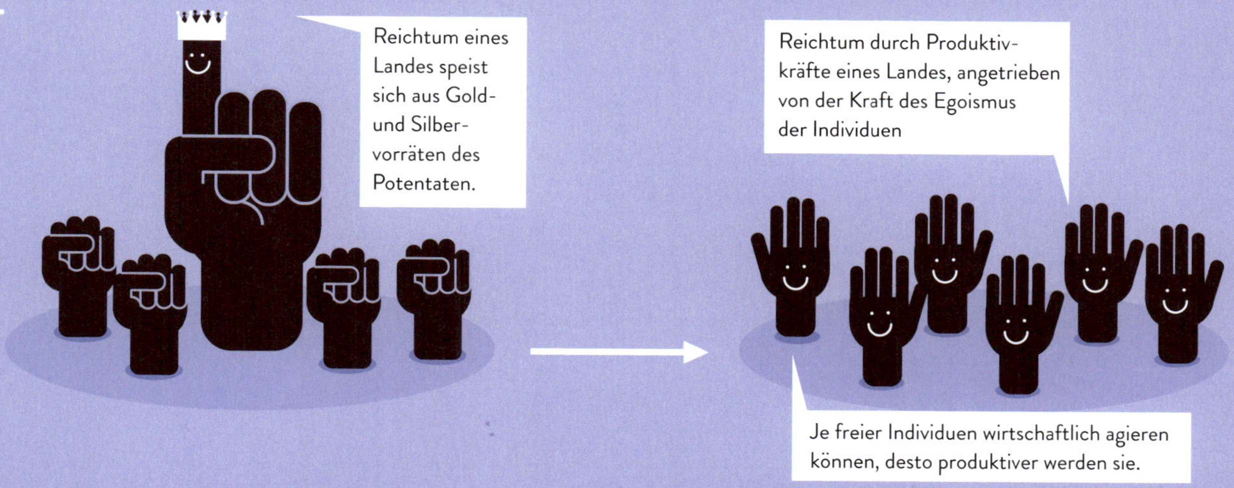

Das selbstregulierende System

Freiheit und persönliche Interessen und Leidenschaften der Individuen führen für Smith zu einem selbstregulierenden System.

Die Aufgaben des Staates

Bei Smith soll der Staat möglichst wenig eingreifen, sondern dafür sorgen, dass auf dem Markt keine Gewalt und kein Betrug herrschen.

1760 · 1770 · 1780 · 1790

1758
Smith wird **Dekan** der Universität.

1759
Veröffentlichung des ersten Buches **„Theorie der ethischen Gefühle“**

1763–1766
Smith legt Professur nieder, wird **Tutor** des jungen Herzogs Henry Scott. Reise durch Europa, Begegnung mit **François Quesnay**

1766
Rückkehr nach Kirkcaldy. Beginn der Arbeit an seinem Hauptwerk, dessen Veröffentlichung mit dem Beginn der **industriellen Revolution** zusammenfällt

1776
Sein Hauptwerk **„Wohlstand der Nationen“** erscheint.

1778
Smith wird **Zollkommissar** von Schottland, zieht nach Edinburgh.

1790
Stirbt im Alter von 67 Jahren in Edinburgh.

KARL MARX

Marxismus auf einen Bierdeckel geschrieben geht so: Kapitalismus ist ein System mit eingebauter Selbstzerstörung. Das Kapital hat dabei eine wirtschaftshistorisch wichtige Aufgabe. Es setzt große Produktivkräfte frei. Damit schafft das Kapital unbewusst die materiellen Bedingungen für eine höhere Stufe der Produktionsweise, den Sozialismus. Der Kapitalist, der rastlos seine Profite steigert, merkt dabei nicht, dass sich hinter seinem Rücken die Revolution zusammenbraut, die Produktions- und Eigentumsverhältnisse vom Kopf auf die Füße stellt. Der Marxismus hat die Geschichte des 20. Jahrhunderts geprägt. Und er ist selbst Geschichte geworden.

VORDENKER

Henri de Saint-Simon
1760–1825
Privateigentum soll vergesellschaftet werden. Jeder nach seinen Fähigkeiten

Friedrich Hegel
1770–1831
Geschichte ist ein dialektischer Prozess. These und Widerspruch (Antithese) verbinden sich im Diskurs zur Synthese auf einer höheren Stufe.

„Mögen die herrschenden Klassen vor einer kommunistischen Revolution zittern. Die Proletarier haben nichts in ihr zu verlieren als ihre Ketten. Sie haben eine Welt zu gewinnen. Proletarier aller Länder vereinigt Euch.“
– Kommunistisches Manifest

WEITERDENKER

Wladimir I. Lenin
1870–1924
„Die Lehre von Karl Marx ist allmächtig, weil sie wahr ist. Sie ist in sich geschlossen und harmonisch, sie gibt den Menschen eine einheitliche Weltanschauung, die sich mit keinerlei Aberglauben, keinerlei Reaktion, keinerlei Verteidigung bürgerlicher Knechtung vereinbaren lässt.“

Antonio Gramsci
1891–1937
Staat = politische Gesellschaft + Zivilgesellschaft; Gramsci nennt das „Hegemonie gepanzert mit Zwang“.

Theodor W. Adorno
1903–1969
Max Horkheimer
1895–1973
Die Aufklärung ist dialektisch in ihr Gegenteil umgeschlagen. Die Gesellschaft setzt Faschismus und Monopolkapitalismus keinen nennenswerten Widerstand entgegen, sondern flüchtet sich in Mythen.

1820 · 1830 · 1840

1818
Geboren in Trier als drittes von neun Kindern. Vater konvertiert kurz vorher vom jüdischen Glauben zum Protestantismus, um seinen Beruf als Rechtsanwalt weiter ausüben zu können.

1835–1841
Studium der Rechtswissenschaften und Philosophie in Bonn und Berlin

1842–1871
Arbeit für verschiedene **Zeitungen**

1843
Hochzeit mit Jenny von Westphalen. Aus der Ehe gehen sieben Kinder hervor, von denen vier vor dem zehnten Lebensjahr sterben, zwei erwachsene Töchter beenden ihr Leben durch Suizid.

1844
Lebenslange Freundschaft und Zusammenarbeit mit **Friedrich Engels**, der Marx finanziell unterstützt

1845
Ausweisung aus Paris

1847
Gründung **„Deutscher Arbeiterverein“**

184[8]
„Kommunistische[s] Manifest“

KLASSEN UND KAMPF

Historischer Materialismus

Zwei Klassen mit entgegengesetzten Interessen stehen einander gegenüber. Spannungen führen über Klassenkampf und Revolution zur nächsthöheren Gesellschaftsform. Der Kampf endet mit dem Kommunismus ohne Privatbesitz.

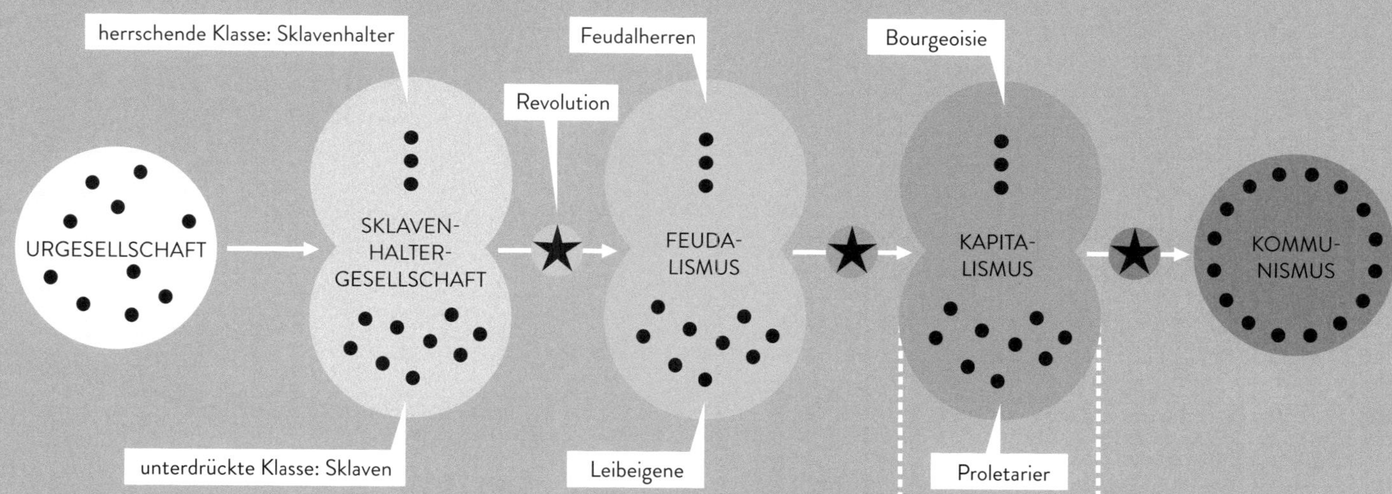

Mehrwert und Akkumulation

Der Proletarier schafft den Mehrwert, der Kapitalist schöpft diesen ab. Je niedriger der Lohn, desto höher der Mehrwert. Der Kapitalist schaufelt sich in dieser Logik sein eigenes Grab – so Marx' Logik.

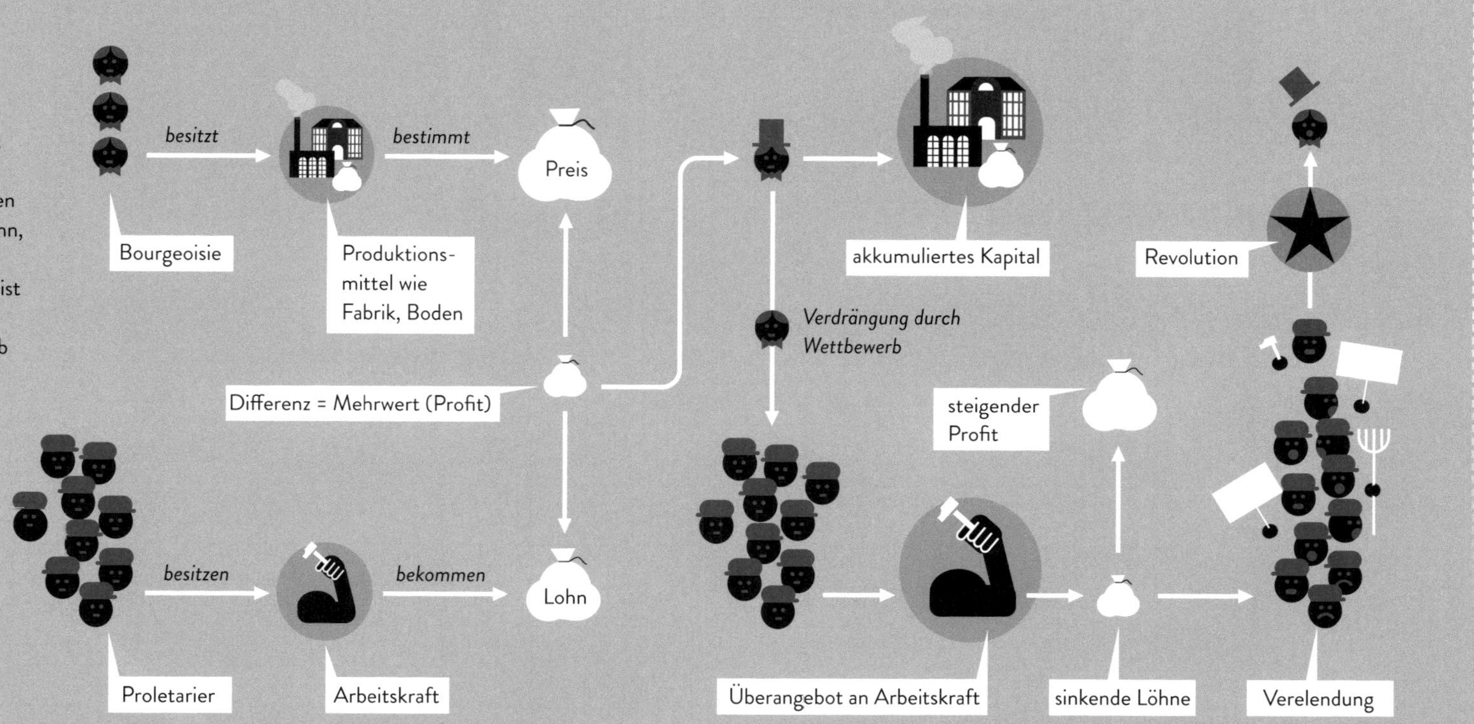

1860 1870 1880

1849
Ausweisung aus Deutschland, bleibt bis zu seinem Tod staatenlos

1863
Verbesserung der finanziellen Situation durch Erbschaft

ab 1868
Komplette Finanzierung durch Friedrich Engels, damit Marx sich dem Schreiben widmen kann

1883
Stirbt mit 65 in London.

1859
„Zur Kritik der politischen Ökonomie“

1867
Veröffentlichung des ersten Bandes aus seinem Hauptwerk **„Das Kapital“**

1 2 3

1885 und 1894
Postum Veröffentlichung des zweiten und dritten Bandes aus **„Das Kapital“** durch Engels

FREDERICK WINSLOW TAYLOR

Schneller! Müsste man das Leben, Wirken und Denken des Erfinders der Arbeitswissenschaft auf ein Wort reduzieren, es wäre Geschwindigkeit. Die Pointe dabei ist: Zu seinen Lebzeiten war Taylor weniger für seine Theorie der Arbeitsorganisation bekannt, mit deren Hilfe Henry Ford später seine Produktion beschleunigte. Taylor hatte als junger Ingenieur eine Stahllegierung erfunden, die sich besonders gut verarbeiten lässt: den Schnellarbeitsstahl.

VORDENKER

Keine direkten. Taylor hat die Arbeitswissenschaft erfunden.

„In der Vergangenheit stand der Mensch als Erstes; in der Zukunft muss das System an erster Stelle stehen. Der erste Gegenstand jedes guten Systems muss die Entwicklung erstklassiger Menschen sein."

WEITERDENKER

Frank Bunker Gilbreth
1868–1924
Alle menschlichen Bewegungen lassen sich auf 17 Grundbewegungselemente zurückführen, sogenannte Therbligs. Ein optimaler Arbeitsablauf eliminiert alle überflüssigen Therbligs.

Louis D. Brandeis
1856–1941
Machte Taylors Ansatz des wissenschaftlichen Managements in einem Vortrag bekannt und entfesselte landesweit Interesse.

Henry Ford
1863–1947
Nutzte die Methoden in seinem Unternehmen. Fordismus gründet auf Taylorismus. Ein wichtiger Baustein: Die Arbeiter sollen sich die Autos, die sie fertigen, auch selbst leisten können.

1860 | 1870 | 1880

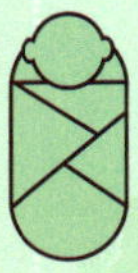

1856
Geboren in Germantown, Philadelphia als Sohn einer wohlhabenden und angesehenen Quäkerfamilie

1874
Besteht die **Aufnahmeprüfung** an der Harvard University in Cambridge, Massachusetts mit Auszeichnung, tritt das Studium aber nicht an. Stattdessen beginnt er eine **Lehre** als Werkzeugmacher und Maschinist.

1878–1893
Arbeitet in verschiedenen Unternehmen in **leitenden Positionen**, seine Rationalisierungsversuche führen immer wieder zu Konflikten.

1880–1883
Fernstudium zum Ingenieur

1881
Gewinnt erste amerikanische Tennismeisterschaft im Herrendoppel.

MESSEN UND MANAGEN

Prozessoptimierung mit Scientific Management

Taylors Credo: Arbeits- und Produktionsprozesse lassen sich viel effizienter gestalten, als dies in Unternehmen geschieht. Das Management muss nur sehr genau hinschauen, messen, kontrollieren – und arbeitsteiliger organisieren. Die Arbeit wird dadurch für den Einzelnen oft eintöniger. Die Steigerung der Produktivität sollte auch den Arbeitern und Angestellten zugutekommen – u. a. durch kürzere Arbeitszeit, längere Pausen und höhere Löhne.

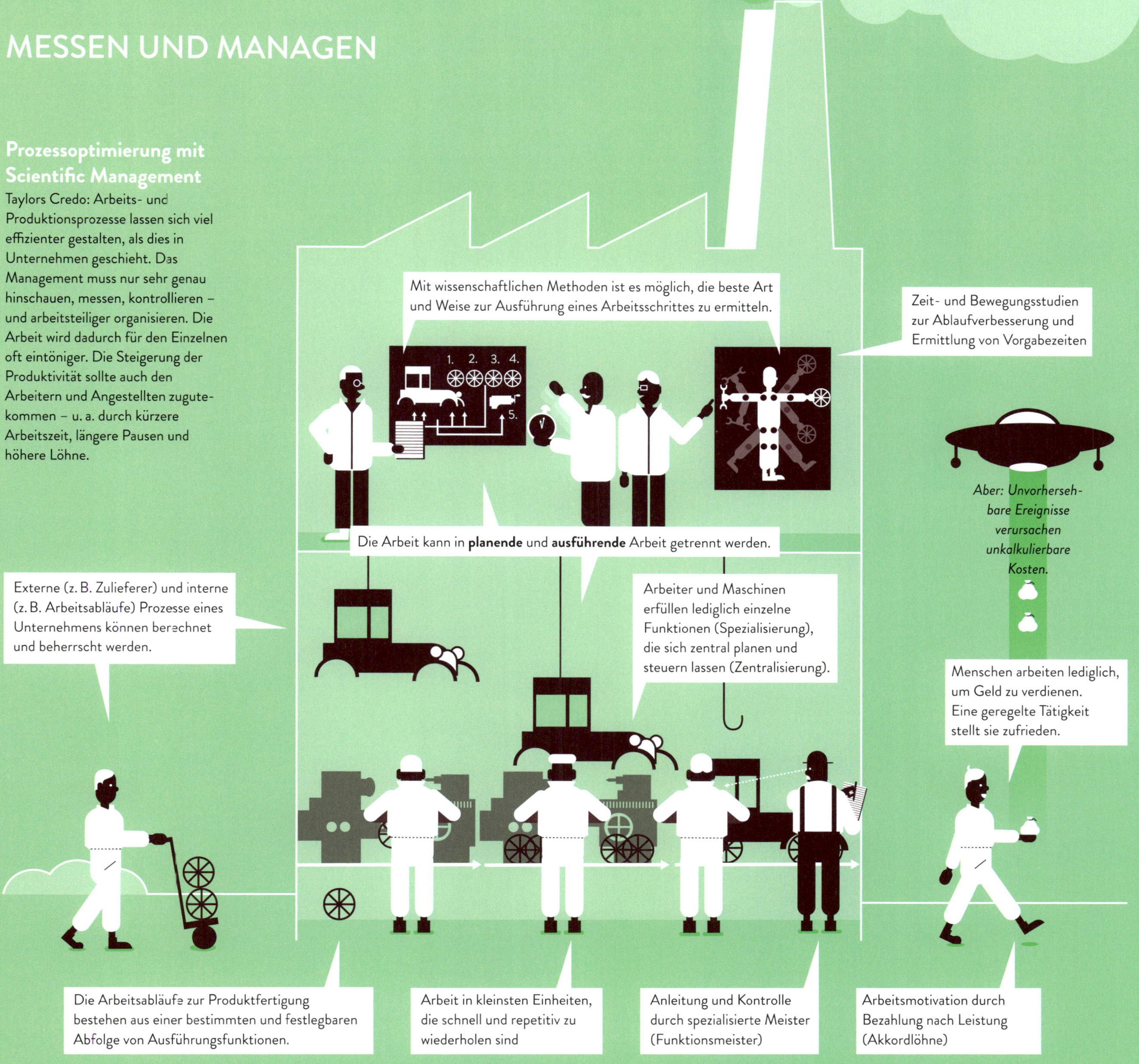

1890

1893–1901
Freier Unternehmensberater, beschäftigt sich mit Rationalisierungen zur Verkürzung der Arbeitszeit, führt umfangreiche Zeitstudien durch und erhält zahlreiche Patente.

1895
Vortrag über das Stücklohn-System macht ihn in Fachkreisen bekannt.

1900

1900
Goldmedaille der Pariser Weltausstellung für den Taylor-White-Prozess zur Erhöhung der Festigkeit von Stahl

1903
„Shop Management"

ab 1901
Lebt nur von seinen zahlreichen **Patenten** und **Industriebeteiligungen.**

1910

1909–1914
Dozent für Scientific Management an der Harvard University

1911
„The Principles of Scientific Management"

1915
Stirbt einen Tag nach seinem 59. Geburtstag.

JOHN MAYNARD KEYNES

Die marktwirtschaftlich-kapitalistische Ordnung ist die beste, die wir kennen. Aber der Staat muss den Kapitalismus mit wirtschaftspolitisch vernünftigen Eingriffen davor bewahren, sich selbst zu zerstören. Mit diesem aufgeklärt-liberalen Leitbild wurde der Cambridge-Professor Keynes zum einflussreichsten Ökonomen des 20. Jahrhunderts. Die Nachfrage in einer Volkswirtschaft zu steuern, war dabei für ihn die wichtigste ökonomische Stellschraube des Staates.

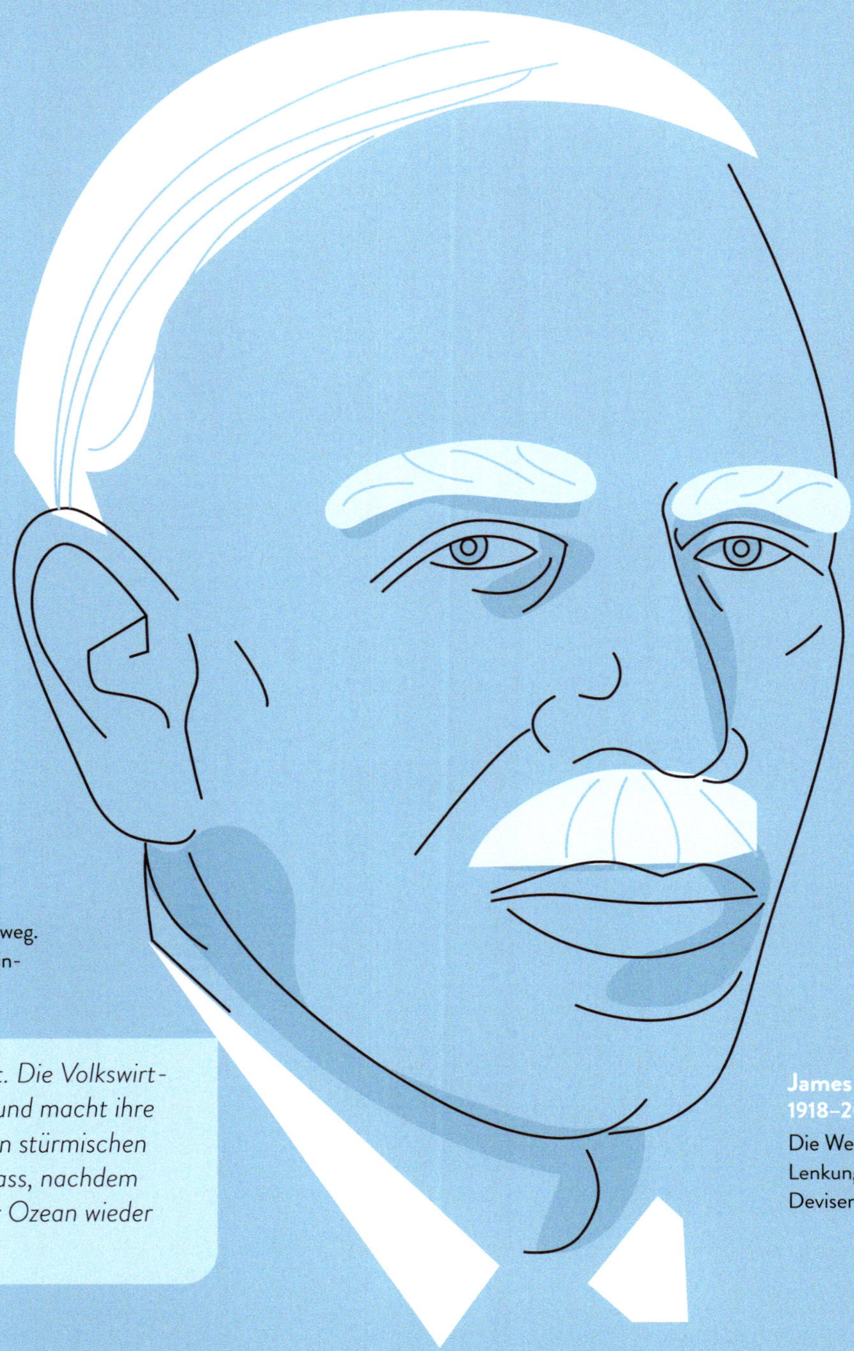

VORDENKER

Thomas Robert Malthus
1766–1834
Wächst die Bevölkerung schneller als die Wirtschaft, verarmt ein Land – und umgekehrt.

Michał Kalecki
1899–1970
Nahm viele Thesen Keynes (auf Polnisch) vorweg. Investitionen des Staates erhöhen das Volkseinkommen und finanzieren sich selbst.

„Auf lange Sicht sind wir alle tot. Die Volkswirtschaft macht es sich zu leicht und macht ihre Aufgabe zu wertlos, wenn sie in stürmischen Zeiten uns nur sagen kann, dass, nachdem der Sturm lang vorüber ist, der Ozean wieder ruhig sein wird.“

WEITERDENKER

Wesley C. Mitchell
1874–1948
Unterfüttert Keynes' Thesen mit empirischer Forschung und schärft das Bild von Konjunkturzyklen mit dem Burns-Mitchell-Diagramm.

Gunnar Myrdal
1898–1987
Die Staatengemeinschaft muss auch international eingreifen, um öffentliche Wohlfahrt zu erhalten, Entwicklung zu fördern und Armut zu bekämpfen.

James Tobin
1918–2002
Die Welt braucht eine weltweite Lenkungsabgabe auf internationale Devisenspekulationen – die Tobin-Steuer.

1880

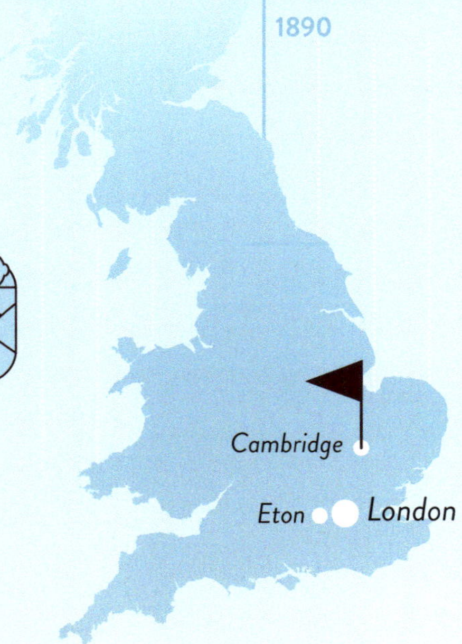

1883
Geboren in Cambridge als Sohn des bekannten Ökonomieprofessors John Neville Keynes

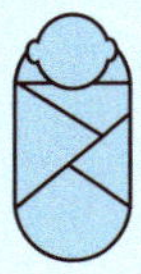

1890

1897
Privatschule in Eton

1900

1902–1906
Studium der Philosophie, der Geschichte, der Ökonomie und der Mathematik am King's College in Cambridge

1907
erster Kontakt mit **Bloomsbury Circle** und **Virginia Woolf**

1906–1908
Anstellung beim **India Office** der britischen Regierung

1910

1911–1945
Herausgeber **Economic Journal**

1915–1
Arbeit für das **britis**
Schatzministeri

ANTIZYKLISCHE WIRTSCHAFTSPOLITIK

Nachfrage steuert die Konjunktur

Die Nachfrage ist, außer in der Hochkonjunktur, grundsätzlich beschränkt. Doch sie entscheidet langfristig über die konjunkturelle Entwicklung und damit über Wachstum und Wohlstand.

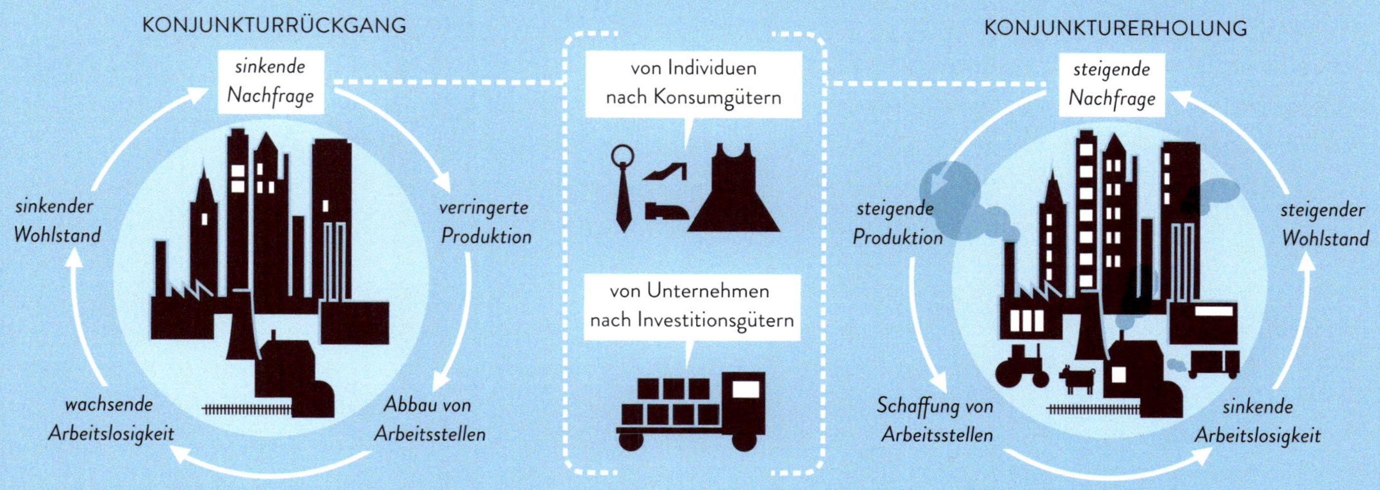

Der Staat kann Nachfrage steuern

Keynes sieht mehrere Möglichkeiten für Staaten, eine ökonomische Abwärtsspirale zu durchbrechen, sollte sich die Privatwirtschaft nicht von selbst erholen. Diese Hebel setzen an der Nachfrage nach Investitionsgütern an.

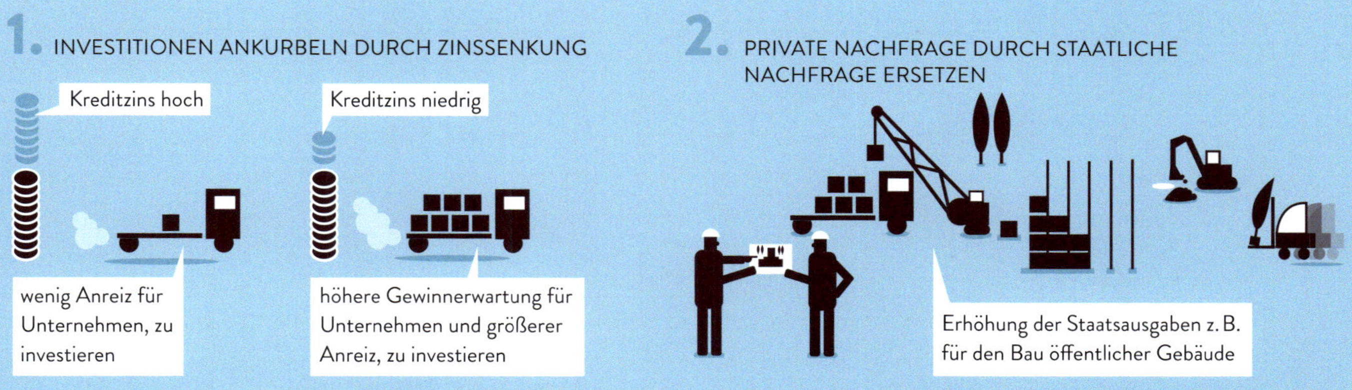

Antizyklisches Steuern

Vernunftgeleitete Wirtschaftspolitik denkt und handelt antizyklisch. In der Hochkonjunktur ist sie sparsam, in der Rezession gibt sie mit vollen Händen aus.

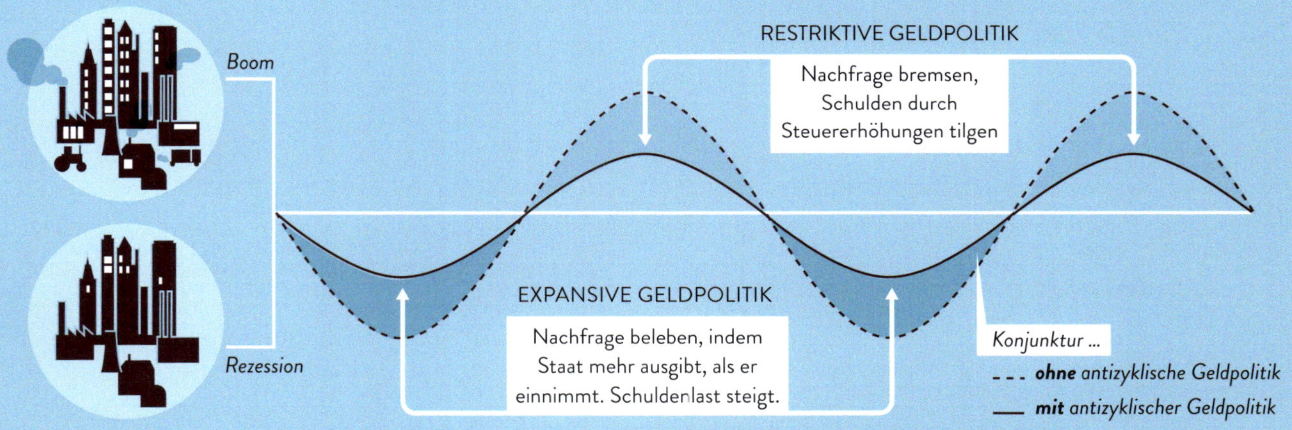

1920

1930

1940

1919 **Rücktritt** wegen ökonomisch unverantwortlichen Reparationsvereinbarungen in Versailles. **„The Economic Consequences of the Peace"** macht ihn weltbekannt.

1925 **heiratet** die russische Ballerina Lydia Lopokova

1930 **Kurator** der National Gallery

1930 **„A Treatise on Money"** bezweifelt unmittelbar danach seine Theorie, die Auseinandersetzung damit mündet in seinem Hauptwerk.

1936 **„The General Theory of Employment, Interest, and Money"**

1944 Teilnahme an **Bretton-Woods-Konferenz** für neues Weltwährungssystem

1945 **Vorsitzender** des britischen Arts Council

1946 **Stirbt** mit 62 Jahren an Herzversagen.

MILTON FRIEDMAN

„Viel Feind, viel Ehr“. Milton Friedman polarisiert bis heute. Für die einen war der Begründer des „Monetarismus“ ein liberaler Held, dessen Theorie dem übergriffigen Sozialstaat des Keynesianismus ein Gegengewicht setzte und der Freiheit des Individuums endlich wieder eine Stimme verlieh. Für die anderen war er der Wegbereiter sozialer Ungleichheit im globalen Kapitalismus und Sargträger des handlungsfähigen Staates. Dreh- und Angelpunkt seiner Theorie ist die richtige Menge des Geldes.

VORDENKER

Jacob Viner
1892–1970
Ricardo-Viner-Modell: Die Produktionsfaktoren eines Gutes in einer Branche sind für diese Branche spezifisch.

Friedrich August von Hayek
1899–1992
Wirtschaftliche Abschwünge sind das Ergebnis von Überinvestition und Überkonsumtion.

„Niemand gibt das Geld anderer Leute so sorgsam aus wie das eigene. Niemand geht mit den Ressourcen anderer so sorgsam um wie mit den eigenen. Wer also Effektivität und Effizienz möchte, wer sorgsame Verwendung gewährleisten will, der muss dies mittels Privateigentum tun.“

WEITERDENKER

Robert Emerson Lucas Jr.
*** 1937**
Staatliche Konjunkturprogramme sind wirkungslos. Ein schlanker Staat muss sich auf möglichst wenige wirtschaftliche Eingriffe beschränken.

Paul Anthony Samuelson
1915–2009
Weg der Mitte: Ein Staat muss ein verlässliches Rechtssystem schaffen, die Schwachen unterstützen und eine maßvoll nachfrageorientierte Politik betreiben.

Ronald Reagan
1911–2004
Margaret Thatcher
1925–2013
Die politisch selbsternannten Freunde des Monetarismus. Sie privatisierten, was das Zeug hielt. Allerdings erhebliche Schwächen bei der Umsetzung der Theorie, da besonders Reagan die Staatsschulden wider die Lehre in die Höhe trieb. Von Thatcher blieb der Satz: „There is no such thing as society.“

1910 · 1920 · 1930 · 1940 · 1950

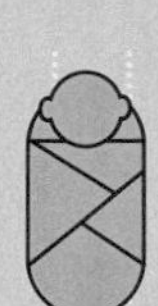

1912
Geboren in Brooklyn, New York City als Sohn armer ungarisch-jüdischer Einwanderer

1928
Studium der **Mathematik** an der Rutgers Universität mit 16 Jahren

1932
Bachelor-abschluss

1933
Masterabschluss in Ökonomie in Chicago

1937
Anstellung in der Forschungsabteilung des **National Bureau of Economic Research**

1938
Heiratet die Ökonomin Rose Director

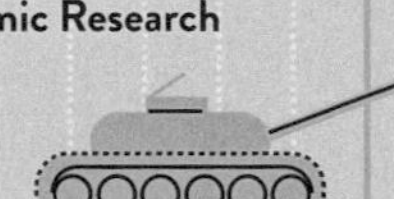

1941
Entwickelt für das **US-Finanzministerium** ein Verfahren zur Finanzierung des Krieges durch Steuern.

1943
Statistiker an der Columbia Universität

1946
Masterabschluss und Lehrtätigkeit an der Universität von Chicago

1947
Gründungstreffen der wirtschaftsliberalen **Mont Pèlerin Society**

1957
Veröffentlicht seine Kritik an John Maynard Keynes’ Lehre der Nachfrage **„A Theory of the Consumption Function“**

MONEY MATTERS

Kritik am Keynesianismus
Konjunkturprogramme stören wirtschaftliche Abläufe. Friedman argumentiert im Widerspruch zu Keynes: Mehr Geld von der Zentralbank kurbelt die Wirtschaft nicht an. Die Konsumquote bleibt gleich, und das zusätzliche Geld füttert nur die staatliche Bürokratie und das Sparschwein des Konsumenten.

Friedmans Maßnahmen
Die Geldmenge muss langsam und nach festen Regeln wachsen. Dann wächst auch die Wirtschaft zuverlässig. Eine unabhängige Notenbank muss die Geldmenge bestimmen, nicht gewählte Politiker. Politiker sollen Staatsbetriebe privatisieren.

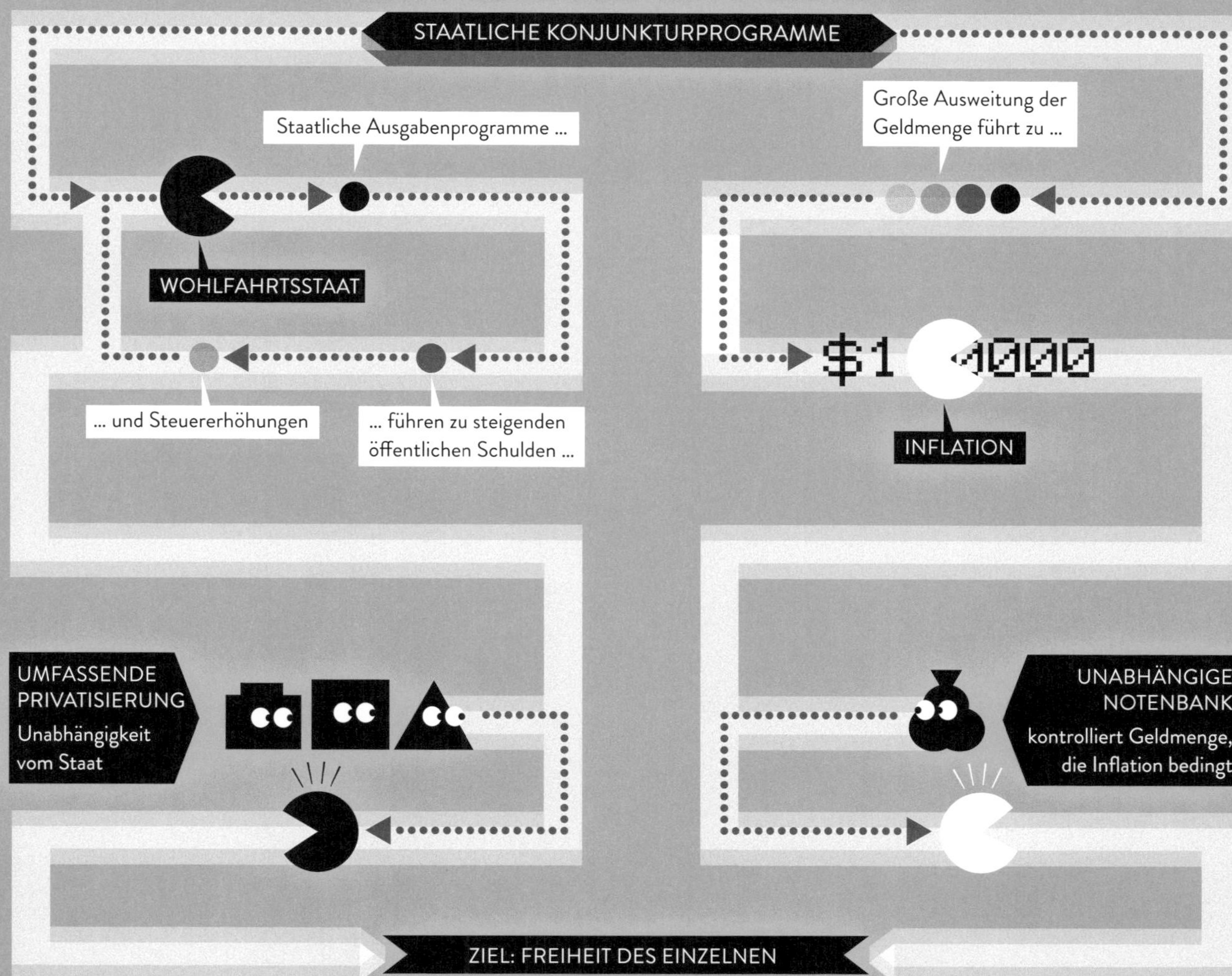

(Sozial)politische Forderungen
Friedman war durch und durch liberal – nicht nur ökonomisch, sondern auch gesellschaftspolitisch.

* Oberhalb eines festen Schwellenwerts zahlt man Steuern, unterhalb hat man Anspruch auf einen Zuschuss.

60 | 1970 | 1980 | 1990 | 2000

1962
Die Freiheit des Einzelnen im Zentrum der Argumentation in Friedmans **„Kapitalismus und Freiheit“**

1963
Sein Hauptwerk **„A Monetary History of the United States, 1867–1960“** bestreitet die keynesianische Deutung der Weltwirtschaftskrise.

1966–1984
Kolumnist für das Magazin „Newsweek“

1969
Eine langfristige Beziehung zwischen Geldmenge und Inflation steht im Zentrum von **„Die optimale Geldmenge“**.

1976
Alfred-Nobel-Gedächtnispreis für Wirtschaftswissenschaften

1980
In **„Chancen, die ich meine“** bezeichnet er den Wohlfahrtsstaat und die Inflation als die größten Feinde der Wirtschaft.

2005
Er befürwortete die **Legalisierung von Marihuana**. Den von den USA initiierten Drogenkrieg hielt Friedman nicht nur für ökonomisch ineffizient, sondern auch für unmoralisch.

2006
Stirbt im Alter von 94 Jahren.

AMARTYA SEN

Wie hängen wirtschaftliche Freiheit und Entwicklung, soziale Chancen und Sicherheit, Armut und Demokratie zusammen? Das ist die zentrale Frage, die den aus Indien stammenden Harvard-Professor sein Leben lang beschäftigt hat. Seine Theorie an der Schnittstelle von Ökonomie und Philosophie hatte dabei immer ein klares praktisches Ziel: die Armut weltweit zu bekämpfen.

VORDENKER

Kenneth Arrow
*** 1921**
Das Arrow-Theorem: Es ist unmöglich, ein Regelwerk aufzustellen, nach dem man gesellschaftliche Entscheidungen über eine Anzahl „vernünftiger" Kriterien fällt.

John Rawls
1921–2002
Soziale und ökonomische Ungleichheiten müssen zwei Bedingungen erfüllen: Erstens müssen sie mit Ämtern und Positionen verbunden sein, die unter Bedingungen fairer Chancengleichheit allen offenstehen; und zweitens müssen sie den am wenigsten begünstigten Angehörigen der Gesellschaft den größten Vorteil bringen.

WEITERDENKER

William MacAskill
*** 1987**
Altruismus muss effektiv sein. Wer aus der Welt einen besseren Ort machen möchte, soll nicht vom Herzen geleitet handeln, sondern dies auf die Weise tun, mit der er evidenzbasiert die größten positiven Effekte erzielen kann.

UN
Auf Sens Arbeiten gründet der Human Development Index der Vereinten Nationen – auch Sen-Index genannt.

„Wenn die Leute hören, dass ich Ökonom bin, fragen sie mich, wie sie ihr Geld anlegen sollen. Ich sage ihnen dann, dass ich dazu keinen Rat geben kann und dass mich vielmehr die Leute interessieren, die kein Geld haben, um es anzulegen."

1930 · 1940 · 1950 · 1960 · 1970

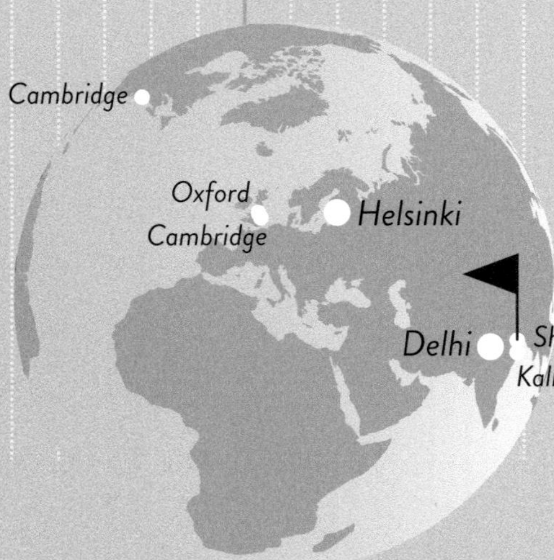

1933
Geboren in Shantiniketan, Westbengalen. Sein Vater war Chemieprofessor an der Universität von Dhaka.

1953
Bachelorabschluss in Wirtschaftswissenschaften von der Universität Kalkutta

1954
Philosophie- und Wirtschaftsstudium in Cambridge

1955
Bachelor-abschluss

1959
Master-abschluss

1963
Professor für Wirtschaftswissenschaften in Delhi

1970
„Collective Choice and Social Welfare" erscheint. Eine umfassende Kritik an den klassischen und neoklassischen Theorien der Nationalökonomik

„On Economic Inequali

ÖKONOMIE FÜR DEN MENSCHEN

Der Mensch

Die individuellen Fähigkeiten und Entwicklungsmöglichkeiten stehen im Mittelpunkt von Sens Denken. Menschen streben nach Zufriedenheit und sozialer Anerkennung. Den „homo oeconomicus" nennt Sen hingegen einen „rationalen Idioten".

Globalisierung und soziale Chancen

Entwicklung ist für Sen mehr als der Anstieg des durchschnittlichen Pro-Kopf-Einkommens. Es geht ihm um mehr Freiheiten und Verwirklichungschancen des Einzelnen. Demokratie ist langfristig die beste Staatsform, um eine (halbwegs) faire Verteilung des Wohlstands zu erreichen. Denn in der Demokratie haben die Armen wenigstens eine Stimme und bestimmen die gesellschaftlichen Werte im öffentlichen Diskurs mit.

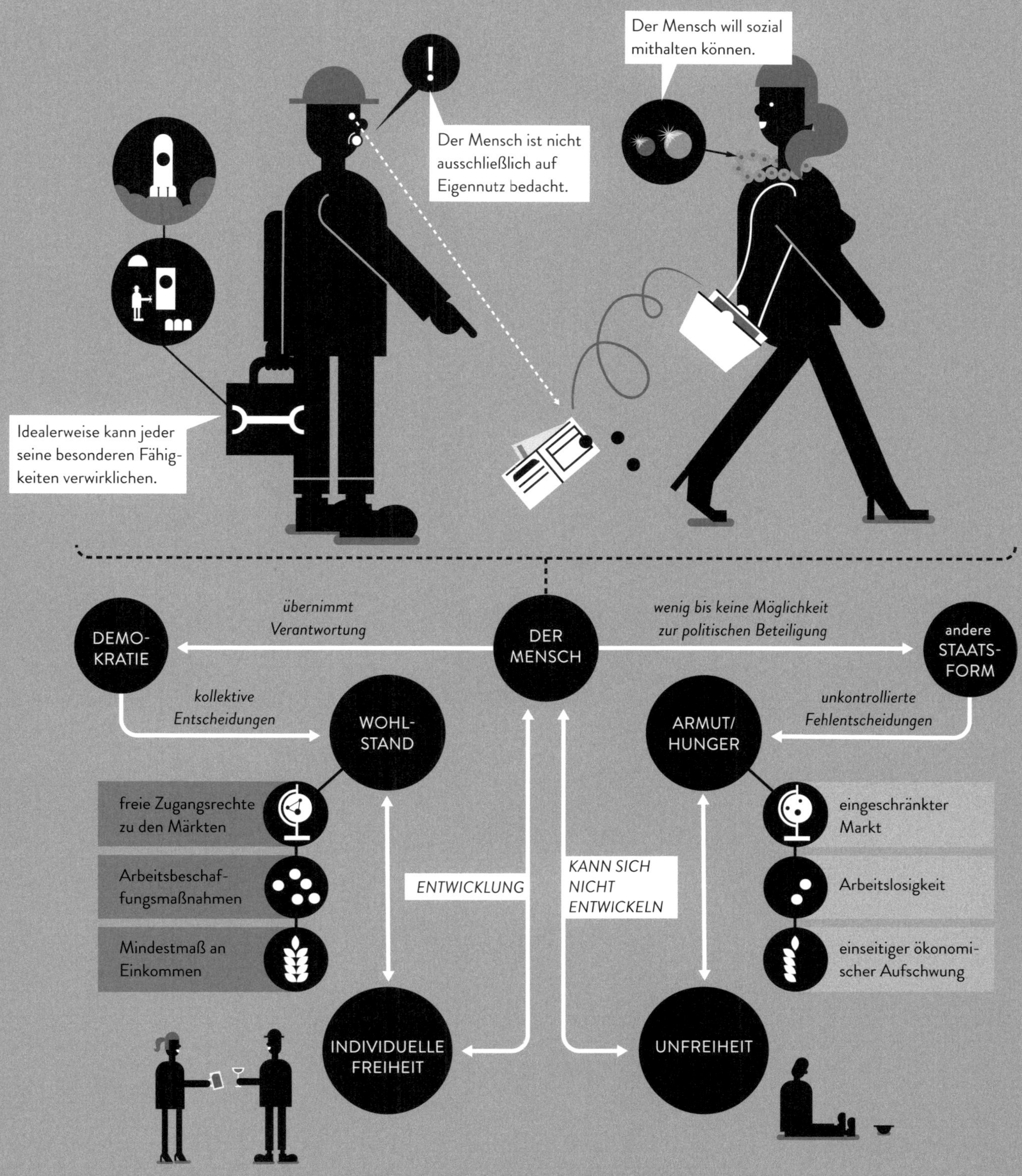

1980 · 1990 · 2000 · 2010

1977 – **Professor** an der Oxford Universität

1980 – Veröffentlicht den Aufsatz **„Equality of What?"**, in dem er die Meinung vertritt, dass es vorrangig um Verwirklichungschancen geht, nicht um Verteilung von Gütern.

1985 – **Mitgründer** des World Institute for Development of Economic Research (WIDER) in Helsinki

1988 – **Professor** für Wirtschaft und Philosophie in Harvard, Cambridge

1994 – **Präsident** der American Economic Association

1998 – **Alfred-Nobel-Gedächtnispreis** für Wirtschaftswissenschaften

1999 – **„Development as Freedom"**

2008 – **Wissenschaftlicher Leiter** der Stiglitz-Sen-Fitoussi-Kommission, die Messkriterien für ein qualitatives Wirtschaftswachstum ermittelte

2012 – **Präsident** der Nalanda Universität (NU) in Indien

2015 – Legt aus politischen Gründen sein **Amt als Präsident** der NU nieder.

VI

UMWELT & RESSOURCEN

NACHHALTIGKEIT
·
RESSOURCEN
·
LAND- UND LEBENSMITTELWIRTSCHAFT
·
WIRTSCHAFTSETHIK
·
ABFALL UND RECYCLING
·
UMWELTWIRTSCHAFTSPOLITIK
·
GREENTECH

NACHHALTIGKEIT NACHHALTEN

Die PR-Abteilungen von Unternehmen gehen mit dem Begriff „Nachhaltigkeit“ nicht nachhaltig um. Sie nutzen ihn inflationär. Das ist mindestens schade. Denn die Entwertung des Begriffs steht im radikalen Widerspruch zur Wichtigkeit des Grundgedankens der Nachhaltigkeit mit seinen drei Dimensionen: Wir müssen die Wertschöpfung endlich in Einklang mit sozialer Entwicklung und Erhaltung unseres Planeten bringen.

1713

wurde der Begriff Nachhaltigkeit von **Hans Carl von Carlowitz** geprägt. Er kritisierte mit ihm den Raubbau in der sächsischen Forstwirtschaft.

„Wird derhalben die größte Kunst/Wissenschaft/Fleiß und Einrichtung hiesiger Lande darinnen beruhen / wie eine sothane Conservation und Anbau des Holtzes anzustellen / daß es eine continuierliche beständige und nachhaltende Nutzung gebe / weiln es eine unentberliche Sache ist / ohne welche das Land in seinem Esse nicht bleiben mag.“
(aus Silvicultura oeconomica)

Der Kerngedanke der Nachhaltigkeit war damit erstmals formuliert.

1972

veröffentlichte der **Club of Rome** eine Studie mit dem Titel „Die Grenzen des Wachstums“.

Die Kernthese lautete: „Wenn die gegenwärtige Zunahme der Weltbevölkerung, der Industrialisierung, der Umweltverschmutzung, der Nahrungsmittelproduktion und der Ausbeutung von natürlichen Rohstoffen unverändert anhält, werden die absoluten Wachstumsgrenzen auf der Erde im Laufe der nächsten hundert Jahre erreicht.“ Der Bericht löste eine weltweite Debatte aus. Im Zentrum stand die Frage: Können wir wirtschaften wie bisher? Wissenschaftlich wurde „Die Grenzen des Wachstums“ oft kritisiert. Für die Diskussion um Nachhaltigkeit war die Studie ein historischer Meilenstein.

1987

definierte die **Brundtland-Kommission** der Vereinten Nationen „nachhaltige Entwicklung“ aus zwei Blickwinkeln:

1. „Dauerhafte Entwicklung ist Entwicklung, die die Bedürfnisse der Gegenwart befriedigt, ohne zu riskieren, dass künftige Generationen ihre eigenen Bedürfnisse nicht befriedigen können.“

2. „Im Wesentlichen ist dauerhafte Entwicklung ein Wandlungsprozess, in dem die Nutzung von Ressourcen, das Ziel von Investitionen, die Richtung technologischer Entwicklung und institutioneller Wandel miteinander harmonieren und das derzeitige und künftige Potential vergrößern, menschliche Bedürfnisse und Wünsche zu erfüllen.“

Viele nationale und internationale Nachhaltigkeitsabkommen übernahmen diese Perspektiven und verbanden sie mit dem gezeigten Drei-Säulen-Modell. In englischer Sprache wird es oft mit den drei Ps umschrieben, die es in Balance zu bringen gilt: People. Planet. Profit.

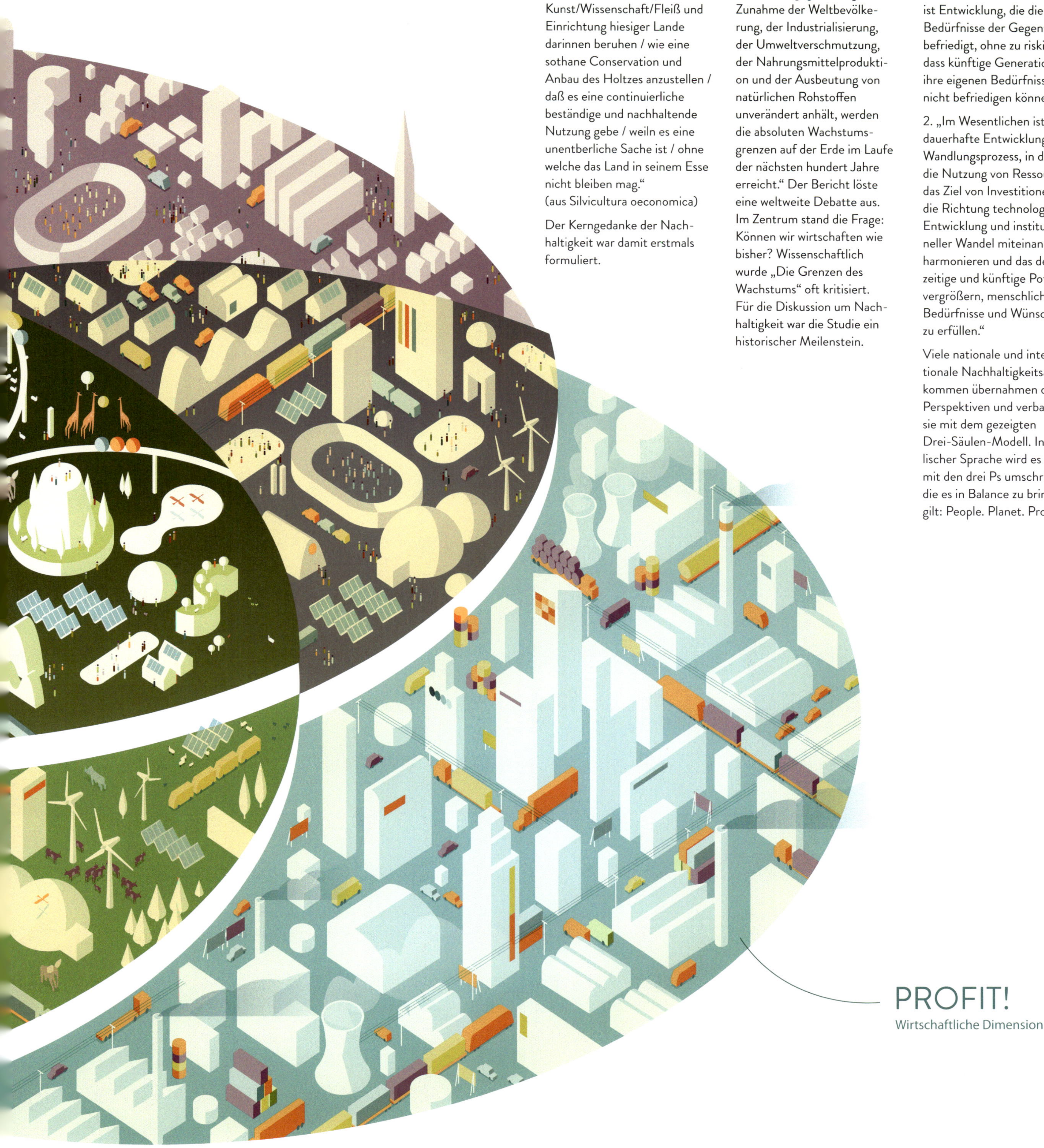

SELTENE ERDEN. UND HÄUFIGE.

Geologen und Chemiker haben bisher 5000 verschiedene minerale Rohstoffe und Bodenschätze ausfindig gemacht. Hier sind die wichtigsten für die Produktion, geordnet nach geförderter Menge. Von Zement verbraucht die Weltwirtschaft übrigens die 410-Millionen-fache Dosis wie vom teuren Halbmetall Tellur, das u.a. Stahl-, Kupfer- und Bleilegierungen veredelt.

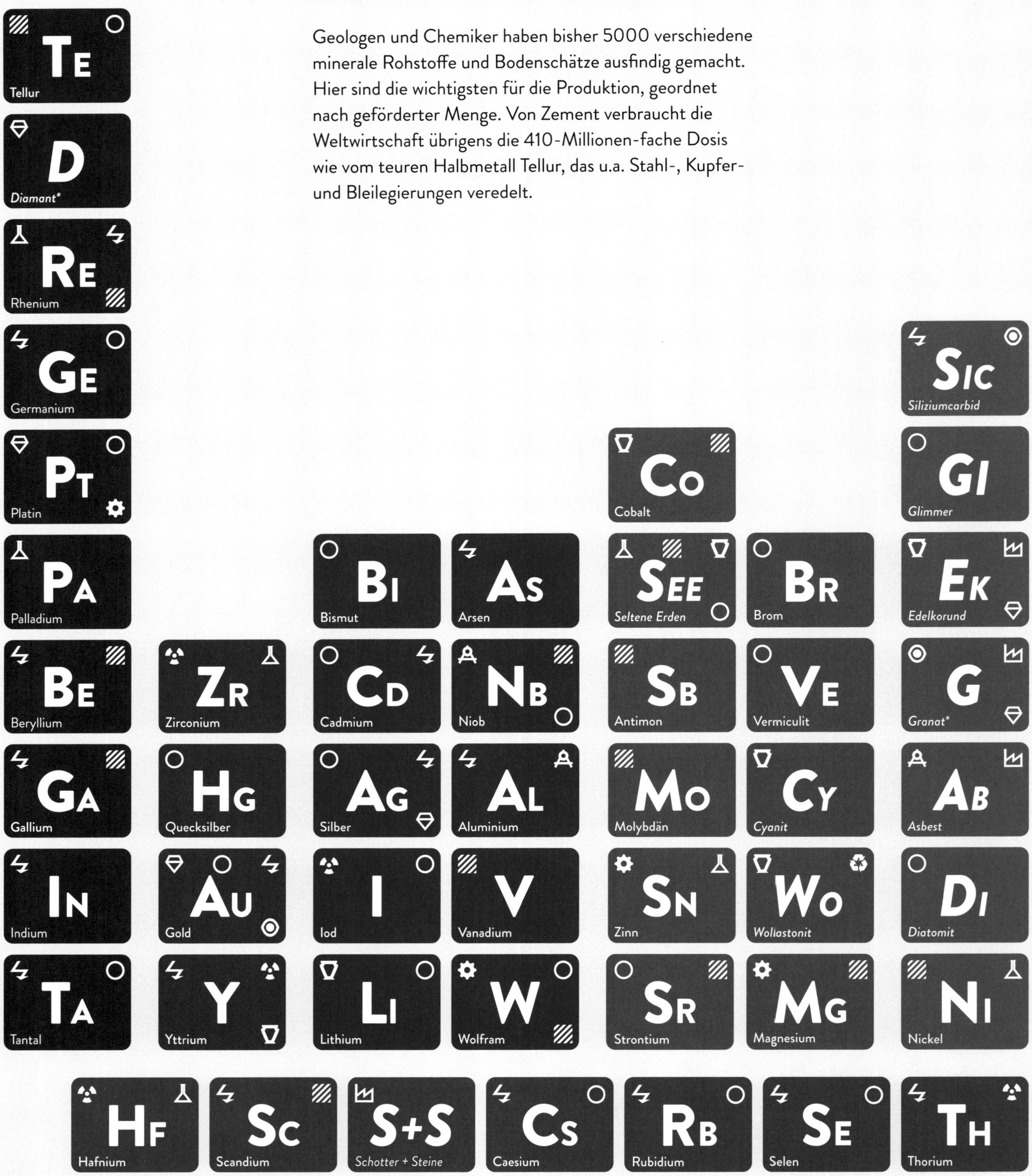

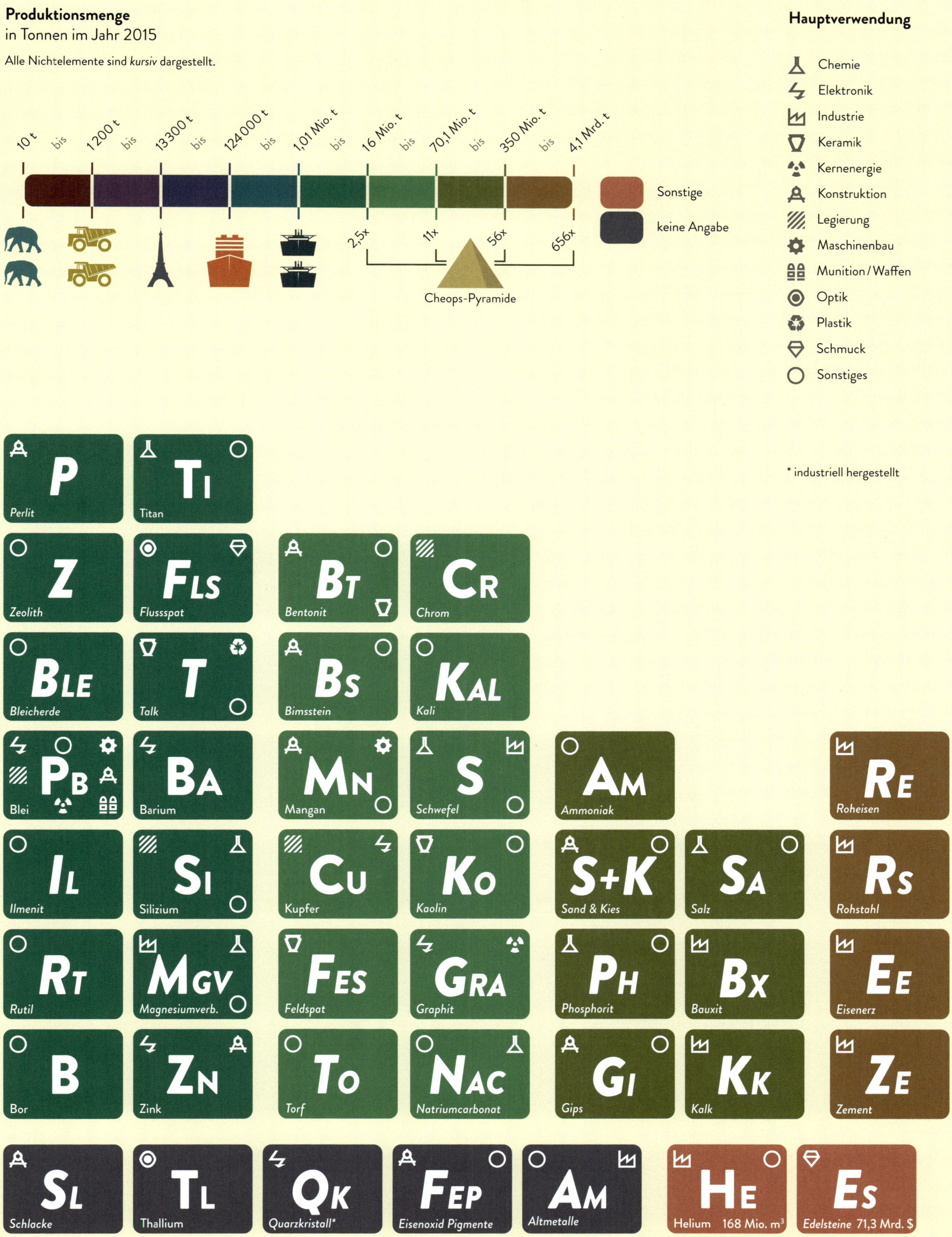
Produktionsmenge
in Tonnen im Jahr 2015
Alle Nichtelemente sind kursiv dargestellt.
10 t bis 1200 t bis 13300 t bis 124000 t bis 1,01 Mio. t bis 16 Mio. t bis 70,1 Mio. t bis 350 Mio. t bis 4,1 Mrd. t
2,5x
11x
56x
656x
Cheops-Pyramide
Sonstige
keine Angabe
Hauptverwendung
Chemie
Elektronik
Industrie
Keramik
Kernenergie
Konstruktion
Legierung
Maschinenbau
Munition / Waffen
Optik
Plastik
Schmuck
Sonstiges
* industriell hergestellt
P Perlit
Ti Titan
Z Zeolith
Fls Flussspat
Bt Bentonit
Cr Chrom
Ble Bleicherde
T Talk
Bs Bimsstein
Kal Kali
Pb Blei
Ba Barium
Mn Mangan
S Schwefel
Am Ammoniak
Re Roheisen
Il Ilmenit
Si Silizium
Cu Kupfer
Ko Kaolin
S+K Sand & Kies
Sa Salz
Rs Rohstahl
Rt Rutil
Mgv Magnesiumverb.
Fes Feldspat
Gra Graphit
Ph Phosphorit
Bx Bauxit
Ee Eisenerz
B Bor
Zn Zink
To Torf
Nac Natriumcarbonat
Gi Gips
Kk Kalk
Ze Zement
Sl Schlacke
Tl Thallium
Qk Quarzkristall*
Fep Eisenoxid Pigmente
Am Altmetalle
He Helium 168 Mio. m³
Es Edelsteine 71,3 Mrd. $

ES BRENNT!

Die fossilen Brennstoffe machten industrielle Revolution und Mobilität möglich. Die Kernkraft hatte einst den Ruf einer sauberen Zukunftsenergie. Heute stillen Kohle, Gas, Öl und Uran weltweit über 90 Prozent des Energiehungers der Welt. Und wir wissen: Mit dem Segen von ökonomischer Entwicklung und Wohlstand brachten fossile und atomare Energie den Fluch von Klimaerwärmung, Kernschmelze und Endlagerung. Vor der Energiewende steht die Bestandsaufnahme.

Energierohstoffe nach Regionen 2015
in Exajoule (EJ)

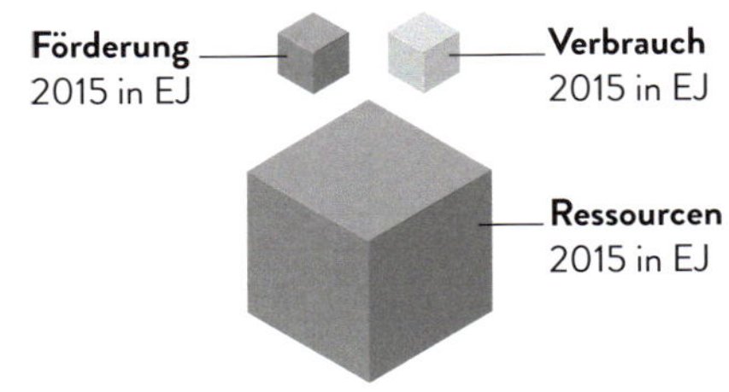

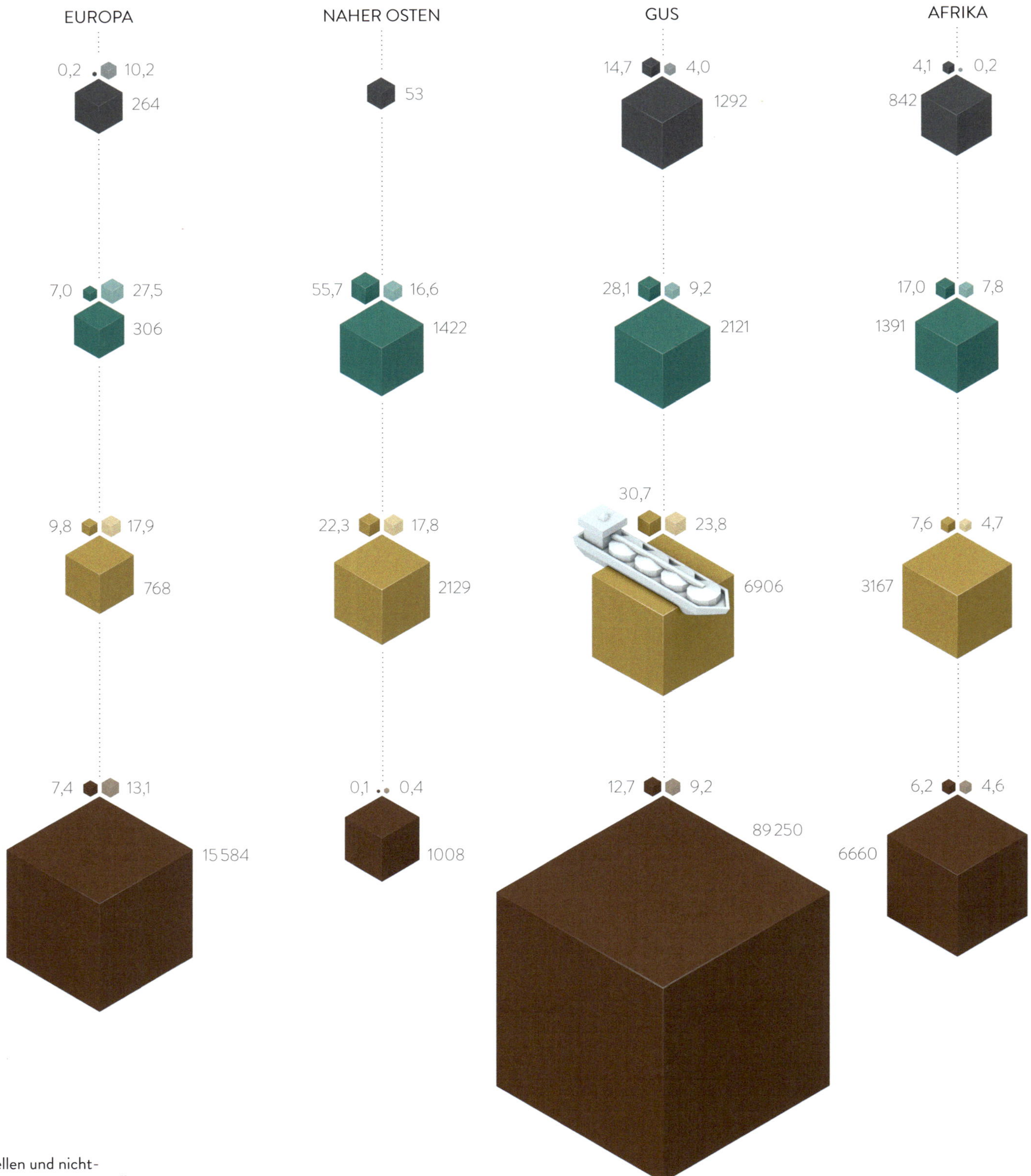

URAN

Entdeckt wurde das radioaktive Metall 1789 von dem deutschen Chemiker Martin Heinrich Klaproth. Das erste AKW ging 1954 im russischen Obninsk ans Netz. Heute sind weltweit knapp 450 AKW in Betrieb.

ERDÖL

Bereits in der Antike wurde Erdöl als Baustoff und als Brennstoff für Öllampen genutzt, aber systematisch gefördert und in Raffinerien weiterverarbeitet wird es erst seit Mitte des 19. Jahrhunderts.

ERDGAS

Hochentzündliches Methan ist der Hauptbestandteil von Erdgas. Die Chinesen nutzten es bereits vor 2000 Jahren zur Salzgewinnung. Von den fossilen Brennstoffen ist Erdgas der umweltfreundlichste.

KOHLE

Braun- und Steinkohle sind weltweit reichlich vorhanden und können verhältnismäßig günstig abgebaut werden. Leider. In Energie gewandelte Kohle ist mit Abstand für den größten Teil der CO_2-Emissionen verantwortlich.

Wir zeigen Erdöl und -gas aus konventionellen und nichtkonventionellen Lagerstätten. Letztere sind beim Erdöl z. B. Ölsand und Schieferöl, beim Erdgas z. B. Vorräte, die nur durch Fracking gewonnen werden können. Kohle umfasst Stein- und Braunkohle.

* vorläufige Werte, Rundungsdifferenzen möglich

Die Welt hatte 2013 einen Primärenergieverbrauch von **567,5 Exajoule**

Deutschland hatte 2015 einen Primärenergieverbrauch von **13,3 Exajoule***

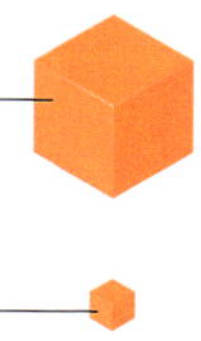

Was ist der Primärenergieverbrauch?

Streng physikalisch kann Energie nicht verbraucht, sondern nur gewandelt werden. Dennoch definieren die Volkswirte: Der Primärenergieverbrauch einer Volkswirtschaft ergibt sich aus dem Endenergieverbrauch und den Verlusten, die bei der Erzeugung der genutzten (also gewandelten) Energie auftreten.

Wie viel Energie steckt in einem Exajoule?

Um die abgebildeten fossilen Energieträger miteinander vergleichen zu können, veranschaulichen wir ihren Energiegehalt in Exajoule. Ein Joule entspricht der Leistung eines menschlichen Herzschlags. Ein Exajoule wiederum entspricht einer Trillion Joule (eine Eins mit achtzehn Nullen) – der Herzleistung von 340 Mio. Menschenleben.

Primärenergieverbrauch Deutschlands 2015 nach Energieträgern in Prozent*

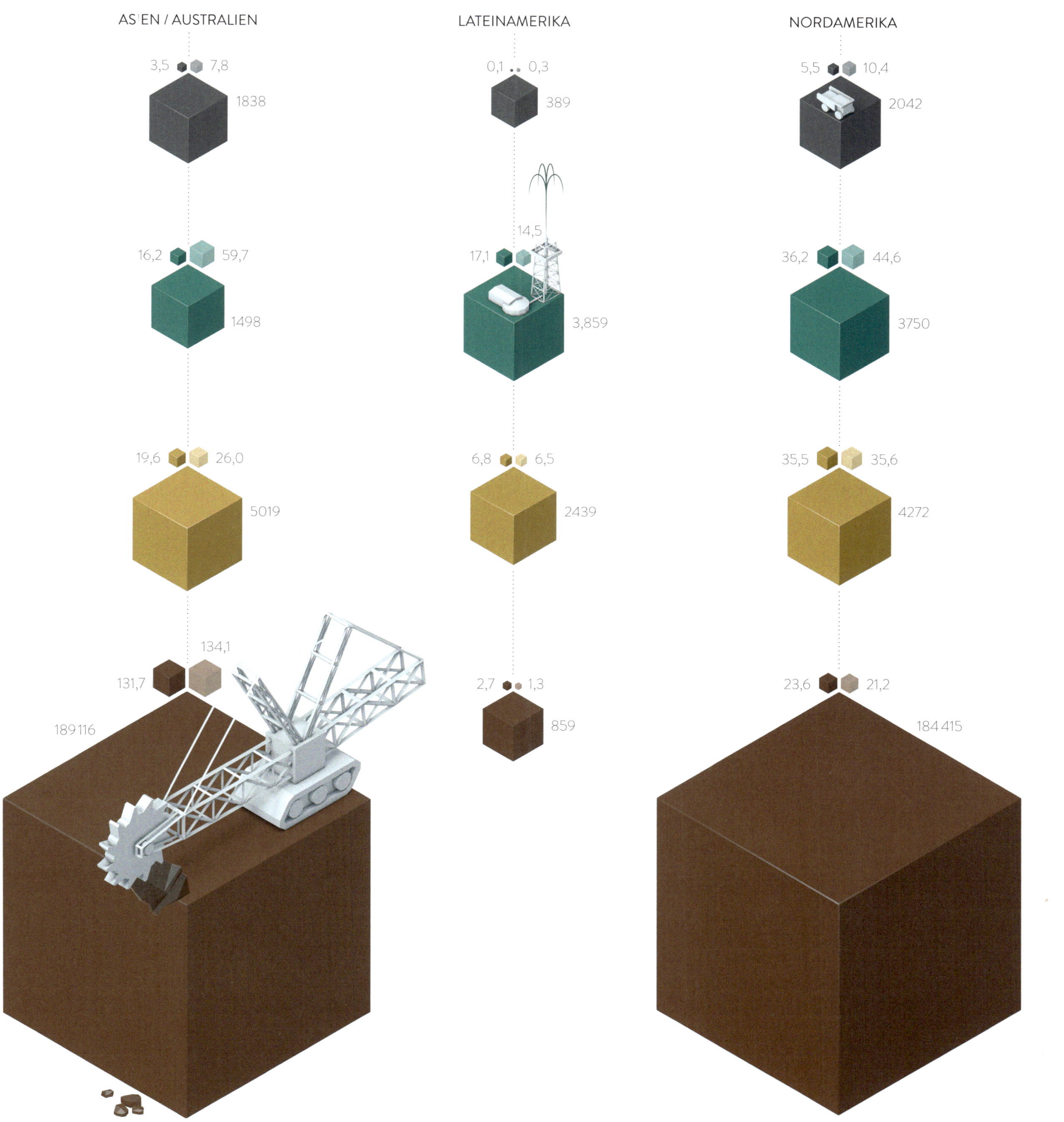

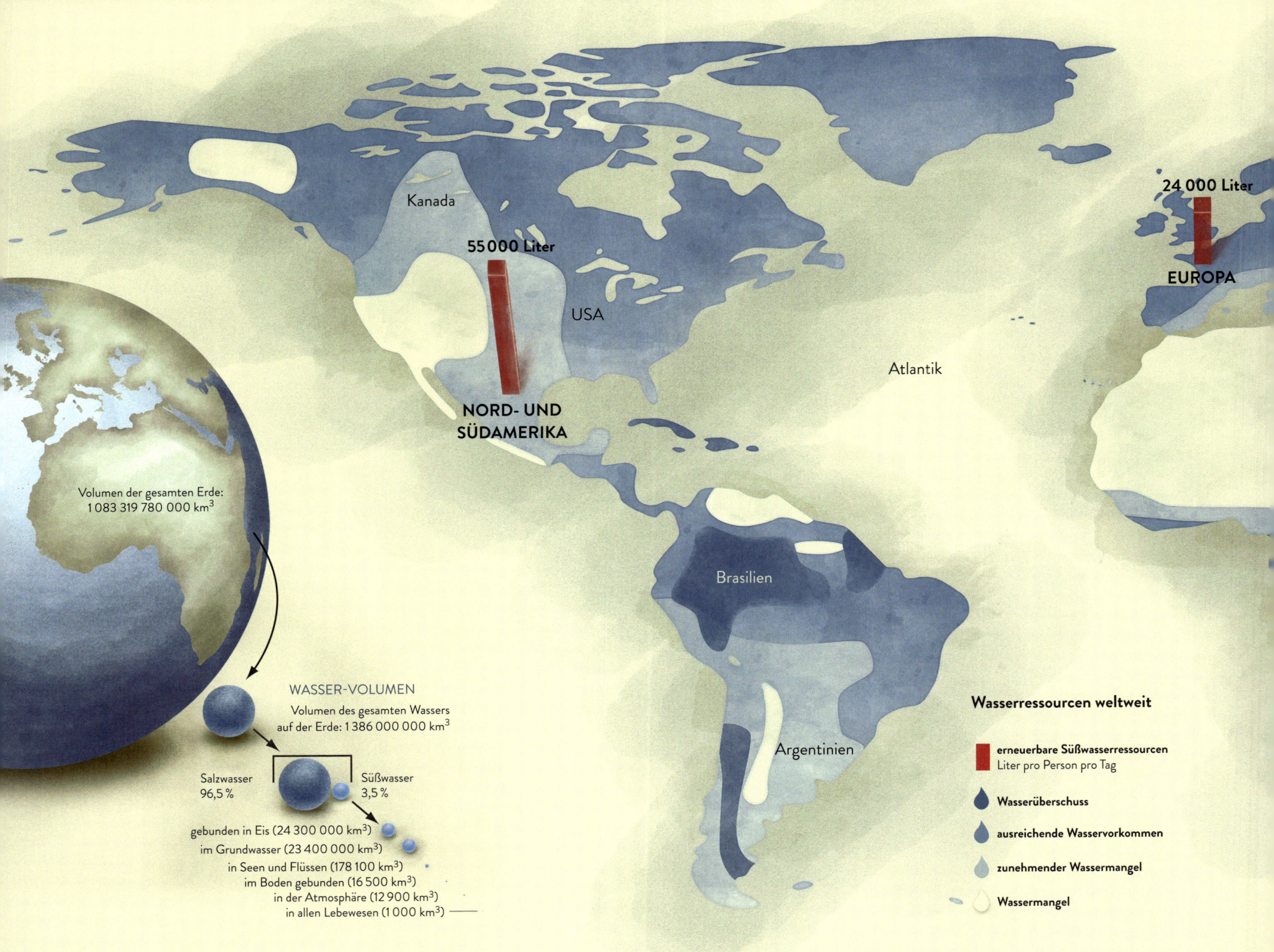

DER WERT DES WASSERS

Wasser ist die Quelle des Lebens. Und es ist ein wertvolles Wirtschaftsgut, um das sich Menschen seit Jahrtausenden streiten. Ohne Wasser keine Landwirtschaft, kein Fischfang, keine Flüsse zum Transport, keine Wasserräder in Mühlen, keine Stahlindustrie, keine Dampfmaschine, keine Kanalisation, keine Heizungsrohre und kein Kühlsystem in Serverfarmen. Ohne Wasser läuft nichts. Wie hoch sein Wert ist, merkt der Mensch vor allem dann, wenn es nicht genug davon gibt.

Wasserverbrauch Deutschland nach Branchen/Sektoren
in Millionen Kubikmeter

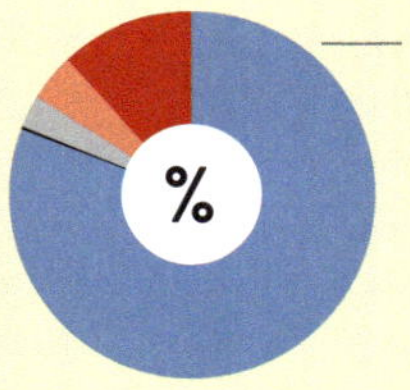

Grundsätzlich nutzbar wären in Deutschland 188 Milliarden Kubikmeter Wasser. So verteilt sich der Verbrauch:

%	
12,0	Wärmekraftwerke
4,1	Bergbau & verarbeitendes Gewerbe
2,8	öffentliche Wasserversorgung
0,1	Landwirtschaft
81,0	ungenutzt

Wasserverbrauch pro Kopf/Jahr im internationalen Vergleich
in Kubikmetern

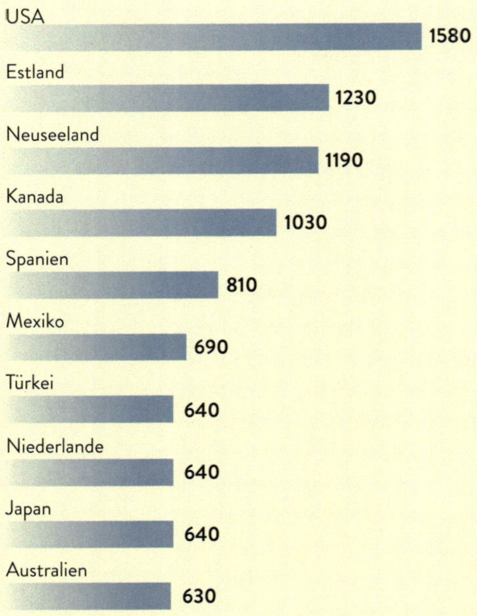

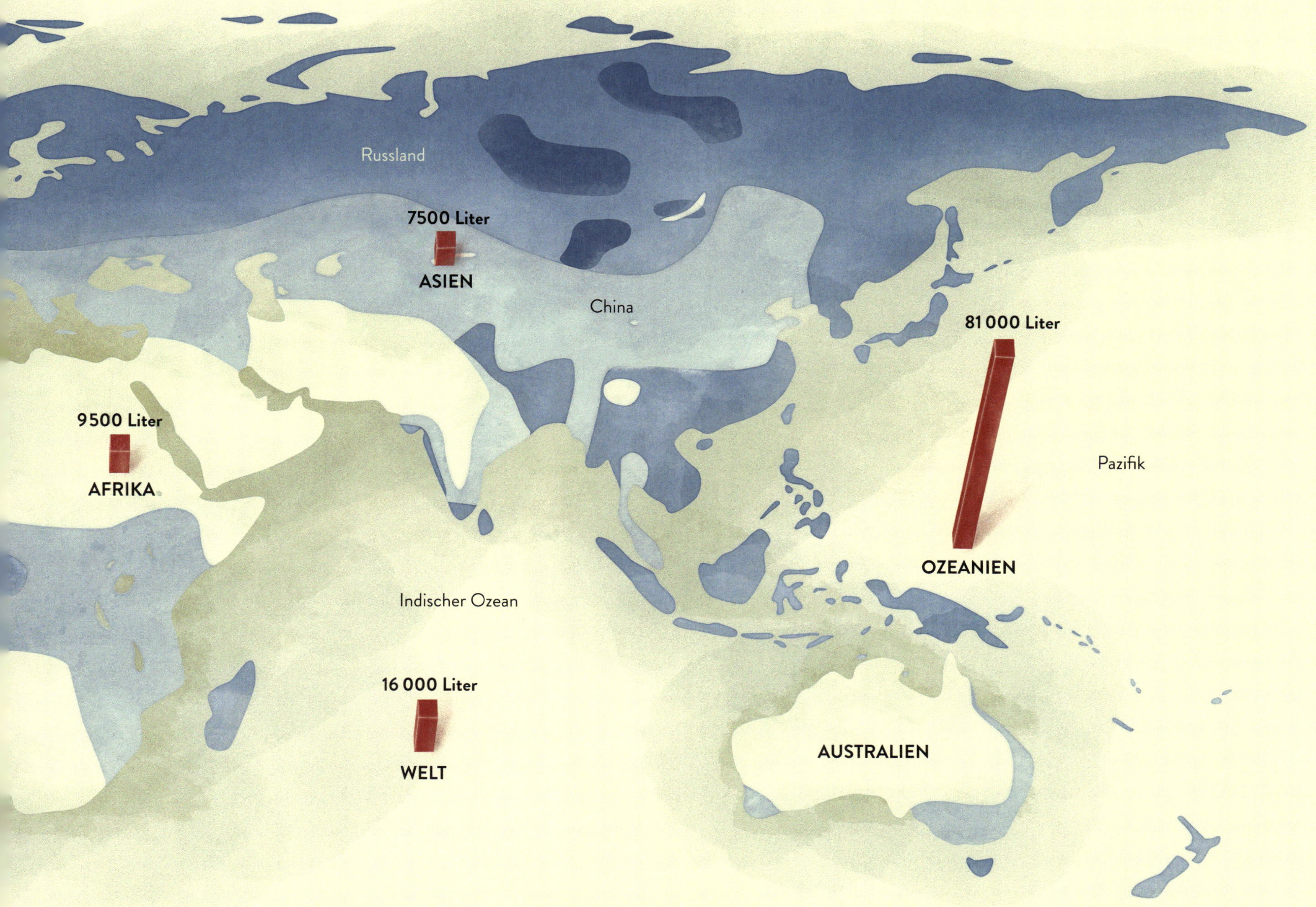

Der virtuelle Wasserverbrauch alltäglicher Gegenstände

Der Fachbegriff „virtuelles Wasser“ (manchmal auch latentes) beschreibt die Gesamtmenge an Wasser, die bei Herstellung eines Produktes tatsächlich anfällt.

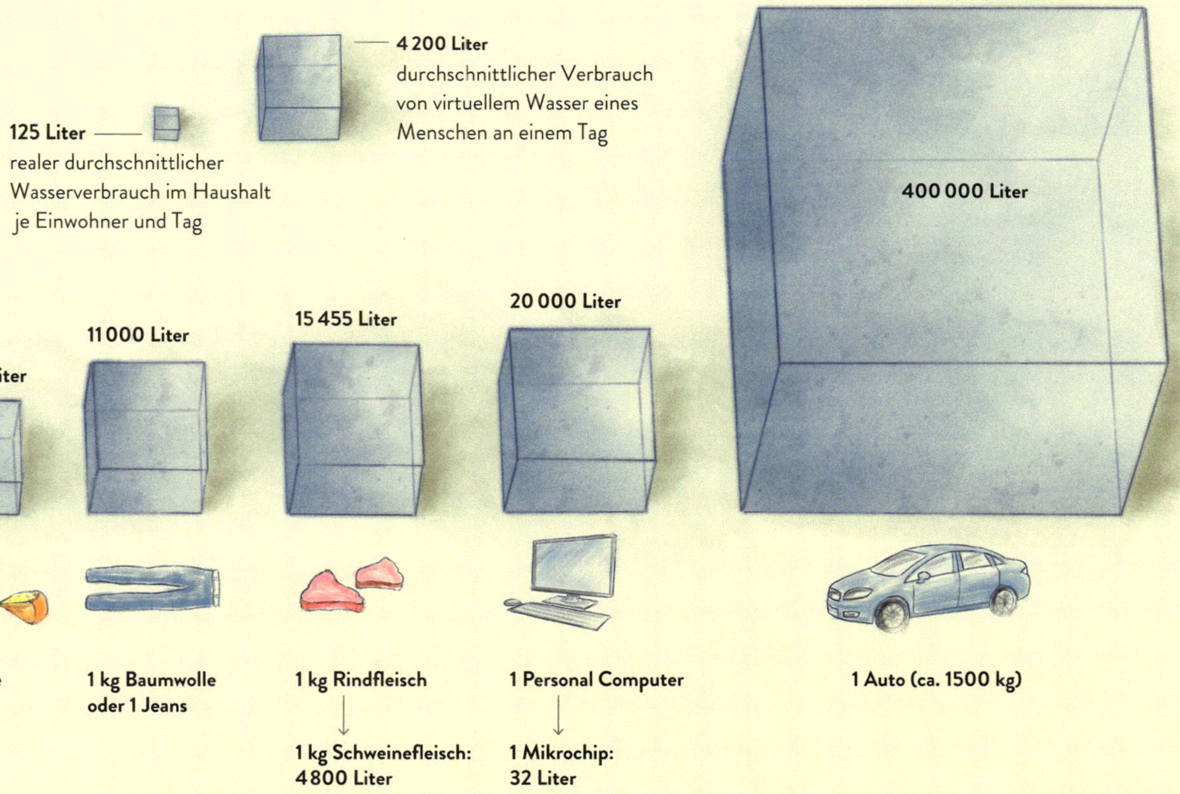

DIE GRÖSSTEN SATTMACHER

Der dümmste Bauer erntet die dicksten Kartoffeln, behauptet der Volksmund. Das ist zum einen natürlich Unsinn, und zum Zweiten wäre es auch nicht so relevant, selbst wenn es wahr wäre. Milch, Reis, Soja und viele andere pflanzliche Rohstoffe spielen in der weltweiten Agrarwirtschaft eine viel größere Rolle.

Die wichtigsten Agrarrohstoffe weltweit

Produzierte Rohstoffe in Millionen Tonnen und Wert in Milliarden US-Dollar

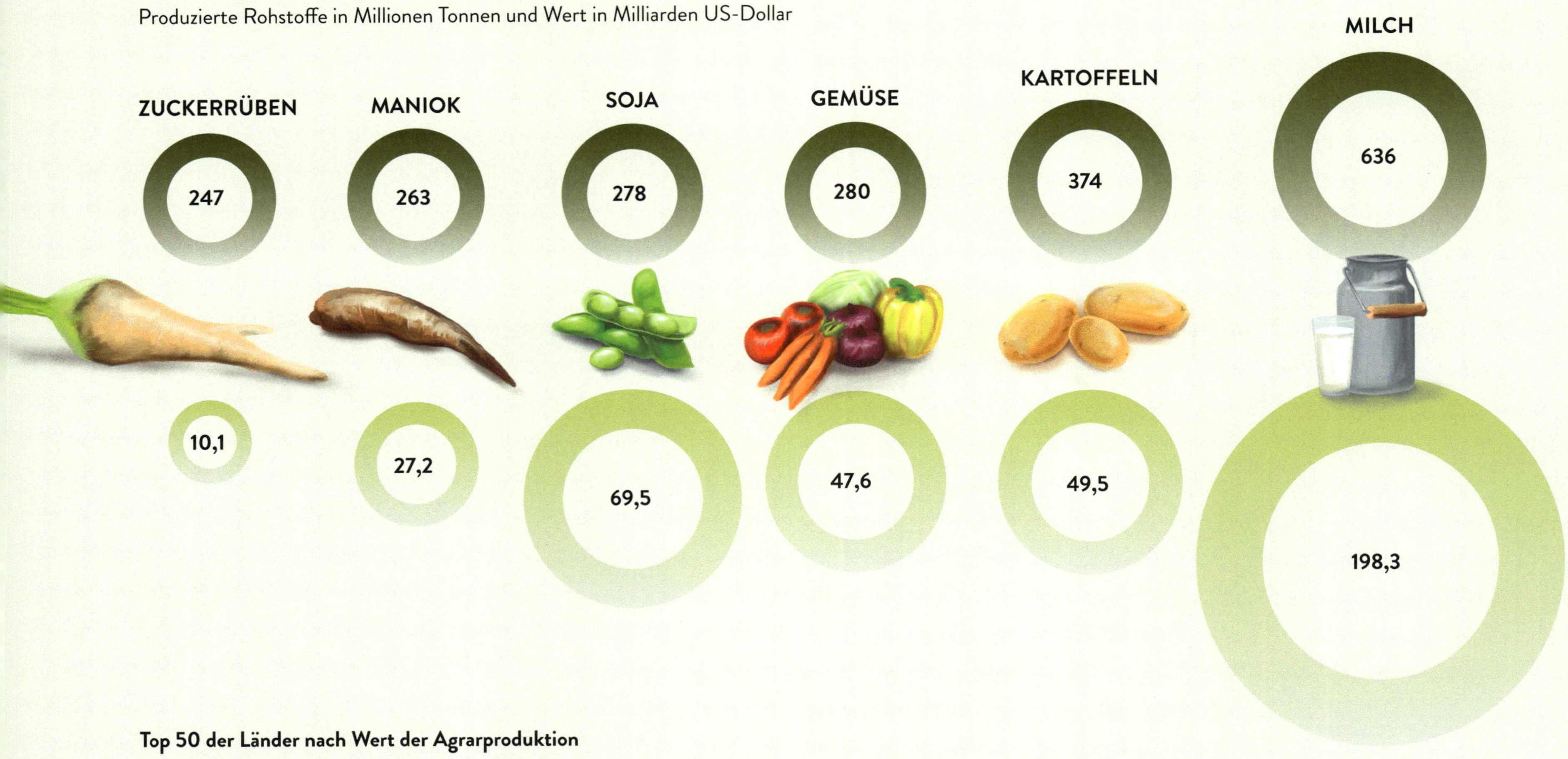

Top 50 der Länder nach Wert der Agrarproduktion

Bruttoproduktionswert in Milliarden US-Dollar

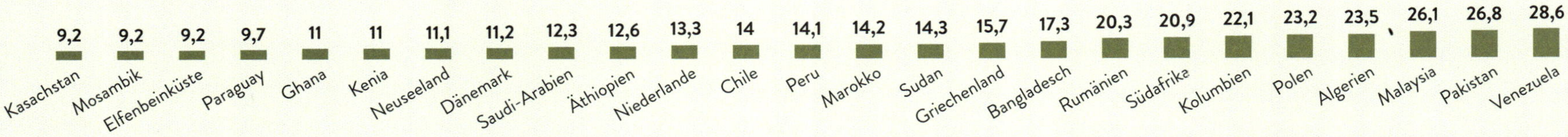

Anteil der landwirtschaftlichen Produktion am Bruttoinlandsprodukt

Werte in Prozent, 1970 bis 2013

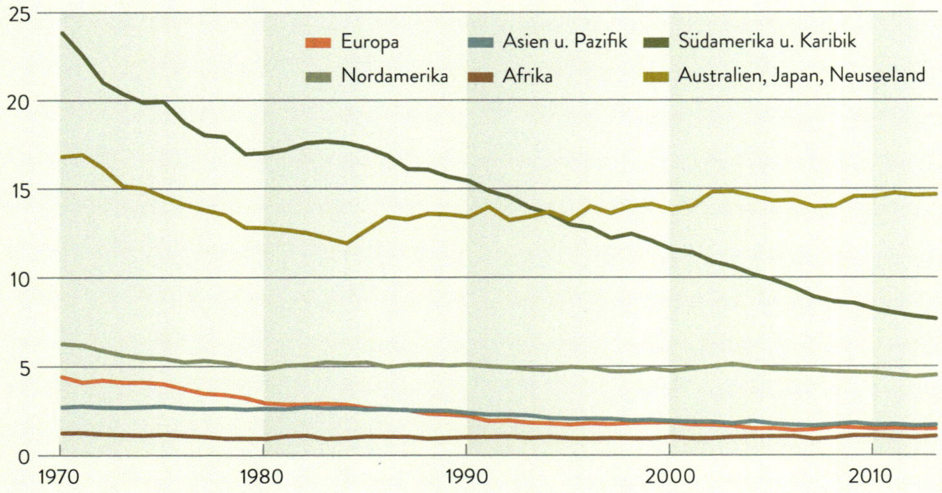

Top-Exporteure und -Importeure von Agrarrohstoffen

in Milliarden US-Dollar

Top-Exporteure 2013			Top-Importeure 2013
USA	148	115	China
Niederlande	91	114	USA
Deutschland	84	94	Deutschland
Brasilien	84	63	Großbritannien
Frankreich	75	61	Japan
China	46	59	Niederlande
Spanien	46	57	Frankreich
Kanada	45	48	Italien
Belgien	44	40	Russland

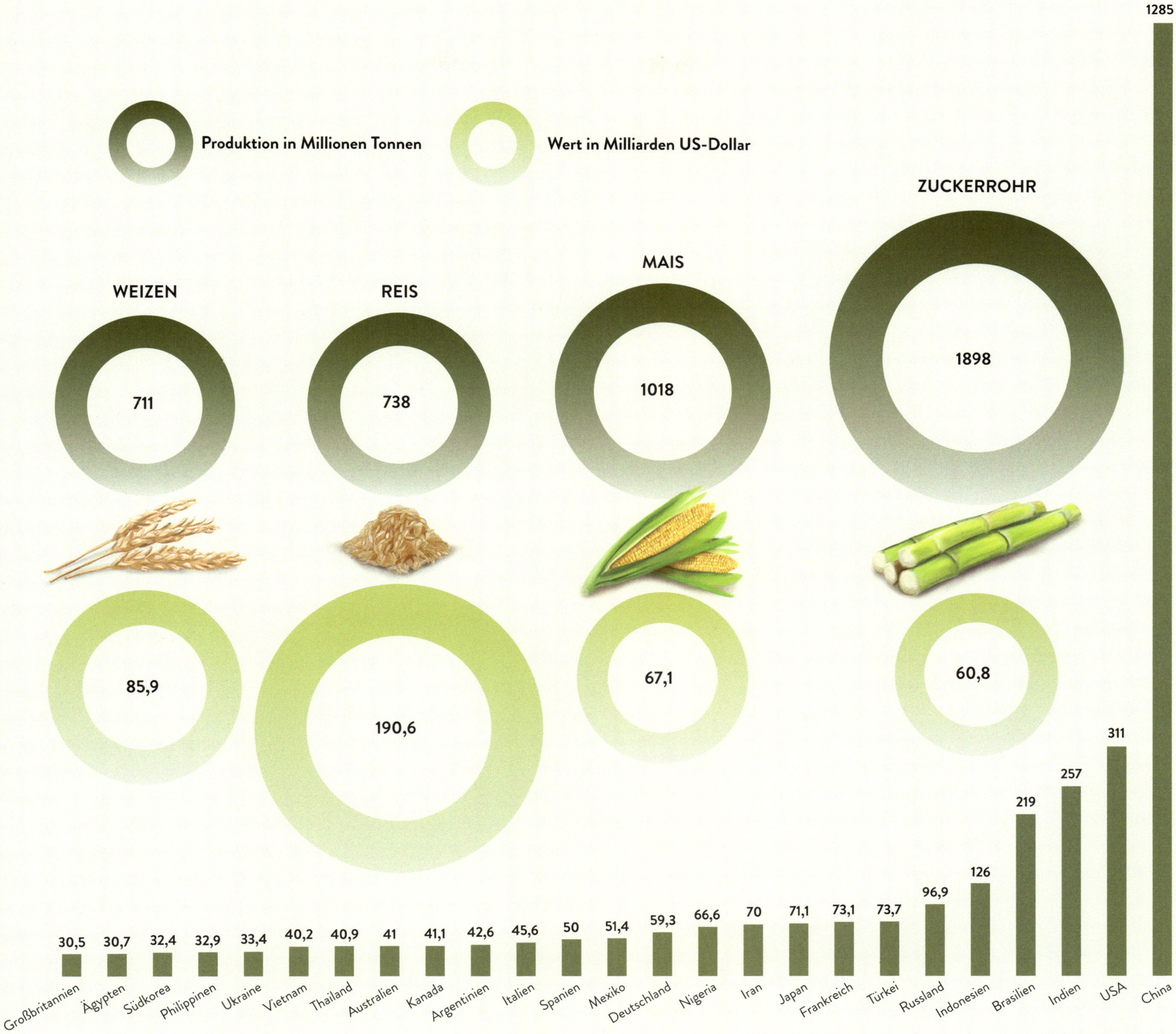

Preisschwankungen von Lebensmitteln nach Produktgruppen

100 = Index 2002 bis 2004

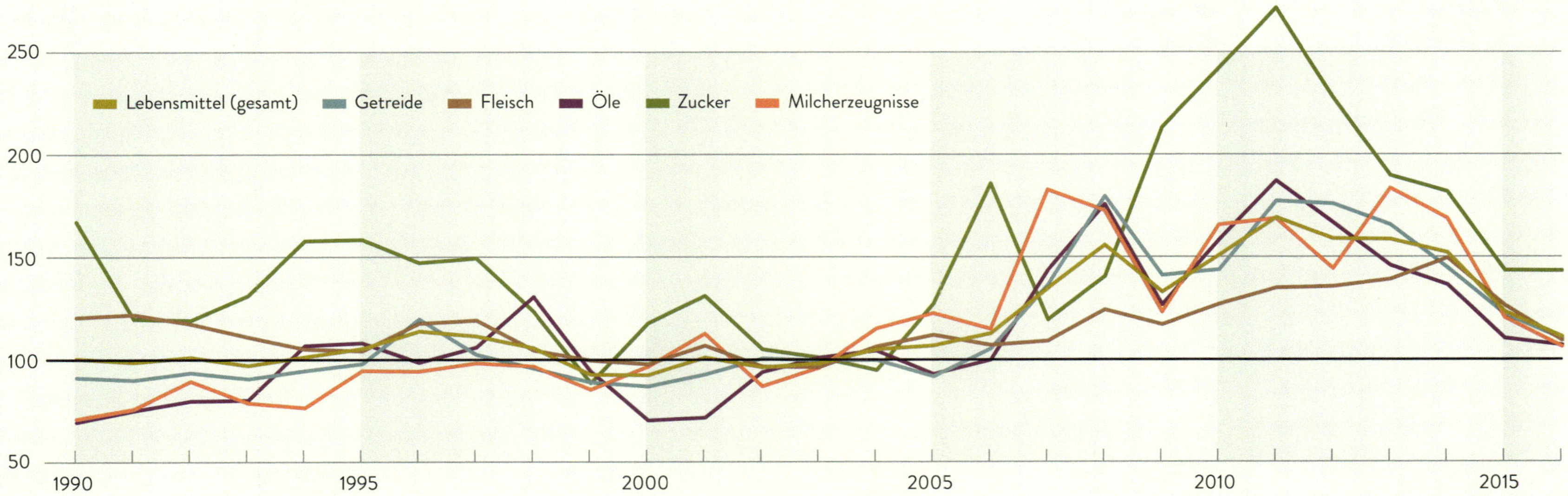

GRÜNES GEWISSEN

Die wirtschaftlichen Kennziffern der biologischen Landwirtschaft kennen seit Jahrzehnten nur eine Richtung: steil nach oben. Bio ist Trend. Bio vermarktet sich wie von selbst. Der Preis spielt für viele Käufer kaum eine Rolle mehr. Allein der Zuwachs an Anbaufläche bremst das Wachstum.

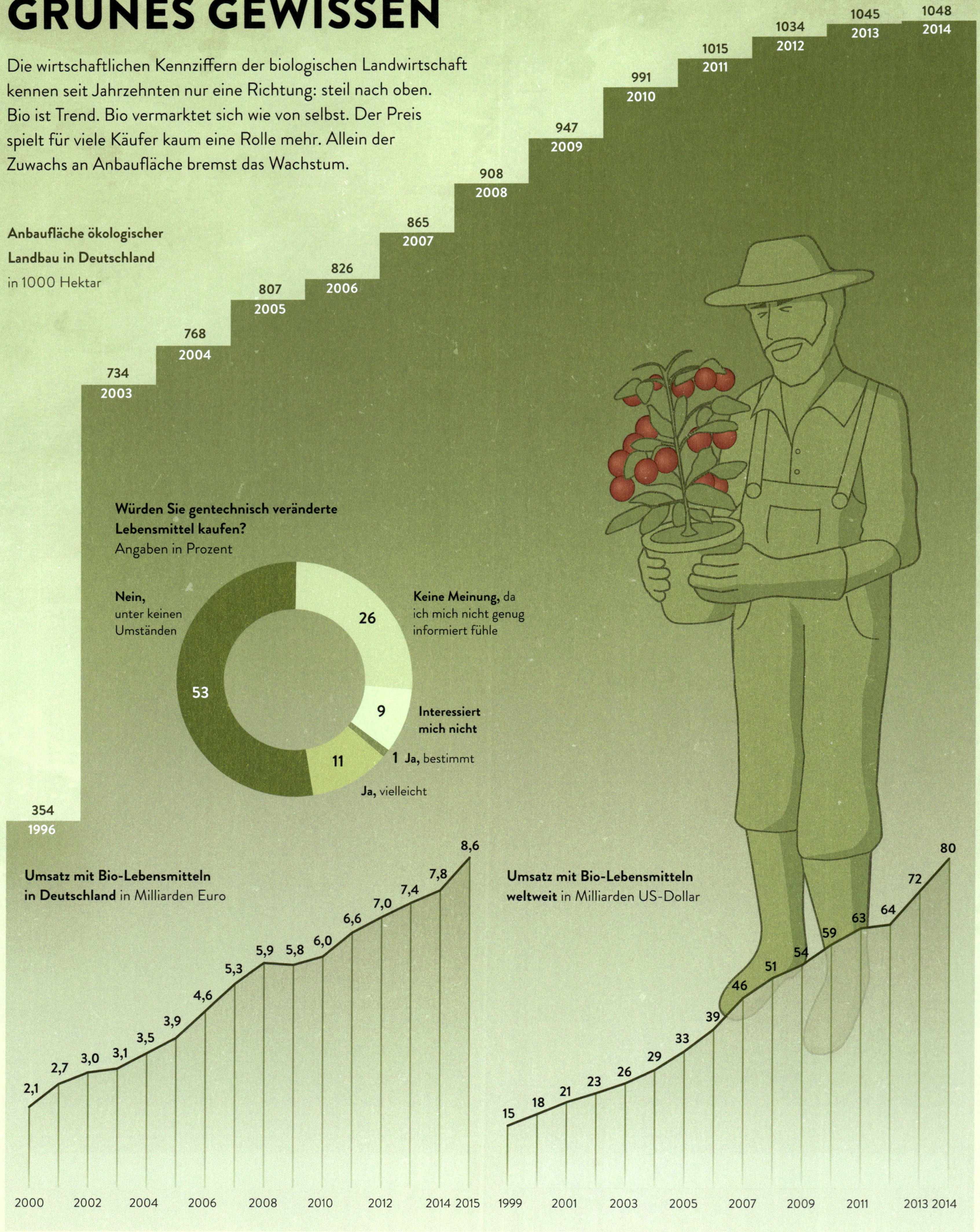

GRÜNE GENTECHNIK

Gentechnisch veränderte Pflanzen haben in Europa keinen guten Ruf. Die Gefahren für Mensch und Ökosystem werden viel höher eingeschätzt als die Chancen agrartechnischer Innovation. Im Rest der Welt sieht man das anders, und zwar besonders dort, wo nicht genug Essen für alle vorhanden ist.

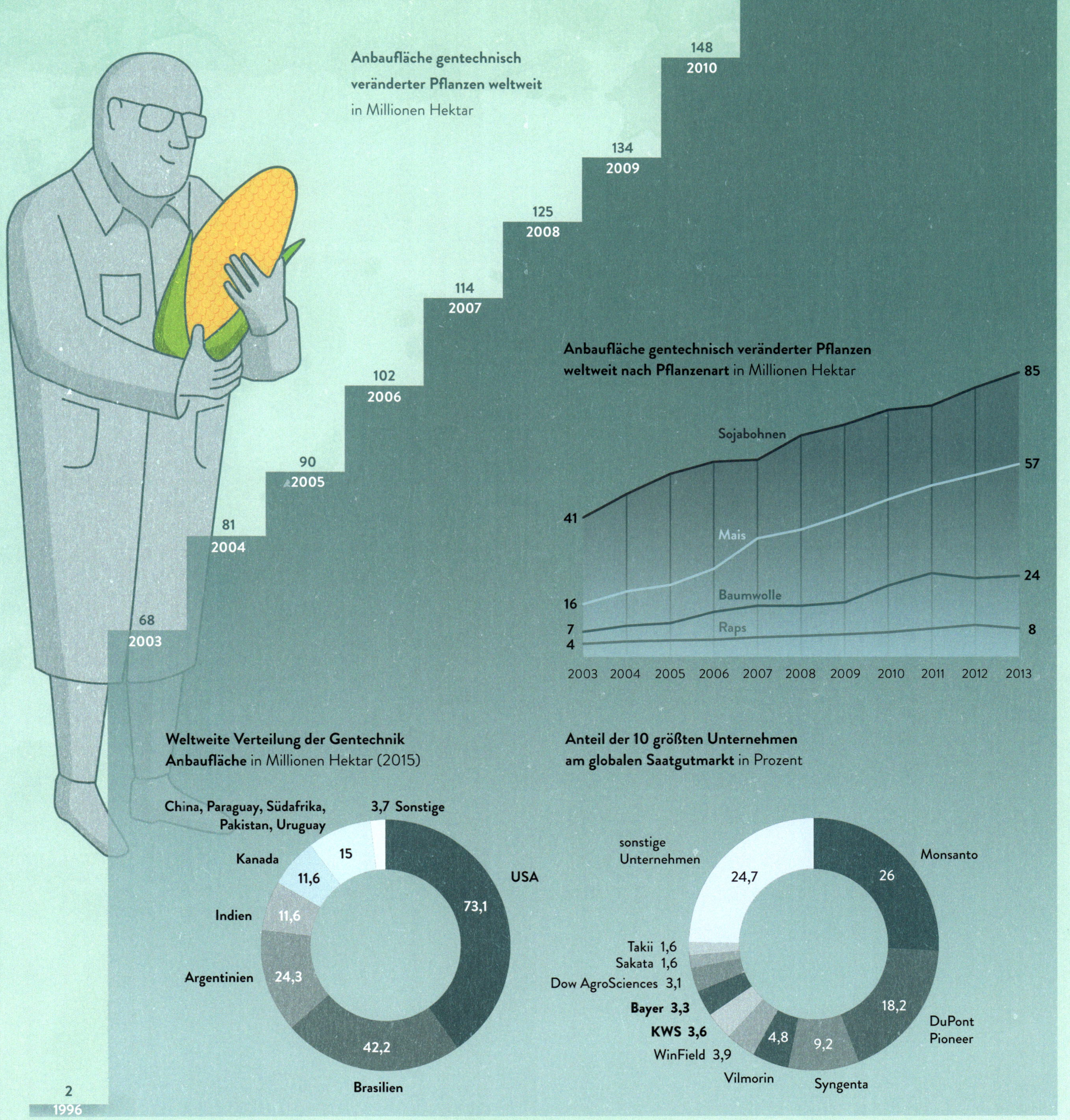

GEFÜHLT KORREKT

Wenn Verbraucher so kauften, wie sie in Umfragen behaupten, wäre die Konsumwelt sehr grün, sehr bio und sehr fair. Die Realität an der Supermarktkasse kennt vor allem ein Kaufkriterium: den günstigen Preis. Besonders offenkundig lügen wir uns bei Fairtrade-Produkten in die Einkaufstasche. Zwar steigt der Umsatz, aber die Marktanteile bleiben beschämend gering im Promillebereich.

UMSATZENTWICKLUNG MARKTFORSCHUNG
2005–2014
+37%

UMSATZ-ENTWICKLUNG KONSUMGÜTER
2005–2012
+12%

„ICH WÜRDE MEHR GELD FÜR FLEISCH AUSGEBEN, WENN ES DEN TIEREN BESSER GEHT."

79% äußern Zustimmung, Bewertung „hoch" oder „eher hoch".

„STROM MUSS NATÜRLICH UMWELTFREUNDLICH PRODUZIERT WERDEN!"

81% finden wichtig oder sehr wichtig, dass Strom und Energie umweltschonend erzeugt werden.

Marktanteil Bioschweinefleisch in Deutschland: **1%**

22% Anteil der Haushalte mit Ökostrombezug

„ES IST MIR WICHTIG, DASS DIE PRODUZENTEN SOZIAL UND ETHISCH KORREKT AGIEREN!"

Beim Kauf von Produkten ist es mir wichtig, dass das jeweilige Unternehmen sozial und ökologisch verantwortlich handelt (trifft voll und ganz/meistens zu), sagen **48%**

2,1% Marktanteil Fairtrade-Kaffee

ABSATZ VON FAIR-TRADE-PRODUKTEN WELTWEIT NACH PRODUKTGRUPPEN
(IN TONNEN)

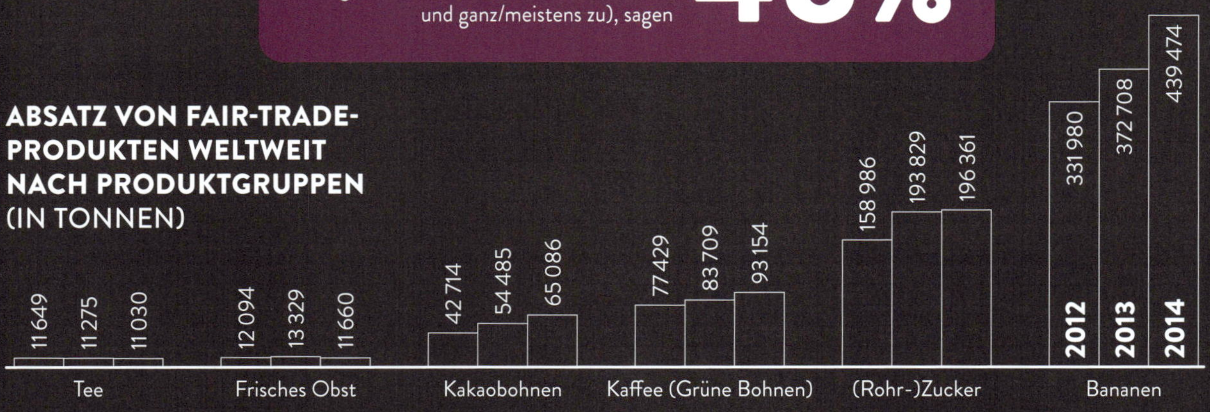

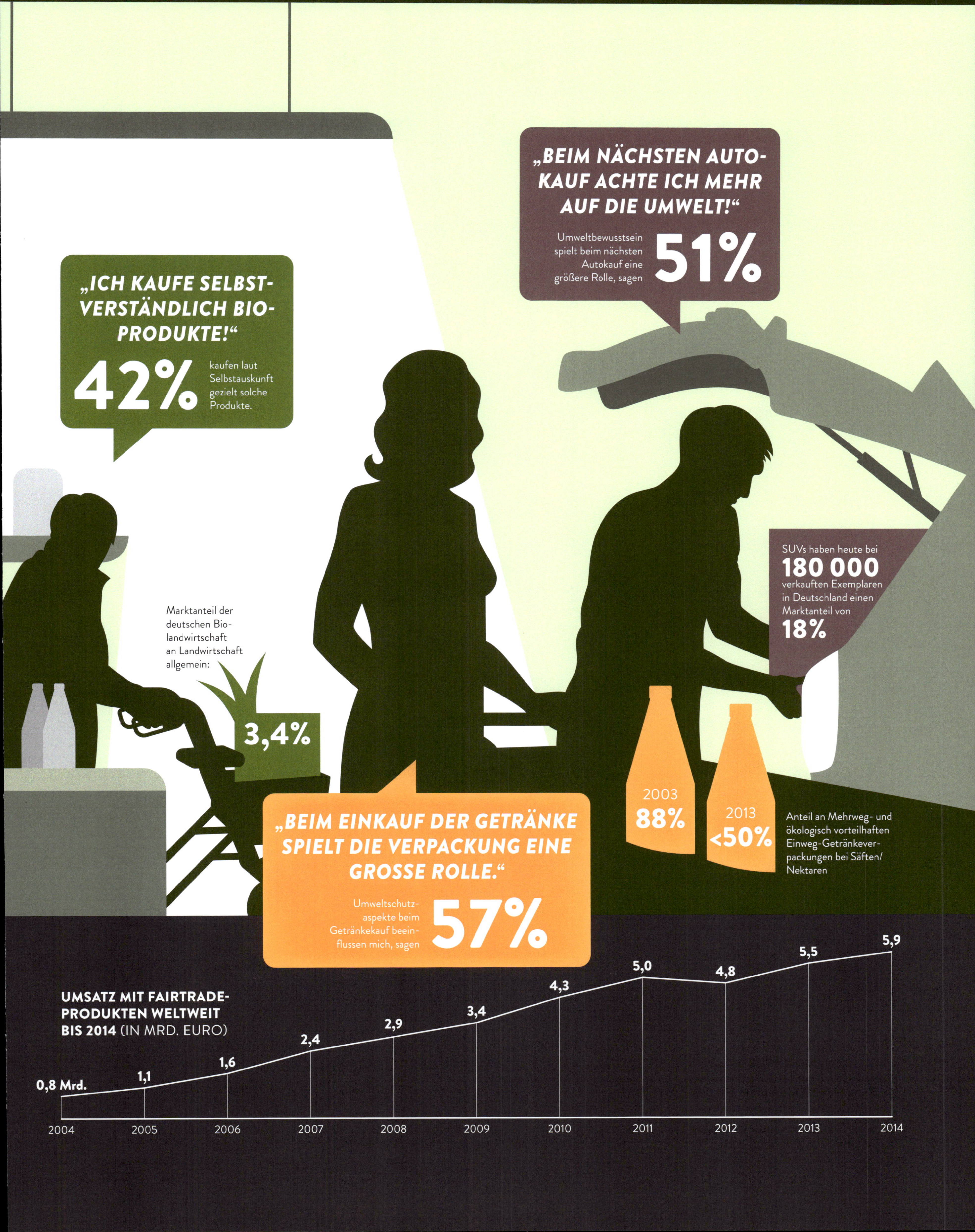
„ICH KAUFE SELBSTVERSTÄNDLICH BIO-PRODUKTE!“
42% kaufen laut Selbstauskunft gezielt solche Produkte.
„BEIM NÄCHSTEN AUTOKAUF ACHTE ICH MEHR AUF DIE UMWELT!“
Umweltbewusstsein spielt beim nächsten Autokauf eine größere Rolle, sagen 51%
Marktanteil der deutschen Biolandwirtschaft an Landwirtschaft allgemein:
3,4%
SUVs haben heute bei 180 000 verkauften Exemplaren in Deutschland einen Marktanteil von 18%
2003 88%
2013 <50%
Anteil an Mehrweg- und ökologisch vorteilhaften Einweg-Getränkeverpackungen bei Säften/Nektaren
„BEIM EINKAUF DER GETRÄNKE SPIELT DIE VERPACKUNG EINE GROSSE ROLLE.“
Umweltschutzaspekte beim Getränkekauf beeinflussen mich, sagen 57%
UMSATZ MIT FAIRTRADE-PRODUKTEN WELTWEIT BIS 2014 (IN MRD. EURO)
0,8 Mrd.
1,1
1,6
2,4
2,9
3,4
4,3
5,0
4,8
5,5
5,9
2004
2005
2006
2007
2008
2009
2010
2011
2012
2013
2014

TRANSPARENZ

Große Unternehmen haben großen Einfluss auf das Wohlergehen von sehr vielen Menschen. Damit tragen sie große Verantwortung. Verantwortungsvolle Unternehmen geben Auskunft darüber, wo, wie und mit wem sie Geschäfte machen, wie sie politische Parteien unterstützen und in welchen Ländern sie Steuern zahlen. Schade, dass es um die Auskunftsfreude der 124 größten, börsennotierten Unternehmen der Welt eher schlecht bestellt ist, wie der Bericht von Transparency International zu den Unternehmensberichten eindrucksvoll belegt.

Welches Unternehmen ist am transparentesten?

Legende (Beispiel Eni): Gesamtindex 7,3 · Antikorruptionsprogramme in % 96 · Organisationstransparenz in % 100 · länderbezogene Berichterstattung in % 22

Unternehmen	Gesamtindex	Antikorruptionsprogramme in %	Organisationstransparenz in %	länderbezogene Berichterstattung in %
Eni	7,3	96	100	22
Vodafone	6,7	100	50	51
Statoil	6,6	96	38	66
BHP Billiton	6,1	92	69	23
Banco Santander	6,0	73	75	31
ArcelorMittal	5,8	88	75	11
Dtsch. Telekom	5,8	81	88	6
E.ON	5,7	81	75	15
GlaxoSmithKline	5,2	96	50	11
SAP	5,2	85	63	10
BP	5,1	100	50	2
HSBC Holdings	5,0	88	44	17
Telefónica	5,0	58	38	54
ENEL	4,9	85	56	6
Allianz	4,8	62	75	8
Oil & Natural Gas Corporation	4,8	38	75	30
Orange (ehem. France Télécom)	4,4	81	38	14
Philip Morris International	4,4	92	19	20
Royal Bank of Canada	4,4	73	38	21
Royal Dutch Shell	4,4	88	38	6
Coca-Cola	4,3	77	31	20
BNP Paribas	4,2	50	75	1
Home Depot	4,2	88	38	0
Itaú Unibanco Holding	4,2	77	38	12
SABMiller	3,9	77	38	3
Total	3,9	92	25	1
Vale	3,9	62	50	7
Électricité de France	3,8	35	75	3
JPMorgan Chase	3,8	88	25	0
Novartis	3,8	77	38	1
Qualcomm	3,8	88	25	2
Sanofi	3,8	77	38	0
Intel	3,6	73	31	2
Procter & Gamble	3,6	96	13	0
United Parcel Service	3,6	77	13	20
3M	3,5	85	19	1
Chevron	3,5	65	38	2
Gazprom	3,5	54	50	0
Microsoft	3,5	92	13	0
Pfizer	3,5	92	13	0
McDonald's	3,2	85	13	0
Cisco Systems	3,1	69	25	0
Lloyds Banking Group	3,1	69	25	0
Schlumberger	3,1	73	19	0
Oracle	3,0	77	13	1
Wells Fargo	3,0	65	25	0
IBM	2,9	69	19	0
Samsung Electronics	2,9	42	44	0
Commonwealth Bank of Australia	2,5	31	38	6
Walt Disney	2,5	62	13	0
Mitsubishi UFJ Financial	2,4	38	31	1
Google	2,2	54	13	0
ICBC	2,2	23	44	0
Amazon.com	2,0	35	19	6
China Shenhua Energy Company	2,0	23	38	0
Nippon Telegra… & Telephone Co…	2,0	35	25	0

Beim Gesamtindex wird auf einer Skala von 0 bis 10 bewertet (0 = undurchsichtig, 10 = höchste Transparenz). Er berechnet sich aus dem Mittelwert der Ergebnisse aus den Kategorien Antikorruptionsprogramme, Organisationstransparenz und länderbezogener Berichterstattung.

KEIN CHINESISCHES UNTERNEHMEN

... veröffentlicht seine Finanzdaten in einem der 59 Länder, in denen sie agieren.

90 UNTERNEHMEN

... geben keine Auskunft über Steuerzahlungen im Ausland.

GEHEIMHALTUNG

Amazon, Apple, Google und IBM veröffentlichen keine vollständige Liste, in welchen Ländern ihre Tochterunternehmen tätig sind.

DAS EINZIGE UNTERNEHMEN

... welches in allen Kategorien mindestens 50 % erreichte, ist Vodafone.

Acht der zehn intransparentesten Unternehmen kommen aus Asien.

70 %

... der transparentesten Unternehmen sind europäisch.

101 UNTERNEHMEN

... erreichten weniger als die Hälfte der Gesamtpunktzahl.

65 UNTERNEHMEN

... veröffentlichen ihre Parteispenden nicht.

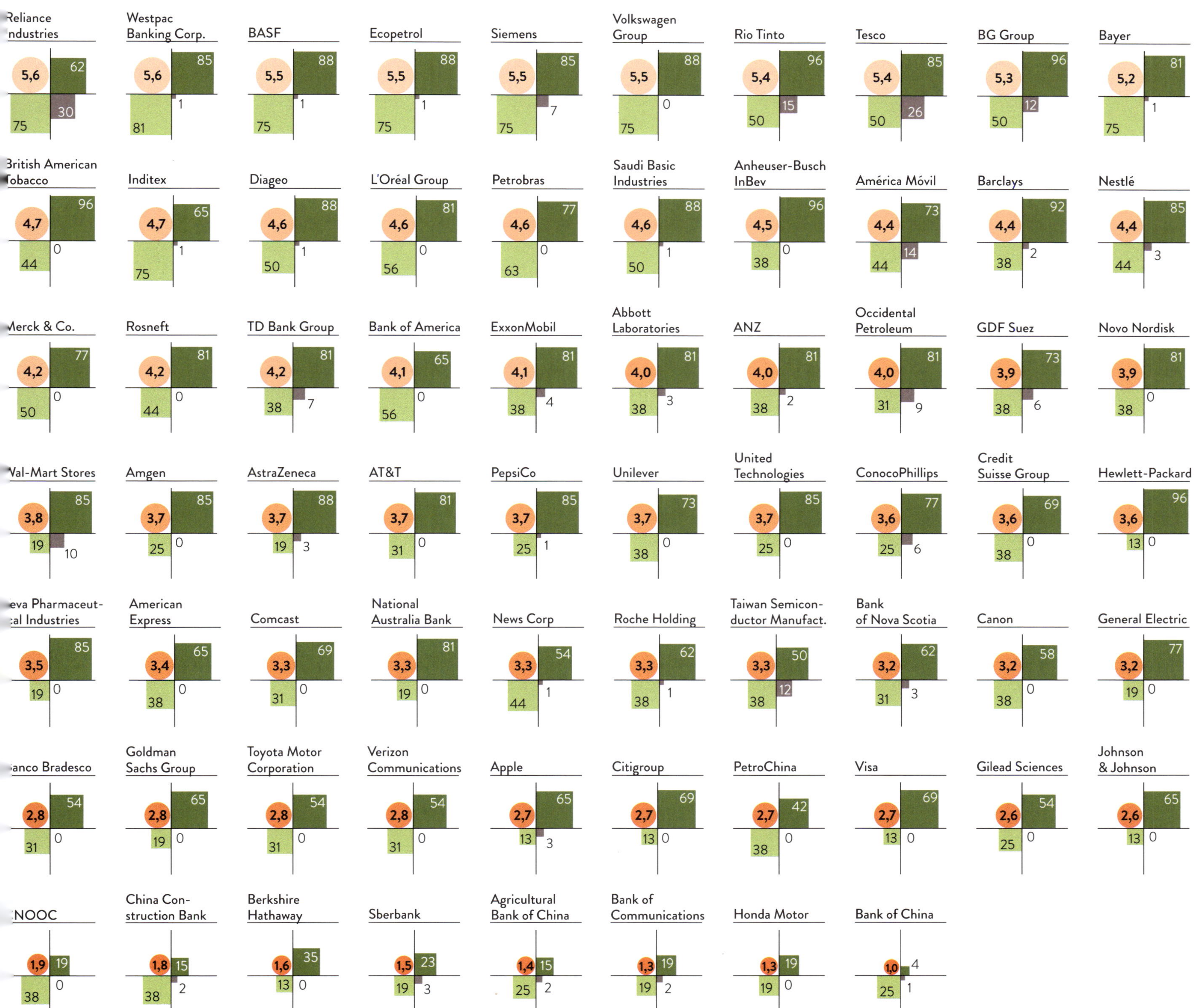

GREENWASHANLEITUNG

1

Gestalten Sie Ihr Label neu. Verwenden Sie die Farbe Grün, Blätter, Bäume oder das Recyclingsymbol. Wenn Ihr Produkt irgendwas mit Wasser oder Meer zu tun hat, können Sie alternativ ein helles Blau und einen glücklichen Fisch nehmen.

2

Ändern Sie den Produktnamen. Er sollte „bio", „öko", „grün", „natürlich" oder „fair" als Wortbaustein enthalten. Gelegentlich bietet es sich an, gleich mehrere dieser Präfixe miteinander zu kombinieren.

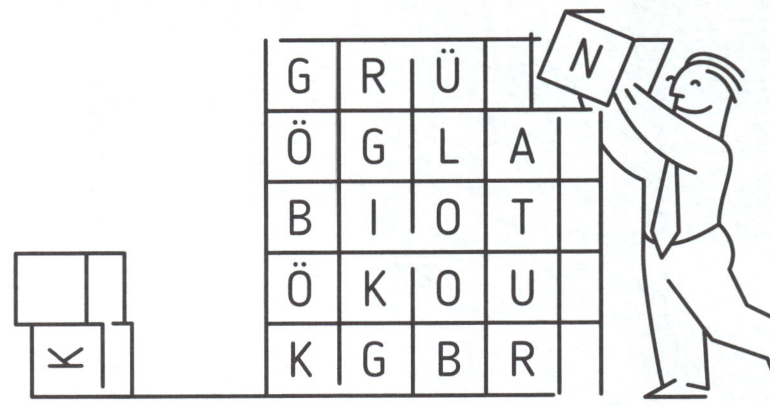

3

Suchen Sie irgendeine internationale Organisation, die wohlklingende Öko-Labels ausgibt, deren Kriterien aber besonders weich oder besonders verwirrend sind. Die Seriosität der Organisation ist nicht so wichtig. Entscheidend ist, dass die Einhaltung der Kriterien nur schwer nachvollziehbar ist.

4

Schreiben Sie FCKW-frei auf Ihr Produkt, und zwar nicht nur bei Haarspray, Kühlschränken oder Klimaanlagen. Es gibt auch FCKW-freie Matratzen. Die meisten Verbraucher wissen übrigens nicht, dass FCKW seit 1991 ohnehin verboten ist.

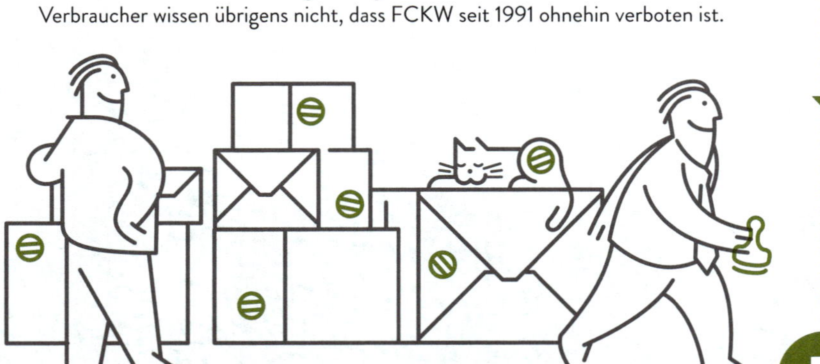

Vergleichen Sie Ihr wenig umweltfreundliches Produkt mit einem, das die Umwelt noch stärker verdreckt. Ergänzend können Sie das Produkt mit einer zusätzlichen Technologie aufrüsten, die es a) erheblich teurer macht und b) im Vergleich zum Modell ohne diese Zusatztechnologie grüner aussehen lässt. Für die Ökobilanz kann das c) bei den meisten Nutzungsprofilen sogar eher schädlich sein. Bei Automobilherstellern bietet es sich an, das Ganze dann Hybrid zu nennen.

5

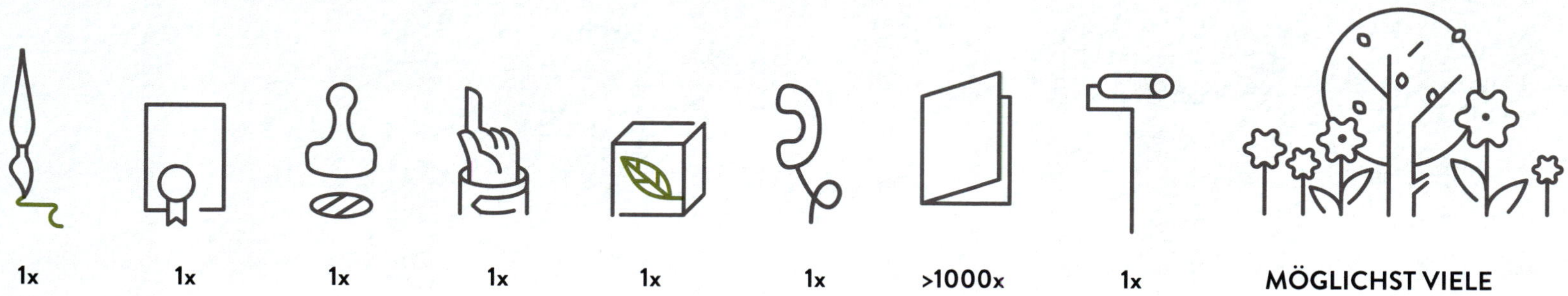

6

Beteiligen Sie sich an Kompensationsprogrammen für Umweltsünden, deren Wirkung schwer kontrollierbar ist. Oder anders formuliert: Verkaufen Sie Verbrauchern ein gutes Gewissen bei schlechtem Konsumverhalten. Die wollen das so!

7

Betreiben Sie in Berlin und vor allem in Brüssel harte Lobbyarbeit mit dem Ziel, Grenzwerte so abzusenken, dass Ihre Produkte gerade noch als umweltfreundlich eingestuft werden können. Sie nennen es dann intern Deep Greenwashing.

8

Geben Sie einen Nachhaltigkeitsbericht heraus. Das Grußwort des CEO sollte mit der Formulierung beginnen: „Wir sind uns als Unternehmen unserer großen Verantwortung bewusst." Der Magazinteil vorne sollte viele großformatige Fotos mit Umweltmotiven und Reportagen von tollen Mitarbeitern aller Hierarchieebenen enthalten, die aus der Welt einen besseren Ort machen. Der Teil mit den ökologischen und sozialen Kennziffern ist nicht so wichtig, sollte hinten stehen und möglichst klein gehalten werden.

9

Bewerben Sie Ihr Produkt in Werbeumfeldern, bei denen grüne Marken (die es tatsächlich ernst meinen) ebenfalls werben. Das strahlt ab. Werben Sie allerdings nicht auf Online-Plattformen, auf denen sich überkritische Verbraucher tummeln. Die sind in ellenlangen Kommentaren schnell mit dem Vorwurf des Greenwashing bei der Hand und belegen das im Zweifelsfall sogar noch mit Fakten.

10

Schalten Sie sehr teure Kampagnen mit sehr vagen Aussagen, in denen Kinder und Großeltern vorkommen und die irgendwie die Botschaft enthalten, dass wir die Dinge gemeinsam angehen müssen, damit aus der Welt ein besserer Ort wird.

SCHROTTSYSTEM

Wir lieben unser neues Smartphone, unseren neuen Smart-TV, unseren neuen Kaffee-Vollautomaten. Hersteller und Händler lieben es, dass wir das Neue lieben. Was dazu geführt hat, dass neu bei Elektronikwaren immer schneller alt ist und die Berge an Elektronikschrott drei Mal so schnell wachsen wie die Abfallmenge insgesamt. Wir reden uns ein, dass alles halb so wild ist, weil es ja Recycling gibt. Bei Elektronikschrott liegt die Quote weltweit deutlich unter zwanzig Prozent. Und da die Recycling-Kapazitäten der Industrienationen erschöpft sind, wird Elektroschrott oft illegal – meist als Gebrauchtgeräte deklariert – in Entwicklungsländer exportiert. Aus Deutschland sind es jährlich rund 150 000 Tonnen.

WELTWEIT
41,9
MILLIONEN TONNEN
ELEKTROSCHROTT IM JAHR 2014
davon:

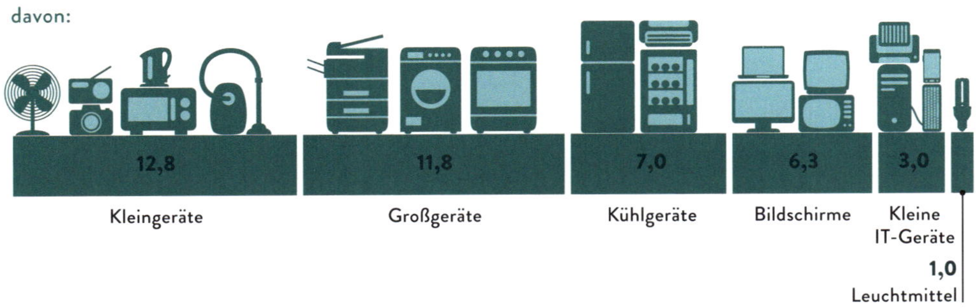

HAUPTROUTEN DES MÜLLEXPORTS

Die fachgerechte Entsorgung in den Industriestaaten ist mit hohen Kosten verbunden, darum ist der Export für skrupellose Müllhändler ein lukratives Geschäft. Gefahren für Mensch und Umwelt werden in Kauf genommen.

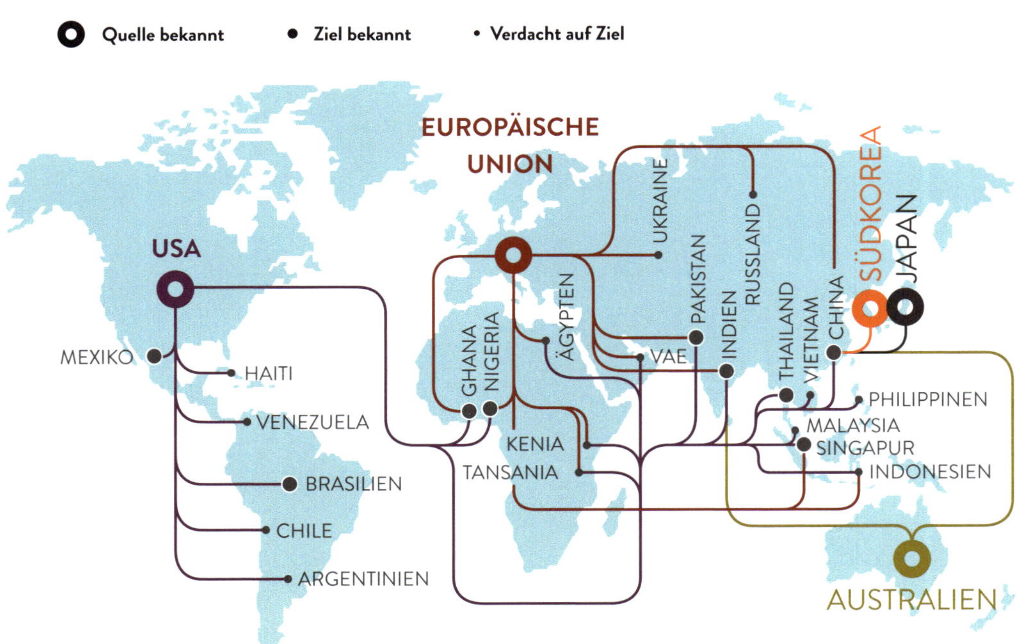

DER HANDY-MARKT

1984 begann der Siegeszug des Mobiltelefons in den USA, Japan und in Europa. Sich entwickelnde und Schwellenländer haben schnell aufgeholt.

registrierte Mobiltelefone je 100 Einwohner

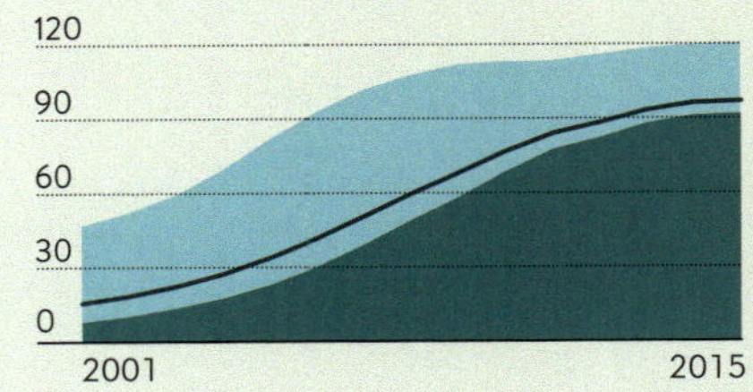

prozentualer Anteil der Weltbevölkerung mit Zugang zum Mobilfunknetz

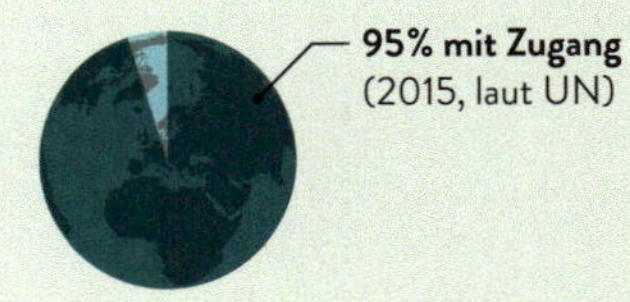

WETTBEWERB

Kurze Produktzyklen sind gut für Umsatz und Profit. Für die Ökobilanz sind sie leider schlecht.

BERGBAU

Um an wertvolle Metall-Rohstoffe zu gelangen, wird sehr hoher Aufwand betrieben. Das hat große Auswirkungen auf Natur und Umwelt. Um eine Tonne Kupfer zu gewinnen, müssen etwa 125 Tonnen Erz abgebaut werden.

PRODUKTKREISLAUF DES MOBILTELEFONS

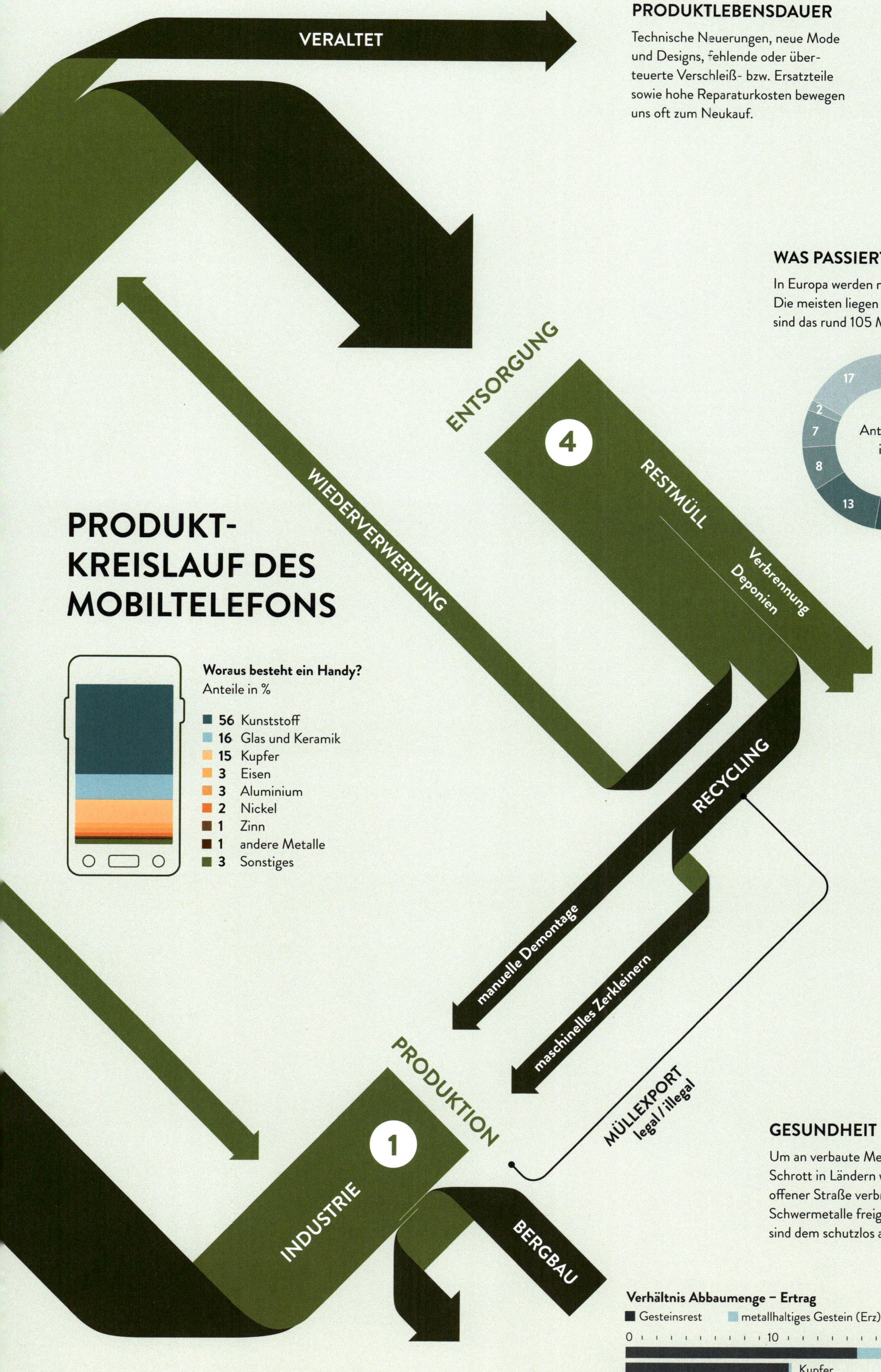

Woraus besteht ein Handy?
Anteile in %

- 56 Kunststoff
- 16 Glas und Keramik
- 15 Kupfer
- 3 Eisen
- 3 Aluminium
- 2 Nickel
- 1 Zinn
- 1 andere Metalle
- 3 Sonstiges

PRODUKTLEBENSDAUER

Technische Neuerungen, neue Mode und Designs, fehlende oder überteuerte Verschleiß- bzw. Ersatzteile sowie hohe Reparaturkosten bewegen uns oft zum Neukauf.

Erwartete Produktlebenszyklen

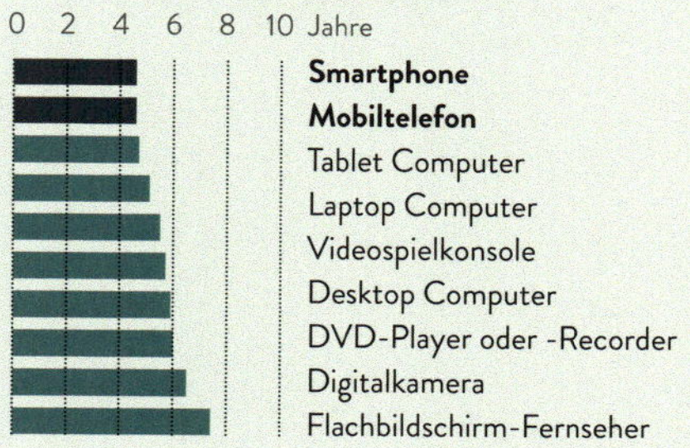

WAS PASSIERT MIT DEN ALTEN HANDYS?

In Europa werden nur zwei Prozent aller Handys recycelt. Die meisten liegen ungenutzt in Schubladen. In Deutschland sind das rund 105 Millionen Geräte.

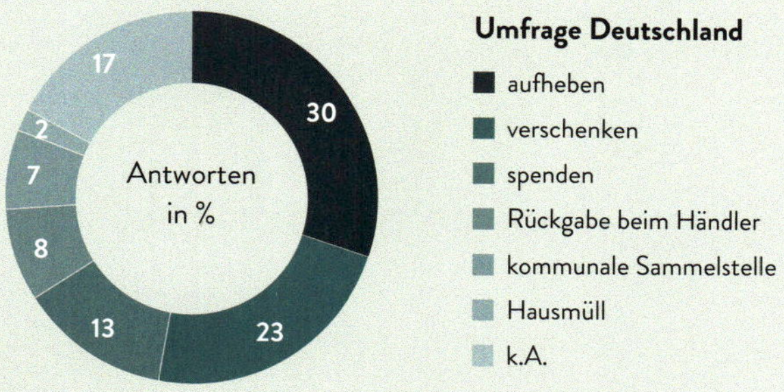

DIE ABFALL-HIERARCHIE

Viele Ressourcen in einem Smartphone sind selten, fast alle sind endlich. Ein sinnvoller Umgang würde folgender Logik folgen:

GOLDGRUBE E-SCHROTT

In Europa gehen pro Jahr mehr als 1,7 Milliarden Euro verloren, weil Elektrogeräte nicht recycelt werden. In 41 Handys ist beispielsweise so viel Gold enthalten wie in einer Tonne Gold-Erz. In jedem der 1,2 Milliarden verkauften Handys (2014) steckt Gold im Wert von knapp einem US-Dollar.

GESUNDHEIT

Um an verbaute Metalle zu gelangen, wird der Schrott in Ländern wie Ghana meist einfach auf offener Straße verbrannt, wobei krebserregende Schwermetalle freigesetzt werden. Die Arbeiter sind dem schutzlos ausgesetzt.

Verhältnis Abbaumenge – Ertrag

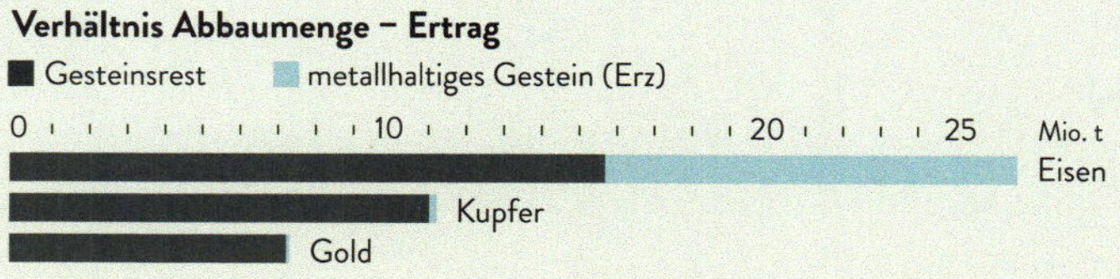

GETRENNTE WEGE

Unser Müll schlägt viele Pfade ein, nachdem die Männer mit den orangen Overalls ihn in ihren Wagen geladen haben und um die Ecke biegen. Erfreulich viel davon landet irgendwann wieder in irgendeiner Form bei uns im Haushalt. In der Industrie gilt übrigens in etwa das Gleiche.

386 MIO. t Abfall sind 2013 in Deutschland angefallen. Davon wurden 69 % recycelt. Knapp 200 Millionen Tonnen Müll entstehen aus Bau- und Abbruchtätigkeiten, und knapp 50 Millionen Tonnen sind Siedlungsabfälle, also Hausmüll und hausmüllartiger Gewerbeabfall.

RECYCLING Wiederverwendung oder stoffliche Wiederverwertung von Abfällen. In der Abfallhierarchie meist die zweitbeste Lösung nach der Abfallvermeidung – schont die Ressourcen und vermeidet Müllberge.

ENERGETISCHE VERWERTUNG Wenn sich die Rohstoffe nicht sinnvoll recyceln lassen, kann durch Verbrennung Strom und Wärme erzeugt werden.

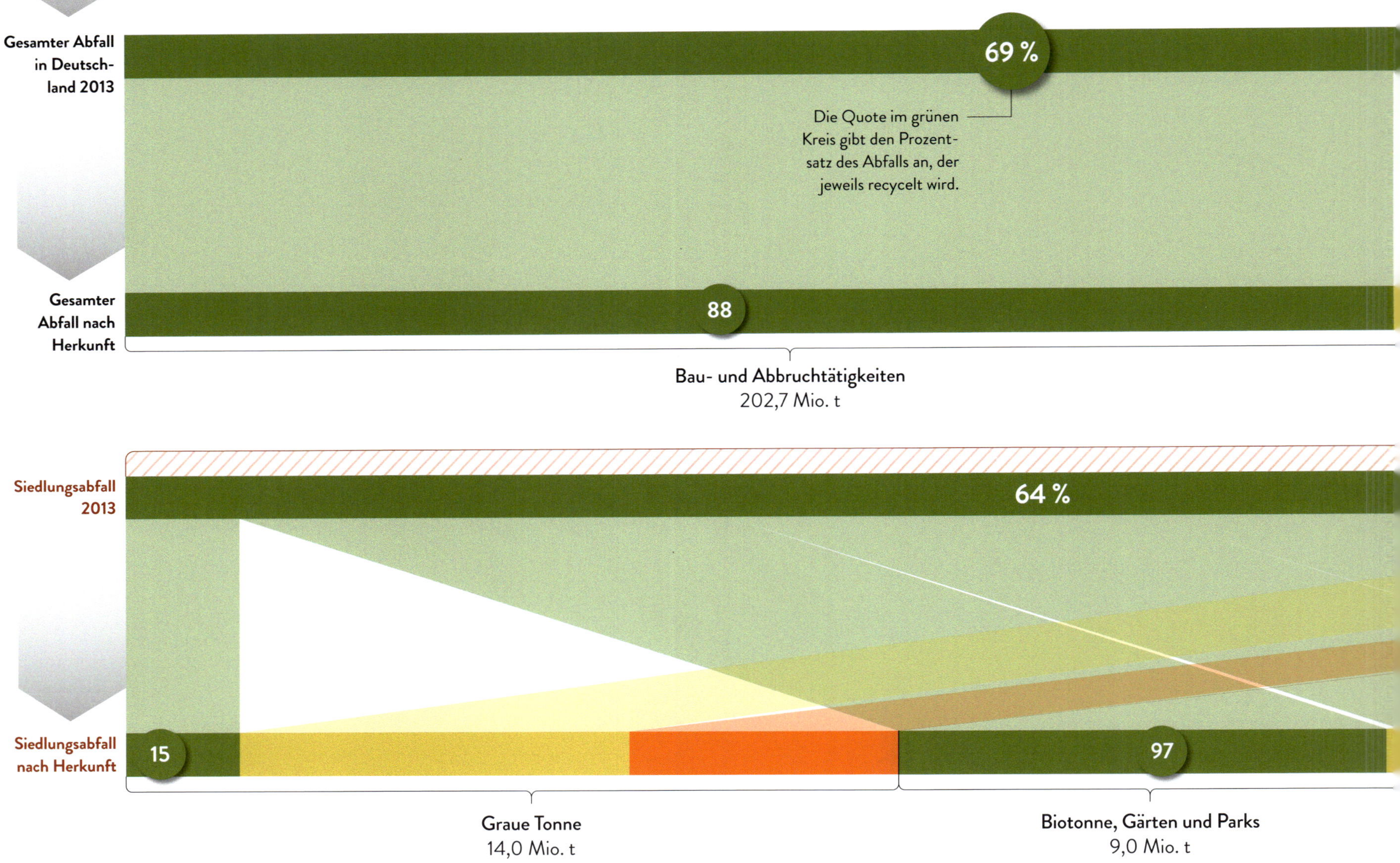

Restmüll sind alle festen Siedlungsabfälle, die übrig bleiben, nachdem Biomüll, Papier und Pappe, Glas- und sonstige Verpackungen sowie Wertstoffe getrennt gesammelt wurden.

Organische, leicht verarbeitbare Abfälle aus der **Biotonne** werden zum Beispiel in Vergärungsanlagen zu Biogas verwandelt.

Altpapier. Der stark nachgefragte Sekundärrohstoff wird zur Herstellung von Recycling- und Zeitungspapier sowie Kartons verwendet.

Gelber Sack und Gelbe Tonne sind Teil des Dualen Systems. Rein kommen **Verpackungen** mit dem Grünen Punkt.

Siedlungsabfall 2011 in kg pro Kopf

■ davon recycelt

Wir Deutschen mögen tolle Mülltrenner sein: Das erste Ziel im Umgang mit Abfall – die Müllvermeidung – beherrschen andere besser als wir, wie das nationale Pro-Kopf-Aufkommen zeigt.

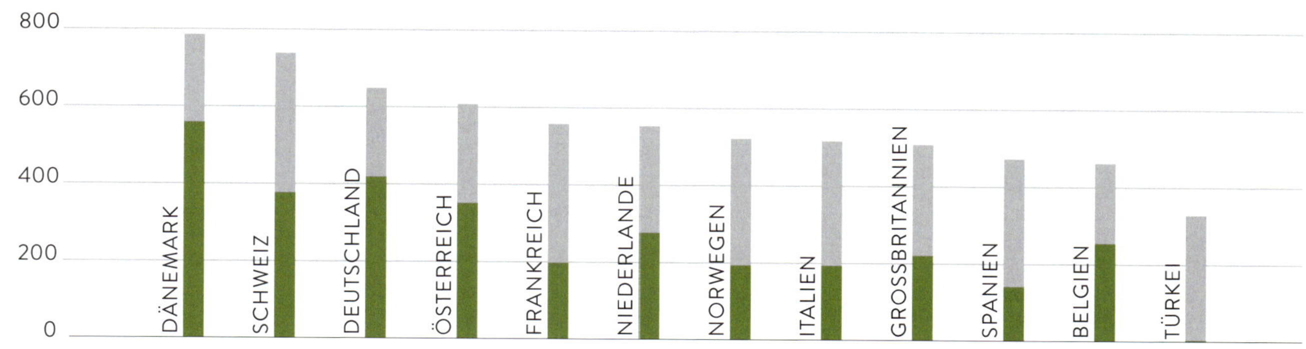

BESEITIGUNG Gefährliche Abfälle müssen in speziellen Entsorgungsverfahren, welche die Zerstörung oder Umwandlung der darin enthaltenen Schadstoffe gewährleisten, beseitigt werden, etwa in Sondermüllverbrennungsanlagen.

ABLAGERUNG Was nicht recycelt oder verbrannt werden kann, landet als letzte Option auf einer der 158 Mülldeponien. Diese müssen heute strengen Umweltauflagen gerecht werden, um etwa die Luft und das Trinkwasser nicht zu gefährden.

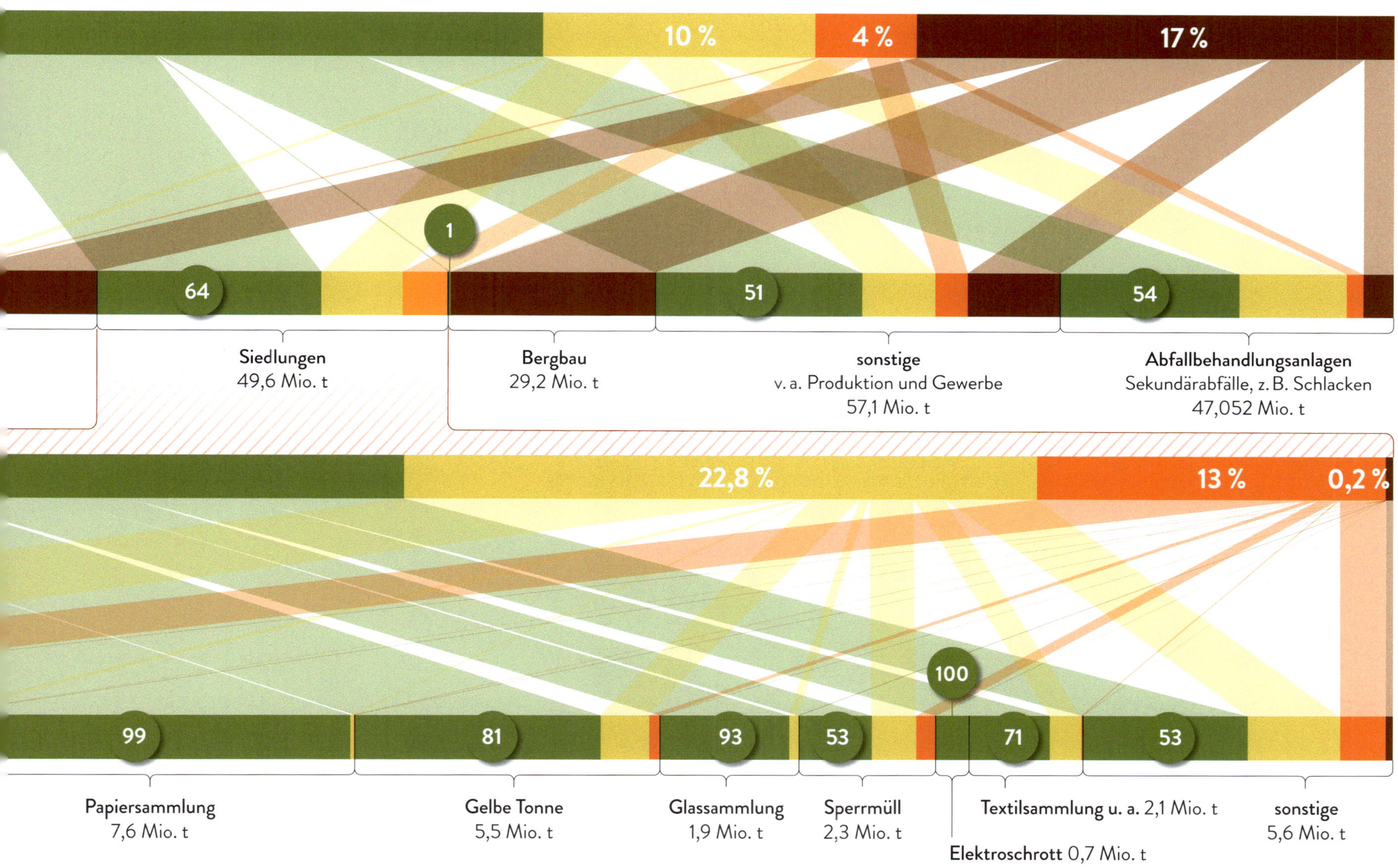

Altglas kann mehrfach eingeschmolzen und zur Herstellung neuer Glasprodukte genutzt werden. 2012 wurden fast 85 % des gesammelten Altglases wiederverwertet.

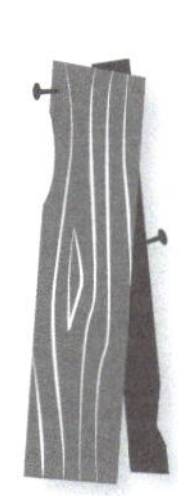

Zu **Sperrmüll** zählen Haushaltsabfälle wie Einrichtungs- und Gebrauchsgegenstände, die wegen ihrer Größe nicht in die Tonne passen.

Gebrauchte Geräte müssen in Deutschland von den Geräteherstellern zur Entsorgung zurückgenommen werden – oder sie landen auf dem Wertstoffhof.

In Altkleidersammlungen gesammelte **Textilien** werden als Second-Hand-Kleidung oder als Rohstoff (zum Beispiel für Dämmmaterialien) recycelt.

GARBAGE IN, CASH OUT!

Abfall vermeiden wäre gut für die Umwelt, aber schlecht fürs Geschäft. Auf absehbare Zeit muss sich die Entsorgungswirtschaft keine allzu großen Sorgen um die eigene Zukunft machen. Weltweit wachsen Müllberge und Abwasservolumen. Und in den wenigen Segmenten, wo dies nicht der Fall ist, erhöhen Entsorger auch gerne mal die Gebühren.

Abfallwirtschaft in Deutschland 2013

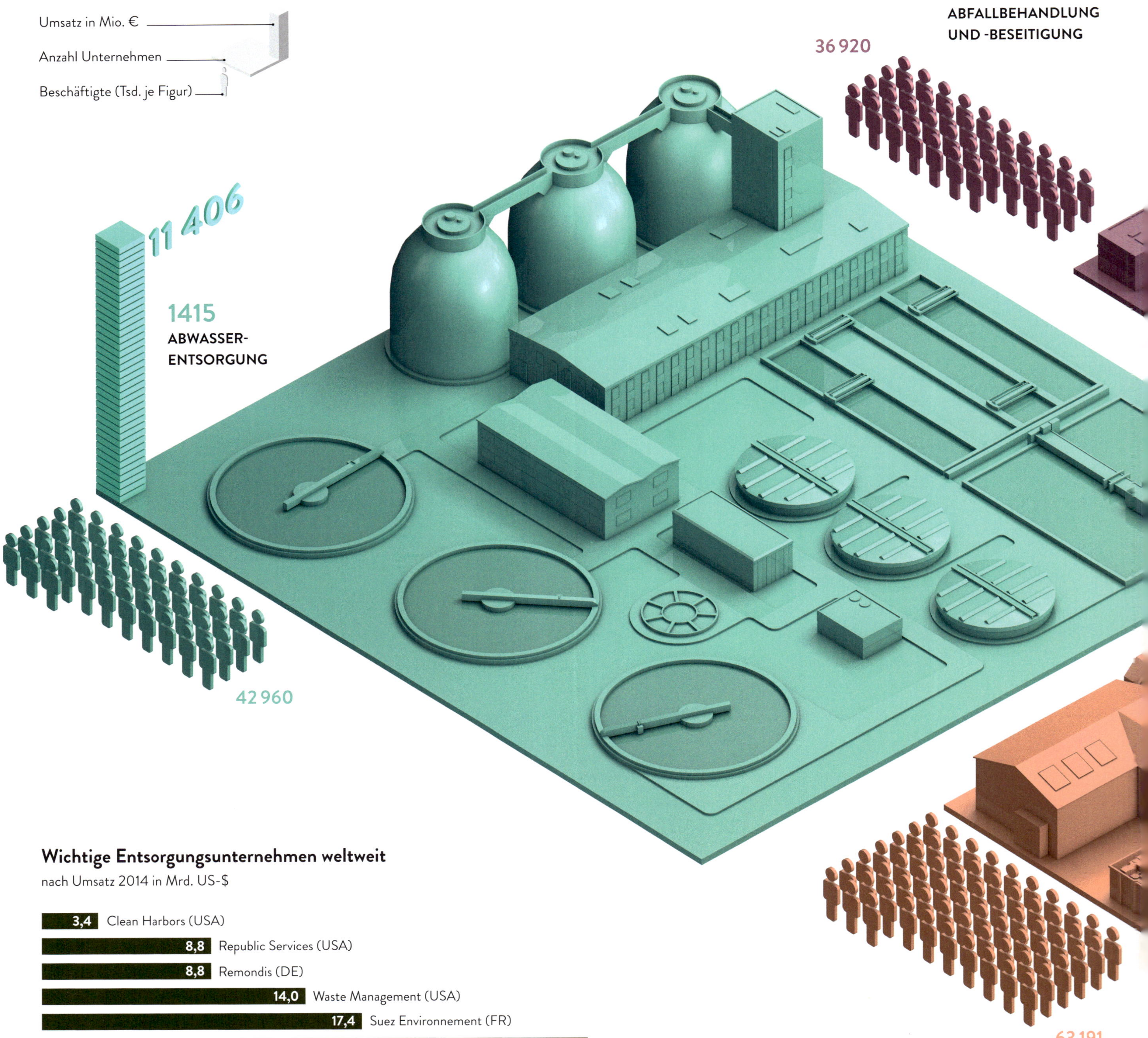

Wichtige Entsorgungsunternehmen weltweit
nach Umsatz 2014 in Mrd. US-$

3,4	Clean Harbors (USA)
8,8	Republic Services (USA)
8,8	Remondis (DE)
14,0	Waste Management (USA)
17,4	Suez Environnement (FR)
29,0	Veolia Environnement (FR)

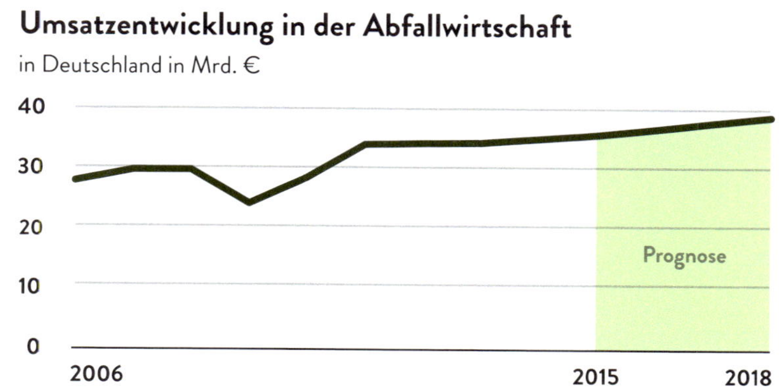
Umsatzentwicklung in der Abfallwirtschaft
in Deutschland in Mrd. €
40
30
20
10
0
Prognose
2006
2015
2018

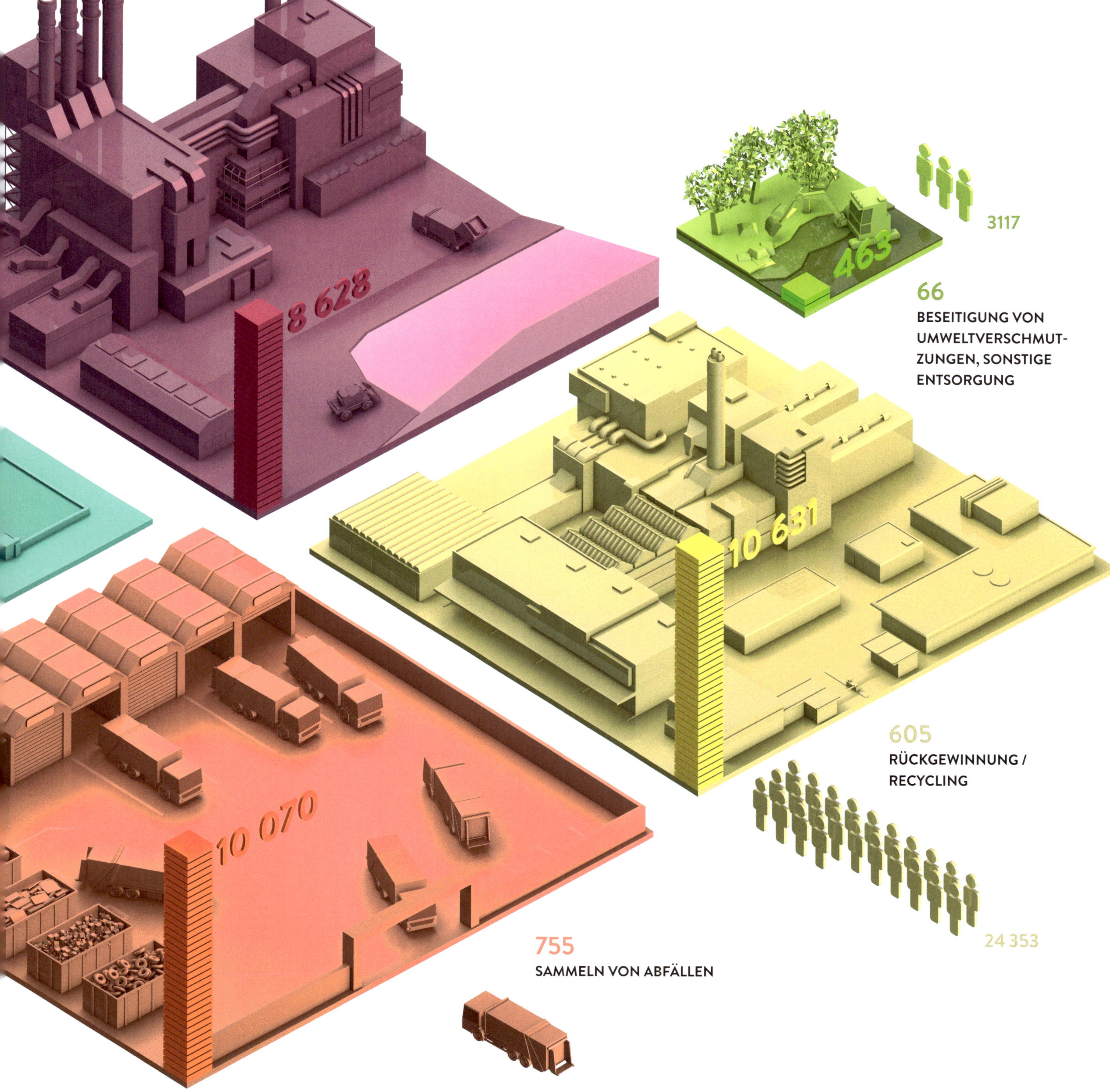
8 628
463
3117
66
BESEITIGUNG VON UMWELTVERSCHMUTZUNGEN, SONSTIGE ENTSORGUNG
10 631
605
RÜCKGEWINNUNG / RECYCLING
24 353
10 070
755
SAMMELN VON ABFÄLLEN

GRÜNE PARAGRAPHEN

In einer idealen Welt würden Unternehmen die Umweltkosten immer einkalkulieren und diese zum Wohle von Mensch und Planet minimieren. In unserer Welt müssen Gesetzgeber Vorschriften erlassen, damit Ökonomie und Ökologie zusammenfinden. Faul waren die Umweltpolitiker in den letzten vier Jahrzehnten nicht.

GESETZE UND VERORDNUNGEN

aus dem Geschäftsbereich des Bundesministeriums für Umwelt, Naturschutz, Bau und Reaktorsicherheit.
Jahr des Inkrafttretens der ursprünglichen Fassung.
Gezeigt werden nur Gesetze und Verordnungen, die gültig sind (ggf. in aktualisierter Form). Stand: 23.10.2015

1x Gesetz oder Verordnung zu:

- Gewässerschutz
- Immissionsschutz
- Naturschutz und Landschaftspflege
- Allgemeiner Umweltschutz
- Kerntechnische Sicherheit und Strahlenschutz
- Abfallwirtschaft
- Chemikalienrecht
- Erneuerbare Energien/Klimaschutz
- Sonstiges

Die fünf klassischen Umweltgesetze sind in fetter Schrift gesetzt

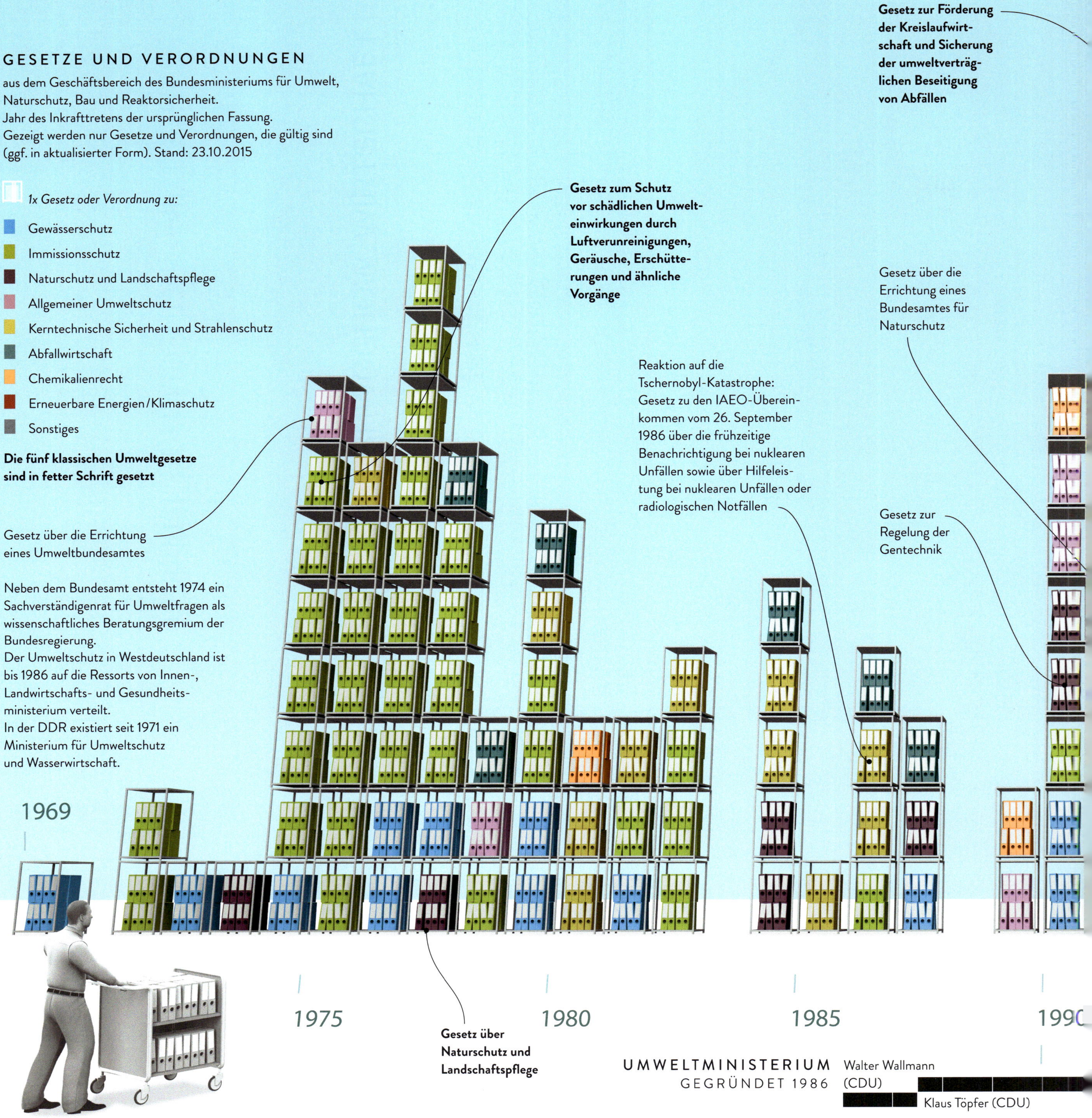

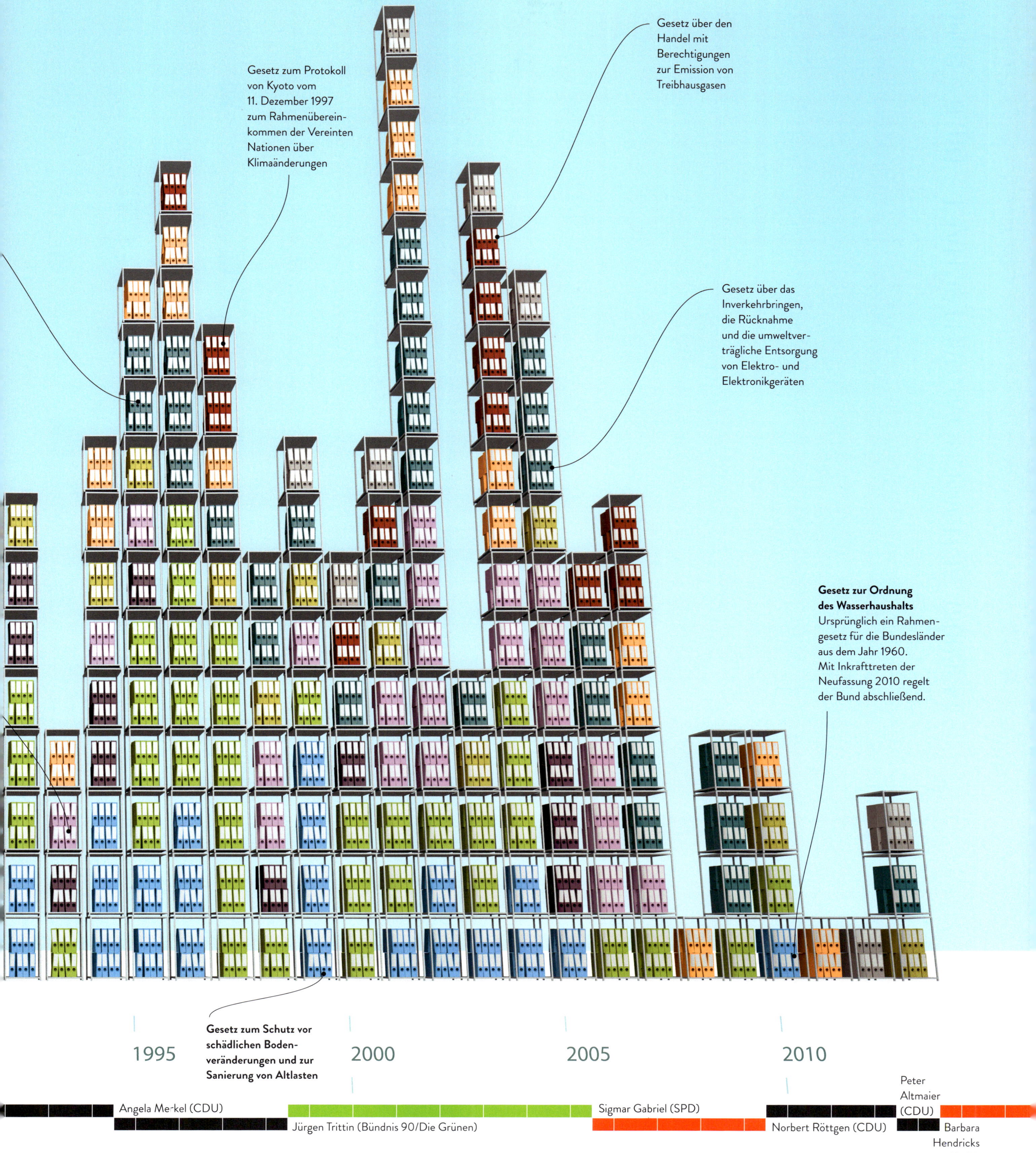
Gesetz zum Protokoll von Kyoto vom 11. Dezember 1997 zum Rahmenübereinkommen der Vereinten Nationen über Klimaänderungen
Gesetz über den Handel mit Berechtigungen zur Emission von Treibhausgasen
Gesetz über das Inverkehrbringen, die Rücknahme und die umweltverträgliche Entsorgung von Elektro- und Elektronikgeräten
Gesetz zur Ordnung des Wasserhaushalts
Ursprünglich ein Rahmengesetz für die Bundesländer aus dem Jahr 1960. Mit Inkrafttreten der Neufassung 2010 regelt der Bund abschließend.
Gesetz zum Schutz vor schädlichen Bodenveränderungen und zur Sanierung von Altlasten
1995
2000
2005
2010
Angela Merkel (CDU)
Jürgen Trittin (Bündnis 90/Die Grünen)
Sigmar Gabriel (SPD)
Norbert Röttgen (CDU)
Peter Altmaier (CDU)
Barbara Hendricks (SPD)

WAS KOSTET EINE TONNE CO_2?

Wie reduzieren wir möglichst schnell Luftverschmutzung zu möglichst geringen Kosten? Ein Doktorand der Universität von Wisconsin hatte 1966 darauf eine brillante Antwort: Emissionshandel. Er schlug einen staatlich regulierten Markt für Verschmutzungsrechte vor. Die Marktmechanismen – so die Grundidee – verlagern die Umweltschutz-Maßnahmen dorthin, wo Marktakteure diese am günstigsten erreichen können. 2005 setzte das Kyoto-Protokoll die Idee erstmals in großem Stil für CO_2-Einsparungen um. Bis dato allerdings mit mäßigem Erfolg, da zu viele Zertifikate ausgegeben wurden.

Wie funktioniert der Emissionshandel?

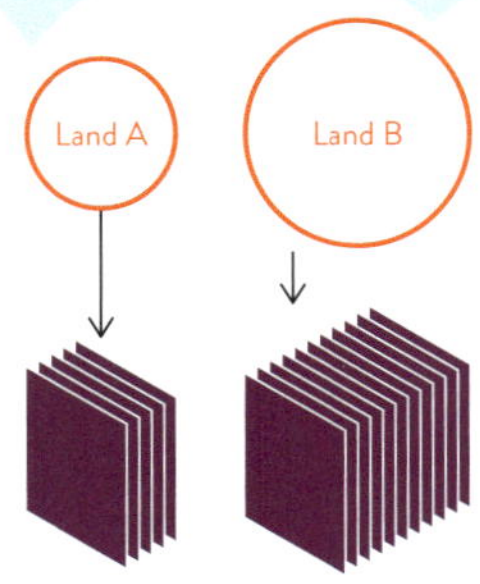

I GRENZWERTE

Politiker einigen sich auf Klimaziele.

II ZERTIFIKATE

Ein Staat oder Staatengemeinschaften legen zunächst die Gesamtmenge an erlaubten Treibhausgasemissionen fest – den sog. „cap“. Dieser wird dann in Form von Emissionsberechtigungsscheinen an Unternehmen („Emittenten“) ausgegeben oder von diesen ersteigert. Ein Emissionsrecht berechtigt somit zum Ausstoß einer Tonne CO_2 bzw. CO_2-Äquivalent innerhalb einer festgelegten Verpflichtungsperiode.

III HANDEL (TRADE)

Staaten und Unternehmen können je nach Bedarf Emissionsrechte kaufen oder verkaufen. Werden die emissionsberechtigten Werte überschritten, müssen zum Ausgleich entsprechende Rechte erworben werden – sonst drohen Strafzahlungen.

IV REDUZIERUNGSZIELE

Die Anzahl der Emissionsrechte sinkt nach den international vereinbarten Quoten mit jeder Verpflichtungsperiode, und der Anteil der kostenpflichtigen, zu ersteigernden Emissionsrechte unter diesen steigt. Das Prinzip „Reduzieren oder Zahlen“ soll die Anreize für Unternehmen vergrößern, in effizientere und umweltschonendere Technologien zu investieren, um künftig Grenzwerte einzuhalten oder zu unterbieten.

IV DER CLOU

Nicht jeder Akteur ist verpflichtet, die gleiche Menge an Verschmutzung einzusparen. Es zählt nur das Gesamtergebnis aller Akteure. Unternehmen mit den geringsten Reduktionskosten können die Emissionsreduktion jener Betriebe übernehmen, für welche die Einsparung sehr teuer wäre. Dafür bekommen sie mehr Geld, als sie die Einsparung kostet. Im Ergebnis bedeutet dies, dass eine gewünschte Reduktion von CO_2 besonders kostengünstig erzielt werden kann (ökonomisches Minimalprinzip) bzw. zu gewünschten Kosten die Emissionen möglichst stark reduziert werden können (Maximalprinzip).

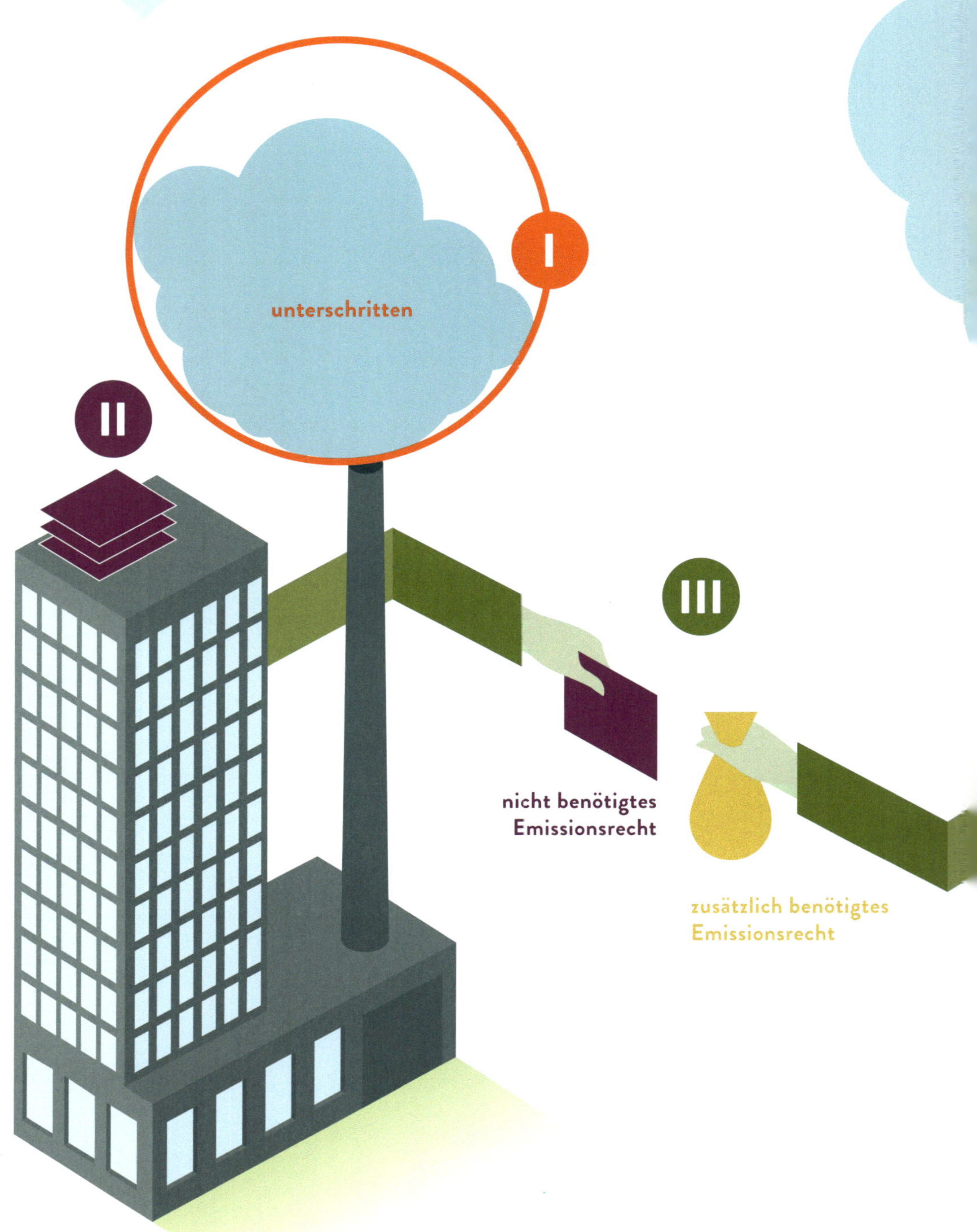

DIE KRITIK

Je höher der Preis eines CO_2-Zertifikats ist, desto höher ist auch der Anreiz für alle Unternehmen, in energieeffiziente Technologien zu investieren. Umweltverbände kritisierten, dass die Europäische Union von Beginn an zu viele Zertifikate ausgegeben hat und der Preisverfall vorhersehbar war. Sie fordern eine nachträgliche Verknappung oder einen Mindestpreis von 20 Euro.

Preisentwicklung beim EU-Emissionshandel (European Union Emissions Trading System, EU ETS), in Euro

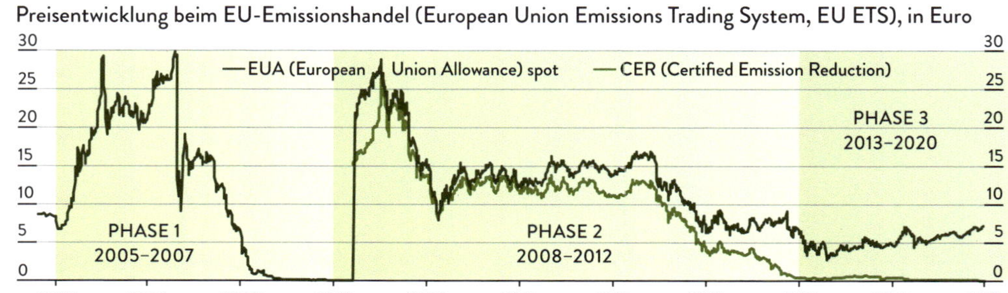

Treibhausgase und ihre Hauptverursacher

CO_2 ist das bekannteste Treibhausgas, aber auch andere Gase haben ein erhebliches Treibhaus-Potential (auf Englisch greenhouse warming potential oder GWP). Methan etwa trägt innerhalb von 100 Jahren nach Freisetzung 25-mal so stark zum Treibhauseffekt bei wie CO2, Distickstoff-Monoxid sogar 298-mal so viel.

CO_2 – KOHLENSTOFF-DIOXID
Strom- und Wärmeerzeugung, Haushalte und Kleinverbraucher, Verkehr und industrielle Produktion

PFKW – PERFLUOR-KOHLENWASSERSTOFFE
Nebenprodukt von industriellen Prozessen (bsp. Aluminiumproduktion)

SF_6 – SCHWEFEL-HEXAFLUORID
Isoliergas für elektrische Übertragungsanlagen

N_2O – DISTICKSTOFF-MONOXID
stickstoffhaltiger Dünger und Massentierhaltung

NF_3 – STICKSTOFF-TRIFLUORID
LCD-Fernsehgeräte, Computerplatinen und Dünnschicht-Solarzellen

HFKW – HALOGENIERTE FLUOR-KOHLENWASSERSTOFFE
Treibgas, Kühl- und Löschmittel

CH_4 – METHAN
Land- und Forstwirtschaft, insbesondere Massentierhaltung, Klärwerke und Mülldeponien

Wer macht mit?

Als erstes multinationales System könnte das Europäische Emissions Trading System ein Vorbild für einen einheitlichen globalen Kohlenstoffmarkt sein. Bisher haben nur wenige Länder einen Emissionshandel umgesetzt – doch der Club wächst: Auch einige große Länder, darunter Brasilien und Russland, denken inzwischen über eigene Systeme nach. Hier zu sehen: eine Momentaufnahme der implementierten nationalen und regionalen Systeme im Jahr 2015.

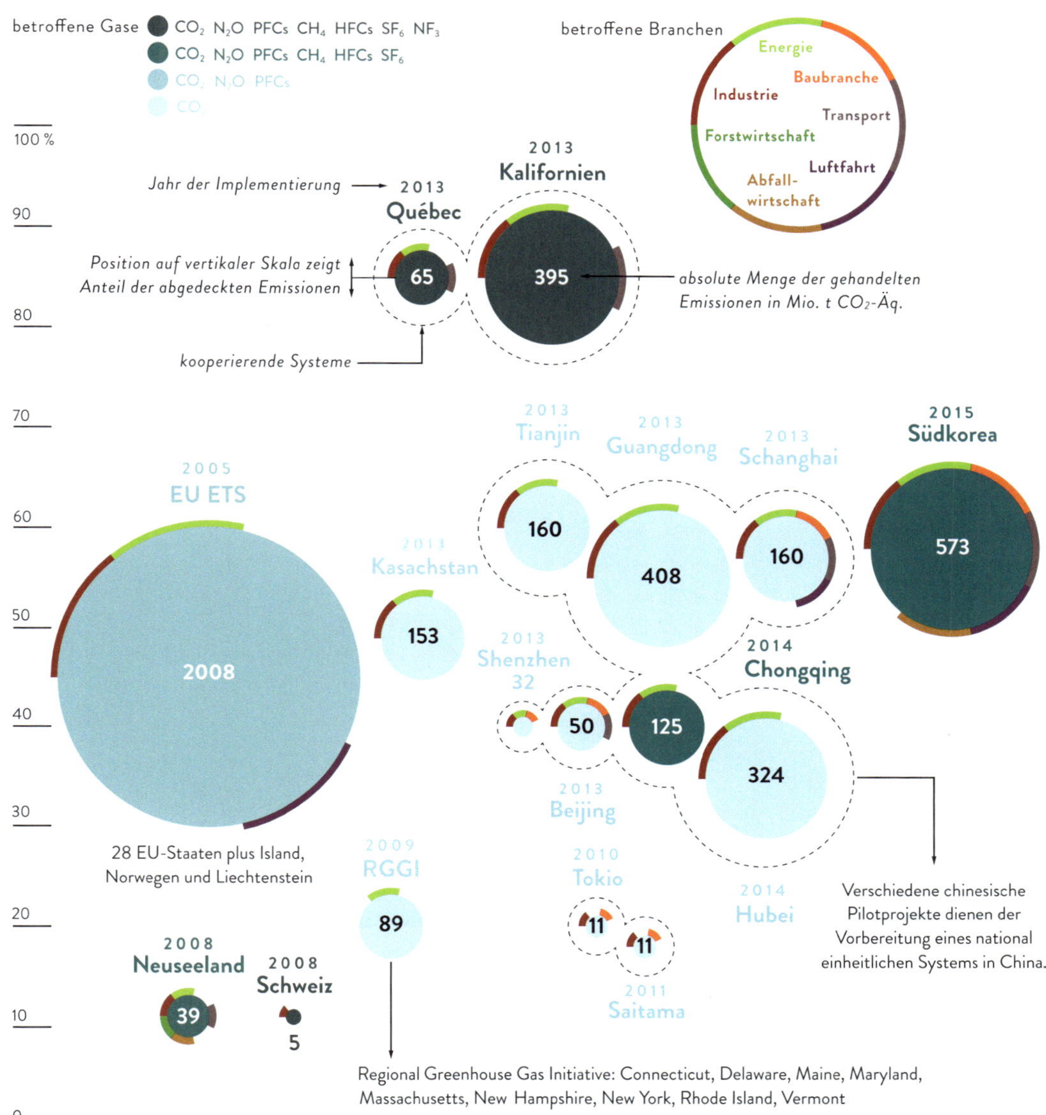

Wie viel Reduzierung ist nötig, um das 2-Grad-Ziel zu erreichen?

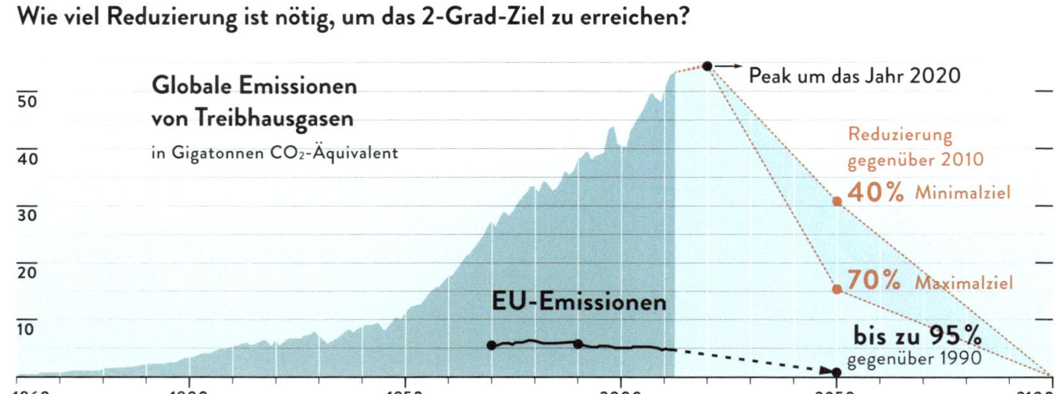

Regierungen und Unternehmen in Industrieländern können alternativ „zertifizierte Emissionsreduzierungen“ für Klimaschutzprojekte in Entwicklungsländern erwerben.

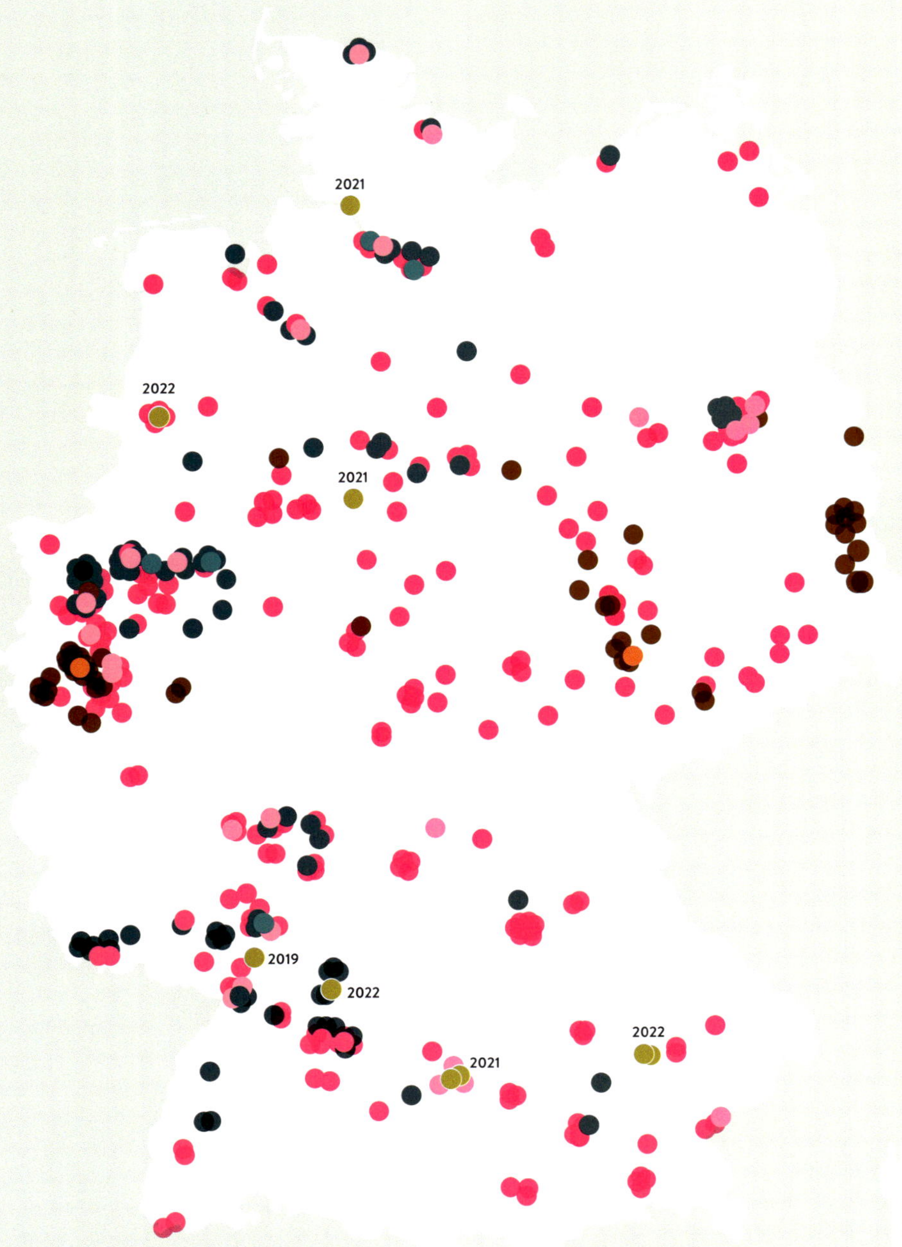

Die wichtigsten fossilen Kraftwerke 2015

AUSSTEIGEN, UMSTEIGEN, EINSPAREN.

Energiewende ist schnell gesagt und schnell erklärt: raus aus fossilen Brennstoffen und Atomkraft. Strom, Wärme und Verkehr speisen sich nur noch aus erneuerbaren Quellen. Die vollständige Umsetzung wird allerdings selbst in jenen Ländern, die konsequent vorangehen, noch viele Jahrzehnte dauern. Die Dänen hoffen, 2050 sagen zu können: Energiewende vollständig geschafft! Deutschland will dann immerhin 80 Prozent des Stroms CO_2-neutral produzieren.

EEG-Umlage

Wer Ökostrom produziert, wird gefördert. Das Erneuerbare-Energien-Gesetz garantiert Betreibern einen erhöhten Preis pro Kilowattstunde für zwanzig Jahre. Eine vierköpfige Familie kostet diese Umlage zurzeit rund 220 Euro pro Jahr.

Stromerzeugung: Anteil von Kohle und Kernenergie sinkt stetig

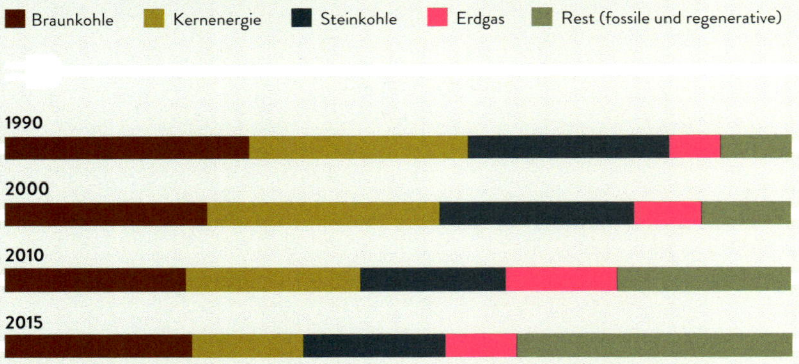

Strompreisentwicklung 2007–2014 (in Cent je Kilowattstunde)

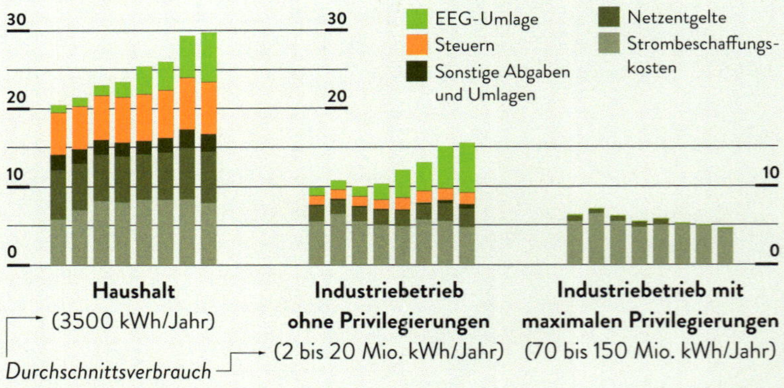

Meilensteine beim Umstieg auf erneuerbare Energien

1991
Beginn der Förderung der erneuerbaren Energien durch das Stromeinspeisungsgesetz: Abnehmeverpflichtung für Strom aus regenerativen Quellen

2000
Erneuerbare-Energien-Gesetz (EEG): feste Einspeisevergütungen für EE-Strom, die die Verbraucher über den Strompreis finanzieren

2002
Die rot-grüne Bundesregierung beschließt den Atomausstieg.

2009
EU-Programm „Energy 20-20-20": verbindliche Ziele zur Emissionsreduzierung bis 2020

2011
Nach der Fukushima-Katastrophe wird der Atomausstieg beschleunigt. Einige Meiler gehen sofort vom Netz, bei anderen ist spätestens 2022 Schluss.

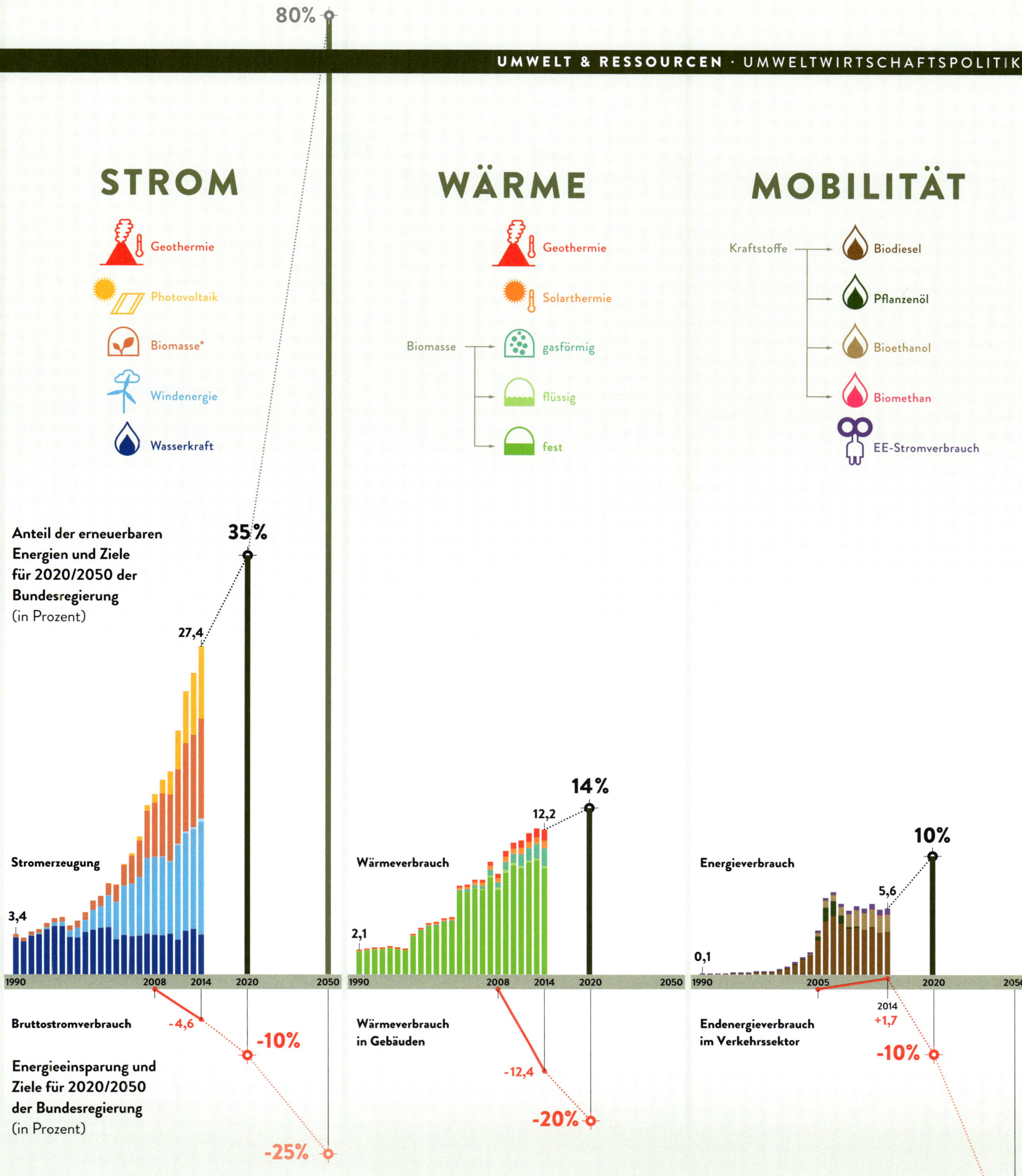

* fest, flüssig, gasförmig

Investitionen in erneuerbare Energien in Deutschland

in Milliarden Euro

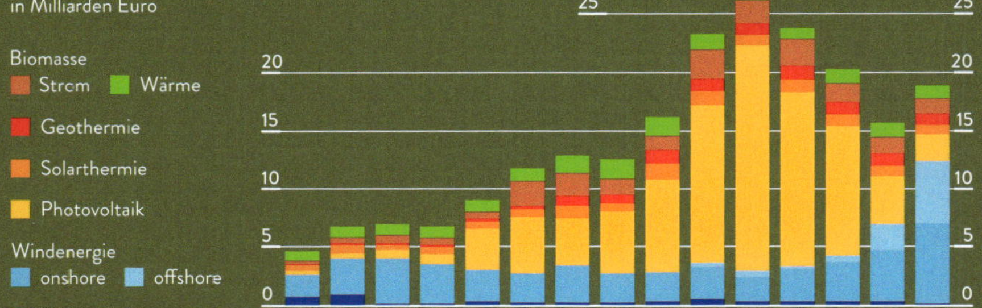

Jobs im Bereich der erneuerbaren Energien

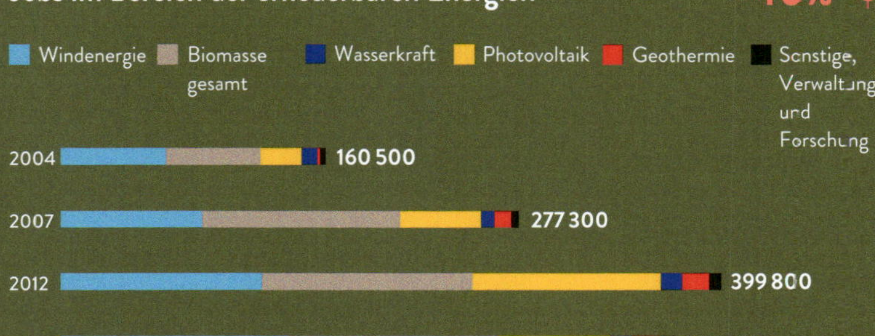

CHECK, CHECK. ÖKOTECH.

Es lässt sich auch mit gutem Gewissen gutes Geld verdienen. Das beweisen seit vielen Jahren die Anbieter von Umwelt-Technologien, und das wird nach Berechnungen der Unternehmensberatung Roland Berger auch noch lange so bleiben. Drei wichtige Gründe: Weltweit steigen gesetzliche Umweltauflagen. Immer mehr Verbraucher sind bereit, für umweltschonende Technik einen Mehrpreis zu zahlen. Es spricht sich herum, dass sich Investitionen in Greentech oft rechnen, zum Beispiel durch eingesparte Energie.

Volumen der Greentech-Weltmärkte 2013
(in Milliarden Euro) 2025

ENERGIE

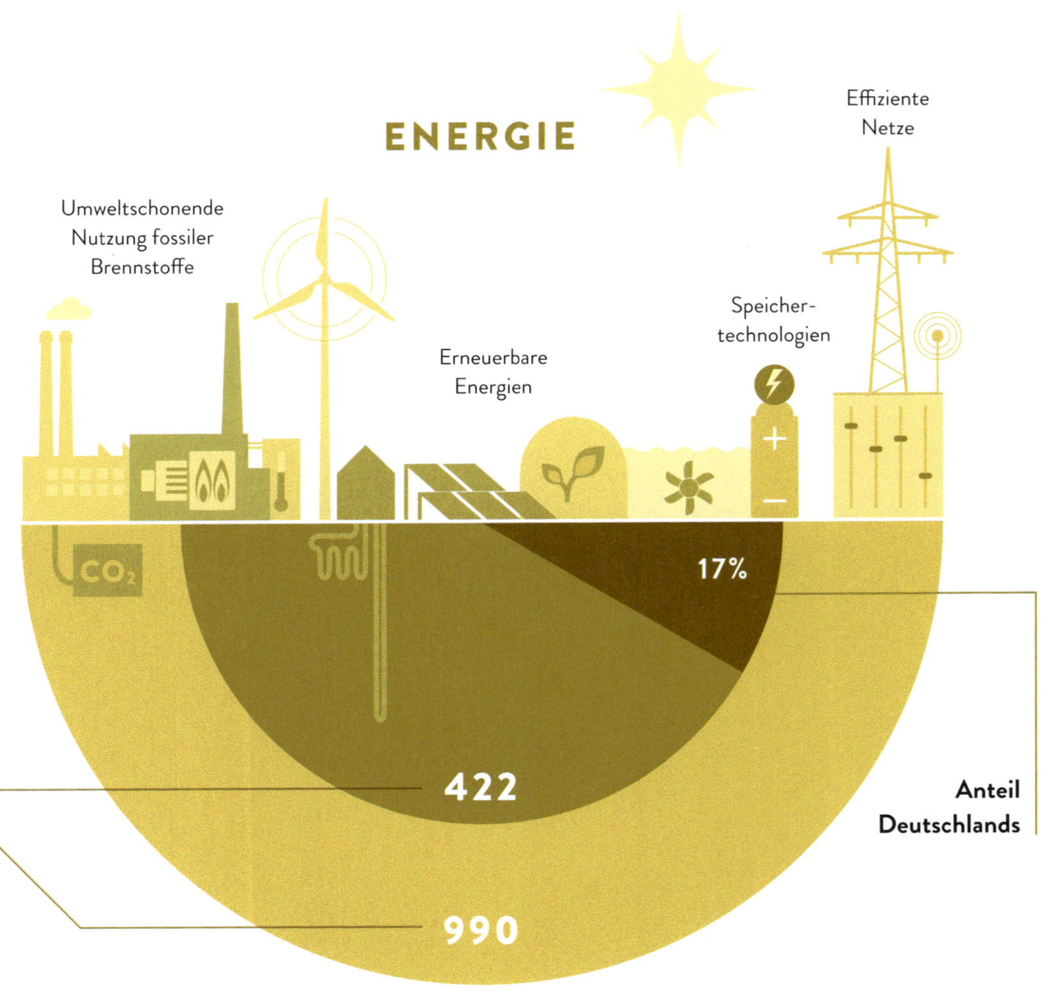

KREISLAUF-WIRTSCHAFT

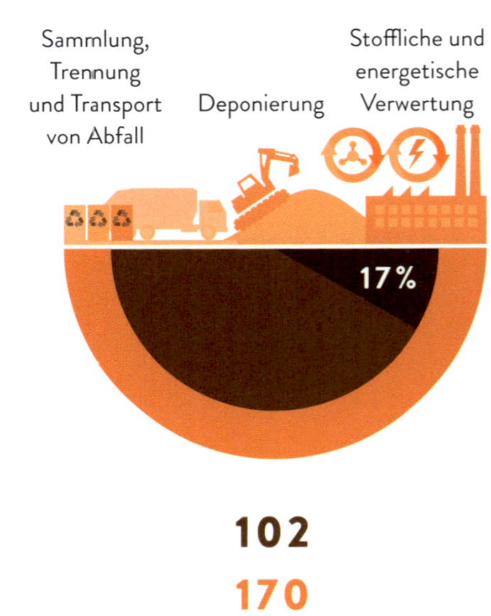

ENERGIEEFFIZIENZ

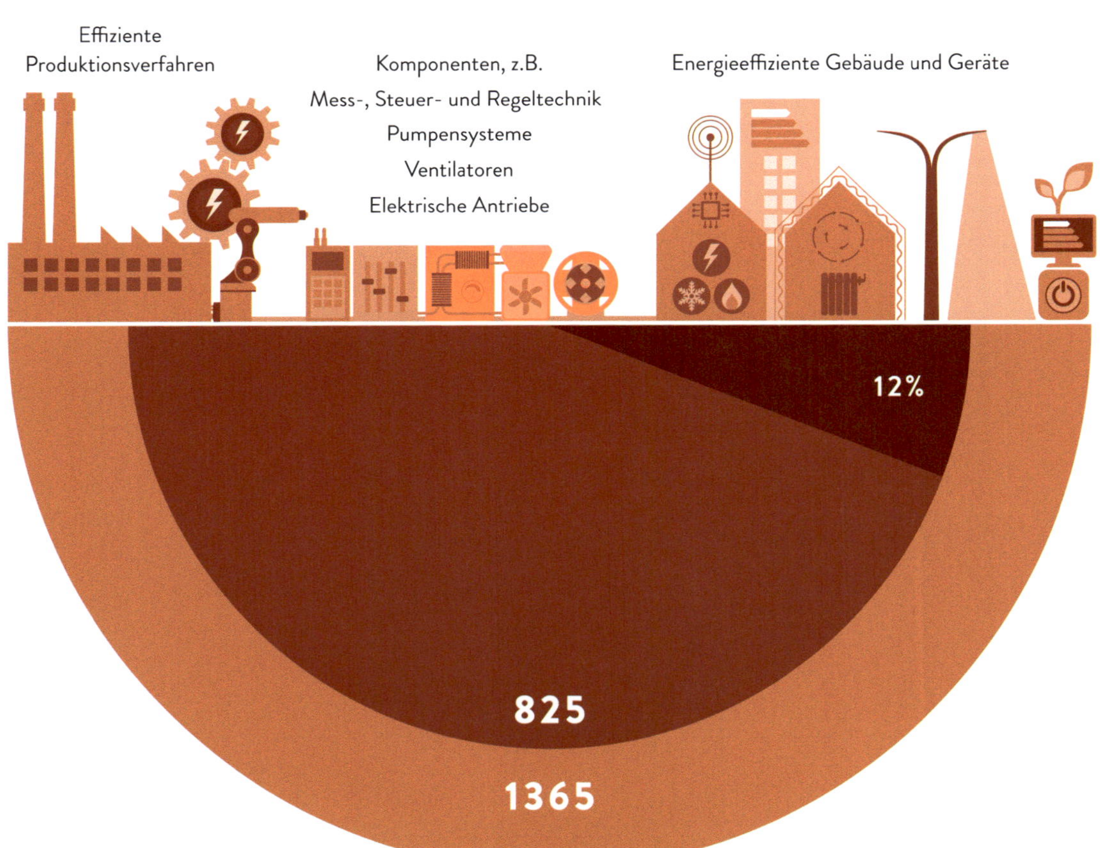

NACHHALTIGE WASSERWIRTSCHAFT

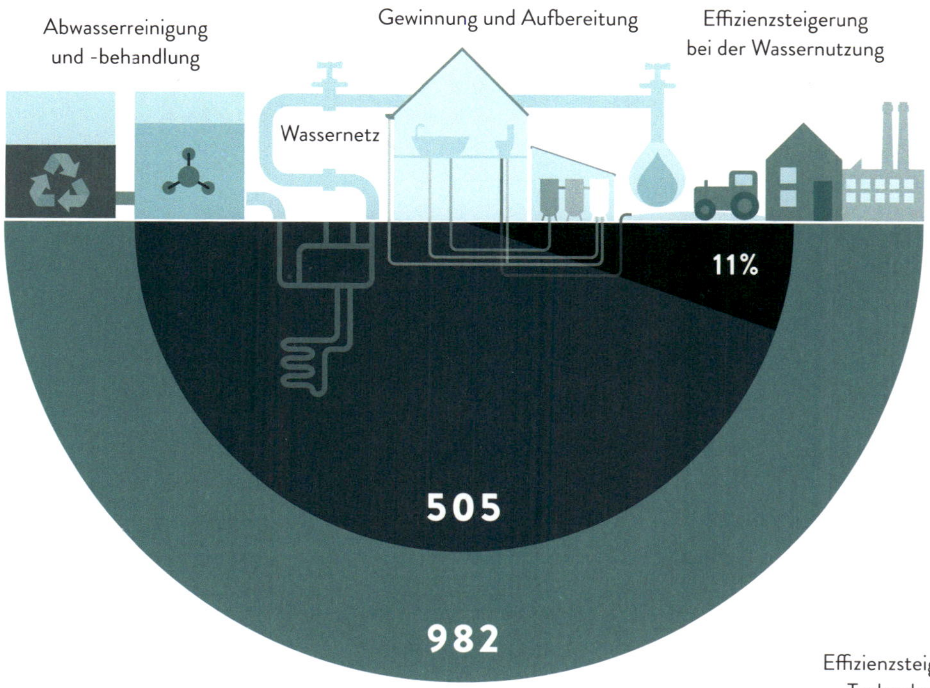

NACHHALTIGE MOBILITÄT

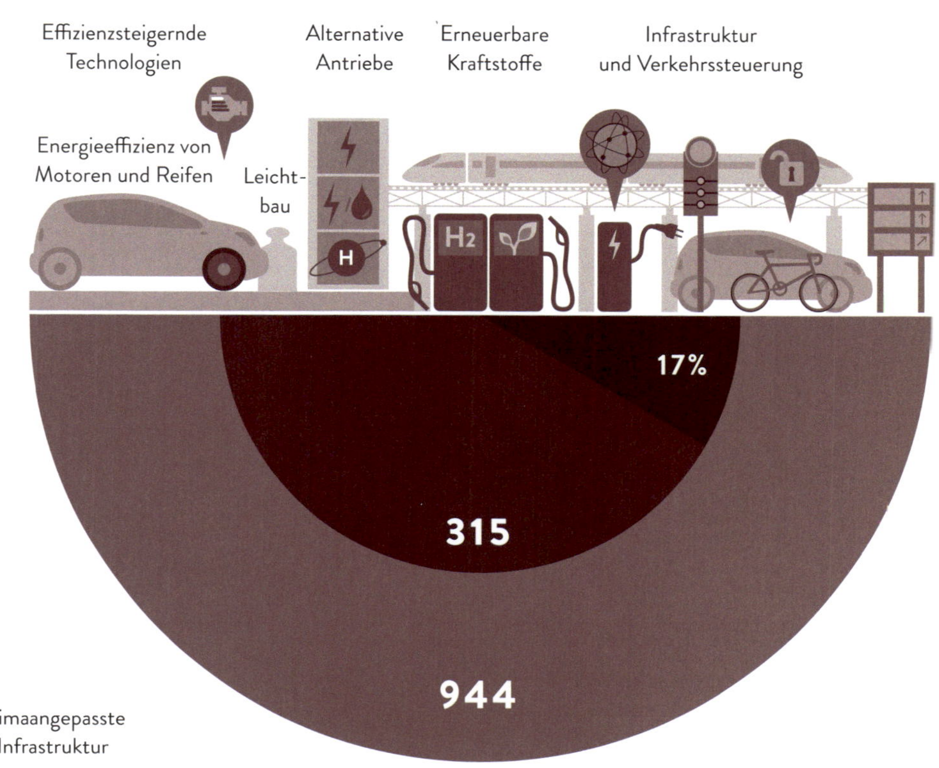

ROHSTOFF- UND MATERIALEFFIZIENZ

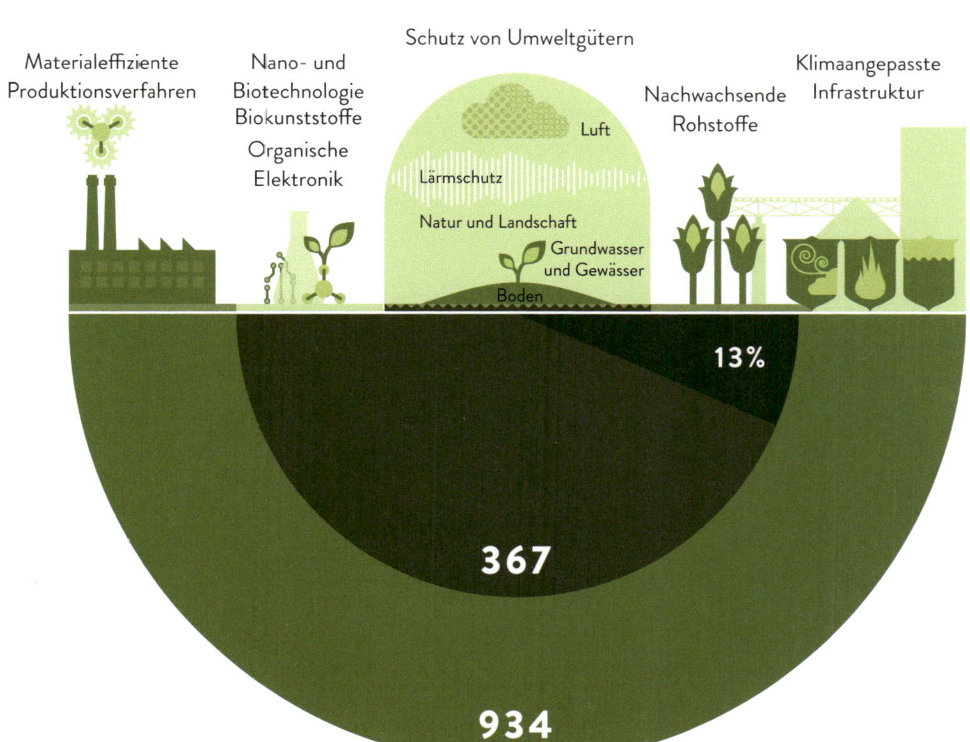

VII

DIE ZUKUNFT

DIE MEGATRENDS
·
DIE INNOVATION
·
DIE DIGITALISIERUNG
·
DIE AUTOMATISIERUNG
·
DIE ZUKUNFT DER ARBEIT
·
DIE ZUKUNFT DER BANKEN
·
DAS BESTE ZUM SCHLUSS

ZUKUNFT ERFORSCHEN

Was wird passieren? Wenn wir es vorhersagen, können wir vorausschauend handeln. Das ist die zentrale Idee der Zukunfts- und Trendforscher. Auch sie haben keine Glaskugel. Zukunftsforschung versucht, aus den Entwicklungen der Vergangenheit und den Daten der Gegenwart wahrscheinliche Szenarien für die Zukunft abzuleiten. Als wissenschaftliche Disziplin ist der Blick nach vorne jung. US-Universitäten waren in den 1960er Jahren die Pioniere, doch zum Durchbruch verhalf dem Fach kein Mann vom Fach, sondern der Unternehmer John Naisbitt. 1982 veröffentlichte er das Buch „Megatrends“. Es stand zwei Jahre auf Platz eins der New-York-Times-Bestsellerliste und verkaufte sich weltweit rund 15 Millionen Mal. Naisbitt hatte einen allgemeinverständlichen Zugang gefunden. Mit zehn simplen Begriffen machte er deutlich, wie Kaffeesatz-Lesen Sinn ergeben kann …

10 Megatrends von Naisbitt
Einordnung nach Relevanz

- weitestgehend zutreffend
- teilweise zutreffend
- nur bedingt zutreffend

- Von der Zentralisation zur Dezentralisation
- Von Hierarchien zu Netzwerken
- Vom Entweder/Oder zu vielfältigen Optionen
- Von der Industriegesellschaft zur Informationsgesellschaft
- Von der Volkswirtschaft zur Weltökonomie
- Von aufgezwungener Technik zu High Tech/High Touch
- Von Kurzfristigkeit zur Langfristigkeit
- Vom Norden zum Süden
- Von institutioneller Hilfe zur Selbsthilfe
- Von repräsentativer zu partizipatorischer Demokratie

Karriere des Begriffs „Megatrend“ laut Google Ngram:
(Vorkommen/Jahr)

Der Google Ngram Viewer analysiert Wortfolgen (sogenannte n-grams) aus 5,2 Millionen Büchern aus den Jahren 1500 bis 2008. Als Ergebnis wird das Vorkommen des gesuchten Wortes jeweils in Prozent des Gesamtwortbestandes eines Jahres ausgegeben.

MEGATRENDS

Trends sind Entwicklungen in der Gegenwart, die sich mit hoher Wahrscheinlichkeit in der Zukunft fortschreiben. Megatrends sind der Mercedes unter den Trends. Ihre Wirkung ist, laut Prognose, besonders tiefgreifend, langanhaltend und global. Strategieabteilungen in aller Welt reden sich die Köpfe heiß, wie sie welchen Megatrend in die Unternehmensentwicklung, ins Produktportfolio oder ins Marketing einbeziehen sollen. Die kommerziell orientierten Trendforscher liefern dabei einen Trendbegriff nach dem anderen. Wissenschaftlich ist das nicht immer, aber meist unterhaltsam.

DEMOGRAPHIE

GEOPOLITISCHE ENTWICKLUNGEN

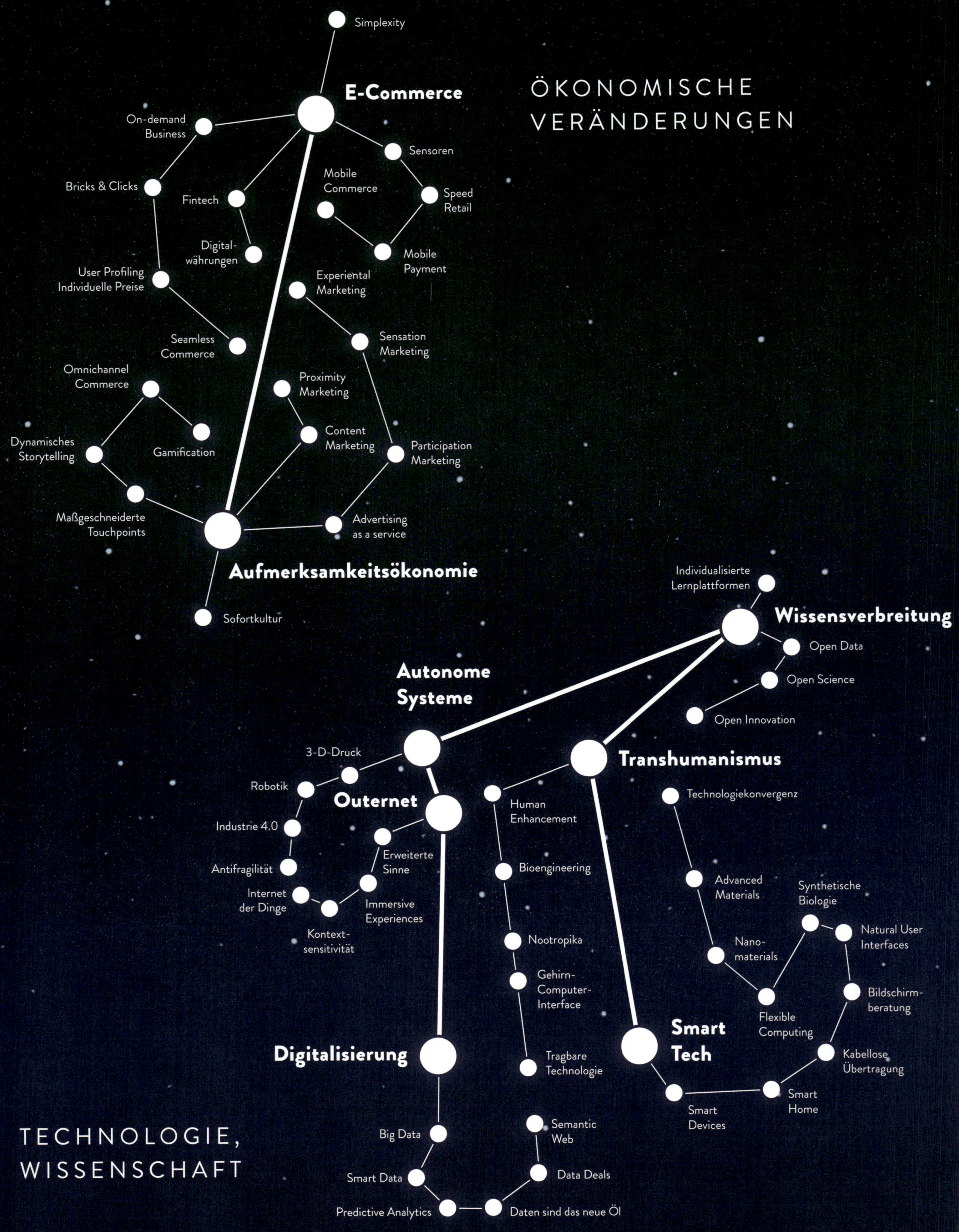
ÖKONOMISCHE VERÄNDERUNGEN
Simplexity
E-Commerce
On-demand Business
Sensoren
Bricks & Clicks
Fintech
Mobile Commerce
Speed Retail
Digital-währungen
Mobile Payment
User Profiling Individuelle Preise
Experiental Marketing
Seamless Commerce
Sensation Marketing
Omnichannel Commerce
Proximity Marketing
Dynamisches Storytelling
Gamification
Content Marketing
Participation Marketing
Maßgeschneiderte Touchpoints
Advertising as a service
Aufmerksamkeitsökonomie
Sofortkultur
Individualisierte Lernplattformen
Wissensverbreitung
Open Data
Open Science
Open Innovation
Autonome Systeme
3-D-Druck
Transhumanismus
Robotik
Outernet
Human Enhancement
Technologiekonvergenz
Industrie 4.0
Erweiterte Sinne
Antifragilität
Bioengineering
Advanced Materials
Synthetische Biologie
Internet der Dinge
Immersive Experiences
Kontext-sensitivität
Nootropika
Nano-materials
Natural User Interfaces
Gehirn-Computer-Interface
Bildschirm-beratung
Flexible Computing
Smart Tech
Digitalisierung
Tragbare Technologie
Kabellose Übertragung
Smart Home
Smart Devices
Semantic Web
Big Data
TECHNOLOGIE, WISSENSCHAFT
Smart Data
Data Deals
Predictive Analytics
Daten sind das neue Öl

Neues Arbeiten
Vernetzung
Gender Shift
Gesundheitsbewusstsein
Individualisierung
KULTUR UND GESELLSCHAFT
Crowd Actions
Skill Society
Net Neutrality
Work-Life-Blending
Life Sharing
Hyper-connectivity
Female Shift
Work-Design
Flexicurity
Small-World-Networks
Sharing Economy
Matchmaking Services
Co-Working
Fernarbeit
E-Health
Sex-Design
Social Software
Down-shifting
DIY Analyse
Womenomics
Me-Cloud
Soziale Netzwerke
Geschlechts-identität
Detoxing
Gravitational Content
Standort-bezogene Dienste
Achtsamkeit
Sportivity
Intelligent Personal Assistence
Personalisierte Medizin
Self Tracking
Mood Tech
Produkt-personalisierung
Bodytuning
Remote Care
Person als Marke
Altersgerechte Assistenzsysteme
Ressourcen-nationalismus
Reconomy
Circular Economy
Zero Waste
Preisvolatilität
Ressourcenknappheit
Green Tech
Postwachstums-ökonomie
Post-Carbon-Gesellschaft
Nachhaltigkeit
Maker Movement
Clean Fuels
Econvenience
Bio-Boom
Desert based Solar
Klimawandel
Agriculture Innovation
Alternative Energiegewinnung
Alternative Food
ÖKOLOGIE
Provenienz
Microgrids
Extreme Naturereignisse
Präzisions-landwirtschaft
Verlust an Biodiversität
Versauerung der Meere
Erosion

ZUKUNFT GESTERN

Welche großen Innovationen haben die Menschen wirklich vorangebracht? Eine Gruppe von zwölf Wissenschaftlern hat im Auftrag des Magazins „The Atlantic“ eine Liste der fünfzig wichtigsten Durchbrüche seit der Erfindung des Rads erarbeitet und kategorisiert. Zwölf subjektive Meinungen zusammengefasst ergeben kein objektives Bild. Aber ein interessantes.

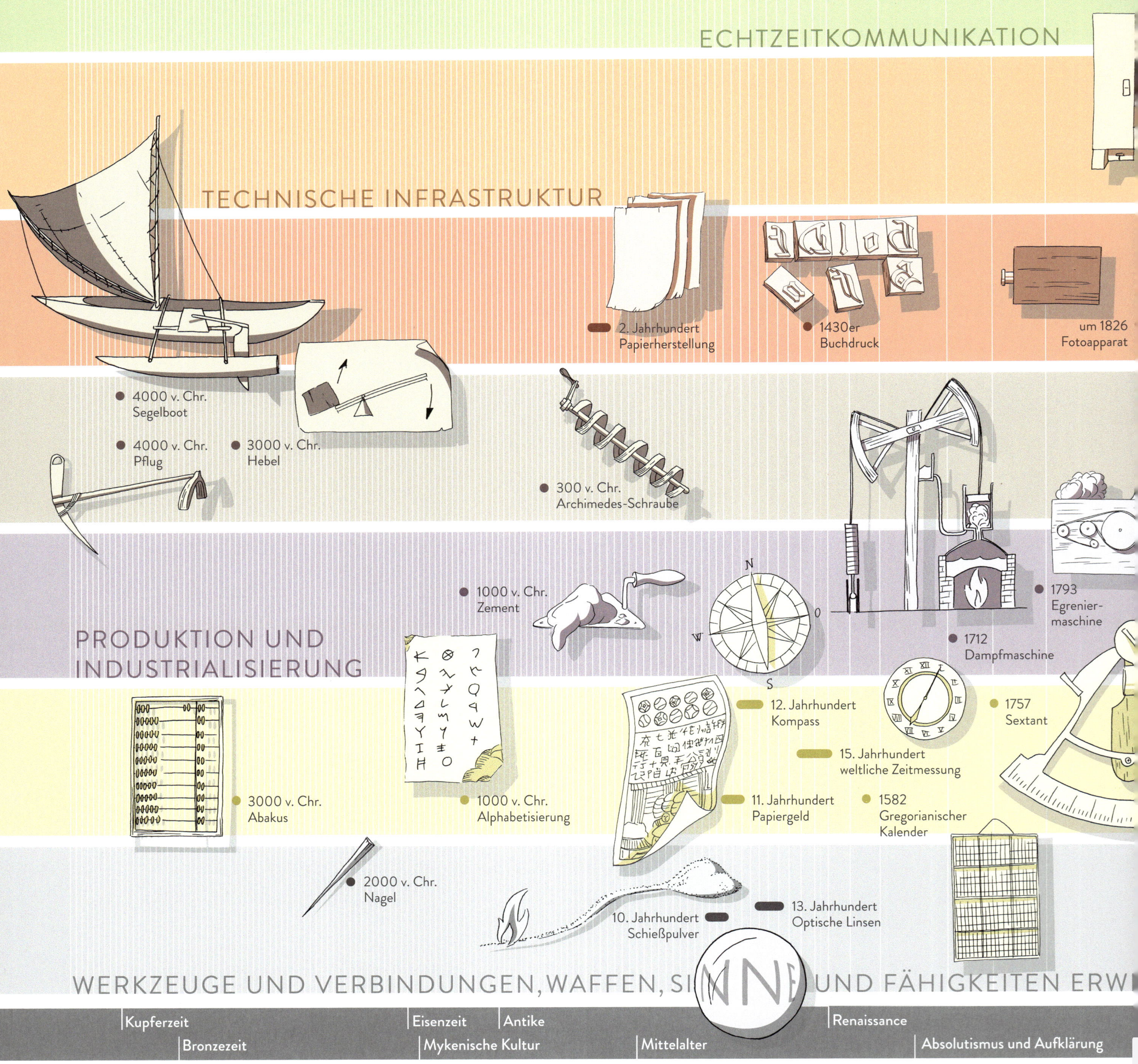

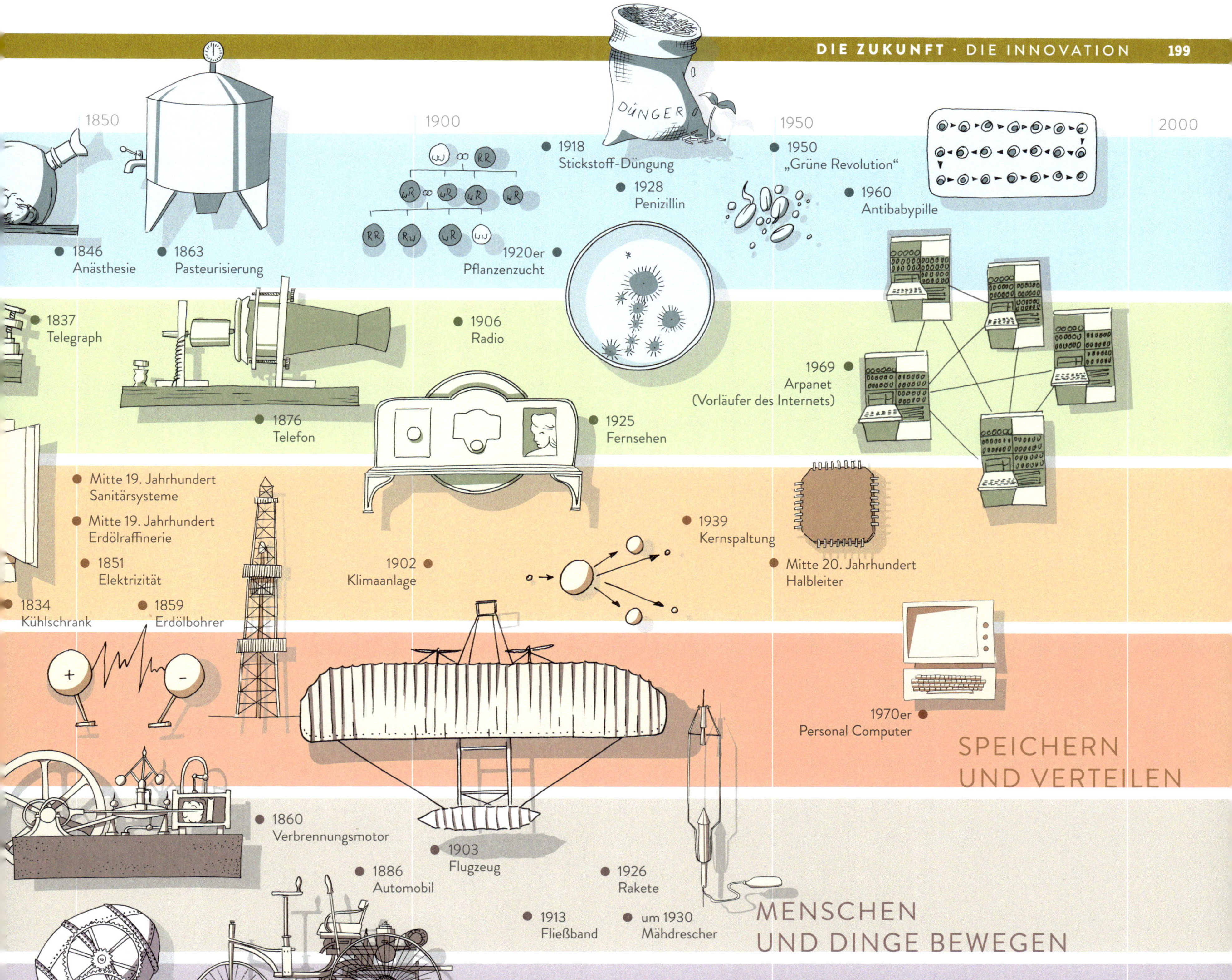

EXPERTENGRUPPE DES MAGAZINS „THE ATLANTIC“:

Michelle Alexopoulos Professorin für Wirtschaftswissenschaften, Universität von Toronto

Leslie Berlin Historikerin der Wirtschaft und Technologie, Stanford Universität, Autorin von: The Man Behind the Microchip – Robert Noyce and the Invention of Silicon Valley (2005)

John Doerr Venture Capitalist & General Partner bei Kleiner Perkins Caufield & Byers

George Dyson Wissenschafts- und Technikhistoriker, Autor von: Turing's Cathedral (2012) und Darwin Among the Machines (1998) (dt. Übersetzung: Turings Kathedrale: Die Ursprünge des digitalen Zeitalters (2016))

Walter Isaacson Schriftsteller und Biograph. Er ist Präsident und Vorstand des Aspen-Instituts. Autor zahlreicher Biographien, z.B. Steve Jobs (2011), Albert Einstein (2007) und Benjamin Franklin (2003)

Jōichi Itō Aktivist, Unternehmer und Investor für Risikokapital, Direktor, MIT Media Lab

Alexis Madrigal ist Editor-in-Chief der digitalen Plattform Fusion. Er war leitender Redakteur bei The Atlantic und Journalist bei Wired. Er ist der Autor von Powering the Dream (2011) und Gastwissenschaftler in Berkeley.

Charles C. Mann Journalist, Autor von: 1491: New Revelations of the Americas Before Columbus (2006), 1493: Uncovering the New World Columbus Created (2011) (dt. Übersetzung: Kolumbus' Erbe (2013))

Joel Mokyr Professor für Wirtschaftswissenschaften und Geschichte der Northwestern Universität

Linda Sanford ehemaliger IBM Vice President für Unternehmenstransformation und aktuell im Vorstand der Carlyle Gruppe

Astro Teller Unternehmer, Wissenschaftler und Autor, mit Know-how auf dem Gebiet der intelligenten Technologie. Mitbegründer Cerebellum Capital und Body Media. „Captain of moonshots“ von Google X

Padmasree Warrior Vorstandsmitglied von NextEV, ehemaliger Technischer Vorstand und Strategischer Berater von Cisco Systems

ndustrialisierung | Neueste Geschichte

WIE KOMMT DAS NEUE IN DIE WELT?

Es ist ganz einfach. Nicht innovative Unternehmen verschwinden vom Markt. Denn ein anderes Unternehmen wird seine Produkte oder Dienstleistungen besser oder günstiger anbieten oder durch ganz neue Produkte oder Dienstleistungen ersetzen, die den Bedarf des Kunden genauer bedienen. Die Ökonomen Joseph Schumpeter und Peter F. Drucker haben das alles noch ein wenig genauer durchdacht. Und ganz so einfach ist es doch nicht ...

"Innovation is change that creates a new dimension of performance."

PATENT- UND MARKENAMT

Anmeldung und Eintragung einer Marke in das Register

1

Telefax vorab am ....

PETER F. DRUCKER *1909 †2005	US-amerikanischer **Ökonom** österreichischer Herkunft	Formuliert **Innovationen** als Schlüssel zum Erfolg für Unternehmen	Bekanntes Werk: **Führen durch Zielvereinbarung** (1954)

VORDENKER: Joseph Alois Schumpeter Ökonom *1883 †1950	**Definition** nach Schumpeter: Ständige Erneuerung/schöpferische Zerstörung. Jemand ist nur Unternehmer, wenn er eine neue Kombination durchsetzt.	**Stadien** einer Innovation: (1) Idee (2) Prototyp (3) Umsetzung (4) Durchdringung des Marktes	**Merkmale** Innovation: (1) Neuerung oder Erneuerung (2) Veränderung bzw. Wechsel

7 MÖGLICHKEITEN EINER INNOVATION nach Drucker

(1) Das Unerwartete

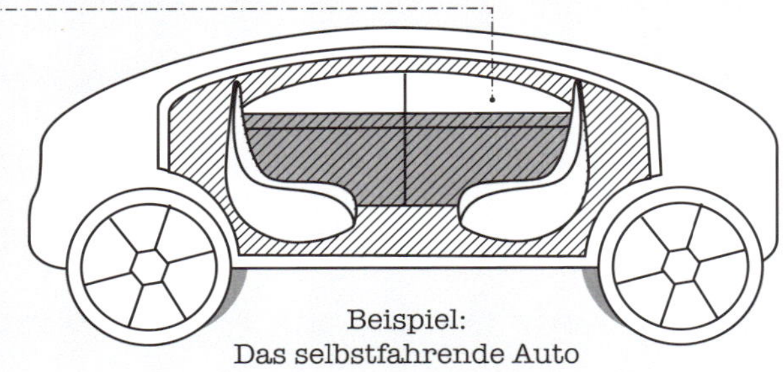

Beispiel: Das selbstfahrende Auto

(2) Das (scheinbar) Unvereinbare

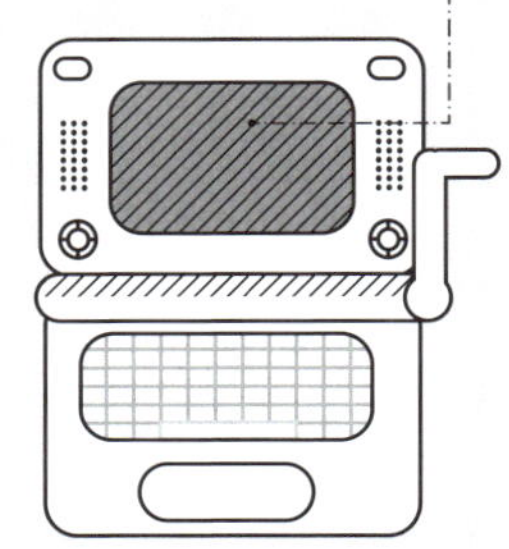

Beispiel: Der 100-Dollar-Laptop

(3) Das Benötigte

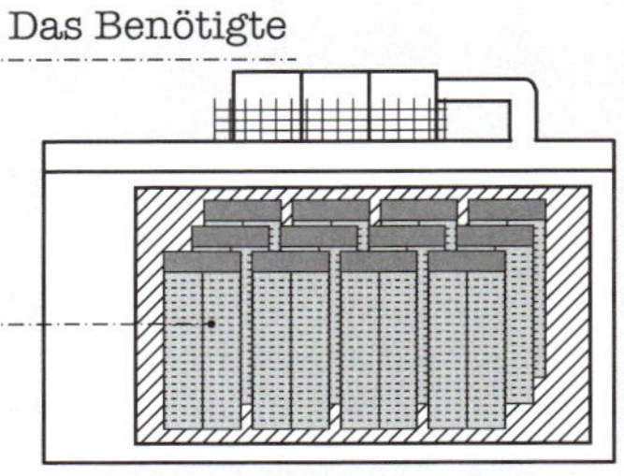

Beispiel: Großbatterien als Energiespeicher

(4) Veränderung des Marktes

Beispiel: Gesundheits-Apps

(5) Veränderung in der Demographie

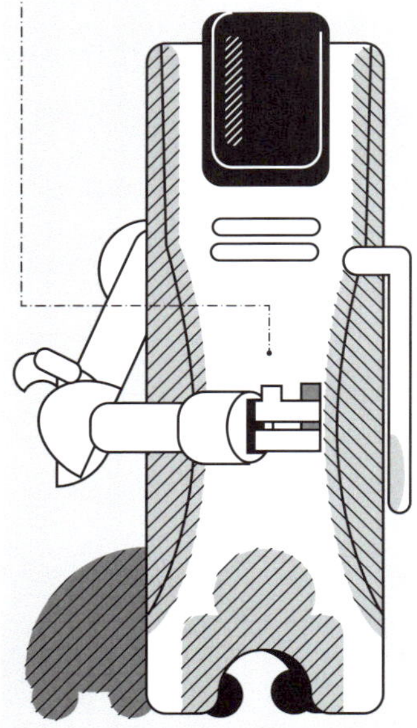

Beispiel: Serviceroboter für Senioren

(6) Veränderung der Wahrnehmung

Beispiel: Augmented Reality

(7) Neues Wissen

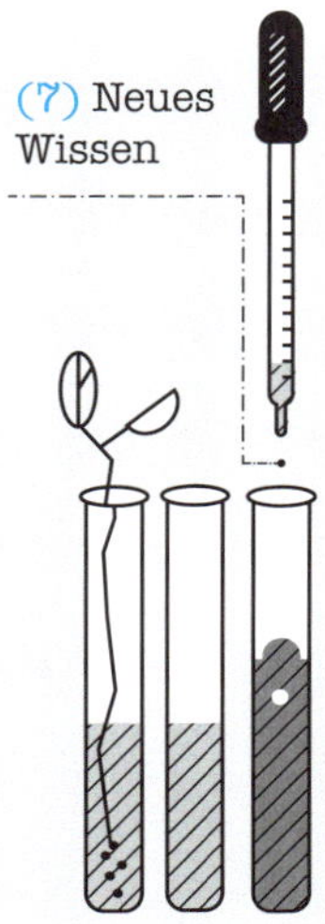

Beispiel: Grüne Gentechnologie

CHECKLISTE FÜR INNOVATIONEN nach Drucker

- ☐ alle Möglichkeiten der Innovation durchdacht
- ☐ den Markt geprüft
- ☐ die Innovation ist simpel, aber effektiv
- ☐ die Innovation ist spezifisch
- ☐ die Innovation strebt die Marktführung an

DAS WAR MEINE IDEE!

Wer die (technische) Welt mit einer Erfindung besser macht, kann seine Idee schützen lassen. Er muss dazu zum Patentamt. Dieses prüft, ob seine Erfindung wirklich neu ist und nicht die Schutzrechte anderer Erfinder verletzt. In Deutschland gelten Patente maximal 20 Jahre. In der Zeit darf niemand die Erfindung nutzen, ohne den Inhaber des Patents zu fragen und eine Lizenz zur Nutzung zu erwerben. Die ökonomische Idee hinter dem Ideenschutz: Niemand würde in Forschung und Entwicklung investieren, wenn jeder die Idee kopieren dürfte. Und dann würde die (technische) Welt auch nicht besser.

Die größten Unternehmen in führenden Technologiebereichen nach Patentanmeldungen, 2014

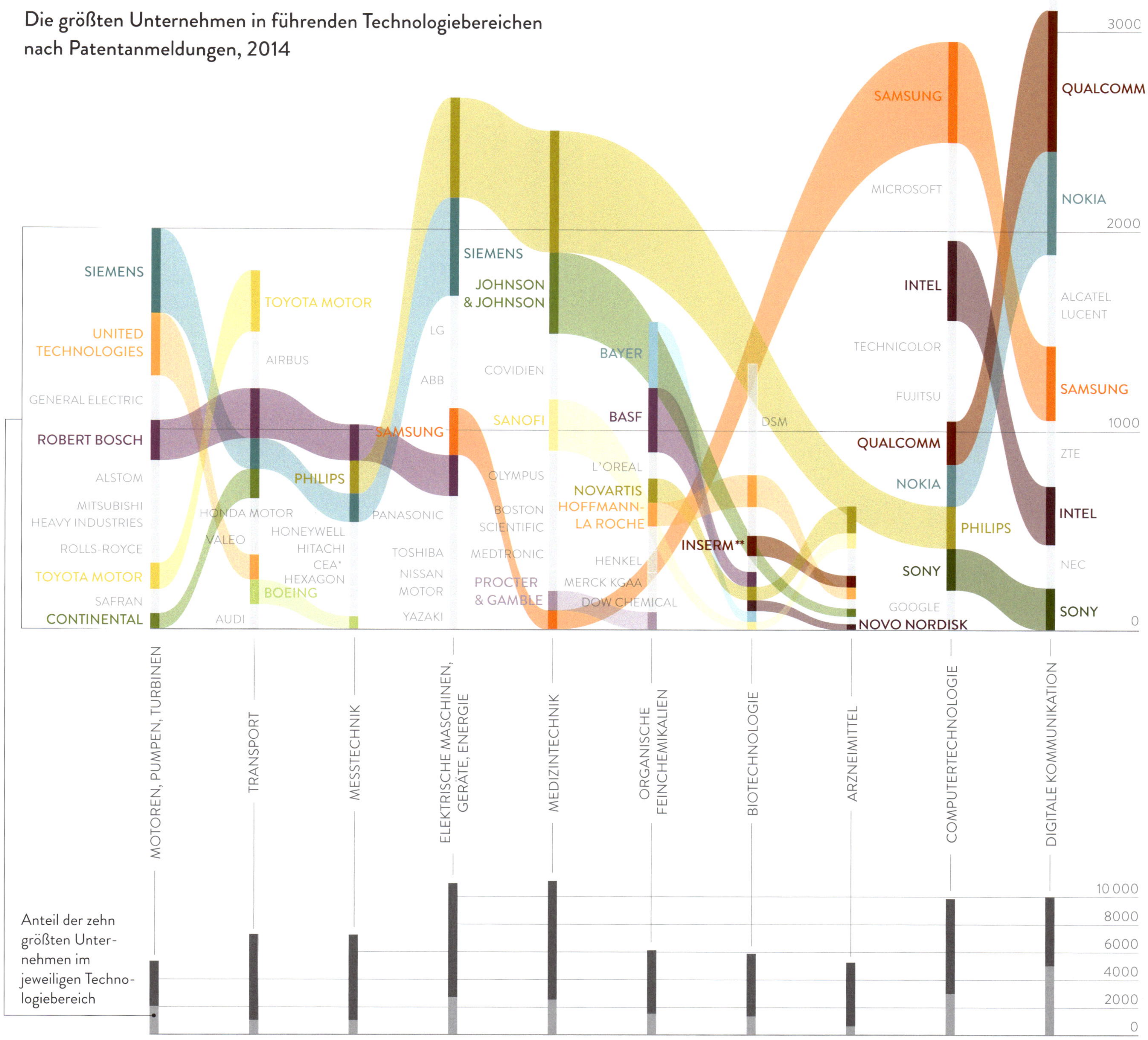

Gesamtzahl der Patentanmeldungen in den führenden Technologiebereichen, 2014

* Commissariat à l'énergie atomique et aux énergies alternatives
** Institut national de la santé et de la recherche médicale

WIE MISST MAN INNOVATION?

Innovationen sind für die meisten Unternehmen und Branchen der Schlüssel für Wettbewerbsfähigkeit. Um die Innovationsleistung von Staaten zu messen, bedient man sich ausgewählter Indikatoren. Der hier gezeigte Innovationsindikator nutzt dabei durchgehend relative Kenngrößen, um die Innovationsfähigkeit möglichst unabhängig von der Größe eines Landes zu bewerten – so werden die Innovationspotentiale und Gewichtungen innerhalb der Länder vergleichbar.

INNOVATIONSINDIKATOR

Der Innovationsindikator wird vom Fraunhofer-Institut für System- und Innovationsforschung (ISI) in Karlsruhe in Zusammenarbeit mit dem Zentrum für Europäische Wirtschaftsforschung (ZEW) in Mannheim erstellt. Der Gesamtindikator (gemessen auf einer Skala von 1 bis 100) berechnet sich aus Daten der fünf Segmente: Wirtschaft, Wissenschaft, Bildung, Staat und Gesellschaft. In diese Berechnung fließen wiederum 38 Subindikatoren ein, wobei einige Indikatoren in mehrere Segmente einfließen. Der Innovationsindikator umfasst Daten von 35 Staaten. Hier aufgeführt sind 30 Staaten, plus Deutschland. Im internationalen Vergleich liegt Deutschland mit 56 Punkten im Gesamtranking etwa an fünfter Stelle.

SEGMENTE

PUNKTE 1994

PUNKTE 2014

56 PUNKTZAHL GESAMT-INDIKATOR 2014

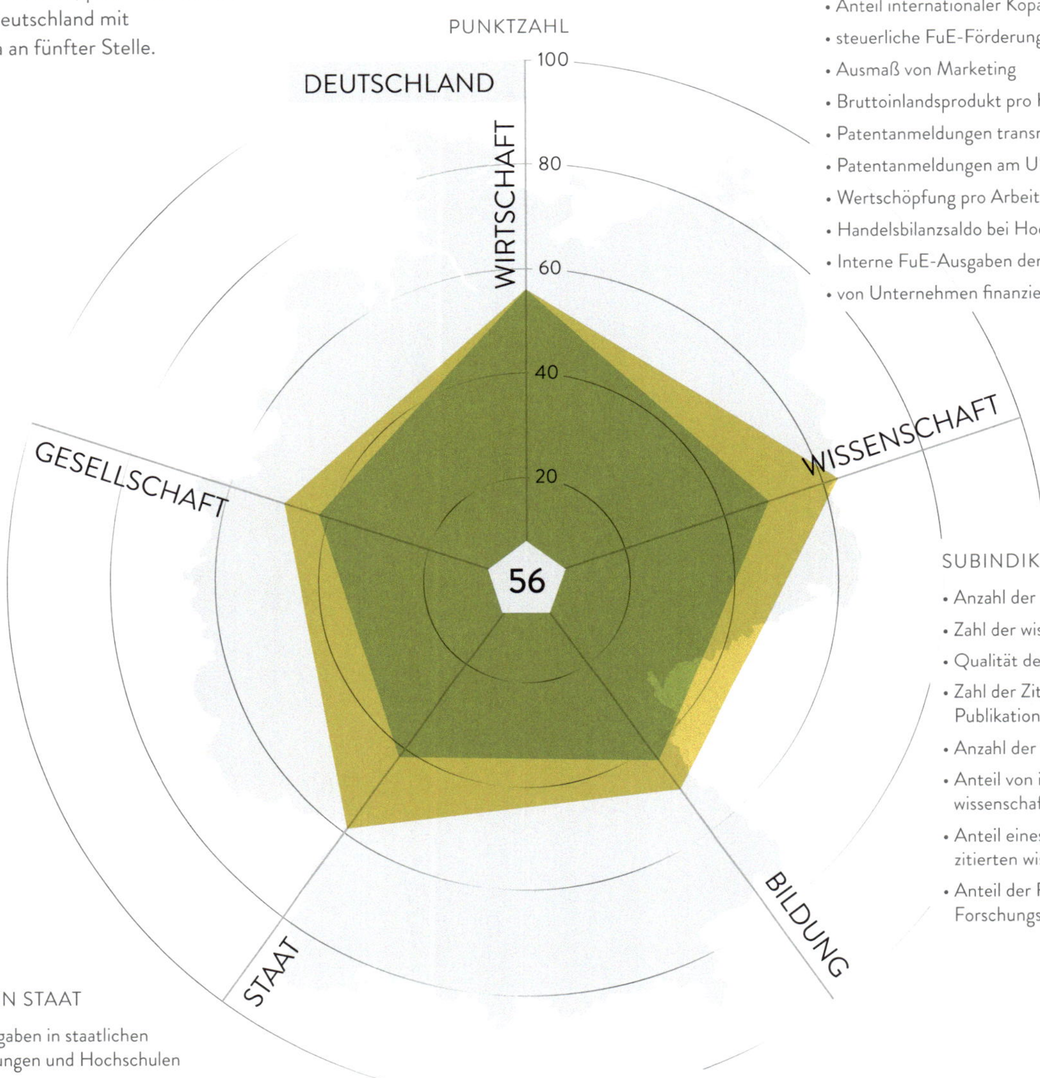

SUBINDIKATOREN WIRTSCHAFT

- Nachfrage der Unternehmen nach technologischen Produkten
- eingesetztes Venturecapital in der Frühphase
- staatlich finanzierte FuE*-Ausgaben der Unternehmen
- Beschäftigte in wissensintensiven Dienstleistungen
- Wertschöpfungsanteil der Hochtechnologie
- Intensität des einheimischen Wettbewerbs
- Anteil internationaler Kopatente
- steuerliche FuE-Förderung
- Ausmaß von Marketing
- Bruttoinlandsprodukt pro Kopf
- Patentanmeldungen transnationaler Patente
- Patentanmeldungen am USPTO**
- Wertschöpfung pro Arbeitsstunde
- Handelsbilanzsaldo bei Hochtechnologien
- Interne FuE-Ausgaben der Unternehmen
- von Unternehmen finanzierte FuE-Ausgaben der Hochschulen

SUBINDIKATOREN GESELLSCHAFT

- Lebenserwartung
- Frauenerwerbsbeteiligung
- Presseveröffentlichungen zu Wissenschaft und Forschung
- Anteil Postmaterialisten

SUBINDIKATOREN WISSENSCHAFT

- Anzahl der Forscher/-innen
- Zahl der wissenschaftlich-technischen Artikel
- Qualität der wissenschaftlichen Forschungseinrichtungen
- Zahl der Zitate pro wissenschaftlich-technischer Publikation in Relation zum weltweiten Durchschnitt
- Anzahl der Patente aus der öffentlichen Forschung
- Anteil von internationalen Kopublikationen an allen wissenschaftlich-technischen Artikeln
- Anteil eines Landes an den 10 Prozent der am häufigsten zitierten wissenschaftlich-technischen Publikationen
- Anteil der FuE-Ausgaben in staatlichen Forschungseinrichtungen und Hochschulen

SUBINDIKATOREN STAAT

- Anteil der FuE-Ausgaben in staatlichen Forschungseinrichtungen und Hochschulen
- staatliche Nachfrage nach fortschrittlichen technologischen Produkten
- steuerliche FuE-Förderung
- staatlich finanzierte FuE-Ausgaben der Unternehmen
- Bildungsausgaben je Student
- Qualität des Erziehungssystems
- Qualität der mathematisch-naturwissenschaftlichen Erziehung
- PISA-Index: Wissenschaft, Lesekompetenz, Mathematik

SUBINDIKATOREN BILDUNG

- Anteil der Promovierten an der Bevölkerung
- Anteil der Beschäftigten mit tertiärer Bildung
- Anteil ausländischer Studenten
- Hochschulabsolventen in Relation zu den hoch qualifizierten Beschäftigten im Alter 55+
- Beschäftigte mit mindestens Sekundarstufe II, ohne Hochschulabschlüsse
- Bildungsausgaben je Student
- Qualität des Erziehungssystems
- Qualität der mathematisch-naturwissenschaftlichen Erziehung
- PISA-Index: Wissenschaft, Lesekompetenz, Mathematik

* Forschung und Entwicklung
** United States Patent and Trademark Office

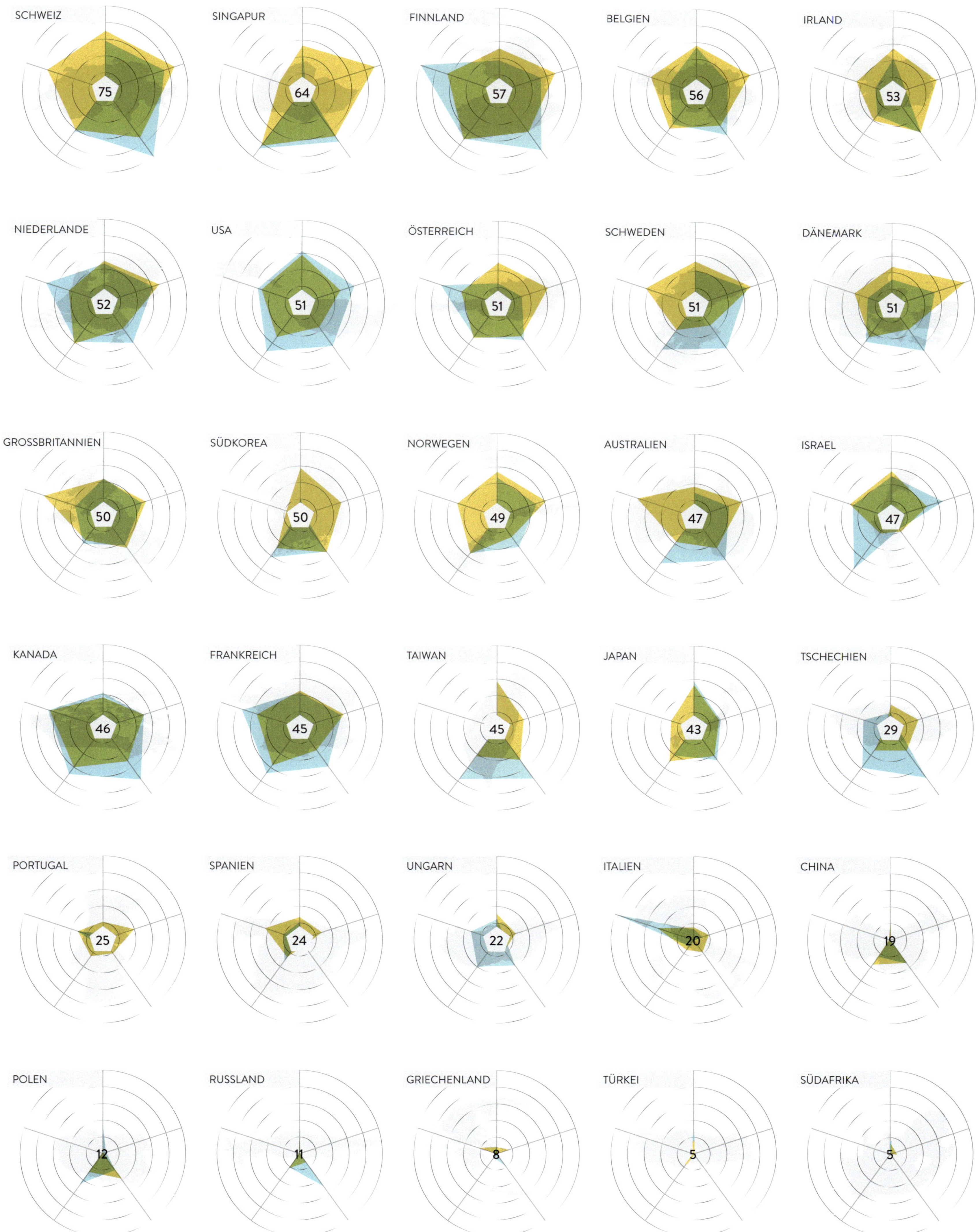
SCHWEIZ
75
SINGAPUR
64
FINNLAND
57
BELGIEN
56
IRLAND
53
NIEDERLANDE
52
USA
51
ÖSTERREICH
51
SCHWEDEN
51
DÄNEMARK
51
GROSSBRITANNIEN
50
SÜDKOREA
50
NORWEGEN
49
AUSTRALIEN
47
ISRAEL
47
KANADA
46
FRANKREICH
45
TAIWAN
45
JAPAN
43
TSCHECHIEN
29
PORTUGAL
25
SPANIEN
24
UNGARN
22
ITALIEN
20
CHINA
19
POLEN
12
RUSSLAND
11
GRIECHENLAND
8
TÜRKEI
5
SÜDAFRIKA
5

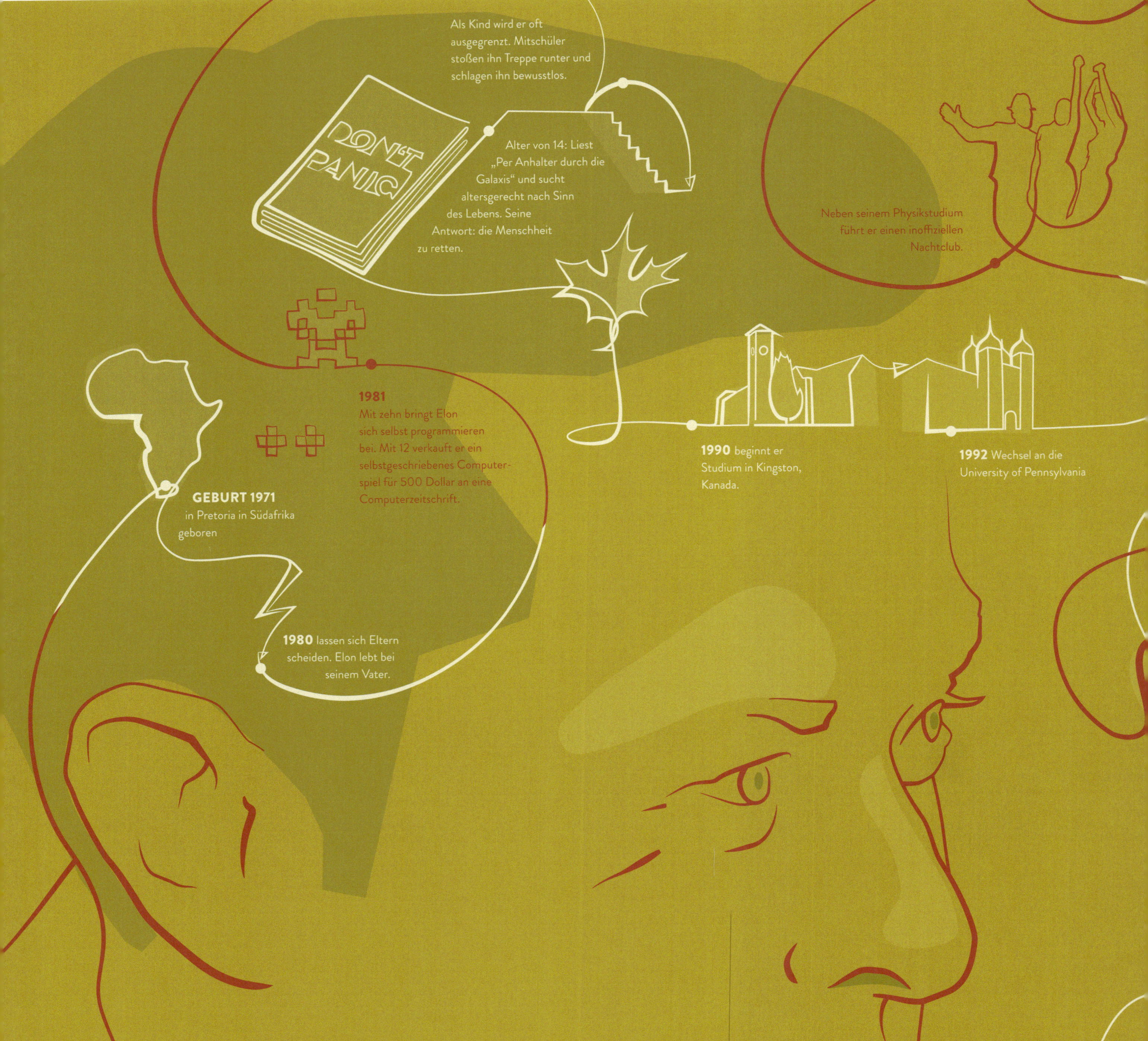

DIE WELT IST NICHT GENUG

Große Visionen haben viele. Elon Musk setzt sie um. Sein Lebenslauf liest sich wie ein Science-Fiction-Roman. Musk will das Leben auf der Erde verbessern und die Möglichkeit schaffen, dass die Menschheit zur Not auch auf andere Planeten ausweichen kann. Möge Letzteres möglich werden – und unnötig bleiben.

zip2
1995 gründet er zusammen mit seinem Bruder eine Softwarefirma. Compaq kauft die Firma vier Jahre später für rund 300 Millionen Dollar. Elon hält 7% der Anteile.
X.COM + CONFINITY
1999 erkennt Musk, dass bequemes und sicheres Bezahlen im Internet eine große Zukunft hat.
PayPal
RIP
2002 stirbt sein erster Sohn im Alter von 10 Wochen.
SPACEX
2001 kommt ihm die Idee, dass man in einem Zelt auf dem Mars Pflanzen züchten könnte. Das eigentliche Ziel: Die Raumfahrt wieder zu beleben. Ein Jahr später wird aus der Idee eine Firma. Musk investiert 100 Millionen Dollar.
2000 heiratet er Justine Wilson.
2004 wird er Vater von Zwillingen.
TESLA
2003 sagt Musk der benzinfixierten Automobil-Industrie den Kampf an. Strom ist für ihn der bessere Treibstoff.
2006 gründet er mit zwei Cousins eine Firma für Solarzellen. Sie sollen den grünen Strom für die Teslas liefern.
SolarCity
2006 werden seine Drillinge geboren.
2010 heiratet er Talulah Riley.
2012 folgt die zweite Scheidung.
2008 Die erste Scheidung
2013 heiraten er und Talulah Riley erneut.
OpenAI
2015 gründet Musk eine Non-Profit-Organisation, die künstliche Intelligenz fördern und allen Menschen zugänglich machen soll.
RIP
Musk möchte, dass sich die Menschheit auf mehrere Planeten verteilt. Er selbst fände es „phantastisch", auf dem Mars zu sterben.
2013 stellt Musk ein Konzept für ein gigantisches Rohrpost-System vor. In den Kapseln sollen Menschen von Los Angeles nach San Francisco geschossen werden.
hyperloop

DAS NÄCHSTE EINHORN

In der Literatur sind Einhörner Fabelwesen. Die meisten Menschen glauben nicht, dass es sie gibt. In der Welt der Start-ups sind Einhörner Unternehmen, die fabelhafte Summen wert sein sollen, nämlich mehr als eine Milliarde US-Dollar. Ihre Investoren glauben an sie. Oder zumindest daran, dass sie risikoreiche Wetten auf mögliche Profite in ferner Zukunft öfter gewinnen als verlieren.

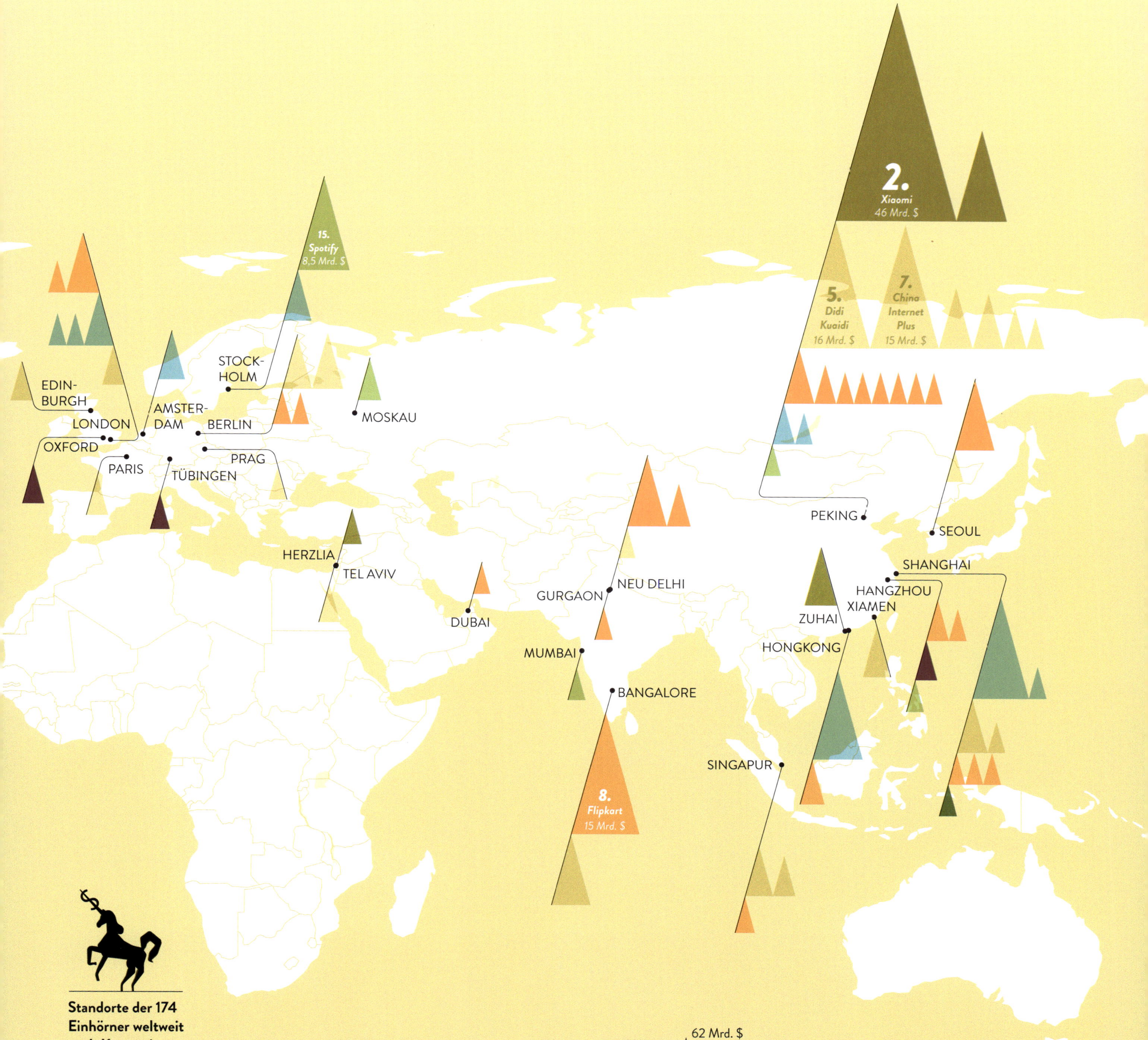

Standorte der 174 Einhörner weltweit nach Kategorie …

	Anzahl	Gesamtwert je Kategorie in Mrd. $
Software	67	261,6
Handel	36	72,0
Medien	25	70,5
Finanzdienstleistungen	17	48,9
Gesundheit	12	33,6
Hardware	7	65,8
Business Services	3	12,0
Konsumgüter	2	2,9
Bildung	2	2,0
Raumfahrt	1	12,0
Energie	1	3,0
Herstellung/Produktion	1	1,0

… und Wert

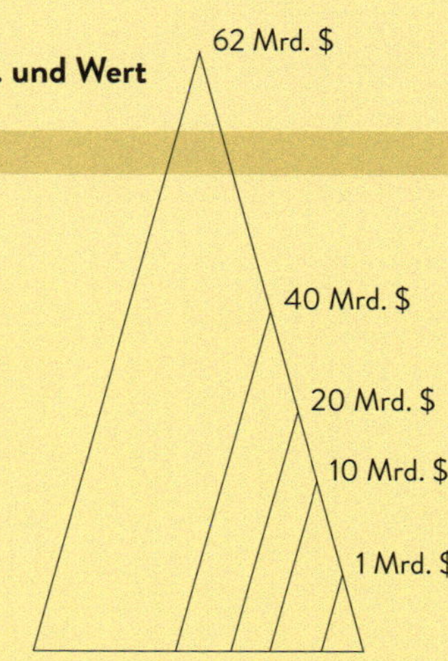

Stand Januar 2016

SCHNELLER DAVID, TRÄGER GOLIATH?

Disruption ist der wichtigste Begriff im Silicon Valley. Die Gründer von Start-ups sehen sich gerne als schlaue Davids, die mit ihren digitalen Steinschleudern die Geschäftsmodelle von schwerfälligen Marktführern angreifen. Manchmal gelingt das tatsächlich. Aber viel seltener als behauptet. Die wachen Goliaths lernen ebenfalls dazu – und nennen das dann digitale Transformation.

DISRUPTION

Der Harvard-Ökonom **Clayton Christensen** ist der Theorie-Held der digitalen Start-up-Szene. Denn er sagt: Jedes große Unternehmen steckt in einem Dilemma. Es muss Bestandskunden bedienen und kann nicht radikal innovativ sein. Jedes erfolgreiche Unternehmen wird irgendwann von einem neuen Unternehmen „disrupted".

PLATTFORMEN

(Fast) alle erfolgreichen Start-ups bauen digitale Plattformen. Die Plattformen schieben sich zwischen Hersteller und Kunden und schalten dabei alte Mittelsmänner aus. Ein gutes Beispiel: Streaming-Dienste wie **Spotify**, die sich auf Kosten von Plattenläden zwischen Musiker und Hörer gemogelt haben.

NETZWERKEFFEKT

Auf Plattformen wirken sich selbst verstärkende Netzwerkeffekte. Das bedeutet: Je mehr Marktteilnehmer sich auf einer Plattform tummeln, desto attraktiver werden sie für andere. Netzwerkeffekte sorgten zum Beispiel dafür, dass **Facebook** so schnell so groß werden konnte.

GEGENWARTSEITELKEIT

Überschätzen wir den Fortschritt unserer Zeit, weil wir alle in bewegten Zeiten leben wollen? Es scheint so. Denn sind **Google**, **Amazon** oder **Twitter** wirklich so hilfreich wie eine Toilette, Penizillin oder das Fahrrad?

GUTES VS. SCHLECHTES MANAGEMENT

Ist Disruption durch Außenseiter wirklich ein Naturgesetz, wie Christensen behauptet? Das **iPhone** war ein disruptives Gerät. Aber wer hat Nokia daran gehindert, so gute Smartphones zu bauen wie Samsung?

WAS IST DISRUPTIV?

Der Amazon-Gründer **Jeff Bezos** hat eine einfache Definition gefunden: „Alles, was Kunden lieber mögen als das, was sie gekannt haben, ist disruptiv." Mit der Haltung hat er aus einem Start-up einen Goliath geschaffen, der immer weiter wächst.

DIE SMARTE FABRIK

Welche Rolle spielt der Mensch in der Produktion von morgen? Ziemlich sicher ist: In der Smart Factory wird er keine schweren körperlichen Arbeiten verrichten und nur noch hier und da steuernd eingreifen müssen. Die Hauptarbeit werden intelligente Maschinen erledigen, die untereinander kommunizieren. Produkte werden immer öfter nach Kundenwunsch passgenau gefertigt. Auf den Punkt gebracht: In der intelligenten Fabrik werden wenige, hochqualifizierte Menschen arbeiten und die Sonderanfertigung wird zum Standard.

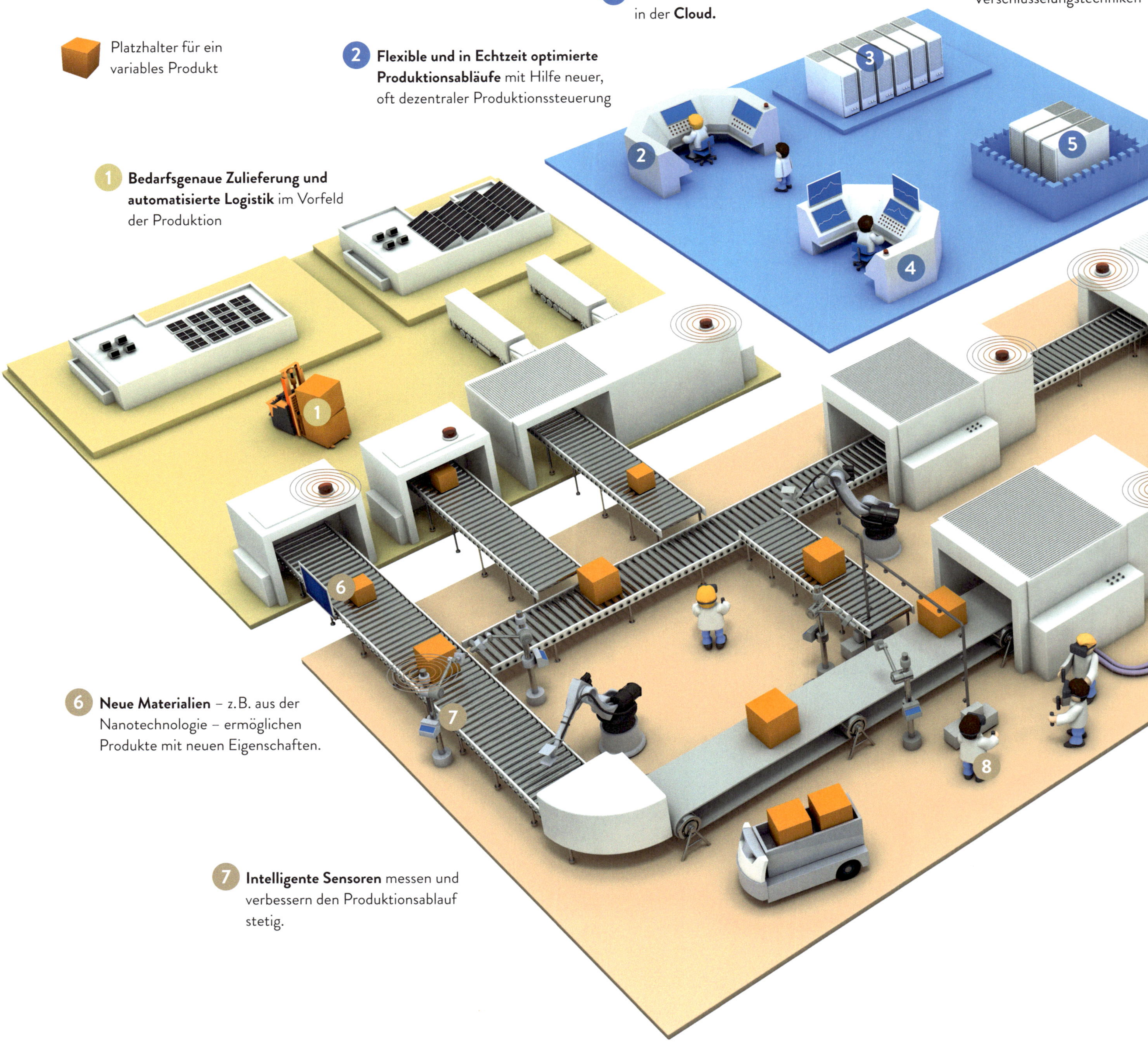

10 **Additive Fertigungsverfahren** helfen, Produkte zu individualisieren.

11 Die **Produkte selbst tragen Informationen,** wie sie weiterverarbeitet werden sollen (z.B. in RFID-Chips).

9 **Vorausschauende Wartung.** Die Maschinen melden, wenn an ihnen etwas erneuert werden muss.

12 **Selbstfahrende Fahrzeuge** übernehmen flexibel Aufgaben.

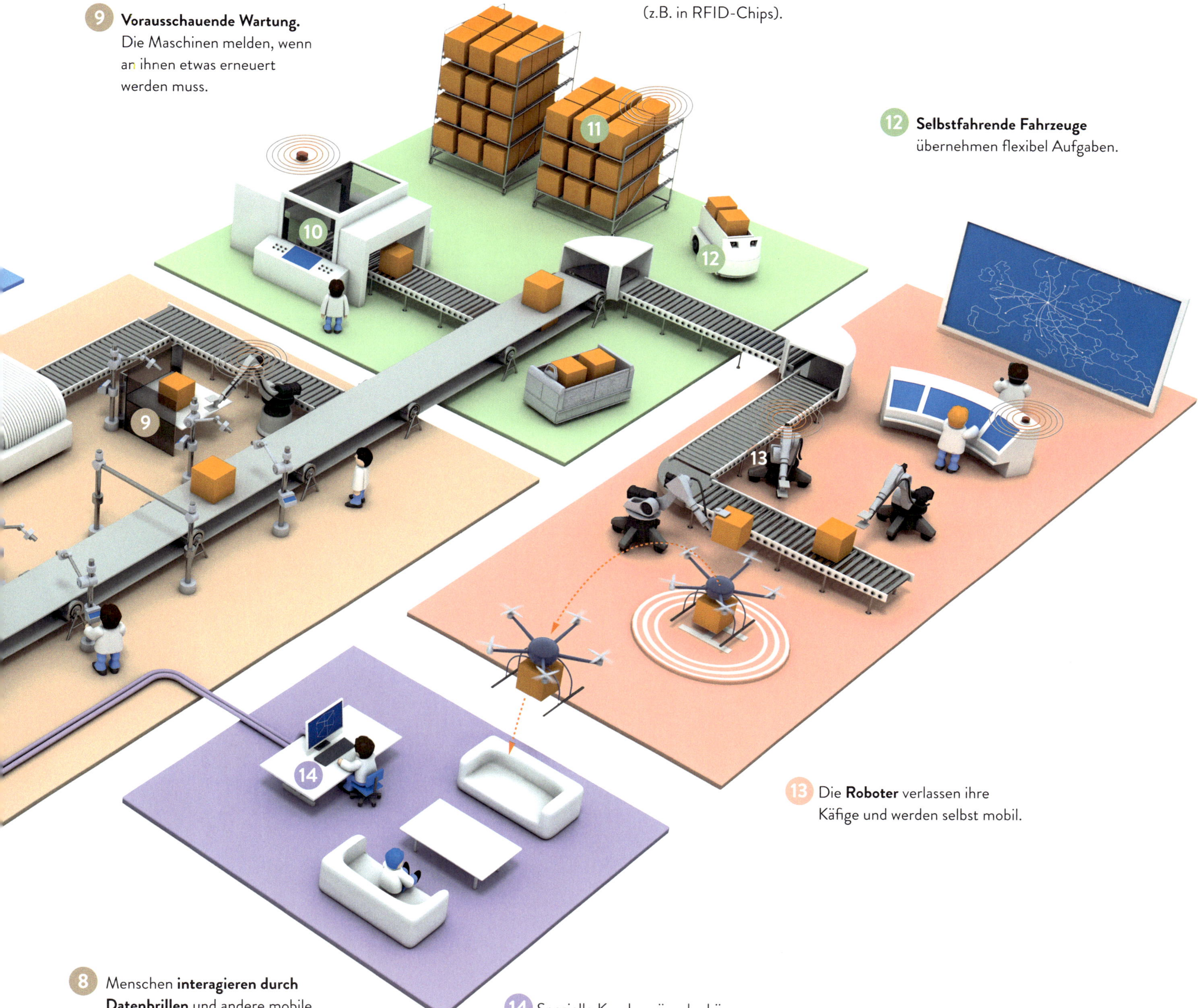

13 Die **Roboter** verlassen ihre Käfige und werden selbst mobil.

8 Menschen **interagieren durch Datenbrillen** und andere mobile Interfaces mit Fertigungsmaschinen.

14 Spezielle Kundenwünsche können an verschiedenen Stellen im Produktionsprozess angepasst werden **(responsive manufacturing)**.

INDUSTRIE 1 BIS 4

Industrieller Fortschritt erfolgt in Entwicklungssprüngen. Zum nächsten Sprung ansetzen müssen Unternehmen, wenn Vorreiter eine technische Innovation nutzen, um Dinge grundsätzlich anders zu machen. Die Industriegeschichte lehrt: Nach jedem technologischen Paradigmenwechsel gibt es Gewinner und Verlierer. Industrie 4.0 ist ein Kampfbegriff von deutscher Politik und Wirtschaftsverbänden, bei der digitalen Vernetzung der Produktion möglichst hoch und weit zu springen. Diesmal will man den Start nicht verschlafen, wie bei der Entstehung der Internetindustrie vor 20 Jahren.

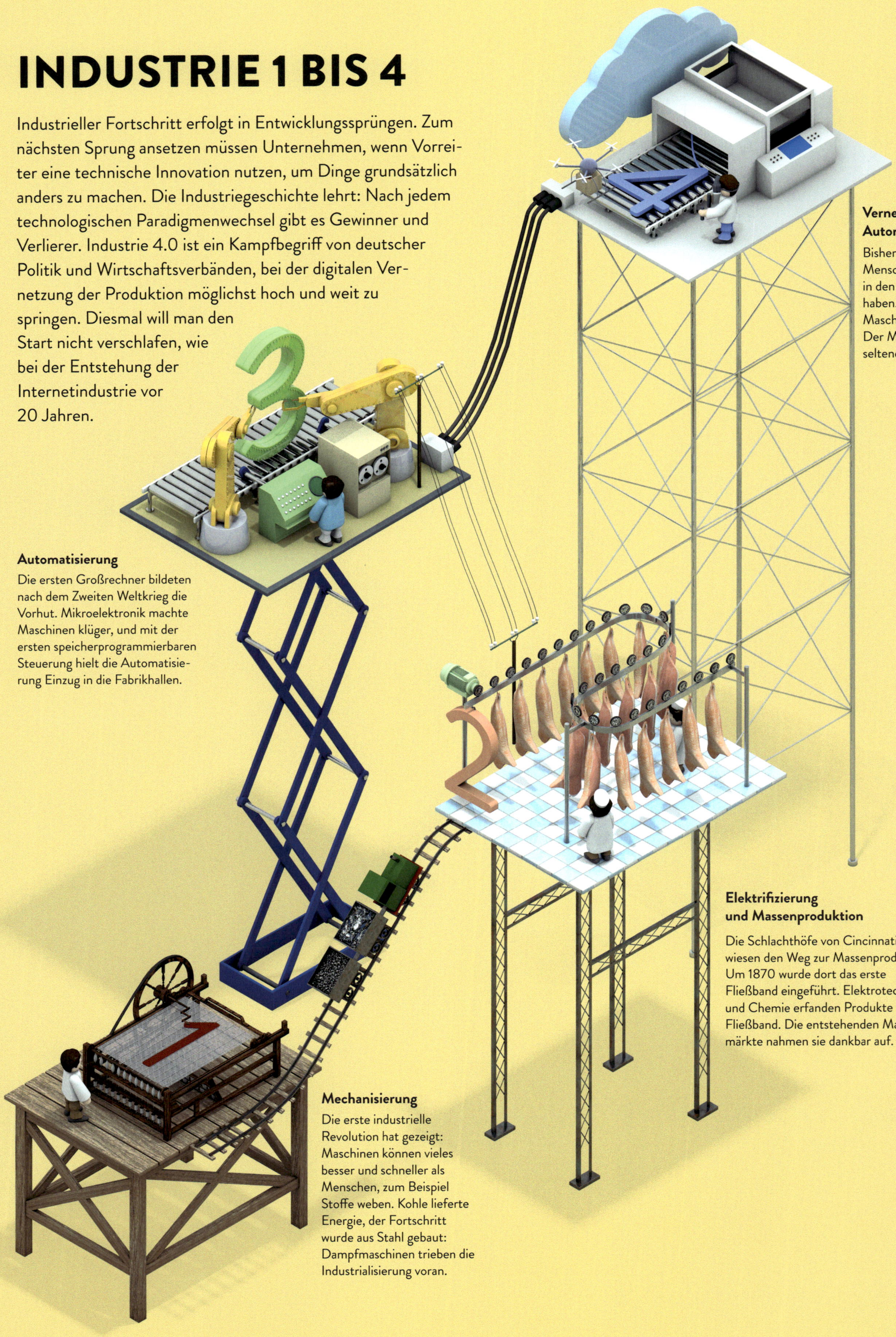

Vernetzte Automatisierung
Bisher bestimmten Menschen, was Maschinen in den Fabriken zu tun haben. Jetzt sprechen die Maschinen miteinander. Der Mensch muss immer seltener eingreifen.

Automatisierung
Die ersten Großrechner bildeten nach dem Zweiten Weltkrieg die Vorhut. Mikroelektronik machte Maschinen klüger, und mit der ersten speicherprogrammierbaren Steuerung hielt die Automatisierung Einzug in die Fabrikhallen.

Elektrifizierung und Massenproduktion
Die Schlachthöfe von Cincinnati wiesen den Weg zur Massenproduktion. Um 1870 wurde dort das erste Fließband eingeführt. Elektrotechnik und Chemie erfanden Produkte wie am Fließband. Die entstehenden Massenmärkte nahmen sie dankbar auf.

Mechanisierung
Die erste industrielle Revolution hat gezeigt: Maschinen können vieles besser und schneller als Menschen, zum Beispiel Stoffe weben. Kohle lieferte Energie, der Fortschritt wurde aus Stahl gebaut: Dampfmaschinen trieben die Industrialisierung voran.

STARKE KI

Maschinen, die wie Menschen denken und handeln. Künstliche Intelligenz (kurz KI) beflügelt seit der Aufklärung die menschliche Phantasie. Mit Computern wurde aus einer vagen Idee ein vorstellbares technisches Konzept. Die Forschung unterscheidet zwischen starker und schwacher KI. Das Ziel der starken KI ist es, Maschinen kreatives und selbständiges Denken beizubringen. Die Maschinen würden dabei ein (Selbst-)Bewusstsein entwickeln, unter Umständen sogar Gefühle. Mit Stand von heute ist nicht absehbar, dass es solche Maschinen alsbald geben wird. Außer in der Phantasie von Science-Fiction-Autoren und Spiele-Entwicklern. Aber das ist ja nichts Neues ...

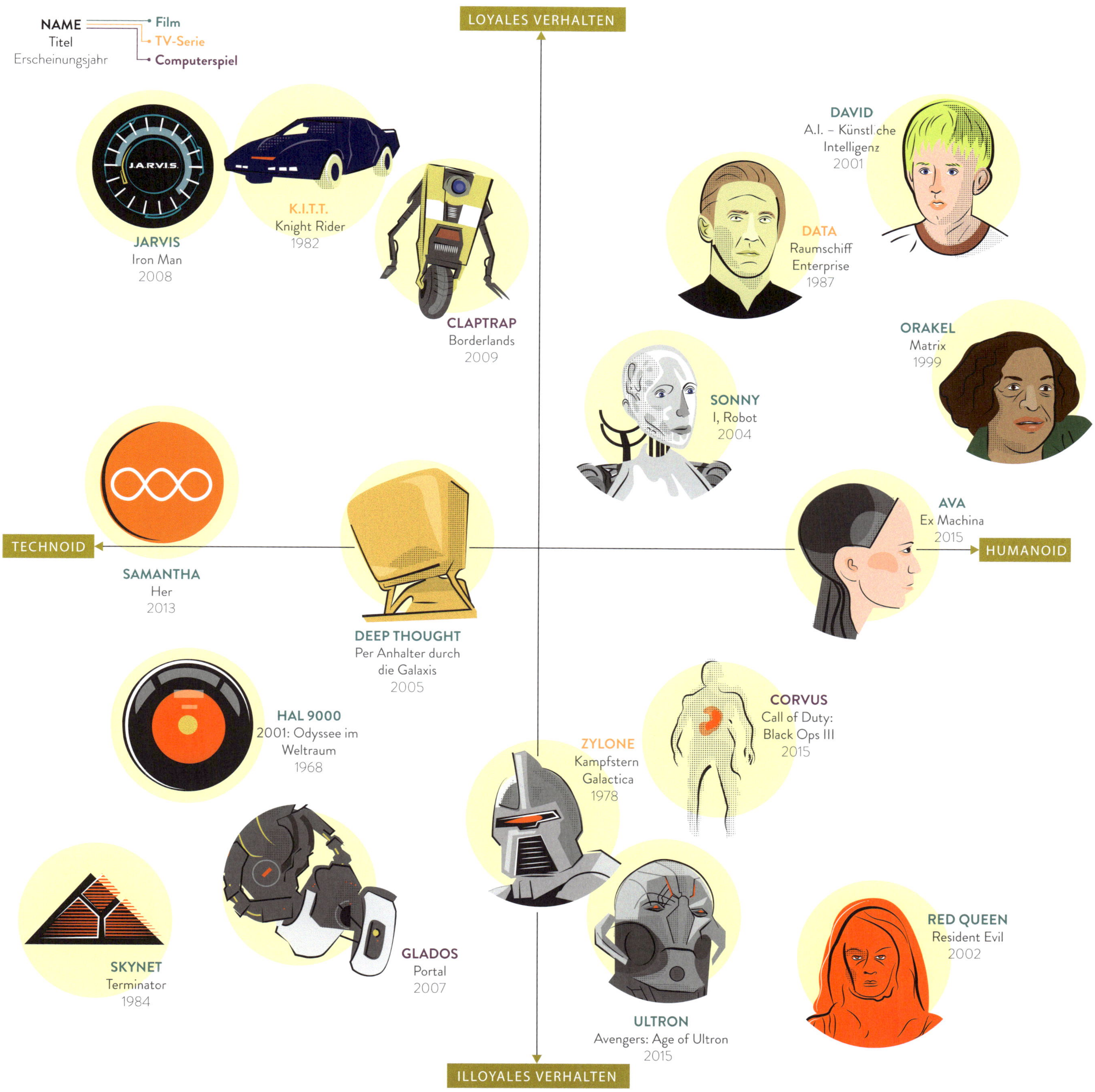

SCHWACHE KI

Starke KI ist Science-Fiction, schwache KI ist schon heute ziemlich stark. Sie übernimmt immer mehr Aufgaben, die vor wenigen Jahren nur Menschen hätten erledigen können. Der Begriff künstliche Intelligenz ist leicht irreführend. Meist geht es um Automatisierung von komplexen Routinetätigkeiten.

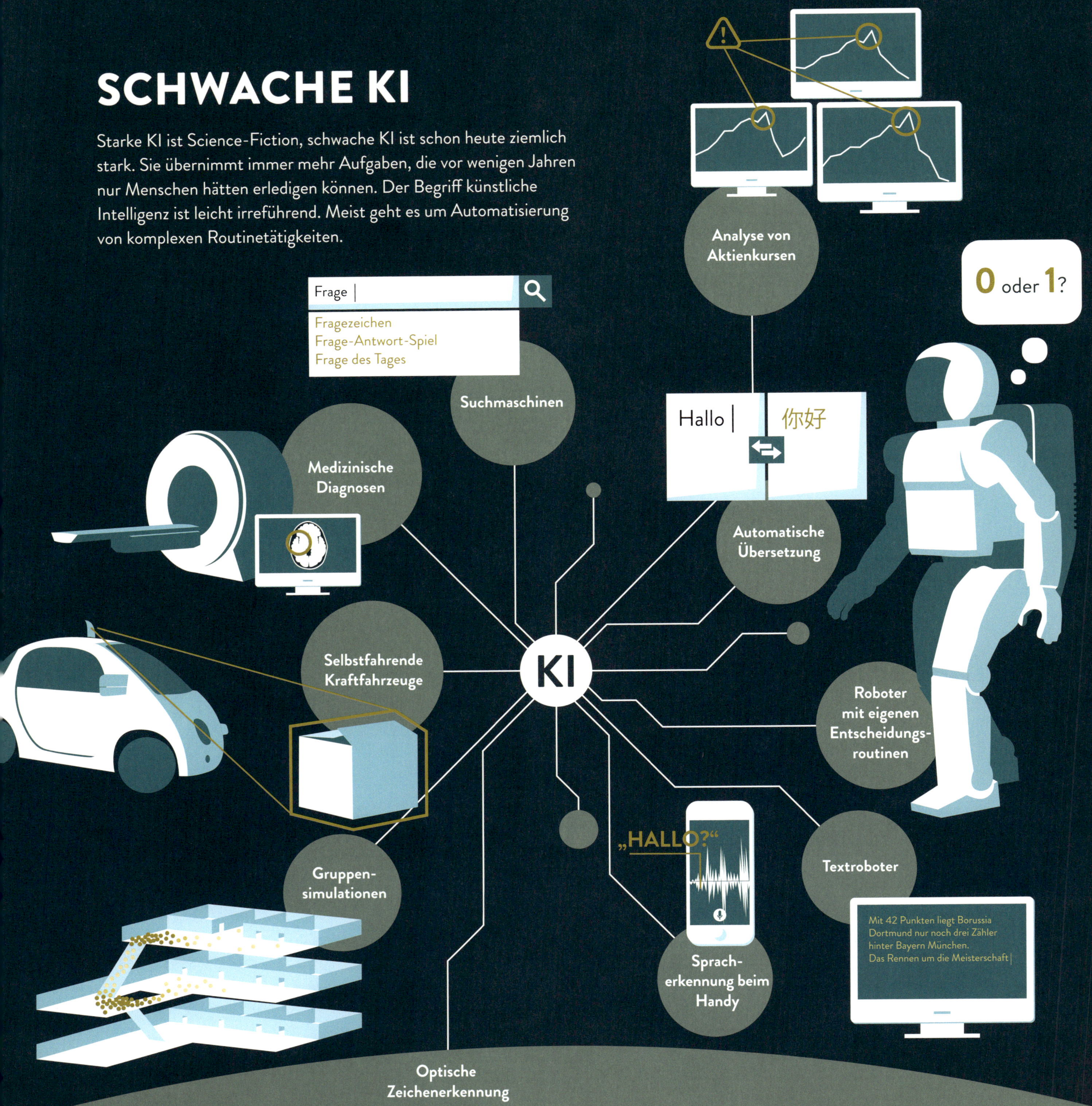

Scannen
Für die automatische Briefsortierung muss das System die Postleitzahl erkennen. Der Umschlag wird eingescannt.

Rastern
Die erkannten Postleitzahlen werden in Rastergrafiken der einzelnen Ziffern aufgeteilt und in einen mathematischen Vektor umgerechnet.

Vergleichen
Der mathematische Vektor wird mit dem in der Lernphase erlangten Wissen verglichen.

Lernphase und Ergebnisausgabe
Die prototypische Ziffer mit der geringsten Abweichung wird als erkannte Ziffer gewählt. Zugleich wird die prototypische Ziffer durch das neue Wissen modifiziert.

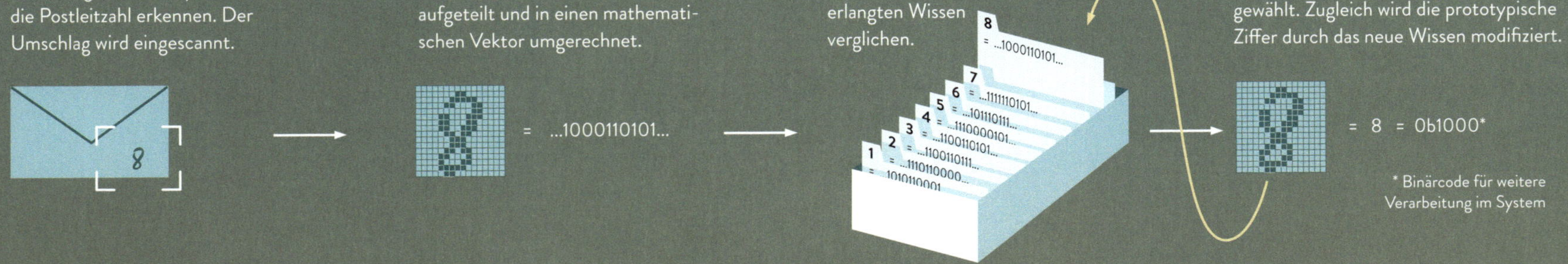

* Binärcode für weitere Verarbeitung im System

IMMER SCHLAUER

Seit Ende des Zweiten Weltkriegs versuchen Wissenschaftler systematisch, den Maschinen das Denken beizubringen. Mitte der 1950er Jahre beginnen die ersten großen Forschungsprogramme. Doch die Maschinen blieben dümmer als erwartet. Sie tun sich schwer, menschliche Sprache zu verstehen und geistige Routinetätigkeiten auszuüben. Es folgt eine Phase der Enttäuschung. Viele Programme werden ab Mitte der 1970er Jahre wegen Erfolglosigkeit eingestellt. Mit der digitalen Vernetzung der Welt bekommt die KI einen neuen Schub. Seit einigen Jahren meldet die schwache künstliche Intelligenz Durchbrüche an vielen Fronten. Es wirkt, als habe die Technologie ihren „Kitty-Hawk-Moment" gehabt. Im US-amerikanischen Kitty Hawk gelang den Gebrüdern Wright der erste Motorflug. Dann ging mit der Entwicklung der Luftfahrt alles ganz schnell. Bei der künstlichen Intelligenz könnte es genauso kommen.

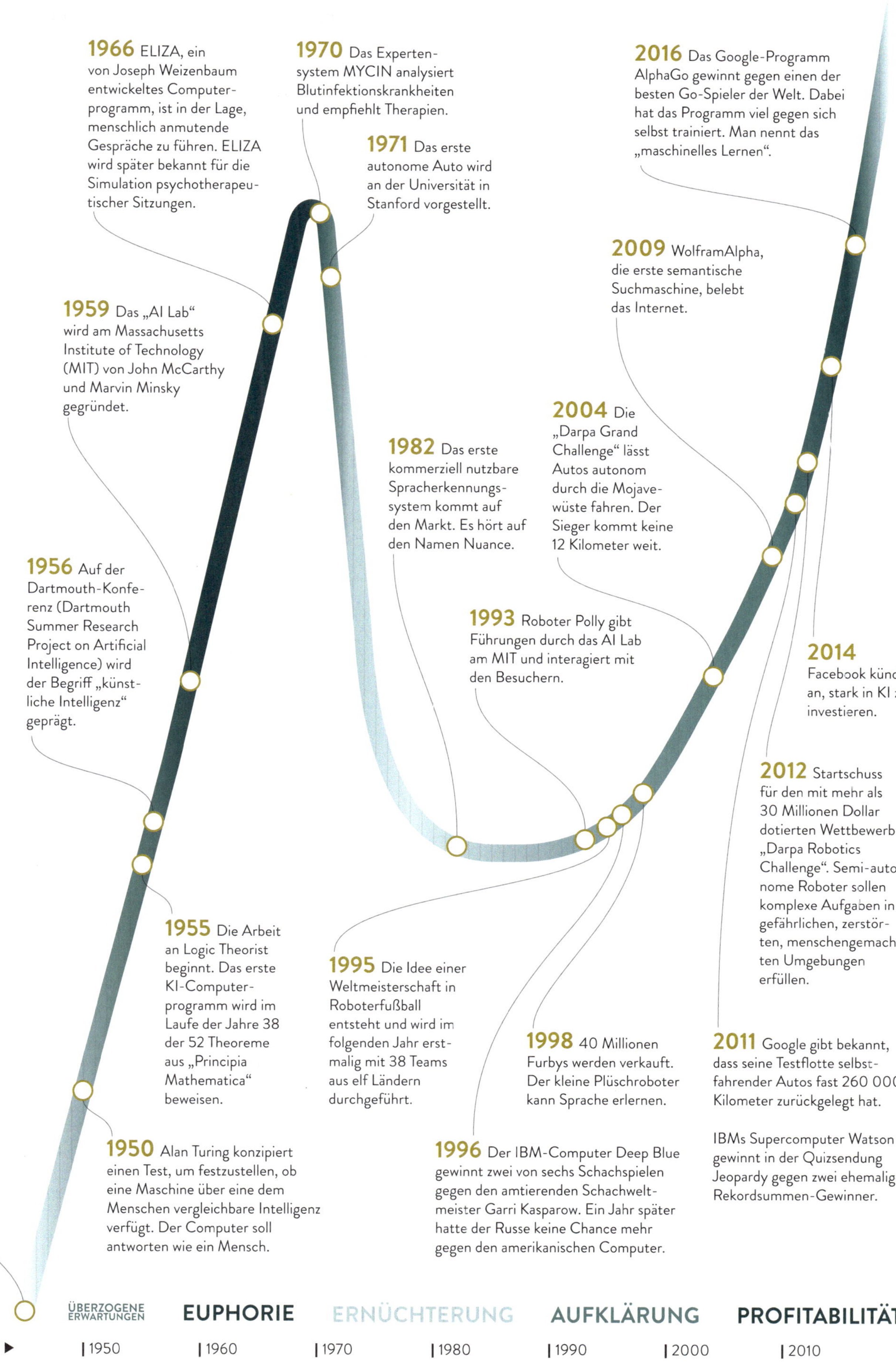

Meilensteine der KI-Entwicklung

Der Turing-Test

Ein Mensch (A) chattet ohne Sichtkontakt (über eine Tastatur) mit einem Menschen (B) und mit einem Computer (C). B und C versuchen A davon zu überzeugen, dass sie der Mensch sind und nicht die Maschine. Wenn A nach intensiver Befragung nicht weiß, wer der Mensch ist, hat der Computer den Turing-Test bestanden. In einer strikten Versuchsanordnung ist dies bislang noch keinem Computerprogramm gelungen.

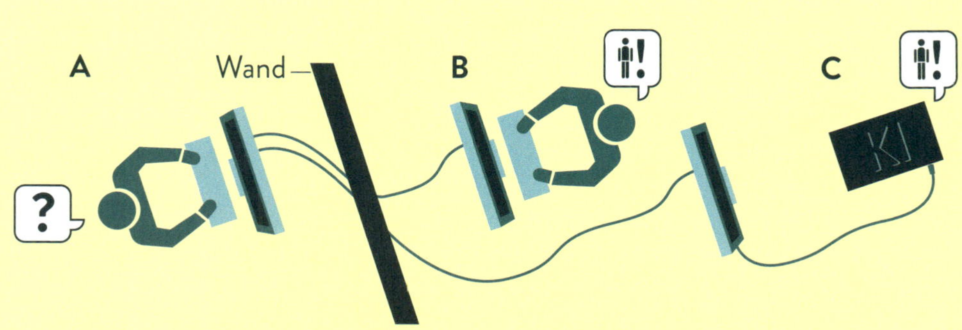

DAS DON'T-BE-EVIL-EMPIRE

Die Informationen der Welt neu organisieren und für alle zugänglich machen. Das war die Mission der Google-Gründer. Zur großen Idee kam ein banales, aber hochprofitables Geschäftsmodell: Wer mit Hilfe von Google Informationen sucht, sieht individuell ausgespielte Werbung. Aus Mission und Geschäftsmodell wurde ein komplexer Konzern. Der mischt bei nahezu allen Zukunftsthemen mit, die etwas mit Daten zu tun haben.

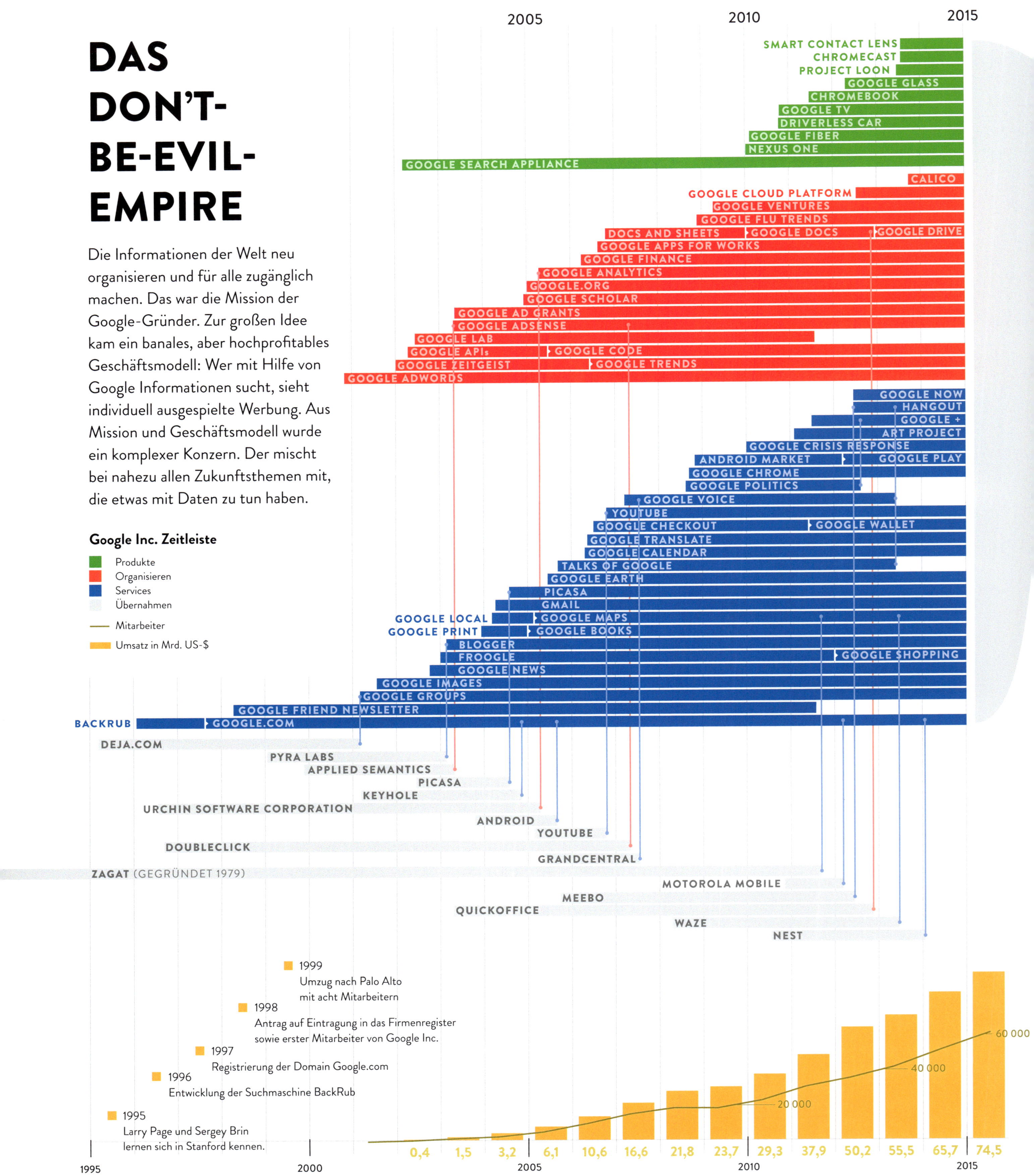

Oktober 2015
Umstrukturierung unter dem Dach der neuen Muttergesellschaft

ALPHABET INC.

G
GOOGLE INC.
Google Inc. bleibt der mit Abstand größte und profitabelste Teil des Konzerns. Das Flaggschiff finanziert viele Ideen im großen Konzern-gebilde mit.

X
Das wichtigste Entwicklerlabor des Konzerns für die ganz großen Ideen, die sogenannten „Moonshots". Hier entstanden u.a. das selbstfahrende Auto und das (gescheiterte) Google Glass.

VERILY LIFE SCIENCES
Das Forschungslabor für Anwendungen rund um den menschlichen Körper

NEST LABS
Die Gesellschaft für Innovationen und Dienste rund um Smart Homes

CALICO
Das Forschungszentrum zur Bekämpfung großer Krankheiten

GOOGLE VENTURES
Die Risikokapital-Gesellschaft des Konzerns (vorrangig frühe Investitionen mit technisch-strategischen Zielen)

GOOGLE CAPITAL
Die Investitions-Gesellschaft des Konzerns (steigt vorrangig in Wachstumsphasen ein, starker Profit-Fokus)

JIGSAW
Der politische Thinktank mit Sitz in New York

FLUX
Das Labor zur Entwicklung nachhaltiger Architektur

SIDEWALK LABS
Das Innovationszentrum für urbane Infrastrukturen

ACCESS AND ENERGY
Der Breitband- und Kabel-TV-Dienst (früher Fiber) von Google, erweitert um Energiedienstleistungen

Zukunftsträchtige PROJEKTE

LUNAR X PRIZE
Wettbewerb zur Förderung privater Mondmission

1 m

MAKANI
Fliegende Windturbine

1 m

LOON
Internetzugang überall mit Hilfe von Heliumballonen

GOOGLE WALLET
Elektronische Brieftasche (bislang nicht erfolgreich)

SINGULARITY UNIVERSITY
Thinktank für Zukunftstechnologien

SMART CONTACT LENS
Blutzuckermessende Kontaktlinse

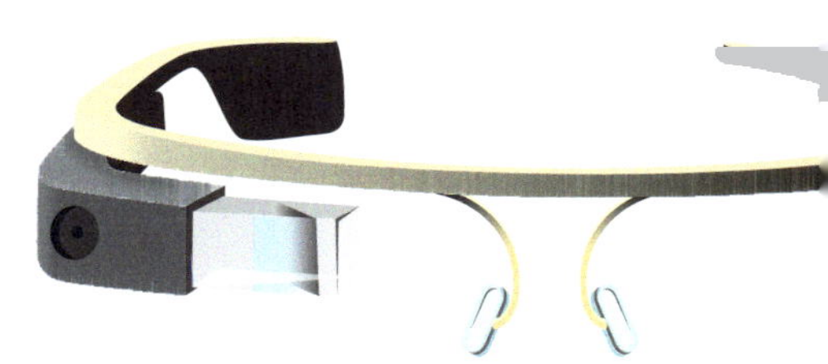

PROJECT AURA
Lösungen für Virtual Reality

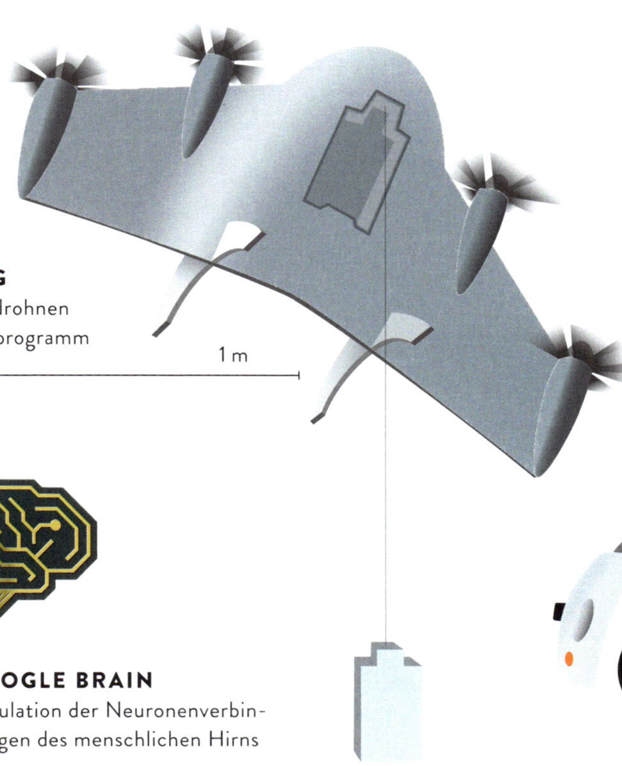

WING
Paketdrohnen Lieferprogramm

1 m

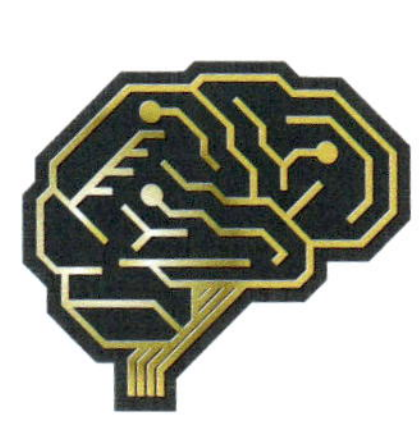

GOOGLE BRAIN
Simulation der Neuronenverbin-dungen des menschlichen Hirns

1 m

GOOGLE DRIVERLESS CAR
Selbstfahrendes Auto

WIE GROSS IST BIG DATA?

Immer klügere Algorithmen analysieren immer größere Datenmengen und können damit die Zukunft immer genauer vorhersagen. Das ist das große Versprechen von Big Data. In der Gegenwart funktioniert das noch nicht so gut wie behauptet. Aber in der Tat immer besser.

DIE 4 Vs VON BIG DATA

Die Qualität von Massendaten-Analyse wird bestimmt durch:

VOLUMEN
Die Quantität der Datenmenge, aus denen sich Rückschlüsse ziehen lassen

VARIETY
Die Fähigkeit, mit unterschiedlichen Datentypen umzugehen (z.B. Text-, Geo-, Bild- und Video-Daten)

VELOCITY
Die Geschwindigkeit, mit denen Daten entstehen und ausgewertet werden können (z.B. in Echtzeit)

VARIABILITY
Die Zuverlässigkeit/Genauigkeit von Daten und die Fähigkeit zu erkennen, welche Daten verfälschenden Charakter haben

DIE VIER ZIELE VON MASSENDATEN-ANALYSE

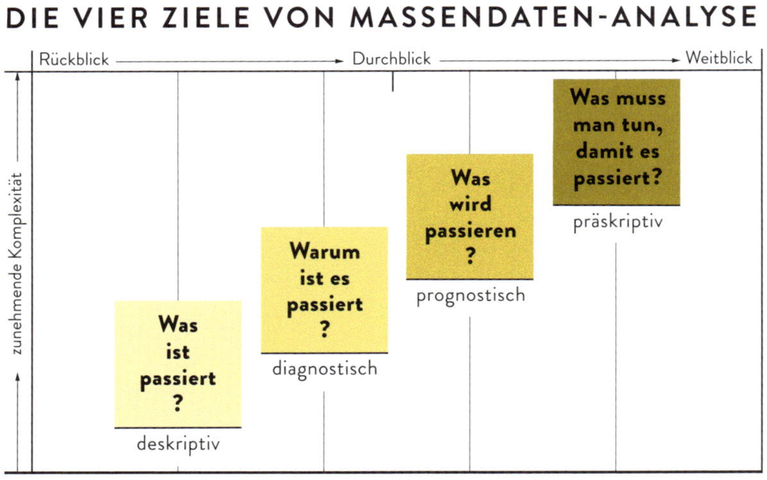

EINSATZ VON BIG DATA IN %

■ Nutzung ■ Planung

Repräsentative Umfrage (Unternehmen ab 100 Mitarbeitern in Deutschland)

	Nutzung	Planung
Medien	1	6
Transport und Logistik	2	6
Maschinen- und Anlagenbau	11	6
Gesundheitswirtschaft	11	10
IT und Elektronik	12	16
Banken	13	4
Handel	14	5
Telekommunikation	16	9
Energie	19	3
Chemie und Pharma	20	7
Automobilindustrie	21	7
Versicherungen	21	13

* Cross-Selling bezeichnet im Marketing den Verkauf von sich ergänzenden Produkten oder Dienstleistungen. Up-Selling ist der Versuch, eine bessere Variante des Produkts zu verkaufen.

DIE ZUKUNFT DER ARBEIT

Wie werden wir arbeiten? Und was müssen wir können, um beruflich erfolgreich zu sein? So genau wissen wir es natürlich nicht, aber erkennbar ist: Wir sollten uns mathematisch-technisch weiterbilden, um besser mit intelligenten Maschinen umgehen zu können. Wir müssen aber gleichzeitig die sozialen Kompetenzen stärken, denn die Arbeit in Teams mit sehr unterschiedlichen Charakteren wird ebenfalls wichtiger.

Zukünftige Personalstrategien, alle Branchen (Anteil der Strategien in %)

Beschäftigungseffekte nach Veränderungstreibern, nach Branchen (kumulierte Wachstumsrate, 2015–2020 in %)

SCHLÜSSEL-KOMPETENZEN FÜR DIE ARBEIT DER ZUKUNFT

Erkennen tieferer Zusammenhänge
Die Fähigkeit, tiefere Bedeutungen zu erschließen und Relevanz einzuschätzen

Innovatives, anpassungsfähiges Denken
Die Fähigkeit, Lösungen jenseits der bekannten Routinen zu finden

Soziale Intelligenz
Die Fähigkeit, tiefe und direkte Verbindungen einzugehen, Reaktionen und gewünschte Interaktionen wahrzunehmen und hervorzubringen

Interkulturelle Kompetenz
Die Fähigkeit, in unterschiedlichsten kulturellen Kontexten angemessen zu agieren

Virtuelle Zusammenarbeit
Die Fähigkeit, als Mitglied in vernetzten, digitalen Teams produktiv und engagiert zu arbeiten und Präsenz zu zeigen

Design Mindset
Die Fähigkeit, Aufgaben und Arbeitsprozesse für erwünschte Ergebnisse darzustellen und zu entwickeln

Informationsselektion und -management
Die Fähigkeit, Informationen nach Wichtigkeit zu unterscheiden, zu filtern und zu verstehen

Kompetenz für neue Medien
Die Fähigkeit, Inhalte kritisch zu hinterfragen und neue Medien für überzeugende Kommunikation zu nutzen

Datenwissenschaftliches Denken
Die Fähigkeit, große Mengen an Daten in abstrakte Konzepte zu übertragen und datenbasierte Logik zu verstehen

Interdisziplinarität
Die Fähigkeit, die Denkweisen in verschiedenen wissenschaftlichen Disziplinen zu verbinden

TREIBER DER VERÄNDERUNG

INTELLIGENTE MASCHINEN
Roboter und künstliche Intelligenz ersetzen Menschen bei Routinejobs.

RECHNERGESTÜTZTE WELT
Starker Anstieg an Sensoren und Rechenleistung machen die Welt zu einem programmierbaren System.

NEUE MEDIENÖKOLOGIE
Neue Kommunikationstools benötigen neue Medienkompetenz über den Text hinaus.

SUPERSTRUKTURIERTE ORGANISATIONEN
Soziale Technologien bringen neue Formen der Produktion und Wertschöpfung hervor.

GLOBAL VERNETZTE WELT
Wachsende globale Vernetzung bringt Vielfalt und Anpassungsfähigkeit ins Zentrum organisatorischer Tätigkeiten.

LEBENSZEITVERLÄNGERUNG
Die höhere Lebenserwartung ändert den Charakter von Berufswegen und Weiterbildung.

IDEALPOSITION

Die Idealposition fasst die Wünsche der Gruppe einer Wertewelt statistisch zusammen. Der zeitliche Ablauf spiegelt wider, wo sich die Befragten in Vergangenheit, Gegenwart und Zukunft tatsächlich sehen.

LEGENDE

Idealposition
1950/60er
1970/80er
1990er
2000er
heute
2020
2030

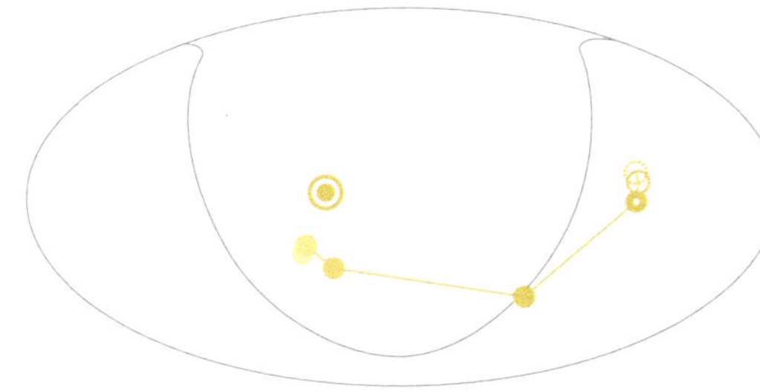

WERT-ARBEIT

Die Digitalisierung verändert die Arbeitswelt. Ob eher zum Guten oder zum Schlechten, nehmen die Deutschen sehr unterschiedlich wahr. Das hat eine umfassende Studie der Unternehmensberatung nextpractice im Auftrag des Bundesarbeitsministeriums ergeben. Ob vor allem Chancen gesehen oder Risiken gefürchtet werden, hat dabei wenig mit Alter, Einkommen oder Bildungsgrad zu tun. Es hängt von der sogenannten „Wertewelt" ab, in der Menschen leben. Also von ihren Grundeinstellungen zu Leben und Arbeit.

WERTEWELT MOTTO

1

SORGENFREI VON DER ARBEIT LEBEN KÖNNEN

Antwort auf die Frage: ***Was bedeutet Digitalisierung für Sie in der Arbeitswelt?***

„Digitalisierung erhöht den Druck im Arbeitsalltag und macht ihn noch komplizierter, wo sowieso schon alles immer schneller geht."

Anteil der Befragten, die sich dieser Welt zugehörig fühlen

28 %

Idealtypische Aussage der jeweiligen Wertewelt

Mir ist es wichtig, dass meine Familie und ich ohne materielle Sorgen in einer sicheren Gemeinschaft leben können. Arbeit gehört dazu, doch leider fordert sie oft so viel, dass ich kaum noch Platz für mein eigenes Leben finde. Alles geht immer schneller, und man muss immer mehr leisten. Der Staat sollte dafür sorgen, dass jeder, der einen Beitrag leistet, auch abgesichert ist.

Sieben Wertewelten

Was ist Ihnen wichtig?
Wie wollen Sie heute und in Zukunft arbeiten? Wie erfolgreich werden Sie sein?
1200 Personen wurden solch offene Fragen in Tiefeninterviews gestellt.
Die Befragten lassen sich gemäß ihrer Werte und Einstellungen in sieben „Wertewelten" teilen und auf einer Wertekarte statistisch verorten.

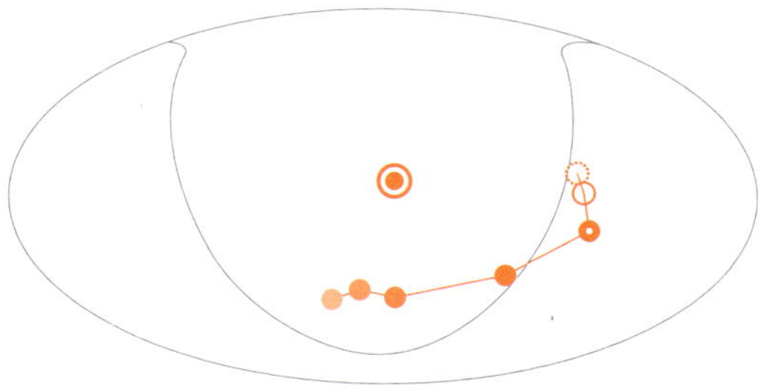

2 DEN WOHLSTAND HART ERARBEITEN

„Digitalisierung erhöht die Transparenz und erweitert damit für mich die Handlungsspielräume, aber auch die ständige Verfügbarkeit.“

Natürlich ist die Arbeit schwerer geworden und macht nicht immer Spaß. Aber ich glaube noch immer, dass jeder, der sich wirklich anstrengt, es hier zu etwas bringen kann. Und wenn man es geschafft hat, darf man sich ruhig etwas Luxus gönnen. Die Sozialpartner müssen gemeinsam dafür sorgen, dass Deutschland weiterhin die Wirtschaftsmacht in Europa bleibt und dass Leistungsträger hier eine Heimat behalten.

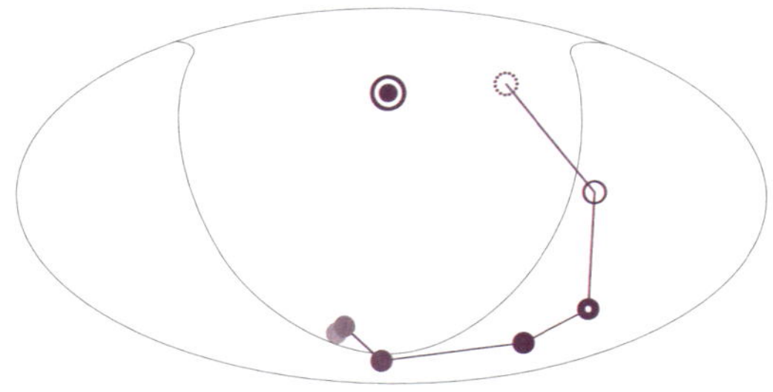

3 BALANCE ZWISCHEN ARBEIT & LEBEN FINDEN

„Digitalisierung sehe ich positiv, wenn sie meine Möglichkeiten der Gestaltung fördert und nicht die Arbeit stumpfsinniger macht.“

Ich will Arbeit, Familie und persönliche Selbstverwirklichung zusammenbringen. Eigenverantwortung und gesellschaftliche Mitgestaltung gehören dabei für mich zusammen. Schließlich ist es eine gemeinsame Aufgabe, gute Bedingungen für alle zu schaffen. Das System soll sich den Menschen anpassen und nicht die Menschen dem System. Ich will meine Prinzipien nicht für etwas materielle Sicherheit über Bord werfen.

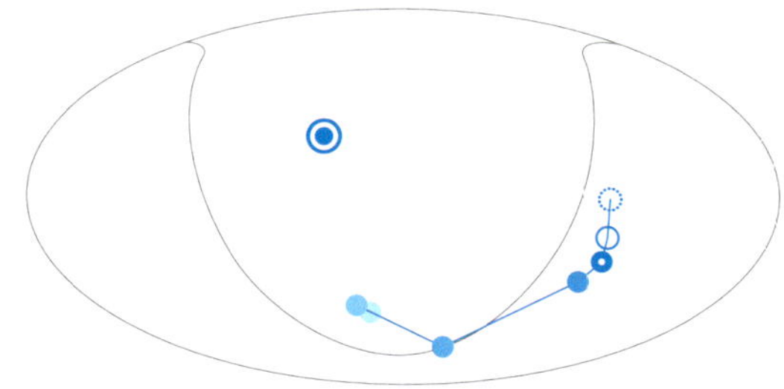

4 SINN AUSSERHALB DER ARBEIT SUCHEN

„Digitalisierung bedeutet für mich, ständig erreichbar sein zu müssen, was ein Gefühl der Fremdbestimmtheit auslöst.“

Ich glaube nicht, dass man den Sinn des Lebens nur in der Erwerbsarbeit suchen sollte. Alle Tätigkeiten sind gleich wertvoll, solange sie einen Beitrag zum Wohlergehen aller leisten. Menschlichkeit kann sich auch in kleinen und sehr persönlichen Dingen zeigen. Deshalb sollte der Staat allen ein lebenswertes Auskommen garantieren, unabhängig davon, was sie nach der Marktlogik verdienen.

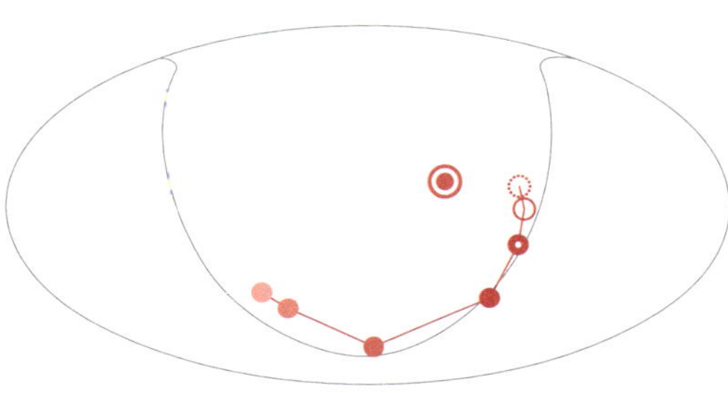

5 ENGAGIERT HÖCHSTLEISTUNG ERZIELEN

„Digitalisierung im Berufsleben ermöglicht es, auf sich rasant ändernde Bedingungen situativ und effizient reagieren zu können.“

Verantwortung und eine führende Position sind für mich kein Druck, sondern pures Adrenalin. Gern pushe ich mich zu Höchstleistungen. Wirtschaft und Gesellschaft haben sich in den letzten Jahren rasant entwickelt. Angesichts der Digitalisierung ist beständige Weiterbildung ein Muss. Die politischen Rahmenbedingungen für die Bewältigung dieser neuen Herausforderungen sind dabei gegeben.

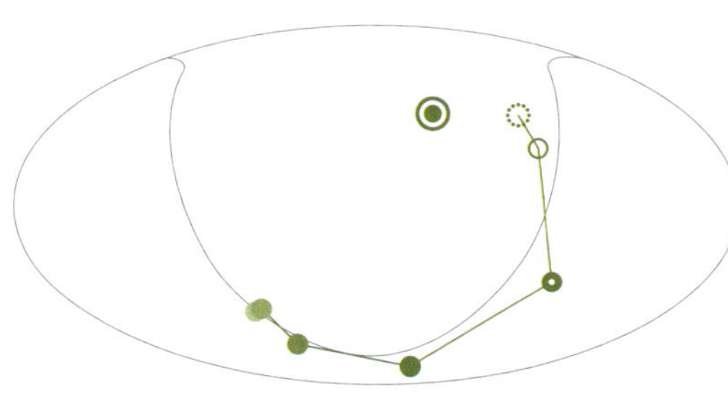

6 SICH IN DER ARBEIT SELBST VERWIRKLICHEN

„Digitalisierung ermöglicht es mir, die unterschiedlichsten und nahezu unbegrenzten Möglichkeiten in der heutigen Arbeitswelt zu nutzen.“

Wir sind auf dem Weg in eine Arbeitswelt, in der man sich mit nahezu unbegrenzten Möglichkeiten immer wieder neu erfinden und viele spannende Dinge tun kann, auch international. Das steht nicht im Widerspruch zu Leistung und Effizienz, wenn Gesellschaft und Arbeitgeber dazu bereit sind, die Menschen auf ihrem Weg zu unterstützen, beispielsweise durch flexible Arbeitsmöglichkeiten und umfassende Kinderbetreuung.

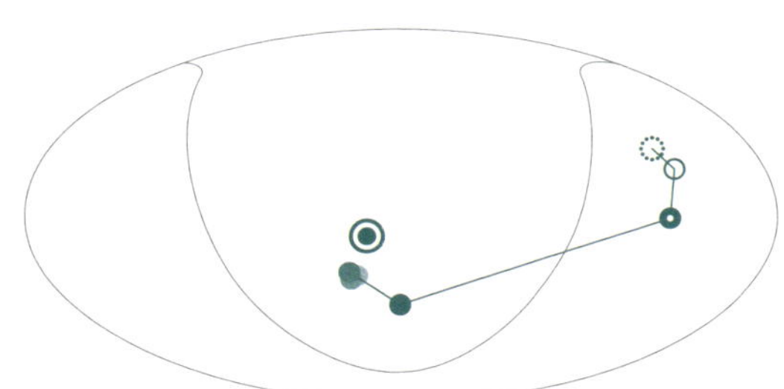

7 IN EINER STARKEN SOLIDARGEMEINSCHAFT ARBEITEN

„Digitalisierung begrüße ich, wenn sie meine Arbeit erleichtert und sie nicht überflüssig macht oder zur sozialen Vereinsamung führt.“

Arbeit bedeutet für mich Loyalität, Wertschätzung, Teilhabe und Zusammenhalt in einer Solidargemeinschaft. Das drückt sich auch materiell aus, aber nicht nur. Mich macht die Entwicklung zunehmend besorgt. Früher haben Unternehmen noch das Wohl der Menschen im Blick gehabt, und es gab Arbeit für alle. Jetzt fallen immer mehr Menschen durch das Raster und finden keinen Platz mehr in der Gesellschaft.

BANKING OHNE BANKEN?

Banken sind alte, schwerfällige Unternehmen. Start-ups aus dem Bereich der Finanztechnologie können ohne historischen Ballast viele Bank-Dienstleistungen günstiger, schneller, kundenfreundlicher anbieten. Das ist das Credo von FinTech-Gründern. Seit rund zehn Jahren versuchen sie, Teile des klassischen Bankgeschäfts herauszulösen und zu erobern. Das ist bisher selten gelungen. Aber die FinTech-Investoren bleiben optimistisch.

TOP FINTECH

Die FinTech-Start-ups unter den 174 Einhörnern (siehe S. 206) nach Wert im Januar 2016 in Mrd. $

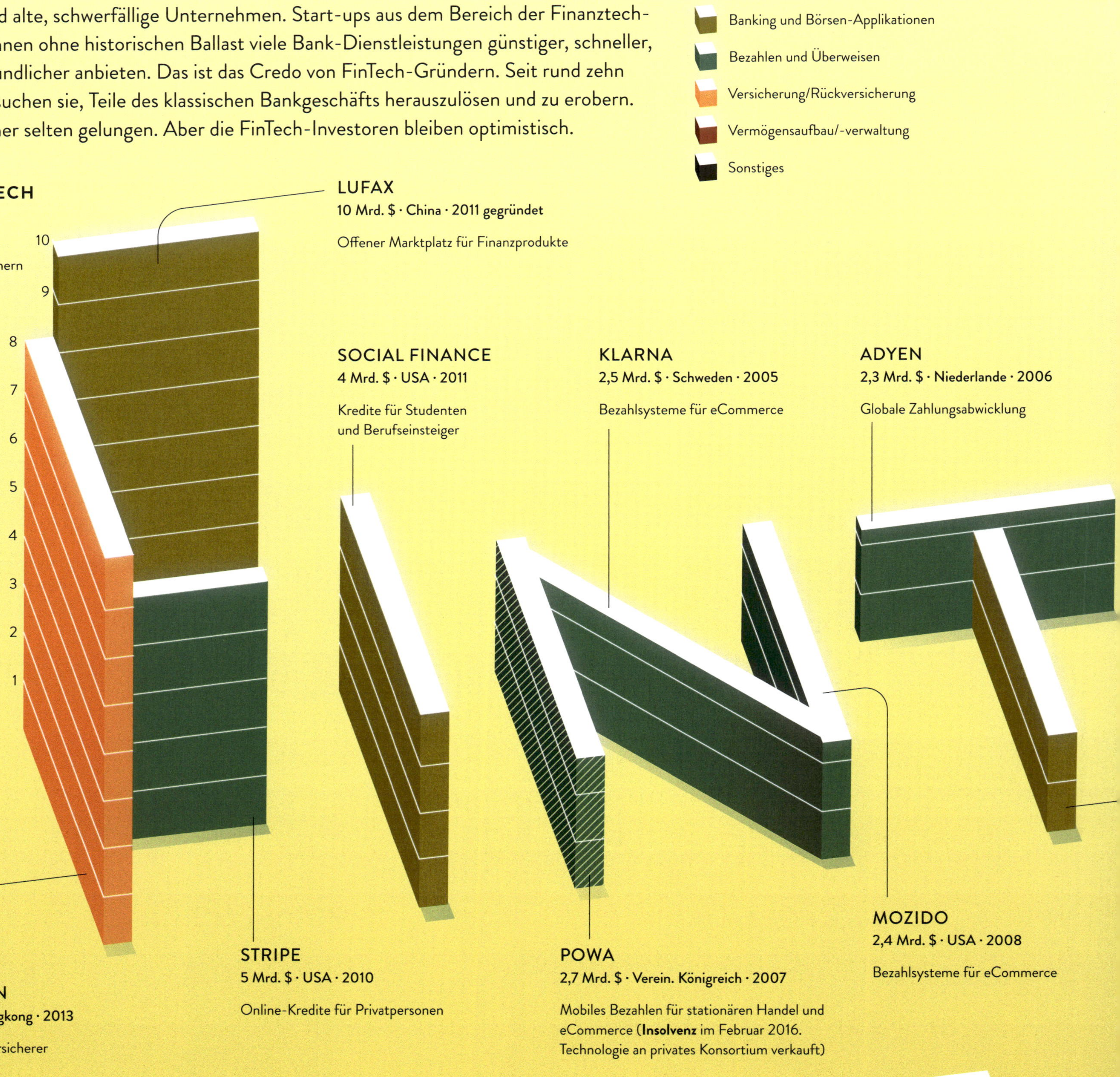

UND JETZT, LIEBE BANKER ...

Wie gehen klassische Banken und Finanzdienstleister mit den Herausforderungen durch FinTechs um? Zustimmung in %*

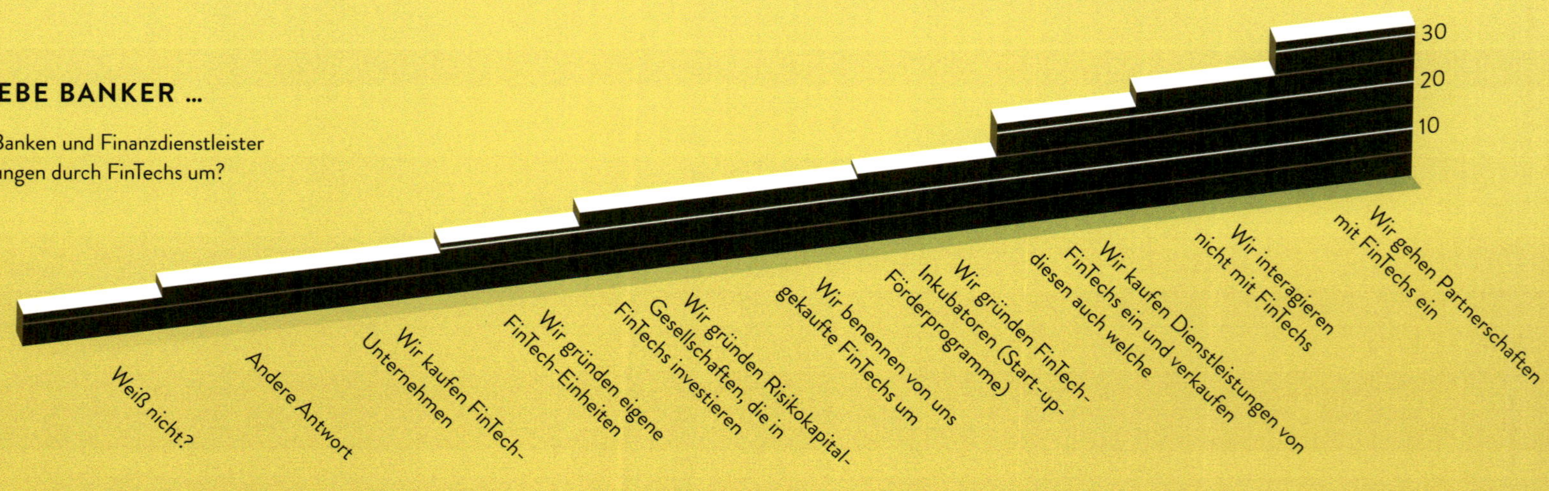

* Weltweite Umfrage unter Finanzinstitutionen und -unternehmen

PAYPAL

45 Mrd. $ · USA · 1998

Das mit Abstand größte FinTech-Unternehmen der Welt ist der Online-Bezahldienst PayPal. Der eBay-Spin-off ging 2015 an die Börse. Heute ist er offenbar zu groß, um überhaupt noch als FinTech wahrgenommen zu werden. In den gängigen FinTech-Listen kommt er in der Regel nicht vor.

PROSPER MARKETPLACE

1,9 Mrd. $ · USA · 2006

Peer-to-Peer-Marktplatz für Privatkredite

LAKALA

1,6 Mrd. $ · China · 2005

Finanzdienstleistungen für Verbraucher

CHINA RAPID FINANCE

1 Mrd. $ · China · 2001

Peer-to-Peer-Marktplatz für Privatkredite

FUNDING CIRCLE

1 Mrd. $ · Verein. Königreich · 2009

Finanzdienstleistungen für kleine Unternehmen

KABBAGE

1 Mrd. $ · USA · 2009

Vollautomatisierte Kreditvergabe an kleine Unternehmen

TRANSFERWISE

1 Mrd. $ · Verein. Königreich · 2010

Weltweite Überweisungen

OSCAR HEALTH INSURANCE

1,5 Mrd. $ · USA · 2013

Online-Krankenversicherungen

AVANT

2 Mrd. $ · USA · 2012

Online-Marktplatz für Kredite

RONG360

1 Mrd. $ · China · 2011

Informationsplattform für Finanzdienstleistungen für Privatkunden und kleine Unternehmen

UND MORGEN, LIEBE BANKER …

In welchen Marktsegmenten werden FinTechs in den nächsten fünf Jahren wahrscheinlich mit Durchbruchs-Innovationen Erfolg haben? Zustimmung in %*

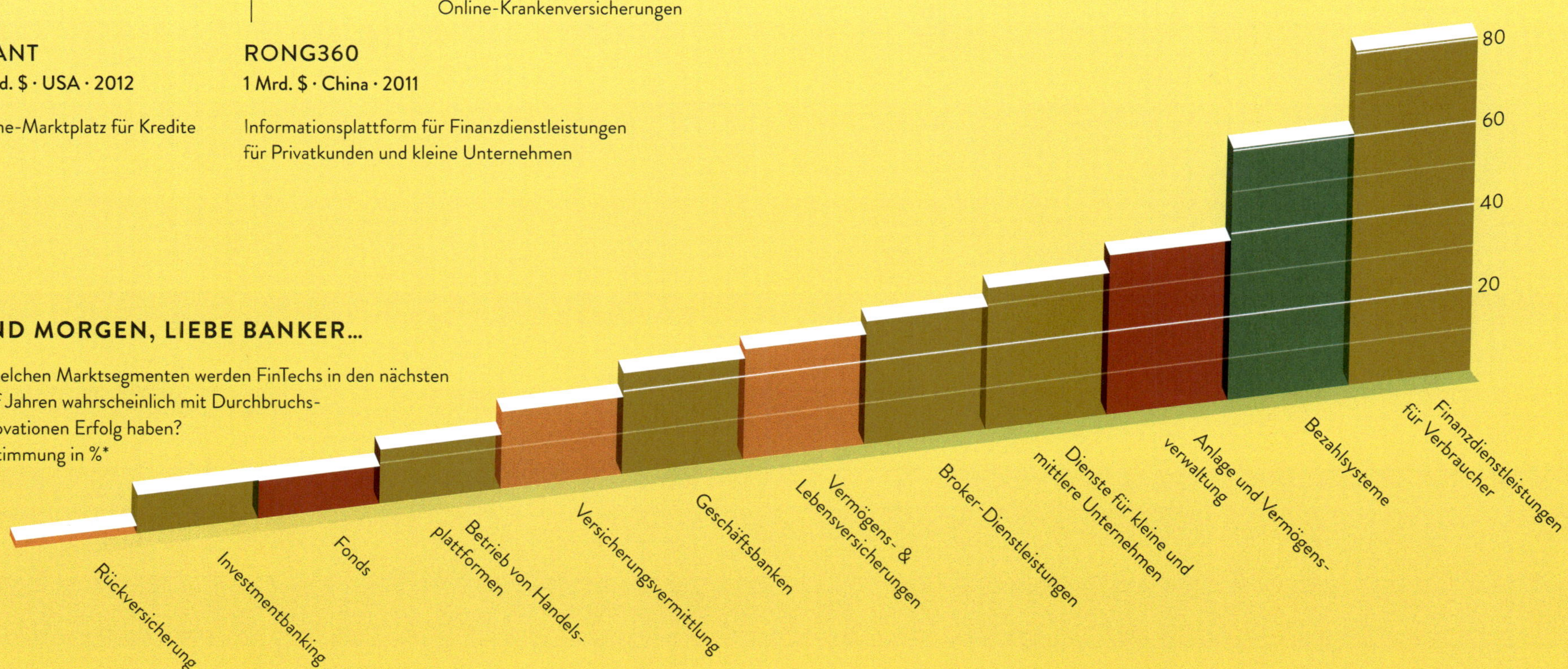

BITCOIN

Geld können nur die Zentralbanken schaffen? Von wegen. Mit dem Bitcoin ist seit 2009 eine digitale Parallelwährung entstanden. Geld kann anonym von Nutzer zu Nutzer überwiesen werden. Es gibt keine zentrale Instanz, die Bitcoins herausgibt. Sie entstehen in kontrollierter Menge durch Rechnerleistung, die sogenannte „Miner" zur Verfügung stellen. Die Transaktionen werden vom Netzwerk verwaltet.

1 Zahler sendet Überweisung an Empfänger. Es reicht, wenn beide die Bitcoin-Adressen kennen.

5 Empfänger bekommt nach Prüfung durch Netzwerk Bitcoins gutgeschrieben. Er kann sie in speziellen Börsen gegen offizielle Währungen eintauschen. Der Wechselkurs schwankt.

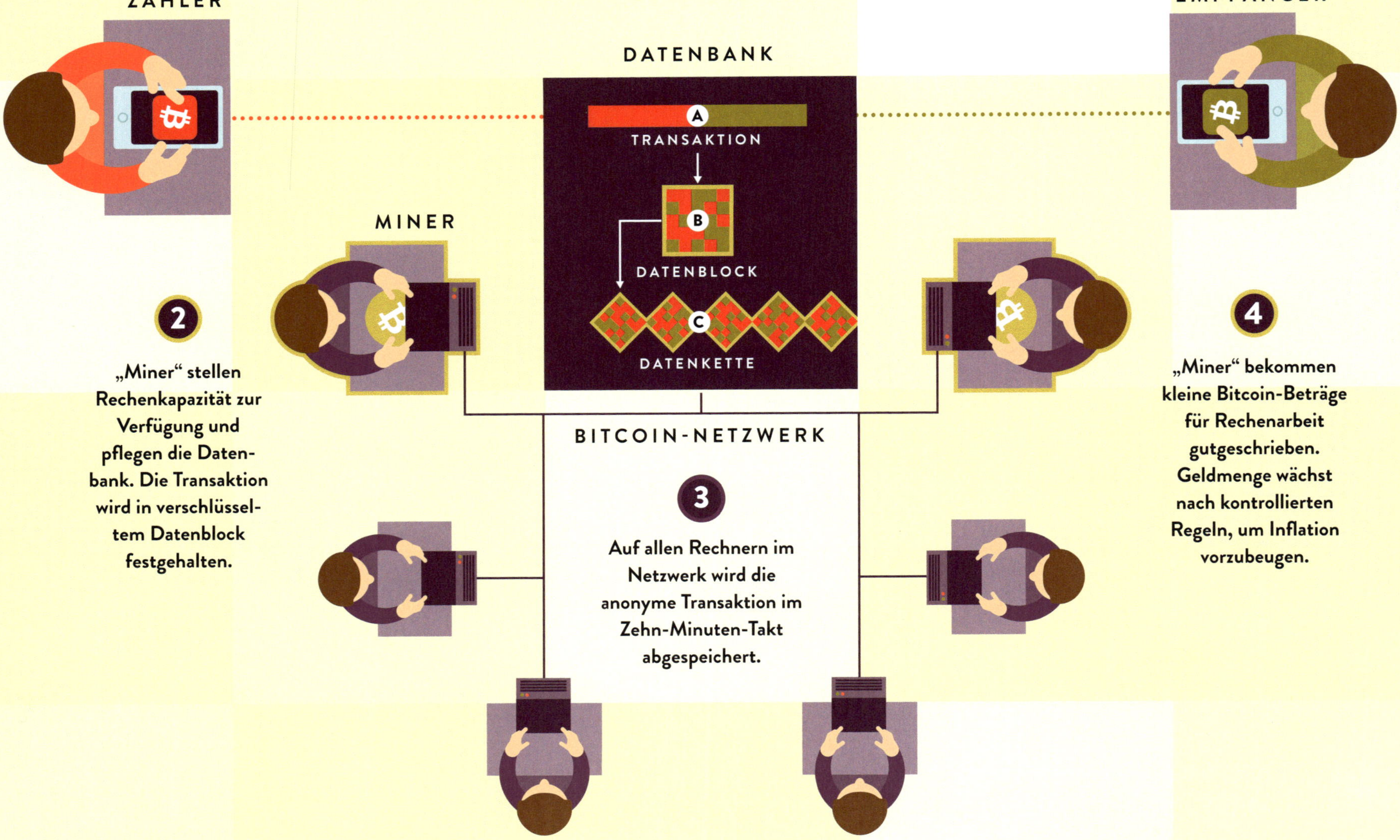

2 „Miner" stellen Rechenkapazität zur Verfügung und pflegen die Datenbank. Die Transaktion wird in verschlüsseltem Datenblock festgehalten.

3 Auf allen Rechnern im Netzwerk wird die anonyme Transaktion im Zehn-Minuten-Takt abgespeichert.

4 „Miner" bekommen kleine Bitcoin-Beträge für Rechenarbeit gutgeschrieben. Geldmenge wächst nach kontrollierten Regeln, um Inflation vorzubeugen.

RISIKEN FÜR NUTZER

- Verluste durch Malware, Datenmanipulation oder Einbrüche in Online-Börsen
- Überlastung der Kapazität des Systems, Transaktionen heute oft langsam und teuer
- Große Wechselkursschwankungen und überzogene Erwartungen bei kommerzieller Nutzung
- Staatliche Verbote und Nutzungseinschränkungen als Maßnahmen gegen Geldwäsche und illegale Geschäfte

BITCOIN-ENTWICKLUNG

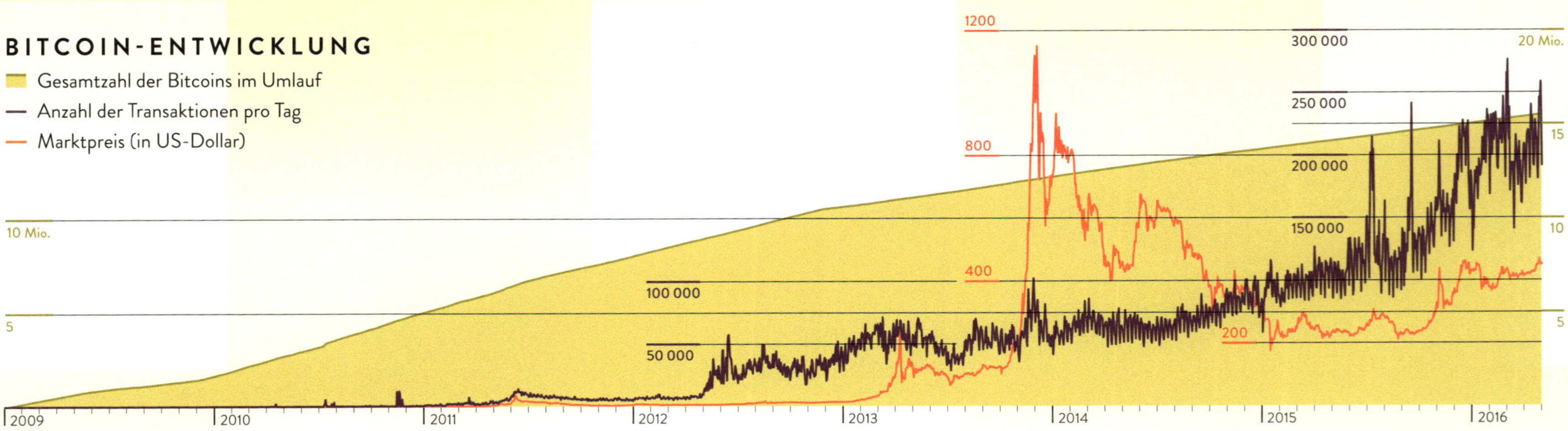

BLOCKCHAIN

Die Technologie hinter Bitcoin heißt Blockchain. Die kann mehr als Kryptowährungen verwalten. Eine Blockchain ist ein unbestechliches Buchhaltungssystem, das auf vielen Rechnern gleichzeitig liegt und sich ständig aktualisiert. Viele Menschen, die sich nicht kennen, können direkt Geschäfte im großen Stil miteinander abwickeln. Blockchain könnte damit das Rückgrat einer Sharing Economy werden, die ihren Namen verdient.

ANWENDUNGSBEISPIELE

ECHTHEITSZERTIFIKATE

Diamanten werden oft gefälscht. Eine Blockchain könnte die Echtheit garantieren, auch wenn sie durch viele Hände gegangen sind.

DAS ENDE DER MITTELSMÄNNER?

Glaubwürdige Personen oder Institutionen verbuchen jede größere Transaktion. Darauf beruht unsere Wirtschaftsordnung. Blockchain stellt das Prinzip in Frage. Die Community der Nutzer übernimmt die Vermittler- und Kontrollfunktion von Banken oder Grundbuchämtern. Buchhalter und Notare werden wegautomatisiert.

GRUNDBUCHEINTRAGUNG

In vielen Ländern gibt es keine Grundbuchämter. Die Blockchain könnte zuverlässig Eigentumsrechte dokumentieren.

LIEFERKETTENKONTROLLE

Kommt die Wurst wirklich aus einem Bio-Zuchtbetrieb? Mit einer Lieferketten-Blockchain ließe sich jeder Verarbeitungsschritt genau nachvollziehen, bis hin zum Namen des Schweins, das verarbeitet wurde.

SMART CONTRACTS

In Blockchains lassen sich intelligente Verträge einbauen. Z. B. ließe sich festlegen, dass ein Elektro-Auto nicht mehr startet, wenn die Leasingrate nicht bezahlt wurde.

ABRECHNUNGSPROTOKOLLE

Im Internet der Dinge müssen viele kleine Leistungen abgerechnet werden. Z. B. wie viel Strom eine private Solaranlage ins Netz einspeist. Blockchain ist eine gute technische Lösung dafür.

VORTEILE DER BLOCKCHAIN

Blockchain ist ...
... eine innovative Art und Weise, Daten dezentral zu speichern.

Blockchain hat ...
... einen hohen Sicherheitsstandard dank ausgefeilter Verschlüsselungstechniken.

Blockchain ist ...
... anonym und transparent, da zu jedem Augenblick einsehbar für alle Netzwerkteilnehmer.

Blockchain ermöglicht ...
... Netzwerkeffekte auf Plattformen, die niemandem gehören. Also Uber ohne Uber.

Blockchain schafft ...
... Vertrauen unter Menschen, die in einem digitalen Netzwerk miteinander verbunden sind. Man spricht auch von einem „Vertrauensprotokoll".

APPENDIX

I DER MENSCH

Seite 12-13
Statistisches Bundesamt: www.destatis.de • Mikrozensus – Bevölkerung und Erwerbstätigkeit 2014, Statistisches Bundesamt: www.destatis.de • www.edelman.de

Seite 14-15
Statistisches Bundesamt: www.destatis.de • de.statista.com • de.wikipedia.org • www.bundeswehr.de • www.familienkasse-info.de • Bundesministerium für Arbeit und Soziales: www.bmas.de • Bundesministerium für Wirtschaft und Energie: www.bmwi.de • Bundesagentur für Arbeit: www.arbeitsagentur.de • Bundesagentur für Arbeit und Soziales (2014): Rentenversicherungsbericht 2014. www.bmas.de • TNS Infratest Sozialforschung: www.tns-infratest.com • Bundesministerium für Bildung und Forschung: Berufsbildungsbericht 2015. www.bmbf.de • Bundesinstitut für Berufsbildung: Datenbank Ausbildungsvergütungen. www.bibb.de • Gewerkschaft Erziehung und Wissenschaft: www.gew.de • www.gehalt.de • www.gehaltsvergleich.com • www.ausbildung.de

Seite 16
Statistisches Bundesamt: www.destatis.de • Statistisches Amt der DDR zit. nach de.statista.com • www.bpb.de • de.wikipedia.org

Seite 17
Marco Nink (2015): Engagement Index Deutschland 2014 (Pressegespräch, Gallup GmbH). www.gallup.com • www.manpower.de • Grass Roots zit. nach de.statista.com

Seite 18-19
terrihughes.com • Reinhard K. Sprenger (2014): Mythos Motivation – Wege aus einer Sackgasse (20. Auflage). Frankfurt am Main: Campus Verlag • de.wikipedia.org

Seite 20
www.timeshighereducation.com • eigene Recherche • de.wikipedia.org • www.spiegel.de/wirtschaft/

Seite 21
PersonalMarkt zit. nach Hamburger Abendblatt, Ausgabe vom 9./10.10.2010, S. 63, Ausgabe vom 16./17.7.2011, S. 57 und 1./2.11.2014, S. 61 • BBE media zit. nach Handelsblatt, Ausgabe 203, 22.10.2014, S. 17 und Handelsblatt, Ausgabe 206, 24.10.2012, S. 24 • PersonalMarkt zit. nach de.statista.com • PersonalMarkt zit. nach Hamburger Abendblatt, 5./6.1.2013, S. 55 • Statistisches Bundesamt zit. nach de.statista.com • www.gehalt.de • www.gehaltsvergleich.com/gehalt

Seite 22-23
eigene Recherche

Seite 24-25
Bundesministerium für Wirtschaft und Energie: www.bmwi.de • Institut für freie Berufe Nürnberg: www.lra-toelz.de

Seite 26-27
Statistisches Bundesamt: www.destatis.de • BLS Bureau of Labor Statistics – US Department of Labor 2015 (Stand 2014): www.bls.gov/news.release • Devisenkursstatistik, Dezember 2015, Statistisches Beiheft 5 zum Monatsbericht, Deutsche Bundesbank: www.bundesbank.de • www.kushnirs.org

Seite 28-29
Gerhard Bittner, Elke Schwarz (2015): Emotion Sellings – Messbar mehr kaufen durch neue Erkenntnisse der Neurokommunikation (2. Auflage). Wiesbaden: Springer Gabler

Seite 30-31
World Academy of Science, Engineering and Technology International Journal of Social, Behavioral, Educational, Economic, Business and Industrial Engineering Vol. 7, No. 1 (2013): waset.org/publications • thefunambulist.net • www.bonappetit.com • www.businessinsider.com • www.businessinsider.com

Seite 32-33
United Nations Rights Council (2014): www.ohchr.org/Documents • US Census Bureau (2014): www.census.gov • www.diakonie.de • UNDP (2014): Bericht über die menschliche Entwicklung 2014. www.dgvn.de • wirtschaftslexikon.gabler.de • www.laenderdaten.info • World Bank, Nationale statistische Ämter zit. nach de.statista.com • Food and Agriculture Organization of the United Nations zit. nach de.statista.com • Worldbank: data.worldbank.org • Central Intelligence Agency: www.cia.gov • Eurostat zit. nach de.statista.com • Statistisches Bundesamt: www.destatis.de • www.handelsblatt.com

Seite 34-35
forbes.com • Einwohnerzahlen zur Berechnung: Auswärtiges Amt • WealthX/UBS (2014): World Ultra Wealth Report 2014. www.wealthx.com • de.wikipedia.org

Seite 36-37
Gesundheitsreport Techniker Krankenkasse 2015 • DGB-Index Gute Arbeit, Der Report 2014 • de.wikipedia.org

Seite 38-39
de.wikipedia.org (Juni 2015)

II DAS UNTERNEHMEN

Seite 42-43
Volkswagen AG Geschäftsbericht 2014 (März 2016): www.volkswagenag.com • Volkswagen AG Zahlen Daten Fakten, Navigator 2015: www.volkswagenag.com • www.spiegel.de/auto • www.manager-magazin.de/unternehmen

Seite 44-45
www.volkswagen-media-services.com/documents • www.waz-online.de/Wolfsburg • www.faz.net/aktuell/technik-motor • www.volkswagen-media-services.com • www.bezreg-arnsberg.nrw.de • www.ndr.de/kultur • Bevölkerungsbericht 2015, Stadt Wolfsburg: www.wolfsburg.de/statistik • Geländeplan © Volkswagen AG

Seite 46-47
eigene Recherche

Seite 48-51
Statistisches Bundesamt: www.destatis.de • de.wikipedia.org • Heinz Stehle, Anselm Stehle, Norbert Leuz: Die rechtlichen und steuerlichen Wesensmerkmale der verschiedenen Gesellschaftsformen (21. Auflage). Richard Boorberg Verlag

Seite 52-53
de.wikipedia.org • eigene Recherche

Seite 54-55
Financial Times: www.ft.com • thomsonreuters.com • www.ard.de • www.faz.net • Statistisches Bundesamt: www.destatis.de • www.handelsblatt.com • time.com • www.stepstone.de/gehaltsreport • www.wiwo.de/unternehmen • ntv: www.n-tv.de/wirtschaft • www.basf.com • www.siemens.com • www.forbes.com • Statistisches Bundesamt: www.destatis.de • de.wikipedia.org • www.chinamobileltd.com • www.finanzen.net • finance.yahoo.com • www.futuresmag.com • www.creditreform.de

Seite 56-57
Modell nach Michael Eugene Porter zit. nach: de.wikipedia.org/wiki/Wertkette • Prof. Dr. Arnd Wiedemann (2007, Universität Siegen): Wertschöpfungsketten im Umbruch. www.wiwi.uni-muenster.de • image.slidesharecdn.com/mcwerbe-industriefinal-1233136676157574-2/95/analysis-of-advertising-industry-in-germany-6-728.jpg?cb=1233115521 • www.henkel.de/nachhaltigkeit/wertschoepfungskette

Seite 58-59
en.wikipedia.org/wiki/Business_Model_Canvas

Seite 60-61
eigene Recherche

Seite 62-63
Robert M. Grant (2004): Contemporary Strategy Analysis (5th edition). Malde, USA: Blackwell • www.six-sigma-deutschland.de • Deutsches Marken- und Patentamt: www.dpma.de • ferdinandgrah.de/design-thinking • mt08a.wordpress.com • de.wikipedia.org • www.saiglobal.com (November 2015)

Seite 64-65
Friedrich-Alexander Universität Erlangen-Nürnberg: Online-Lehrbuch. www.economics.phil.fau.de • de.wikipedia.org • Prof. Dr. Dr. h.c. Ralf Reichwald und Kathrin Möslein, Technische Universität München: Organisation: Strukturen und Gestaltung. www.aib.wiso.tu-muenchen.de/publikationen • Dr. Christine Zöllner, Universität Hamburg (2012): Allgemeine Betriebswirtschaftslehre. www.wiso.uni-hamburg.de - Inka Schrader und Michael Treutler, Bauhaus-Universität Weimar (2002): Organisation in Multinationalen Unternehmen. www.cafe-ciem.de • www.pqrst.at • Marion Schlachtet, Fachhochschule Frankfurt am Main: Grundmodelle der Aufbauorganisation im Unternehmen – ein kritischer Vergleich. www.fb3-fh-frankfurt.de • www.iwk-svk-dresden.de

Seite 66-67
Ute Rademacher (2014): Leichter führen und besser entscheiden – Psychologie für Manager. Wiesbaden: Springer Gabler • Bruce W. Tuckman und Mary Ann Jensen (1977): Stages of Small-Group Development Revisited. faculty.wiu.edu • www.focus.de/finanzen • de.wikipedia.org • humanresources.about.com

Seite 68-69
de.wikipedia.org • wigbit.voegb.at

Seite 70-71
www.brandeins.de • www nielsen.com zit. nach de.statista.com • de.wikipedia.org

Seite 72-73
www.torok.com • Wirtschaftswoche: www.wiwo.de • grey.colorado.edu

Seite 74-75
www.slogans.de • eigene Recherche

III DIE VOLKSWIRTSCHAFT

Seite 78-79
de.statista.com • de.wikipedia.org

Seite 80-81
Bundesagentur für Arbeit: www.arbeitsagentur.de • Statistisches Bundesamt: www.destatis.de • www.handelsblatt.com • de.statista.com • inflation.eu • www.tagesgeldvergleich.com • Deutsche Bank: www.deutsche-bank.de • Eurostat: ec.europa.eu/eurostat/de • Bundesministerium der Finanzen: www.bundesfinanzministerium.de • Bundesbank: www.bundesbank.de

Seite 82-83
Jürgen Böker (2005): Arbeitsheft Wirtschaftspolitik/Wirtschaftsordnung (3. Auflage). Darmstadt: Winklers Verlag • de.wikipedia.org

Seite 84-85
Statistisches Bundesamt: www.destatis.de

Seite 86-87
Bundesbank: www.bundesbank.de • Dr. Jens Weidmann, Bundesbank (2015): Geld und Geldpolitik. www.bundesbank.de • Herbert Sperber (2012): Wirtschaft verstehen. 120 Lernmodule für Schule, Studium und Beruf (4. Auflage). Stuttgart: Schäffer-Poeschel

Seite 88-89
Organisation for Economic Co-operation and Development: data.oecd.org

Seite 90-91
Bundeszentrale für politische Bildung: www.bpb.de • de.wikipedia.org

Seite 92-93
Bundeszentrale für politische Bildung: www.bpb.de • de.wikipedia.org • Europäische Kommission (2015): Cartel Statistics. ec.europa.eu • Benjamin Rasch (2009): Wettbewerb durch Netzzugang – Eine ökonomische Analyse am Beispiel des deutschen Briefmarktes. Wiesbaden: Gabler • Bundesministerium der Finanzen, Zoll: www.zoll.de • www.zuhause.de • www.tagesspiegel.de • Bundesnetzagentur: www.bundesnetzagentur.de • Verband der Anbieter von Telekommunikations- und Mehrwertdiensten (2015): 17. TK-Marktanalyse Deutschland 2015. www.vatm.de • Netzwerk Europäischer Eisenbahnen (2013): Wettbewerber-Report, Eisenbahn 2013/2014. www.netzwerk-bahnen.de

Seite 94-95
Deutsche Bundesbank: www.bundesbank.de • www.faz.net • www.finanzen-heute.de • de.wikipedia.org • muenzenwoche.de

Seite 96-97
FED, Bank of England und Bundesbank zit. nach de.statista.com • Herbert Sperber (2012): Wirtschaft verstehen. 120 Lernmodule für Schule Studium und Beruf (4. Auflage). Stuttgart: Schäffer-Poeschel • EZB zit. nach de.statista.com • Europäische Zentralbank: www.ecb.europa.eu/ecb

Seite 98-99
Europäische Zentralbank: sdw.ecb.europa.eu • Deutsche Bundesbank: www.bundesbank.de

Seite 100-101
Statistisches Bundesamt: www.destatis.de • www.fischinfo.de • Statistisches Bundesamt zit. nach de.statista.com • Bundesagentur für Arbeit zit. nach de.statista.com

Seite 102-103
Statistisches Bundesamt (div. statistische Jahrbücher): www.destatis.de • Mikrozensus – Bevölkerung und Erwerbstätigkeit – Stand und Entwicklung der Erwerbstätigkeit in Deutschland, Statistisches Bundesamt: www.destatis.de • www.sozialpolitik-aktuell.de • vdek zit. nach de.statista.com • Johann Fuchs, Alexander Kubis, Lutz Schneider (Bertelsmann Stiftung, 2015): Zuwanderungsbedarf aus Drittstaaten in Deutschland bis 2050, Szenarien für ein konstantes Erwerbspersonenpotenzial – unter Berücksichtigung der zukünftigen inländischen Erwerbsbeteiligung und der EU-Binnenmobilität. www.bertelsmann-stiftung.de • Sachverständigenrat Wirtschaft zit. nach de.statista.com

Seite 104-105
Human Development Report 2015, United Nations Development Programme: hdr.undp.org • World Happiness Report 2015. worldhappiness.report • OECD: Bildung auf einen Blick 2014 – OECD-Indikatoren. www.oecd-ilibrary.org • OECD, WHO zit. nach de.statista.com • Deutsche Bundesbank zit. nach de.statista.com • www.oecd.org

IV DIE WELTWIRTSCHAFT

Seite 108-109
Friedrich Ebert Stiftung (Online Akademie): fes-online-akademie.de • Lina Stotz und Gillian Kane: Global Garment Industry Factsheet. www.cleanclothes.org • www.bloomberg.com • Wall Street Journal: www.wsj.com

Seite 110-111
Deutscher Gewerkschaftsbund: einblick.dgb.de zit. nach IGB (Make Fruit Fair) • Rich Breuhaus (2008): 787 Dreamliner – A New Airplane for a New World, Government, Certification and Environment. www.aci-na.org • Kenneth L. Kraemer, Greg Linden und Jason Dedrick (2007): Capturing Value in Global Networks. www.itif.org/files/KraemerPresentation.pdf

Seite 112-113
World Economic Forum (2014): The Global Competitiveness Report 2014–2015. www.weforum.org/reports • www.heritage.org • reports.weforum.org

Seite 114-115
www.ggdc.net • US Census Bureau (2014): www.census.gov

Seite 116-117
www.wikimedia.de • www.noaa.gov • Hafen Hamburg Marketing zit. nach de.statista.com • Airports Council International: www.aci.aero • OECD and ITF (2015): ITF Transport Outlook 2015. dx.doi.org/10.1787/9789282107782-en

Seite 118-119
de.wikipedia.org • saarc-sec.org

Seite 120-121
World Trade Organization: International Trade Statistics 2015. www.wto.org • Statistisches Bundesamt: www.destatis.de • WTO zit. nach de.statista.com • WTO zit. nach de.wikipedia.org • WTO: stat.wto.org/StatisticalProgram (bei TOP 3 der führenden Exportländer im Zeitverlauf „Warenexporte kumuliert in Mrd. US-Dollar: Nominaler Wert, d.h. zu jeweiligen Preisen, nicht inflations-, saison- oder kalenderbereinigt")

Seite 122-123
Karl Lallerstedt und Michael Wigell, The Finnish Institute of International Affairs (2014): FIIA Briefing Paper 151, March 2014. www.fiia.fi

Seite 124-125
International Labour Organization: www.ilo.org

Seite 126-127
International Monetary Fund: www.imf.org • Worldbank: www.worldbank.org • OECD: www.oecd.org • World Trade Organization: www.wto.org • www.fsb.org • de.wikipedia.org • Jan Wouters, Jed Odermatt (Leuven Centre for Global Governance Studies): Working Paper No. 128 (2013), Comparing the „Four Pillars" of Global Economic Governance: A Critical Analysis of the Institutional Design of the FSB, IMF, World Bank and WTO. eusi.jp/en/wp-content

Seite 128-129
de.wikipedia.org • www.spiegel.de • relbanks.com zit. nach de.statista.com • www.handelszeitung.ch

Seite 130-131
www.mba-mondays-illustrated.com • www.economist.com • The Economist: www.economist.com • de.wikipedia.org

Seite 132-133
WirtschaftsWoche (2015): Ausgabe 41 (2.10.2015), Handelsblatt

Seite 134-135
en.wikipedia.org • eigene Recherche

Seite 136
Canadean, Beverage Marketing Corporation, International Bottled Water Association, Nestlé, Zenith International, Euromonitor, wafg, Statistisches Bundesamt und Verband Deutscher Mineralbrunnen zit. nach de.statista.com • eigene Recherche

Seite 137
www.duravit.de • www.kaercher.com • karriere.lappgroup.com • www.ottobock-group.com • www.mennekes.de • www.siltronic.com • www.ravensburger.de • de-de.sennheiser.com

Seite 138-139
International Organization for Migration (2013): World Migration Report 2013. publications.iom.int • United Nations, Department of Economic and Social Affairs, Population Division, OECD-UNDESA (2013): World Migration in Figures. www.oecd.org • United Nations, Department of Economic and Social Affairs, Population Division (2013): Trends in International Migrant Stock, Migrants by Destination and Origin. www.un.org

Seite 140
Statistisches Bundesamt: www.destatis.de • Organization for Economic Co-operation and Development: www.oecd-ilibrary.org

Seite 141
www.transfermarkt.de

V DIE THEORIE

Seite 144-145
de.wikipedia.org

Seite 146-147
de.wikipedia.org • www.whoswho.de

Seite 148-149
agso.uni-graz.at/lexikon/klassiker • www.dhm.de/lemo/biografie • de.wikipedia.org • wirtschaftslexikon.gabler.de • doener235.wordpress.com/2008/06/28/maxismus-in-10-minuten

Seite 150-151
de.wikipedia.org • wirtschaftslexikon.gabler.de

Seite 152-153
de.wikipedia.org • www.keynes-gesellschaft.de

Seite 154-155
de.wikipedia.org (Mai 2016) • Financial Times Deutschland: Ökonomie – Die Klassiker kompakt, Broschüre

Seite 156-157
de.wikipedia.org (Mai 2016) • Financial Times Deutschland: Ökonomie – Die Klassiker kompakt, Broschüre • Financial Times Deutschland: Globalisierung – Wissen kompakt, Broschüre

VI UMWELT & RESSOURCEN

Seite 160-161
www.nachhaltigkeit.info

Seite 162-163
U.S. Department of the Interior and U.S. Geological Survey (2016): Mineral Commodity Summary January 2016. minerals.usgs.gov/minerals • de.wikipedia.org

Seite 164-165
Die Bundesanstalt für Geowissenschaften und Rohstoffe (2015): Energiestudie – Reserven, Ressourcen und Verfügbarkeit von Energierohstoffen. www.bgr.bund.de • Bundesministerium für Wirtschaft und Energie (2016): Energiedaten – Gesamtausgaben. www.bmwi.de • Lux Magazin (2014): Ausgabe 05/2014, Süddeutscher Verlag onpact

Seite 166-167
www.wasserwerke-sonneberg.de • Ernährungs- und Landwirtschaftsorganisation der Vereinten Nationen: www.fao.org • Organisation für wirtschaftliche Zusammenarbeit und Entwicklung: www.oecd.org • Unesco: www.unesco.de • Statistisches Bundesamt: www.destatis.de • Bundesverband der Energie- und Wasserwirtschaft: www.bdew.de • Vereinigung Deutscher Gewässerschutz: www.vdg-online.de und www.virtuelles-wasser.de

Seite 168-169
Ernährungs- und Landwirtschaftsorganisation der Vereinten Nationen: www.fao.org, faostat3.fao.org

Seite 170
Bundesministerium für Ernährung und Landwirtschaft: www.bmel.de • www.gfk-verein.org • div. Quellen zit. nach de.statista.com

Seite 171
ISAAA zit. nach de.statista.com • International Service for the Acquisition of Agri-Biotech Applications: www.isaaa.org

Seite 172-173
Heinrich Böll Stiftung, Bund für Umwelt- und Naturschutz Deutschland (2016): Fleischatlas – Daten und Fakten über Tiere als Nahrungsmittel 2016. www.boell.de • www.foodwatch.org • de.statista.com • Fair Trade International (2015): Annual Report 2014-15 zit. nach de.statista.com • www.adm-ev.de/zahlen • Havas Media zit. nach de.statista.com • www.verpackungsbarometer.de • Verbraucherzentrale Nordrhein-Westfalen (2014): Meinungsumfrage in NRW, Anteil der Haushalte mit Ökostrombezug. www.verbraucherzentrale.nrw • Bundesministerium für Ernährung und Landwirtschaft (2014): TNS-Emnid-Umfrage, Einkaufs- und Ernährungsverhalten in Deutschland. www.bmel.de

Seite 174-175
Transparency International: www.transparency.org • Transparency International (2014): Transparency in Corporate Reporting – Assessing the World's Largest Companies. www.transparency.org

Seite 176-177
eigene Recherche

Seite 178-179
C.P. Baldé, F. Wang, R. Kuehr, J. Huisman, United Nations University – Institute for the Advanced Study of Sustainability (2015): The global e-waste monitor 2014. i.unu.edu/media • socialmediaweek.org • International Telecommunication Union, ICT Data and Statistics Division Telecommunication Development Bureau (2014): The World in 2014 – ICT Facts and Figures. www.itu.int • www.itu.int • www.cta.tech • Informationszentrum Mobilfunk (2014): Rohstoffe und Lebenszyklus eines Mobiltelefons – Factsheet. www.izmf.de • In Graphics Magazin (2012): Ausgabe 4, S. 40/41, Golden Section Graphics • www.bitkom.org

Seite 180-181
Eurostat: ec.europa.eu • Statistisches Bundesamt: www.destatis.de • Lux Magazin (2013): Ausgabe 05/2013, Süddeutscher Verlag onpact

Seite 182-183
Statistisches Bundesamt: www.destatis.de • Statistisches Bundesamt (2015): Produzierendes Gewerbe – Beschäftigung, Umsatz, Investitionen und Kostenstruktur der Unternehmen in der Energieversorgung, Wasserversorgung, Abwasser- und Abfallentsorgung, Beseitigung von Umweltverschmutzungen. www.destatis.de • Statistisches Bundesamt und IMF zit. nach de.statista.com (2016): Branchenreport – Abfallentsorgung und Rückgewinnung 2015

Seite 184-185
Bundesministerium für Umwelt, Naturschutz, Bau und Reaktorsicherheit: www.bmub.bund.de • de.wikipedia.org

Seite 186-187
www.dehst.de • klimawandel-bekaempfen.dgvn.de • de.wikipedia.org • European Environment Agency (2015), EEA Technical report No 14/2015: Trends and projections in the EU ETS in 2015. www.eea.europa.eu • Umweltbundesamt: www.umweltbundesamt.de • International Carbon Action Partnership (2015 und 2016): Emissions Trading Worldwide, Status Report 2015. icapcarbonaction.com • European Environment Agency: www.eea.europa.eu/media/infographics

Seite 188-189
Bundesnetzagentur: www.bundesnetzagentur.de • Bundesverband der Energie- und Wasserwirtschaft (2013), Presseinformationen: www.bdew.de/internet.nsf • de.wikipedia.org • www.ag-energiebilanzen.de • www.unendlich-viel-energie.de/mediathek • Bundesministerium für Wirtschaft und Energie (2015): Erneuerbare Energien in Zahlen – Nationale und internationale Entwicklung im Jahr 2014. www.bmwi.de • Bundesministerium für Wirtschaft und Energie (2015): Ein gutes Stück Arbeit – Die Energie der Zukunft, Vierter Monitoring-Bericht zur Energiewende. www.bmwi.de • International Renewable Energy Agency (2015): Renewable Energy Prospects. www.irena.org

Seite 190-191
Bundesministerium für Umwelt, Naturschutz, Bau und Reaktorsicherheit (2014): GreenTech made in Germany 4.0 – Umwelttechnologie-Atlas für Deutschland. www.greentech-made-in-germany.de

VII DIE ZUKUNFT

Seite 194-195
www.naisbitt.com • John Naisbitt (1982): Megatrends. Ten New Directions Transforming our Lives (6. Auflage). London: Warner Books • books.google.com/ngrams

Seite 196-197
nowandnext.com • www.trendone.com • www.rolandberger.de • www.zukunftsinstitut.de • www.pwc.com • weiterdenken.ch • mba13-group8.weebly.com

Seite 198-199
www.theatlantic.com • Dr. Christoph Pallaske (2010): Zeittafel Geschichte – Wichtige Ereignisse und Epochen der Geschichte. www.teachersnews.net

Seite 200
de.wikipedia.org • Bundeszentrale für politische Bildung: www.bpb.de • wirtschaftslexikon.gabler.de • www.druckerinstitute.com • Joseph A. Schumpeter (2005): Kapitalismus, Sozialismus und Demokratie (8. Auflage). Tübingen und Basel: UTB/A. Francke

Seite 201
Europäisches Patentamt: www.epo.org

Seite 202-203
Deutsche Akademie der Technikwissenschaften, Bundesverband der Deutschen Industrie (2015): Innovationsindikator – Schwerpunkt Mittelständische Wirtschaft. www.innovationsindikator.de

Seite 204-205
t3n.de • Ashlee Vance (2015): Elon Musk – How the billionaire CEO of SpaceX and Tesla is shaping our future. London: Virgin Books • www.cnet.com

Seite 206-207
fortune.com/unicorns

Seite 208-209
eigene Recherche

Seite 210-211
iot-analytics.com • eigene Recherche

Seite 212
www.bmvit.gv.at • eigene Recherche

Seite 213
de.wikipedia.org • eigene Recherche

Seite 214
de.wikipedia.org • eigene Recherche • www.chip.de

Seite 215
de.wikipedia.org • eigene Recherche • www.chip.de

Seite 216-217
commons.wikimedia.org • www.koczai.com • Google zit. nach de.statista.com • www.google.de/about • arstechnica.com

Seite 218-219
www.ibmbigdatahub.com/infographics • www.miprofs.com • www.n-news.de • www.unece.org • image-store.slidesharecdn.com/cdf4b8e8-ac15-45cb-819e-8d5b640873b6-original.png • www.research.ibm.com • Björn Bloching, Lars Luck, Thomas Ramge (2012): Data Unser – Wie Kundendaten die Wirtschaft revolutionieren • München: Redline Verlag

Seite 220-221
World Economic Forum (2016): Global Challenge Insight Report – The Future of Jobs, Employment, Skills and Workforce Strategy for the Fourth Industrial Revolution. www3.weforum.org • Institute for the Future for the University of Phoenix Research Institute (2011): Future Work Skills 2020. www.iftf.org

Seite 222-223
nextpractice und Bundesministerium für Arbeit und Soziales (2016): Wertewelten Arbeiten 4.0. www.arbeitenviernull.de

Seite 224-225
fortune.com/unicorns • PricewaterhouseCoopers (2016): Global Fintech Report – Blurred lines: How FinTech is shaping Financial Services. www.pwc.com

Seite 226
www.economist.com • www.ft.com • de.wikipedia.org • blockchain.info

Seite 227
Steffan Heuer und Thomas Ramge (2016): Durchsichtige Geschäfte. In: brand eins, 05/2016. www.brandeins.de

Seite 228-231
www.theguardian.com

SACHBEGRIFFE

PERSONEN, FIRMEN, ORGANISATIONEN

SCHAFF WAS …

Seit der Erfindung des Rads sucht der Mensch nach technischen Lösungen, die ihm die Arbeit erleichtern. Bisher haben mehr Maschinen auch immer mehr Arbeit geschaffen – und mehr Wohlstand. Ein Grundprinzip hat sich dabei seit Jahrhunderten nicht geändert. Für Arbeit erhält der Mensch einen Lohn. Einen Teil davon muss er als Steuern an den Staat abführen. Vom Rest finanziert er sein Leben und kann sich ab und an schöne Dinge kaufen, darunter Waren, die er selbst produziert hat.

… KOLLEGE ROBOTER!

Was wäre eigentlich, wenn die Maschinen alle Arbeit erledigen könnten? Eine Gruppe britischer Utopisten hofft auf den vollautomatisierten Luxus-Kommunismus. Die Roboter schaffen, der Staat erhebt eine Maschinensteuer und verteilt diese an seine Bürger um, z.B. durch ein bedingungsloses Grundeinkommen. Das ist nicht nur bequem für alle menschlichen Beteiligten, sondern ökonomisch notwendig. Denn wenn Menschen nicht mehr arbeiten und keinen Lohn bekommen, können sie auch keine Dinge kaufen, die Roboter herstellen.

IDEE & KONZEPT

Thomas Ramge und Jan Schwochow

•

TEXT

Thomas Ramge

•

ART DIREKTION

Klaas Neumann

•

INFOGRAFIK

Annick Ehmann, Klaas Neumann, Anton Delchmann,
Jan Schwochow, Katharina Schwochow, Verena Muckel,
Nick Oelschlägel, Jakub Chrobok, Daniela Scharffenberg,
Henning Trenkamp, Christian Eisenberg, Jonas Parnow,
Christophorus Halsch, Jaroslaw Kaschtalinski

•

PROJEKTMANAGEMENT

Annemarie Kurz

•

RECHERCHE & DOKUMENTATION

Katja Ploch, Victoria Strathon,
René Kohl, Heike Barnitzke

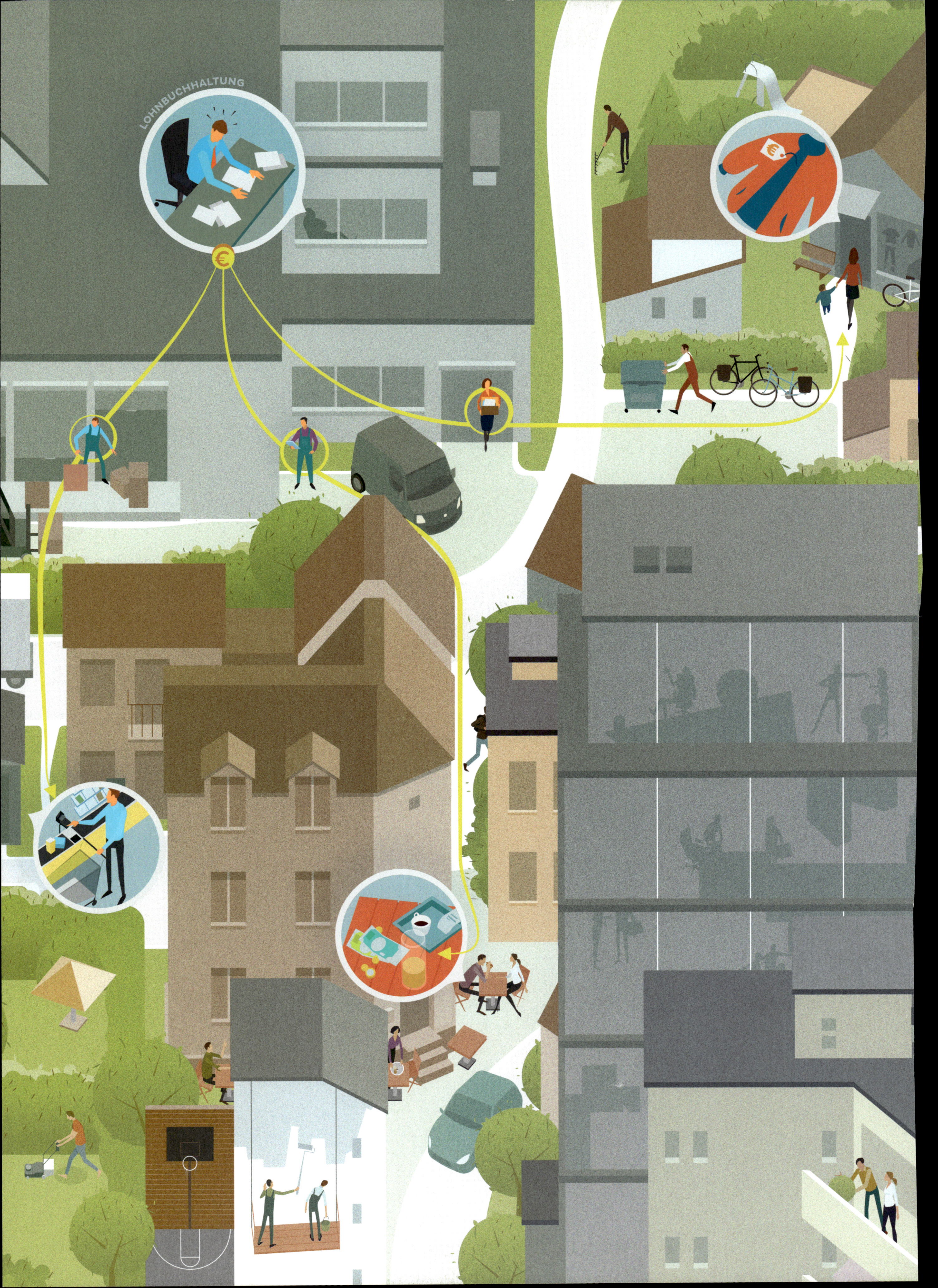
LOHNBUCHHALTUNG